新约纵览

Unlocking the Bible:
New Testament

通往真理的金钥

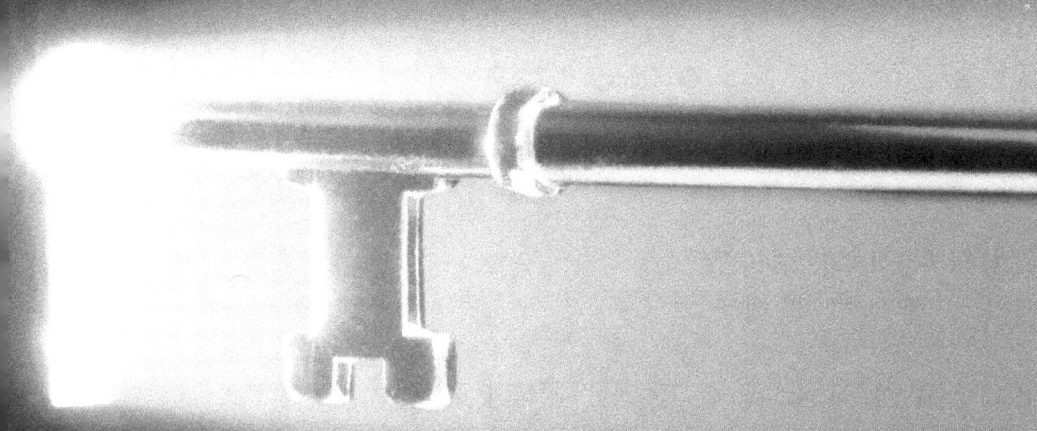

DAVID PAWSON
大卫·鲍森 著
刘如菁 译

新约纵览

作　　者／大卫·鲍森（David Pawson）
译　　者／刘如菁
责任编辑／梁硕恩、杨秀仪
美术设计／林凤英

新约纵览

大卫·鲍森（David Pawson）著
版权所有 ©2021 大卫鲍森事工（David Pawson Ministry CIO）

本书作者已按《版权、设计与专利法案1988》（Copyright, Designs and Patents Act, 1988）取得著作权并据以保护。

英文版于1999至2001年经由哈珀·柯林斯出版集团（HarperCollins Publishers Ltd）分成多册在英国首次出版。

简体中文版于2021年经由Anchor Recordings有限公司首次出版：
Anchor Recordings Ltd
Synegis House, 21 Crockhamwell Road,
Woodley, Reading RG5 3LE, United Kingdom

如欲查询更多有关资讯，请电邮至
books@davidpawsonministry.com

ISBN 978-1-913472-31-3　新约纵览（简体中文版）

未经出版社事先书面同意，任何人不得以任何形式或方式通过电子或机械方式（包括影印、录制或任何信息储存和检索系统）复制或传播本书的任何部分。

由Ingram Spark承印
版权所有，翻印必究

目 录

前言 001

Part I 历史枢纽

1. 四福音书 013

2. 马可福音 023

3. 马太福音 037

4. 路加福音和使徒行传 057

5. 路加福音 065

6. 使徒行传 083

7. 约翰福音 103

Part II 第十三位使徒

8. 保罗与其书信 129

9. 帖撒罗尼迦前后书 141

10. 哥林多前后书 157

11. 加拉太书 175

12. 罗马书 205

13. 歌罗西书 221

14. 以弗所书 231

15. 腓立比书 243

16. 腓利门书 259

17. 提摩太前后书和提多书 263

Part III 从苦难到荣耀

18. 希伯来书 285

19. 雅各书 309

20. 彼得前后书 325

21. 犹大书 347

22. 约翰一、二、三书 361

23. 启示录 385

24. 千禧年 457

作者介绍 / 467

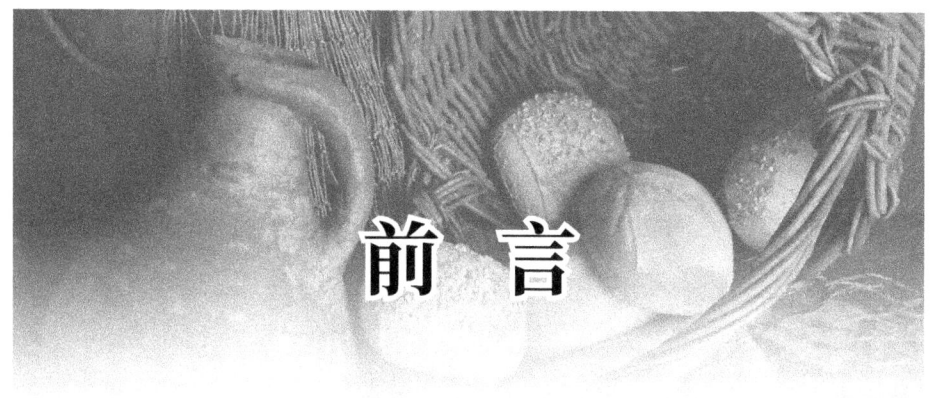

前　言

　　一切应该是从1957年开始的，我在阿拉伯半岛担任英国皇家空军的军牧，牧养所有不属英国国教、天主教，而是隶属其他宗派或宗教（从循道会到救世军，从佛教徒到无神论）之人的灵性福祉。从红海到波斯湾沿线的空军驻扎地皆由我负责巡回牧养，这些基地大多连个可称为"教会"的聚会都没有，更不用说建筑物了。

　　入伍前，我原是循理会的传道人，服事谢得兰岛（Shetland Islands）到泰晤士河谷（Thames Valley）区域。该宗派的传道人每季仅需准备几篇证道，在各地教堂巡回使用。我的讲章多半是经文类（讲解一段经文）或主题类（引用新旧约经文讲一个主题），我在这两类讲章上都曾犯过断章取义的过失，未掌握整章的意思就截取其中经文加以解释，并且选用的经节也并非来自神的感动，或是神要我讲的；我的讲解不但曾损害经文原意，甚至改了某卷书里某节经文的意思，只讲字面意义。圣经成了找"支持"证据的经文汇编，仅供传道人随己意取用。

　　投入军伍时，我的行囊中装满了依据这类技巧所建构的讲章。从前我面对的会众多为妇孺，如今我面对完全不一样的会众——全是男性，我那贫乏的讲章存货很快就用完了。尤其在我被派驻海外前，在英格兰的义务役礼拜中传讲的那几篇，在台下激不起一点涟漪。

后来我被派到也门的亚丁（Aden），等于从零开始建立教会，服事对象从职业军人到皇家武装部队的年轻短期国民兵。我如何使这些男士对基督教信仰感兴趣，进而矢志跟随呢？

有件事（如今我会说是"有一位"）促使我下定决心：在几个月内以一系列的证道，把圣经从创世记到启示录讲完一遍！

结果证明那对我们大家都是一趟发现之旅。当我们把圣经当作整体来看，它就成了一本新书，套句俗话，从前我们只见树不见林。如今神的计划和目的以全新方式向我们开启，我们有了可以大快朵颐的灵粮，想到我们是宇宙救赎计划的一部分，就大得激励。圣经的故事读来既真实又亲切。

当然，那时候我所作的"纵览"相当简单，甚至可说天真，像是美国观光客用二十分钟的时间"逛"大英博物馆—而且如果穿着跑步鞋的话，可以缩短到十分钟！我们匆匆走过几世纪，好几卷书只能惊鸿一瞥。

令我意想不到的是，这也为我后半生的生命与事奉定下道路。自那以后，我成了"圣经教师"，虽还只是个雏型而已，与人分享认识全本圣经的兴奋感，从一个抱负变成一股热情。

当我退役回到"正常"的教会生活，我决心带领会友以十年的时间读完整本圣经（如果他们能忍受我那么久的话），这表示我要在每次崇拜证道中讲"一章"。于是我得花很多时间准备（以讲章而言，每十分钟的证道背后需要研读一小时），然后传讲（四十五至五十分钟）。两者比例类似烹调一餐和享用它的时间。

如此系统解经的效应印证了它的正确性，人心对神话语的真正饥渴被显明出来。许多人远从四面八方而来，如同其中一些人所说的：他们来"充电"。不久，这流动又从"涌入"变成"流出"。起初，为了生病或必须待在家里而无法前来聆听的人，我们准备了讲道录音带，后来这些录音带却成了各方索要的，最后，这些录音带寄到一百二十个国家，数量高达数十万卷。对此结果没有人比我更惊讶。

之后，我离开白金汉郡的金山（Gold Hill）到萨里的乔福市（Guildford）服事，并参与了米尔米德中心（Millmead Centre）的建造，此中心包含一座非常适合我延续此教导事奉的理想讲堂。落成时，我们决定以不间断的方式朗读全本圣经来祝贺。我们一共花了八十四小时，从主日傍晚直到周四早上，每个人朗读十五分钟，然后交由下一位读。我们使用的是《当代圣经》（*The Living Bible*），那是最容易用头脑和心灵朗读和聆听的版本。

筹划时，我们并不知道会发生什么状况，但这活动似乎激起大家的兴趣，连市长都想加入，恰巧（或是天意）他读的经文中有一句是："她丈夫在城门口与本地的长老同坐，为众人所认识。"他非要我们把那一页影印下来给他，因为他要拿给太太看。有一位女士则是刚好路过，她原本要去找律师办离婚手续，也临时加入，结果读到："神说，我恨恶休妻"，因而改变了离婚的打算。

总计有两千人参加这项活动，卖了半吨重的圣经，有些人抽出半小时来参加，但几个小时后还舍不得离开，自言自语地说："再多听一卷书吧，然后我一定得走了。"

那是许多人（包括最忠心出席聚会的会友）有生以来第一次从头到尾不间断地聆听每卷书的内容。绝大多数的教会里仅每周读几句，而且几乎不曾连贯地读。有任何其他的书被这样零碎地读，而还能引起兴趣的吗？更别提令人兴奋了。

于是，我们在主日开始逐卷查考全本圣经，因圣经不是只是一本书，而是许多本，事实上它是一套丛书（"圣经"一字的拉丁文和希腊文都是复数），而且不只是许多本书，更是许多种类的书——历史、法律、书信、诗歌等。因此，当我们研读完一卷书，要开始另一卷时，有必要先浏览介绍该卷书的引言，其中应涵盖最基本的问题：这卷书是什么类型？何时写的？谁写的？为谁而写？最重要的，为什么要写这卷书？这些问题的答案就是解开其信息的"钥匙"。我们必须将每卷书视为整套丛书的其中一部分，才能够完全了解其中信息，而每"一节"的上下文并不只是那一段文字而已，基本上整卷书都是那"一节"的上下文。

现在，有更多人把我当作圣经教师，我应邀到大学、大会和基督徒特会上演讲——起先仅在英国国内，但因着讲道录音带开路的缘故，到海外的次数愈来愈多。我很喜欢交朋友、到没去过的地方看看；不过，坐巨无霸喷射客机的新奇感则不到十分钟就消失殆尽！

无论到何处，我发现有许多人十分渴慕认识神的话语，我为录音带的发明感谢神，因为和录像带不同的是，录音带的规格全世界统一，在各个地方都能使用，饥渴于神话语的心灵因此能获得满足。成功的布道事奉有很多，但是使归信者坚固、成长而成熟的教导事奉却太少。

我本来有可能一直持续这样的服事形态，直到结束牧职。但是，主又再一次地出乎我意料之外，促成了本书的出版。

20世纪90年代初期，一位在牛津附近瓦林福德市牧会的朋友汤普森（Bernard Thompson），问我愿不愿意在联合聚会中作一个短系列的证道，目标是提高对圣经的兴趣和知识——一个保证让我上钩的主题！

我说我愿意一个月去一次，一次用三个小时讲一卷书（中间当然有一段茶点时间）。我也要求他们，在听道前后必须将那卷书从头到尾读完，之后那几周，传道人的证道和家庭聚会的讨论，也都要从那卷书中找主题。希望以这种方式让大家对那卷书更加熟悉。

我有双重目的，一方面要引起兴趣，让大家迫不及待去读它。另一方面，我提供给大家足够的知识和信息，好让他们读的时候，可以因为了解它在讲什么而感到兴奋。为达到这个双重目的，我使用各项辅助教具，包括照片、图表、地图和模型。

这套方法真的管用，才讲了四次，亦即四个月之后，人们就要求我接下来五年把全部六十六卷书讲完！我大笑后婉拒了，说我那时可能回天家了（说实在的，我几乎不曾在六个月之前就把事情定下来，我不想抵押未来，也不想假定到时我一定还健在）。但主的计划和我不同，靠着他，我终于跑完这场马拉松。

过去二十年来，我的录音带都是由定锚录音（Anchor Recordings, http://anchor-recordings.com）发行，当哈里斯（Jim Harris）主任听到这些聚会的录音带之后，便催促我制作录像带。他马不停蹄地安排摄影人员和制作团队，把主堂变成摄影棚，找一批人当听众，每一趟以三天的时间录制十八段节目，一共花了五年才完成"新旧约纵览"的全套录像带。

如今这些录像带流传世界各地，被用在家庭聚会、教会、大学、军中、吉普赛营区、监狱和有线电视网。有次我到马来西亚作短暂停留，这套录像带以一星期一千套的速度被买走，至今已渗透到全球六大洲，包括南极洲！人们多次说，这是我"留给教会的遗产"，它是多年工作的果实，这点自不在话下。今年我已年过七十岁，当然我不认为主在我身上已经完工，但我一度真以为这件事已大功告成，但我错了。

哈珀·柯林斯（HarperCollins）出版社找上我，有意出版这份材料。虽然过去十年来，我为其他出版社写过书，确信书籍是传播神话语的好方法；不过，我对出版套书的提议却有两大疑虑，第一是关于这些材料的来源，第二是关于它口语传播的方式，令我非常犹豫。让我先来说明第二点。

首先，我的证道、授课或演讲从来没有逐字稿，都是依据笔记而讲的。我不仅在乎内容，也很在乎沟通方式。我的直觉告诉我，完整的手稿会打断演讲者和听众之间的亲密感，尤其会令演讲者不看听众而看讲稿。即兴成分较多的演讲，不但表达较多的情感，也能对台下的反应更有回应。

所以，我的演说风格和写作风格大不相同，必须依照功能调整。我喜欢听自己的录音带，有时还被自己深深感动。阅读自己的新作也饶有兴味，我常对妻子说："这本书写得真好！"但是当我读我的证道逐字稿，却觉得很丢脸，甚至惊骇莫名，重复的字句多成这样！不着边际的冗长句子，还有不完整的句子！动词时态混杂，甚至过去式和现在式混着用！我真的把正统英语滥用成这样吗？但证据叫我无可推诿。

于是我明白地表示，我不可能考虑把这材料全部完整地写出来，光是把它们一篇篇讲出来已花去我大半辈子，我没有时间再写了。没错，为了制作其他语言的录像带，如中文和西班牙文，所以已经有了现成的字幕脚本。但是想到直接拿字幕印制成册，我简直惊惶万分。或许是和骄傲的最后搏斗吧，想到我在其他著作中所耗费的时间和心力，要我修润脚本令我感到力不能胜。

出版社要我放心，表示文字编辑会修正绝大部分的文法错误，但是真正解决问题的，还是他们建议聘请一个与我和我的事奉相合的人来"操刀"，将这份材料改写至合适出版。他们挑中安迪·派刻（Andy Peck），我确信他足以胜任，尽管结果可能既不会像是我写，也不会像是他写的那样。

我把所有的讲义、录音带、录像带和字幕脚本都交给他，他的付出不下于我，他下了很大的工夫，使我得以传达真理，使更多人得自由，所以我对他万分感佩。如果给先知一杯水就能得到奖赏，那我要为安迪这么有爱心的劳苦工作而获得的奖赏，大大感谢神。

第二，我从来不曾仔细保存使用的材料，部分原因得感谢神赐给我不错的记性，不用翻查就可以引述嘉言和实例，或许另一部分原因是我从未有秘书协助整理。

在我的事奉中，书籍一直扮演重要角色，我有三吨重的书——依据上次搬家公司告诉我的。我有两个房间和一个花园小屋摆满了书，共分三大类：读过的、想读的、不可能读的！书籍带给我很大的祝福，带给妻子很大的不便。

目前为止，占据书架最多的是圣经注释书，每次预备查经，我都先尽己所能地查阅所有相关著作，参考学者观点和灵修著作，来增添或修正我的笔记。

要把所有想感谢的人名都列出来是不可能的。我和许多人一样，从20世纪50年代开始，每期《每日读经》（*Daily Bible Readings*）一出刊就赶紧取来，如饥似渴地读着，所以我要感谢包恪廉（William Barclay），他对新约背景和语汇的知识是无价之宝，他简明的写作风格是我效法的目标——尽管后来我开始质疑他解释经文的"自由"作风。我要感谢为我开启新约圣经的斯托得（John Stott）、滕慕理（Merill Tenney）、费依（Gordon Fee）和韩卓森（William Hendrickson），以及开启旧约圣经的莫特雅（Alec Motyer）、温瀚（G. T. Wenham）和柯德纳（Derek Kidner）；还有 Denney, Lightfoot, Nygren, Robinson, Adam Smith, Howard, Ellison, Mullen, Ladd, Atkinson, Green,

Beasley-Murray，Snaith，Marshall，Morris，Pink 等许多人，可惜无法在此一一铭谢。两本出于女性笔下的小书：米尔斯（Henrietta Mears）写的《圣经综览》（*What the Bible is All about*），和霍哲根（A. M. Hodgkin）写的《圣经中的基督》（*Christ in All the Scriptures*），也令我永志不忘。聆听这些人的训诲是我莫大的荣幸，我向来把乐意学习视为教师的基本要求。

我像海绵一样吸收这一切资源，很多读过的东西都记得牢牢的，只是无法记得是在**哪一本**书上读到的。若是为讲道而整理这些资料就不大要紧，因为绝大多数作者的目标也是为了帮助传道人，并不期待被时常引述。事实上，假如讲道中一再提到某句话是出于哪一位作者，会令听者无法专心，也会误会传道人爱提及名人以引起注意，或间接地显示自己博览群书。我在前段的致谢也可能这样引人误会！

但是印制成书和口语传道不同，书籍涉及版权，我就是因为害怕触犯别人的版权，而不敢让我的讲道被重制成书，怎么可能回溯四十年间的信手拈来？就算可能，必要的注解也会使书籍的厚度和价格都多出一倍。

我的拒绝，等于也是不准最需要这些材料的读者受益，出版社说服了我，使我承认这个做法不对。起码我可以为收集和整理这些材料负责，而我也有十足的信心，这套书里的原创部分足以作为出版的充分理由。

在此，我只能提出道歉和感谢，为着多年来从阅读中掠夺的或少量、或大量的资料，只盼那些被掠夺的作者将此视为真诚的恭维和仿效。套用我从某处读到的一句话：「某些作者论到他们的著作时，常说：'我的书'……不如说'我们的书'更佳，……因为在那些著作里出自别人的东西，通常比他们自己的还多。」（原出自帕斯卡〔Pascal〕）

所以，这是一本"我们的书"！我自忖，自己大概是法国人所不讳言的"通俗作家"吧，意思是把学术的教导变简单，让"一般人"也能了解。虽是"通俗作家"，余愿足矣。曾有位老妇人在我讲解完一段相当艰深的经文之后，上前来对我说："你把它切成好几个让我们能吸收的小块。"其实，我向来的目标就是希望能使十二岁的孩子听得明白，并且了解其中的信息。

有些读者会对书中缺乏经节提示而感到失望,甚至挫折,尤其是想查证我所说的是否正确的读者!但我是故意不给参考经文的。神是一卷一卷地赐下他的道,不是分章节给我们的,那是好几个世纪以后两位主教(一位法国人和一位爱尔兰人)的杰作,使得我们比较容易找到"某章某节",却因此容易忽略上下文。有多少引述约翰福音3章16节的基督徒,也能流利地背出第15节和17节?许多基督徒不再"研读经文",而是只凭章节"查圣经"。所以我依照使徒们的习惯,只提作者名字——如以赛亚或大卫或撒母耳所说。举个例子,圣经说:"神吹哨",哪里这样说?在以赛亚书;是在讲什么?请你自己去查吧。你就会发现神何时说过,又为什么这么说。因为是你自己找到的,你也会获得一种满足感。(译注:《现代中文译本》译为"吹哨",和合本译为"发嘶声"。)

最后,我希望这些圣经书卷的纵览能帮助你更加认识神的话、爱慕神的话,但在这期待的背后还有更大更深的渴望,就是你也能更认识、更深爱所有书卷的主旨——神自己。有个人在短短几天内看完全套录像带,他说了一句令我大为感动的话:"现在我对圣经有更多的认识,但最重要的,是我深深感受到神的心意,那是我以前从来没有过的。"

当圣经教师听到如此反应,夫复何求?愿你也有相同的经历。当你展读这套书时,愿你能和我一同说:"赞美归与圣父、圣子和圣灵!"

大卫·鲍森

写于谢伯恩圣约翰,2008年

J. David Pawson

Sherborne St. John, 2008

读一点约翰或马太福音
再读一点创世记
零碎地恣意而读
我真以为我知道圣经在讲什么

以赛亚书的某几章
诗篇的某几篇、诗篇二十三篇
箴言第一章、罗马书第十二章
我真以为我认识神的道

直到我发现从头到尾地读
却是另一回事
从头到尾连贯地读圣经
于我是陌生的。

喜欢把玩圣经的人啊
你在结束疲惫的一天时跪下
打着呵欠匆匆作个祷告之前
这里沾一下、那里尝一点。

你们用这样的方式对待这书中之冠
对其他的书却不会这样
单取一段来读
只投以不耐烦的一眼。
请试试更配得上这书的程序
试试用更宽广而深远的观点看；
当你从头到尾地读完圣经时
你会在惊奇与叹服中屈膝。

作者：佚名

历史枢纽

Part I

1. 四福音书

† 引言

圣经是一套丛书,由四十多位作者历经一千六百多年写成。神没有选择给我们分好章节、下好标题的经文,也并未提供按着教义系统分类的书卷。相反地,他给我们的是一套拥有**各种不同文体**的丛书。从诗篇到历史、从书信到启示,以三种语言写成——主要是希腊文和希伯来文,还有一点点亚兰文(Aramaic)。

多样性

这套丛书反映出不同作者的**独特个性和观点**,就像在公立图书馆里的任何两本书,必随作者个性不同而各有特色一样。重要的是,别忘了圣经的神圣"主编"——圣灵,可没有把这些作者当作文字处理机器,藉他们传达他的真理时,并没有跳过他们的思想和心灵不顾。他虽是背后那位至高的作者,然而这些作者仍可以自由地用自己的方式来表达。其实,这些作者几乎都不知道自己写下的这些文字,将来有一天会被列为圣经。

此外,请谨记检视**作者的用意**,圣经里一些看似矛盾的地方往往就能迎刃而解。譬如，保罗肯定地说，得救是靠信心而非行为，而雅各却在他的书信中教导信心需有行为，这当中的争议就可以从写作动机去解决。当保罗在罗马书中处理信心的主题时，他要解答的一连串问题跟雅各所面对的完全不同。保罗关切的是，切莫以为可以靠自己的行为得救。雅各关切的是，信心要伴随着行为方显出是真信心。

一致性

虽有这些多样性，但圣经同时也让我们看到真正的作者是神。圣经有个主题，贯穿全书：**揭开一出救赎大剧**，以创世记为始，启示录为终。创世记1至3章和启示录21至22章有着惊人的相似性，两卷书的写作时间相隔一千六百年，却反映出神的奇妙作为。圣经的一致性清楚可见，而这一致性却非意味着单调。就像只有一神却有三位格，照样，他的道也反映出一致性与多样性。

研经方法

每次查考圣经时，我们必须将下述具同等重要性的两点谨记在心：

1. 多样性：分析一卷书时，要注意这卷书与其他书卷的**相异处**。
2. 一致性：注意这卷书与其他书卷的**相似处**，以及它如何与整部圣经的架构配合。

自由派读圣经时倾向于将焦点放在多样性，而否认圣经的一致性。福音派读圣经时倾向于关注一致性，唯恐以多样性为焦点会暴露出其中的矛盾。

圣经的作者是神，内容具有一致性，然而，每一卷书都是由一个人为了一特定目的而写；我们读经时需兼顾二者，以保持平衡。假如我们只看见圣经的作者是神，未能注意到不同的作者如何处理相同的主题，就会在某一重要的真理范畴中，不知不觉地从事错误的解读。我们会犯的错误在于，处理任一主题的相关经文时，会诠释得好像是取自同一卷书、具有同一信息和写作风格，而忘记神乃是使用每一卷书及其作者的独特处境来传达他的真理。另一方面，假如我们只看个别的书卷，可能会忘记它是整套丛书中的一卷，忘记神集合整套书来呈现他一贯的主题与美意。

我们研读**福音书**时，尤其能显出此一做法的价值。从某方面来看，写耶稣的福音的四位作者有一致的写作主题，而且写作时期、人物和地点都相同，但是，每一位作者在写作时，心里都有一**特定的焦点和读者群**。尤以约翰福音独树一格，约翰福音和其他三卷内容颇多雷同的"对观福音"显然有别，若具体地去看这些差异，更能看出约翰是如何自成一格了。

✝ 四福音书

四福音书是最贴近耶稣生平的记载，内容涵盖他的一生、死亡和复活。不过很多人不了解，其实四福音书的写作风格独一无二，在第1世纪前所未闻，在现代也没有可相提并论的。细心的读者会知道，若要正确解释四福音书，不但要看该节经文的上下文，**还要从整卷福音书的文本去看**。假如解经者不了解福音书的**文体**，所作的解释就会有问题。在个别查考每一卷福音书之前，我们需要先弄清楚"福音书"属于哪一类文体。

为何叫福音书？

福音书当然不是自传，因为耶稣从未写过任何书，但福音书也不是正规的传记，因为每一卷福音书都有超过三分之一的篇幅在描述耶稣的死。没有一本传记会用三分之一的篇幅来处理传主之死，无论那人的死亡有多壮烈或多悲惨。或许，最好的类比不是从文学世界里去找，而是在现代生活中去找：福音书就好像**新闻公告**。

英文的"福音"（gospel）一字，相当于希腊文的 *euangelion*，这个字在新约时代是形容一位信使在大城小镇宣布令人震惊的消息，典型例子就是打败敌人或皇帝驾崩。同样地，福音书也是一种新闻的发布，能直接让人知道这是令人兴奋的好消息,言下之意,这消息一经公布,世界将不再一样。

公告通常是读出来给人听的,照样,福音书也是供人朗读的(新约其他书卷亦然)。今天,如果我们把它念出来(就算是只给自己听),必然会与默读一样获益良多。

为何而写?

福音书之所以用我们现在所知的形式写下来,原因十分清楚。基督升天之后的数十年间,使徒大力传扬福音,教会不断增长,遍及整个罗马帝国。因此,许多人希望从那些拥有第一手讯息的人那里,得到耶稣生活事件的"新闻报导"。于是,曾经目睹耶稣言行的**见证人**,有必要写下关乎他的生平事迹的**可靠记述**。

为何有四部?

首先,令许多人惊讶的是竟有四部福音书,且在内容与用语上多有重叠,某些人认为这未免多余。何必要有四部,尤其如果说的是同一件事?假设只有一部福音书,对我们岂不方便得多?为何没有人把四部汇编成一本,分配每位作者各自负责一部分?

这听起来似乎合理也合逻辑,然而每当有人试图将福音书调整成一部,必遗漏某些重要的事。神默示四部福音书必有他的原因,正如他也有充分的理由让圣经其他部分有所重复一样。譬如造天地的叙述,在创世记1章和2章各有一次——分别从神的观点和人类观点叙述。以色列历史也记述了两次,分别在列王纪和历代志,所涵盖时间虽相同,叙述观点却完全不同。照样,耶稣的生平与受死经过也有四次记述,因为神希望给我们**不同的角度**,好让我们充分了解全貌。

若要为协和客机拍照,起码得从不同角度照上四、五张,才能够让人看到飞机的全貌。类似的道理,耶稣是自古以来最奇妙的人物,所以神给四个人默示,让他们各自写下他们所看到的。福音书的作者各自从独立观点描写耶稣。

默示

从福音书的不同写作角度,让我们领悟到关于圣经默示的一大重点,就是圣经的作者并非"文字处理器",好像照着神口述一字不漏地写。[1] 神使用不同的人来写作,是希望从个人对耶稣的了解,在特定的写作目的之下,传递神的信息;但是,他们所写的又是神的道,每一个字都是神所默示的。既是神的道又是人的话语,因此默示里包含每一位作者的特性。

四部福音书彼此间有何不同?

当某位名人故去,通常会有一系列不同类型的文章缅怀他。

1. 首先发表的讯息,通常是告诉我们此人**做过什么事**;最早出现的讣闻即满足此目的。
2. 接着大家会对此人**说过什么话**感兴趣,于是开始出版他的书信与言论集。
3. 然后到第三阶段,从言论和行为的背后发掘**他是怎样的人**,细看他的个性、动机,探究他内在的真实模样。

四部福音书刚好依循这三个阶段,请看本章末的简表(见第20页)。马可福音最关切的,是耶稣做了什么事,焦点摆在耶稣的行动、神迹、受死与复活。马太福音和路加福音收集更多耶稣说过的话,比马可更多记载他所传的道。约翰福音就不单是对耶稣所做的感兴趣,也不是单把焦点放在他说过的话,约翰最关切的是耶稣的身份,他究竟是谁。四福音书虽各具特色,却因此呈现耶稣的多重样貌,为后世提供了一个全方位观点的耶稣,使我们对他有全面的了解。

如何研读四福音书?

了解福音书是独特的文体之后,我们可以从两方面明白这些著作

---

[1] 创世记和启示录各有一些部分例外,有迹象显示那些部分是从神的口述直接记下的。

的含义。首先如上述，就是需要从每位**作者的见解**去读每部福音书，看作者所看见的，从作者的角度去了解耶稣；第二方面是从**写作的动机**去读，看作者希望读者怎样回应。虽然四福音书在这两方面会有部分相同的地方，但对于我们阅读每卷福音书仍大有帮助。

作者的见解

每一部福音书的作者，都想传达一个有关耶稣的见解，因此就根据这个见解来组织自己的素材（见第20页）。作者不只是想传达记忆中耶稣的言与行，更想让读者在某种脉络下，了解耶稣的生平。各作者的观点并非仅见于自身所写的福音书，因为不同作者之间也有重复之处；但我们依然可以清楚看到，每个作者都有一主要的见解：

- 马可的福音书最早写成也最短，他看耶稣是人子。
- 路加的福音书是第二部，他看耶稣是世人的救主。
- 马太写的是第三部，他将耶稣描述成犹太人的王。
- 约翰写了第四部福音书，耶稣乃为神的儿子。

每位作者各自选择素材、加以组织，以充分传达他们各自的观点。

写作的动机

不过，我们也需要从读者的角度来思考。每位作者在写作时，心中都有一特定的读者群，务要将有关耶稣的信息传递给那些读者。

仔细查考福音书后，可知马太和约翰福音都是为信徒写的：

- 马太关心初信者，因此他是照着当如何过门徒生活的次序来安排内容。
- 约翰福音则是针对信主较久的人，为了鼓励他们持守对耶稣的信心，也为了对抗异端，免得信徒对施洗约翰和耶稣本人的认识产生偏差。

另一方面，马可和路加福音主要是为非信徒而写。

- 马可希望读者因听到耶稣的好消息而兴奋，激发他们信靠耶稣。
- 路加则是圣经作者中惟一的外邦人，他关心的是要让外邦人也认识基督。

读者群的差异，决定了作者的取材与安排。

四福音书的共同点

前面提到，福音书的内容和用语有部分重叠，尤其是前三部。事实上，马可福音有95%的内容都包含在马太和路加福音里，某些例子甚至十分相近，用语雷同。前三部被称作**"对观"福音**，"对观"的英文synoptic是由两个希腊字所组成：*syn*代表"一起"，*optic*代表"看法"或"观点"。对于耶稣，前三部福音书反映出共同看法，而比较独立写作的约翰则自成一格。当你读完马太、马可和路加福音之后，开始展读约翰福音时会感觉很不一样。

三卷福音书有许多共同素材，少数几件事仅见于马可福音，但马太和路加都采用马可的绝大部分素材，虽然写法不大一样。马太将马可的材料分成小段，再混合自己的素材，而路加则切成大块，整段采用马可福音的素材。

当然也有一些辩论，究竟是马太和马可用了路加的素材，还是马太和路加采用了马可的素材并扩充，抑或马可浓缩了马太和路加的内容？最有可能的，是马太和路加将马可的素材加以扩充，参考马可福音写作。马太福音里有一些内容是其他福音所无，显然是马太个人调查所得，路加也有一些内容是他自己取得的。

马可福音是基础

三部对观福音书显然有清楚的实质关联，而马可福音是基础。这点并不令人惊讶。在我们的新约圣经中，马可福音虽排在第二，但几乎可以肯定它成书最早，马可非常仔细地把他的素材分成前后两部分，中间还有一段间奏。前半部涵盖耶稣于北方加利利的事奉，后半部则报导耶稣南行至犹大。耶稣在北部广受爱戴，群众簇拥，仅有一件事例外，就是拿撒勒村民曾试图把他推下断崖。在南部，他十分不受欢迎，常有人找他麻烦。犹太权威当局对他敌意很深，跟随他的人很少。马可以地域为界，从耶稣离开友善的北部到了充满敌意的南部，堆叠出最后的高潮，以耶稣的受死收尾。

马太和路加也都采用这个两段式的基本架构。继马可之后写成的是路加福音，他重写马可的素材，加上自行收集的内容和一部分与马太共通的素材，这部分的素材很可能来自另一份文字或口述源头。后来的新约学者将马太与路加共通的这另一素材来源，冠以"Q"字，即德文的"来源"（*Quelle*）。第三个写福音书的是马太，他加上自己调查来的素材，包含"Q"材料，然后按照自己的写作目的编排成不同观点的福音书。

结论

如欲充分掌握福音书的信息，就必须了解福音书是什么文体，以及每一部福音是为谁而写。以下是四福音的信息摘要。

四福音书

马可——人子

马太——犹太人的王

路加——世人的救主

约翰——神子

三个阶段

耶稣做了什么——马可

耶稣说了什么——马太／路加

耶稣是怎样的人——约翰

两个角度

作者观点——看法
看见什么？如何理解？
读者观点——目的
为谁而写？为何要写？

四福音书就像四篇新闻公告，向我们传达基督的身份与作为，其中有记录他的生平事迹的独到一手资料。四福音书的写作目的是为造就信徒，或为劝服非信徒来信靠神所差的这一位。最佳的阅读方式是一口气从头读到尾，如能出声朗读更佳，因福音书本来就是先以口传，后来才以文字记载下来。

福音书因描述记载了这位"历史的枢纽"，而成为非凡的作品。世界发生遽变，基督已经来了，他既是人又是神，成为世人的救主，历史纪元也因他的出现而划分为：公元前（B.C.：before Christ；"基督之前"）和公元后（A.D.：拉丁文 *anno domini*；"我主之年"）。

2. 马可福音

†引言

前一章的四福音书简述里提到,马可福音是四卷福音书中首先完成的,尽管它被排在新约圣经的第二卷。它的写作对象是**非信徒**,所以你马上就会注意到它的写作风格生动活泼、充满戏剧张力,读来令人手不释卷、欲罢不能。

马可是谁?

马可福音的作者就像其他三卷福音书的作者一样,并不提自己的名字。虽然有清楚的线索告诉我们作者是谁,马可却不想让读者把注意力放在他身上,他仿佛在说,不要注意他,请把全副注意力都放在耶稣身上。马可有三个名字,每一个名字都埋着一条有关他身世的线索。

1. "马可"来自拉丁文**Marcus**,由此可知,虽然他是犹太人,却与罗马官方有某种关联。我们虽不确定是什么关联,但他们家在耶路撒冷确实拥有一栋大房子,所以想必有某种身份地位,至少他们家有一个婢女。

2. 他的希伯来文名字是**约翰拿**（Johannan）或约翰（John），这名字的意思是"耶和华彰显恩典"，他常被叫"约翰马可"。
3. 第三个名字就不常听到了：**科罗波达托洛司**（Colobodactolus），这是希腊文，意思是"肥短的手指"。史上第一部福音书是由一位手指肥短的人写成的！

所以马可有三个名字，一个希腊文的昵称，一个拉丁文名字和一个希伯来文名字。

家庭背景

马可的母亲叫马利亚，希伯来文就是米利暗。极有可能最后晚餐的地点就在他家，之所以如此推断，是因为当时耶稣从耶路撒冷"楼上的房间"用过最后晚餐之后，直接前往了客西马尼园，然后被捕，紧接着发生一件不寻常的事。

耶稣被捕时，兵丁抓到一个少年人，赤身披着一块床单，兵丁抓住他的时候，他情急之下舍床单赤身逃入黑暗中。会把这么不寻常的一个细节放在福音书里面，除了作者就是约翰马可本人之外，几乎没有别的可能。他匆匆忙忙地跑出家门，跟在门徒后面进入园子，躲在某一棵老橄榄树下，听到耶稣在祷告，又目睹他被捕。这可说明，为何此部福音书记载了耶稣祷告的细节，因耶稣虽带了三位门徒一起去，却和他们隔了一段距离独自祷告，不在他们听力可及范围内。

这虽是推测，但可能性很高，最后晚餐的地点在约翰马可的家，此事件支持他就是这部福音书的作者。

他的资料哪里来？

约翰马可不在门徒团队里，他虽然是个少年人，但他应该见过耶稣，不过在后来的许多事件中，他从来不是主角。虽然在新约圣经别处也有提到他，但他总是居"第二位"，某人的助手。所以，或许有人会惊讶，居然是由这位约翰马可来写第一卷福音书，而不是别人。

他是初代教会三位伟大领袖的助手，从这条线索可知他的素材来源。首先，他作表哥巴拿巴的助手，巴拿巴是生于塞浦路斯的利未人，马可似乎是在**巴拿巴**的培训下开始服事的。

接下来，他作使徒**保罗**的助手，陪伴保罗和巴拿巴第一次巡回布道，此行并不算成功，因为他们刚抵达小亚细亚，约翰马可就半途退出了。路加并未在使徒行传记载他离开的原因，说不定是想家。有些人推测，因为他觉得表哥巴拿巴更应该主导，所以对于保罗的领导权有所不服。有些人则猜想，会不会是盗贼攻击的危险令他却步。这些我们都不确定，但我们确定的是，当保罗和巴拿巴第二次启程宣教时，约翰马可成了两人争执的焦点，保罗坚持不带约翰马可，因为第一次他半途离开，而巴拿巴主张带他去。保罗和巴拿巴就因为这个争论而分道扬镳。

最后，马可成了使徒**彼得**的助手，彼得继保罗之后抵达罗马。有了这层关系，马可才获得写福音书的资料。起初，他为彼得传讲信息担任翻译，彼得在罗马各教会巡回传道时，需要有人为他把信息翻译成拉丁文。有一份初代教会的文件记载，罗马教会的某些会友问彼得，是否可以把他的证道记录下来，好让他们长久保存。他们担心彼得如此放胆传道终将被捕，尤其当时正值暴君尼禄统治罗马时期，他们还担忧彼得对耶稣的回忆终将模糊。该份文件说，虽然彼得对这个想法并不热衷，但是"他不禁止也不鼓励马可做这事"。

写作风格

由于马可和彼得的关系密切，所以马可福音也被称作"**彼得福音**"。其实，仔细看使徒行传记载的彼得证道内容，就可看出和马可福音的密切关联。马可福音的字里行间透着彼得"行动派"的性格，他个性莽撞，常常未经思考就脱口而出，当别人还犹豫时，率先行动的往往是他。我们从其他福音书得知，第一个想走在水面上的就是彼得，等不及耶稣复活显现而说"我要去捕鱼"的人也是他。当约翰说站在岸上的那人是耶稣，第一个跳下水游过去的，是彼得。

彼得是坐不住的，这卷福音书从头到尾都传达出这种紧凑的兴奋感，"随即"、"立刻"、"立时"出现次数之多，点出了彼得对生命的热情。因此，马可福音成了四部福音中最生动活泼，朗读起来也最能令人感染兴奋之情。演员麦高文（Alec McCowen）单口朗读马可福音，就让伦敦的一家剧院连续数月场场爆满。

马可福音的第一部分用相当短的篇幅描述耶稣头两年半的事奉，马可用一种快节奏的风格，引起读者对于所发生之事的兴奋感。在第二部分，他却花较多篇幅叙述接下来几个月发生的事，关于耶稣在世的最后几星期，他花了更多篇幅描写；最后，他把焦点停驻于最后一周，到了最后一天，甚至是一个小时、一个小时地描述。就像一部特快列车慢慢减速，最后停止——就停在十字架前。

马可福音的架构是逐渐增强，最后全部指向耶稣的受死，对每件事的描述则渐渐放慢，最后在十字架前戛然而止。这是新闻写作的极品，给非信徒的最佳读物，即那些完全不知道耶稣是谁，而想藉由阅读来认识被我们称为主和救主的这位精彩人物的读者。

† 马可福音的内容

彼得的软弱

马可福音常呈现彼得不好的一面，强调他的弱点多过他的优点——仿佛彼得担心读者不知道他犯的错误似的。所以，当耶稣说明不久他即将受苦，彼得极力劝阻时，马可福音记载耶稣对彼得说："撒但，退我后边去吧！"对照马太福音，耶稣则是说："你是彼得，我要把我的教会建造在这磐石上；阴间的权柄（权柄：原文是门），不能胜过他。"马可福音把彼得否认主的一段震撼经过写下，却未记载主亲自恢复彼得的过程，反而是约翰福音把这段过程呈现出来。

神迹

比较令彼得深深感动的是**耶稣做的事**，而非耶稣说了什么，所以马可福音对于耶稣所行的神迹展现极大的热忱。这反映出布道家的心肠：对于任何会引起未信者兴趣的作为都比较敏锐。这也表现在马可福音描述神迹和讲道的篇幅比例上，马可记载了十八个神迹，和马太与路加福音差不多，但是他仅记载了四个比喻；相较之下，马太记载了耶稣的十八个比喻，路加记载了十九个。马可福音只记载了一个主要的讲论，在第13章里。

省略

彼得不知道的部分，也反映在马可福音里。看来彼得不知道耶稣如何诞生、也不知他诞生于何处。无论在使徒行传记载的讲道中，或在他的书信中，都没有迹象显示彼得知道有关耶稣诞生的事。彼得对耶稣的认识从约旦河边开始，在那里他和弟弟安得烈受了约翰的洗，约翰介绍兄弟俩认识耶稣。因此，在马可福音里没有第一个圣诞节的故事，也没有关于耶稣童年的事。这部福音书从彼得知道的开始讲起——就是约翰的传道与施洗。

架构

马可福音涵盖耶稣三年公开事奉的时间，但其架构反映在时间和空间上，既按**时间**也按**地理**记载。头两年半的叙事一波高过一波，最后到达分水岭，由此开展接下来发生的事，报导耶稣在地上最后六个月的生活。马可把焦点摆在耶稣于加利利的服事，而将他早年到过耶路撒冷的事省略（见第28页图表）。

依时间顺序的架构

耶稣的事奉可分成三阶段：

- **第一阶段**：耶稣广受欢迎。许许多多人得蒙医治，他是全国的热门人物。
- **第二阶段**：开始遭遇敌对，对安息日的不同看法是开端，进而扩及其他领域，不久耶稣就树敌多过朋友了。
- **第三阶段**：虽然群众蜂拥来听他讲道，但耶稣专注带领他的十二位门徒。

马可福音涵盖三个不同的时期，第1至9章讲头两年半的时间，第10章讲接下来的六个月，第11到16章则讲耶稣在地上最后一周发生的事。

依地理位置的架构

马可福音的地理架构与时间架构平行，故事始于地表最低处的约旦河，然后移往耶稣事奉主轴的加利利，继而逐步爬升到应许之地的最高点，黑门山下的凯撒利亚·腓立比。此地为马可福音的**分水岭**，从此以后，耶稣就朝耶路撒冷而去，故事也急转直下。从最高点下行至犹大地，穿过位于约旦河东岸的比利亚，最后抵达耶路撒冷，耶稣在那里死在十字架上，三天后复活。

经过两年半的事奉之后，在凯撒利亚·腓立比究竟发生了什么事，竟完全改变了耶稣服事的方向？以致马可希望读者特别留意？

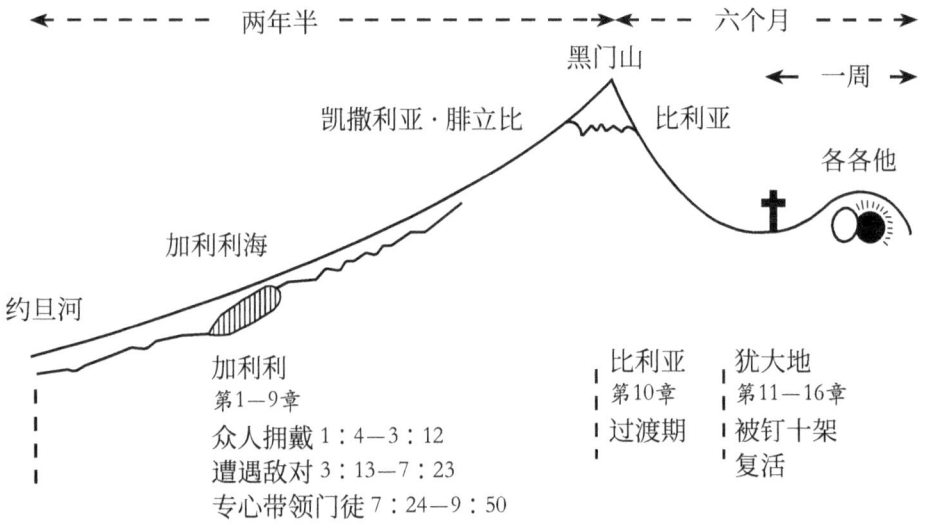

分水岭

让我们先了解一些背景。凯撒利亚·腓立比座落于黑门山山脚下，山顶的融雪渗入裂隙一路流下，最后从地底的洞穴涌出，汇聚成宽约三、四十英尺的约旦河源头。

此一奇特的自然现象成了迷信的温床，数百年来此地一直是异教膜拜的中心，面河的山壁上有一些人工刻凿的洞龛，里头放置神像。其中有一座放置了希腊的潘神（Pan），直到今天这里仍被称作潘内亚斯（Paneas）或班尼雅斯（Baneas）。还有一尊凯撒的神像，是希律王的四子之一腓立比（Philip）安置的，希律死时将这块地赐给了这个儿子。腓立比将自己的名字加在皇帝的名字之后，称此地为凯撒利亚·腓立比。

所以，在这里有一尊谣传曾以凡人样貌出现的潘神，还有一尊被奉若神明的凯撒雕像。耶稣把十二门徒带到这里，问他们："人说我是谁？"

门徒回答说，有人说这、有人说那，但大多数人认为耶稣是犹太历史上的伟人再世——如耶利米、以利亚，甚至施洗约翰。

然后耶稣看着门徒，问他们认为他是谁。彼得说出了正确答案，他明白耶稣早就存在，不只是此时此地，他说：**"你是基督，永生神的儿子。"**

这是史上第一个领悟到耶稣是谁的男性（第一位明白的女性是马大，她的信仰告白记载在约翰福音〔编按：约11：27〕），这个回答就是马可福音的枢纽。耶稣等了两年半才问这个问题，现在他终于能对彼得讲出，他从未提过的两件事：

1. 他说**建造他的教会**。之前耶稣传了许多道、治好许多人的病、行了许多神迹，却从未提过这个主题，原因是惟有知道他身份的人所组成的团体，方能称为教会。此刻耶稣将西门（意为"芦苇"）改名为彼得，在原文里，彼得的发音酷似"磐石"。
2. 他还首度提到，他一心**朝耶路撒冷去，且将死在十字架上**。门徒跟着他两年半以来，从没听过他将赴死的事。现在他解释说，他必须上十字架，没有任何事能阻止他。彼得闻言大为震惊，极力劝阻，却遭耶稣斥责。此后，马可福音的焦点就只有十字架。

因此，这就是马可福音的**分水岭**，我们若不明白这点，可能轻易就错过故事的真正走向与发展，而以我们已知的结果来论定门徒的一些事，错失马可福音所叙述的渐进启示。

门徒既已了解耶稣是谁，接下来发生的事就再自然不过了，耶稣带彼得、雅各和约翰上到雪线以上的山顶，在他们三人面前变了形像。彼得描述当时的情景说，耶稣的衣服放光，极其洁白，地上漂布的，没有一个能漂得那样白。其实他用的字眼是"洗洁剂"（或当时的同义字"漂白剂"），有大光从衣服里面透出来，他们看见他与摩西和以利亚"在荣光里显现"，谈论他即将去世的事，就是他将为他的百姓在耶路撒冷所成就的事，如同路加所记载的（路9：31）。

因此，马可福音的关键点，在于门徒明白耶稣是谁：他是基督、是弥赛亚。这也是读者需要明白的关键点，也是马可透过这卷福音书的架构所要传递的**好消息**。后来，马太和路加福音也用这个关键点作为基础。

† 马可福音对我们的价值

1. 基督身份的清晰画像

马可福音主要关切耶稣做了什么，但并非不关心基督的身份。事实上，只有马可福音清楚表明**耶稣把自己逐渐启示给门徒看**。这部福音书有一个令人困惑的特色，就是它既启示基督的身份，同时也强调耶稣似乎希望门徒不要把他真正的身份说出去。

有几节经文特别强调这点：

- 在1章25节和1章34节，耶稣不许污鬼作声，因为它们知道他是谁。
- 在1章44节，耶稣治好一位麻风病人之后，就打发他走，并郑重地嘱咐他："你要谨慎，什么话都不可告诉人。"
- 在3章12节，又一次命令污鬼，"耶稣再三地嘱咐他们，不要把他显露出来"。
- 在5章43节，使睚鲁的女儿死而复生之后，"耶稣切切地嘱咐他们，不要叫人知道这事"。
- 与上述同样的情形，也发生在7章24节、36节，8章26节、30

节，9章9节、30节。甚至在黑门山上，耶稣也吩咐门徒不可泄漏他的身份。

马可福音的这个特点，被称为"弥赛亚的秘密"，反映出耶稣所关切的，是不受干扰地完成他的使命。他希望门徒从天父那里了解他的身份，他约束他们的思想，为的是希望他们能以正确的方式获得结论。他不让他的身份提早泄漏出去，因为那将带来谄媚奉承，众人会要求他作政治上的救主，这不但会妨碍他的服事，也会阻止他上十字架。

2. 基督身份的核心工作

马可福音的第二大主题是基督的工作，强调**耶稣之死**——以三分之一的篇幅讲十字架；制作基督生平的戏剧和电影往往未能掌握这点，这也标示出福音书的形式不同于"生平故事"。我们难以想象名人如甘地或肯尼迪的传记里，会如此偏重描述他们的死亡，尽管他们都是遭暗杀而死的。

十字架支配了整部马可福音的内容，它让我们清楚看到，人们从一开始就密谋杀害耶稣。他的教导为他带来朋友，也为他树敌。他挑战宗教现况，令宗教与政治领袖不悦，也引起他们的敌意，尤其法利赛人对耶稣抨击他们的传统，更是怀恨在心。

从属人与属神层面看耶稣之死

马可强调，十字架包含从人性与神性的层面看耶稣之死。

属人的层面

从属人的层面，**因为耶稣说他是神，所以被控亵渎**，依犹太人律法该当死罪。然而，依据福音书的记载，那些控告他的证词却互不相合，以致罪名无法成立，最后是由审判者询问，要听他亲口回答他是基督不是。耶稣作为犹太人，必须回答大祭司的质问，所以他承认自己就是基督。审判者当场撕裂衣服，说："你们都听到了，你们的意见如何？"于是犹太议会，即七十人的治理议会宣布，耶稣该当死罪。

尽管判决确立，但犹太人不能够执行死刑，因为他们必须服从罗马法律，也就是说，他们需要获得统治当局的同意，才能把人判处死刑。但是按罗马的法律，亵渎神并不是罪行，惟一的办法就是**更改**罪名，所以等到他们把耶稣押解到彼拉多那里的时候，他被控的罪名已经不是亵渎神，而是**叛乱**。对于这一点，只有马可福音讲得最清楚。到了最后，他们控告他的罪名并非是因他说"我是神"（亵渎罪），而是"我是王，犹太人的王"（叛乱罪）。从人的层面看基督的死，从头到尾都是不公不义的判决，他没有犯亵渎罪也没犯叛乱罪，然而他被控以这些罪名处死。

属神的层面

马可福音也从属神的层面带出基督之死，因为**打从一开始，耶稣就确定他降生乃为受死**，他不只一次预告他的死亡与复活。我们也读到耶稣饮"那杯"（比喻的说法），讲到"杯"，总是令人联想到神对罪恶的忿怒。无疑地，马可是在他被出卖的那夜，在客西马尼园听到耶稣使用这字眼。

从耶稣第一次提到他将要受难，我们就感觉言下之意是他将被出卖。耶稣一开始就知道神的计划是这样，而他从不回避。彼得试图诱使耶稣逃离十字架，这是不可以的。

人意与天意组合成扣人心弦的发展，基督的严峻使命真实呈现在读者面前，这使得马可福音十分适合给未信者阅读。

3. 群众对耶稣的反应

马可记载颇多群众对耶稣的教导与神迹的反应，有两个关键字贯穿全书：**怕**与**信**。就好像那些遇见耶稣的人都面临二选一，马可福音似乎从头到尾都在问：对于这个故事，你的反应是什么？惧怕或相信？

以平静风和海的记载为例，门徒问他："夫子！我们丧命，你不顾吗？"耶稣回答："为什么胆怯？你们还没有信心吗？"在马可福音里，处处可见耶稣常说："不要怕！"无论任何环境、任何情况，惧怕或相信是两种互不兼容的反应。

相信的根基

因此，马可福音呈现给我们基督之身份与工作的清晰画像，也鼓励我们当超自然因素介入时以信心回应，不要害怕。这些都是马可福音非常适合给非信徒看的原因，它给读者有关基督身份与工作的最基本知识，并鼓励读者正确地回应。

† 结尾

马可福音的结尾很特别，其实是**句子讲到一半就没了**，根据最早的手抄本，我们看到它结束在16章8节的中间："因为她们害怕……"，读来颇奇怪。虽然英文译本通常会润饰一下中断的句子，变成"因为她们惧怕"或"她们害怕"，仍遮掩不住事实，就是马可福音结束得很突然，终止的音符悬在惧怕上。

戛然而止的原因

这部福音书竟如此结束，实在出人意外，毕竟全书的主旨在使人由惧怕转为相信。如此结束的确令人生疑：故事的结尾是什么？为什么马可没有好好地写完呢？为什么马可福音没有记载耶稣复活显现的事情呢？只有写到空坟墓、如何发现那坟墓是空的，但没有提到复活的耶稣向门徒显现的事，相较于其他三部福音书，显得特别奇怪。

关于这点，起码有三种解释：

1. 马可是**刻意**结束在悬而未决的音符上，保留一个开放式的结局。
2. 马可因**受阻**而未能写完——也就是被某件事打断。可能突然遭到逮捕或被带走，或许半途丧命以致未能完成手稿。
3. 某个原因使结尾**不见了**，可能被逼迫者毁掉，甚至可能是被彼得给撕掉了！因为这其实是"彼得的福音"，原意是要把他所传关于耶稣的道记录下来。我们从哥林多前书得知，耶稣复活后最重要的显现之一，是显给彼得看，但四部福音书都没有关于此事的记载。有可能此事原本记载于马可福音,但彼得却想把这部分删去,因为他认为那件事太珍贵、太私密、太私人,所以他不想让它公诸于世。有些人则主张,反正马可福音有一大部分都包含在路加和马太的版本里了,那两卷福音书都大量采用了马可的内容,所以尽管我们所看到的马可福音并没有真正的结尾,无甚紧要。

真正原因已不可考,但是第一种主张的可能性非常低,亦即马可故意就此打住:"她们什么也不告诉人,因为她们害怕……"特别对这部有意针对未信者传递好消息的福音书而言,如此的结尾实在太不寻常。

另外添加的结尾

我们所知道的,是有人添加其他的结尾,有一短一长两种版本。别人把马可福音写完,所以今天我们才有完整的故事。

较长的版本就是今天一般常见的圣经,从第9—20节都是后来加上的,以相信来平衡惧怕——尽管它明白地说,当门徒看到复活的耶稣时仍是不信。这段结尾包含耶稣所讲,一段很重要、但今天有些宗派并不欣赏的话。耶稣讲到说方言(这是耶稣论及门徒将要说方言的惟一记载),耶稣还说信的人必将赶鬼、治病、手拿蛇也不受害(保罗在马耳他岛就发生这样的事)。这段结尾也提到耶稣说,在水中受浸礼是得救不可或缺的,他说:"信而受洗的,必然得救。"

虽然我们不知道这段结尾是谁写的,但它的确反映出初代教会相信耶稣在复活与升天之间有过这些行动,而且它包含了来自其他三卷福音书的内容。它略为提到以马忤斯路上发生的事情,还有马太福音中大使命的简短版本。看来像是某人撷取其他福音书的成分,加以组合,然后给马可福音补上这个结尾。对于这个较长的结尾的真实性如何,我们用不着担心,它确实是神的道,也真实反映了初代教会的共识,即使它并不是马可亲笔写的。

结论

马可福音的焦点在耶稣所做的事情，以及彼得对主的敬慕，并希望非信徒听了以后能够信靠他。这部福音书不但生动而活泼地呈现信心的基础，对于已经跟随耶稣的人也大有价值，它提醒我们基督的身份与工作，对于这"新闻公告"需要以信心和倚靠来回应。它鲜活热情的语气是对抗灵命疲乏的良方，因它可唤醒人们对于基督事件的惊奇感。由于它的篇幅最短，所以是最容易一口气读完的福音书。为了达到最好的阅读效果，不妨找个时间朗读——读给自己听，但若能读给别人听，那就更好了。

3. 马太福音

† 引言

作者是谁？

一般都同意此福音书的作者是原名利未的马太，虽然他的名字并未出现在原始文件上。"马太"的意思是"神的恩赐"，他是十二使徒之一。马太和路加福音都记载他在迦百农作税吏之时，撒下一切跟随耶稣，并设宴招待友人和同事，把耶稣介绍给他们。虽是十二门徒之一，但他在四福音书之中并不突出，很少被提及。

马太福音如何写成？

上一章提到，马太写作时采用了马可福音的内容与架构，两者有颇多雷同之处，某些地方遣词用句几乎一样。马太依循马可将内容粗分为两个阶段，再加进他自己的架构，所以他的"第一阶段"是耶稣在加利利服事的头两年半，"第二阶段"是耶稣到了南部犹大地，身处民族主义较浓厚的犹太人中间。马太也以彼得在凯撒利亚·腓立比的认信为分水岭，随后就是耶稣南行，最终抵达十字架。

上一章也提到掌握作者见解的重要性——作者从他独特的观点看到

了什么，他如何了解耶稣——若要掌握马太福音的主旨，不妨思考为什么他觉得有必要重写马可福音。只要仔细看马太与马可福音的差异，就会清楚看到马太的写作目的。

† 马太与马可福音的差异

作者见解

马太是十二门徒之一，能细细思索与主亲密同行的三年时光。马可福音强调耶稣的人性（人子），而在马太眼中，耶稣是**犹太人的王**，众先知的预言在他身上完全应验了。过去六百年来，大卫的宝座一直虚位以待——在位的希律王无法号称他拥有大卫的血统。现在终于有一位真正可以作犹太人的王。

一开始，马太就以家谱把读者注意力引到基督系出大卫王室，描述他的诞生如何应验了预言，以及神介入的标记，首先由天使长传报，后有天使天军颂唱。路加福音提到牧羊人，而马太福音则记载东方智者前来朝拜婴孩。耶稣是犹太人之君王的主题重现于他受难之时，马太记载了荆棘冠冕、"权杖"，以及加给耶稣的头衔，虽然全都是在嘲笑他自称为君王，但在马太看来，他满有君王之尊。

写作目的

马太心目中的读者和马可完全不同，马可福音是为非信徒而写，马太福音则是写给**初信者**。在他写作的当时，许多初信者是犹太人。

他的写作目的可从结尾清楚看到，那里记载了基督对门徒的临别之言，他吩咐他们"去使万民作门徒"，马太福音诚然达到此一目的，就是为所有进到神国来的人提供门徒训练手册。事实上，初代教会就是用这卷福音书来教导初信者如何作主门徒，而这也是马太福音被排在新约圣经第一卷的原因。

马可福音适合给对基督有兴趣、但尚未信服的人看，因此马太重写马可福音，有他另外的目的。

时间更早

马太福音记载的时间点比马可早,在耶稣家谱的脉络下从诞生讲起;马可福音则是从耶稣受洗讲起,对他的诞生较无兴趣,甚至是略而不提。因此,我们不会马上听到耶稣的教导、看到他行神迹,马太先为我们架设舞台布景,创造一份期待感,然后让这位犹太人的弥赛亚登上这历史场景。

记述篇幅更长

马太记述耶稣生平最为完整,也最有系统,或可反映出身为税吏的他,有条不紊的头脑,这卷书里有他身为十二门徒之一的观察所得,也有他自己做的调查。路加和马太显然都采用了一个马可所不知或忽略的素材来源。马太不但加入耶稣诞生的叙述,他所收集的讲道与训辞也比马可多。关于基督之死,马太福音提到的细节比较多,在描述耶稣受死的过程中,马太也多了十四段耶稣说的话。

更动部分文本

为了带出他觉得很重要的面向,马太把马可的文本做了几处更动,马太的叙事通常比较短,省去一些苛刻或生动的细节,好让故事进展更为平顺,以避免任何误解,也免得门徒看了不好意思。因为马太福音读来"感觉"比较冷静,不像马可福音那样充满热忱和感情。这是一位年纪较长的男性在回忆往事,叙事口吻比较不像是传道者,而像是牧师。

收集耶稣的讲论

马太收集耶稣的讲论,并分为五篇"讲章"(见下页"马太福音的结构"),组成门徒训练的教导。最有名的是"登山宝训",此外,还有四篇与天国相关的讲道。这与马可福音形成对比,马可记录的讲论很少;也和路加福音不同,路加将耶稣的讲论打散,分布在整个叙事之间。

马太福音既以犹太人为读者对象,他呈现整整"五"篇证道,很可能有一个特别原因。这五篇证道置于马太福音中心,恰与旧约的五卷摩西律法书形成对照（从创世记到申命记）。马太是在告诉读者，耶稣带来新的律法——过去是摩西的律法，现在是基督的律法。因此我们在登山宝训中听到耶稣重新叙述律法："你们听见有话说……，只是我告诉你们……"，此后一切将不再一样。

架构

如前述，马太采用马可的基本架构，但又加上自己的结构。除了按照马可划分为两阶段，他还加上以"从那时候"开头的两段主题，所以我们读到："从那时候，耶稣就传起道来，说：'天国近了，你们应当悔改'"（4：17），以及"从此，耶稣才指示门徒，他必须上耶路撒冷去，受……许多的苦……"（16：21）。"从那时候"这句话第一次出现时，概括了他在北部事奉的意涵，第二次出现时则记录了他在南部无可避免的受死。此外，马太也用"耶稣说完了这些话"来改变他叙事的方向。

不过，最显著的结构改变，则是他以四大段耶稣的作为，穿插在五大段教导之间，请看下表：

马太福音的结构

前言：诞生、受洗、受试探
话语（5—7章）
行为（8—9章）
话语（10章）
行为（11—12章）
话语（13章）
行为（14—17章）
话语（18章）
行为（19—23章）
话语（24—25章）
结论：死亡与复活

所以，我们看到前四篇讲章之后都紧接着记述耶稣的行动，以阐明训辞的意义。稍后，我们再来看如此安排的目的，在此我们且先扼要地说，马太特别希望读者留意耶稣用言与行来教导，为我们立下言行合一的榜样。马可邀请我们来看耶稣做了什么，马太则不但邀请我们来看他做的事，同时也听他说的话。

十字架的叙述

比起马可福音，马太的结局完整多了。从马可的突然结束来看，有些人猜测马太福音的最后部分会不会其实是马可的结尾，对此我们无从得知，但不妨把马太最后两章的特点列出来：

1. **被捕的细节**：马太着重于基督的无罪，所以特别强调这些事发生，是为了应验经上的话。
2. **犹大的结局**：马太记载了耶稣给门徒的警告，和犹大把钱退还时的懊悔，虽然他后悔也来不及了。
3. **耶稣死后发生的事**：只有马太福音记载耶稣断气之后，地大震动，坟墓开了，已死的圣徒进了圣城耶路撒冷，向许多人显现。
4. **坟墓**：马太记录了坟墓外有兵丁看守，以及兵丁报告耶稣的身体被偷。
5. **耶稣复活之后**：关于耶稣复活之后发生的事情，马太说得比马可多。他记载耶稣回去加利利见十一位门徒（也向其他约五百人显现，其中有些人"疑惑"），这地点意义重大，加利利位于世界的十字路口，米吉多山是东西南北道路的交会点，那里的居民是大杂烩，俨然是"万国的加利利"。耶稣站在山头，使人联想起摩西在尼波山上，他在那里颁布大使命：他们必须去使万民作主的门徒（万民就是指所有种族）。

† 马太福音的特色

一、他对犹太人的关注

马太除了从马可福音取材之外，还有许多个人特色，冲击读者的第一个印象，就是马太福音充满了犹太色彩，它显然是针对犹太人写的，虽说并不排除其他读者，但对犹太人关切之事体察入微，遍见于全书。

1. 家谱

马太福音一开头就是家谱。外邦人对家谱不感兴趣，但犹太人可着迷了，他们会很想知道**耶稣的历代祖先**，因为在犹太人心目中，家谱跟个人关系重大。不仅如此，这份家谱的编排令犹太人眼睛为之一亮，耶稣的祖先被分成三组，每组有十四人。第一组是从亚伯拉罕到大卫王，第二组是从大卫王到被掳，第三组则是从被掳一直到耶稣。这三段时期各代表神的百姓被不同的领导型态（先知、君王和祭司）治理。

如果我们不了解每个犹太名字都有一数值，这三组人物的意义可能就被忽略了。名字的数值意指把每个字母所代表的数字加起来，譬如大卫的希伯来文（无元音字母）是DVD，三个字母代表的数字加起来正是十四。由此清晰可见，马太刻意传达一个模式：基督为大卫后裔，他的来到恰是时候。

马太选择把约瑟祖先的家谱列出来，乍看之下并无不寻常之处，直到我们想起耶稣与约瑟并无**血缘**关系。马太不循路加的方式从马利亚的出身背景谈起，因为在犹太人心目中真正要紧的，是**法律上的权利**。当年可不像今天从母方亦可继承，当年惟有从父传子。

还有一点也很有意思，熟读旧约的犹太人应该会注意到，倘若就**血缘**上耶稣是约瑟的后代的话，那么他坐大卫宝座的权利就有可议之处。因为约瑟的祖先中有一位叫耶哥尼雅，神曾藉耶利米的口说过，耶哥尼雅（又名约雅斤）的后裔中，再无一人能坐在大卫的宝座上治理犹大。马太这份家谱的目的，在确立耶稣乃"大卫子孙"的**合法性**。

2. 用语

从用语也可看出马太对犹太读者特别敏锐，最明显的是他在提到耶稣信息之关键主题"国度"时，马太不像其他福音书写"神的国"，而是用"**天国**"（Kingdom of heaven）。犹太人在言谈中不会提到神的名，以免不敬，所以马太用的是"天国"，尽管他所用这字眼的意思和其他福音书作者用"神国"，并无不同。

3. 引用旧约

马太提到旧约的次数比其他福音书都多，他最常用的一句话是："这是要应验先知所说的话"。马太福音之所以被置于新约第一卷，尽管它并非最先完成的，其中一个原因就在此。它比其他书卷更能**衔接**旧约圣经。全卷书共有二十九处直接引用旧约，间接提及或暗示的有一百二十一处。

这点从马太对耶稣诞生的叙述中特别能看出。他似乎花很长的篇幅向外邦人说明，为何耶稣诞生在伯利恒，因为先知早已预言犹大地的伯利恒将是君王诞生之地。这对于思索这位是否就是神早已应许的弥赛亚的犹太人来说，兹事体大。马太费心让读者了解，先知讲到童女生子的预言、无辜的孩子遭杀害、逃亡至埃及、返回加利利等，在耶稣降生的故事中共出现了十三次；"这一切的事成就是要应验主藉先知所说的话"，马太引用的旧约经文，包括弥迦书、何西阿书、耶利米书和以赛亚书。

4. 弥赛亚

此外，犹太读者会因耶稣**被钉十字架**而很难相信他就是弥赛亚。弥赛亚怎会像罪犯一样被判处死刑呢？这对犹太人是个大问题，所以马太强调，其实耶稣是无辜的，指控他的罪名全是莫须有的。反而是犹太人有罪，他们的指控不公，他们的审讯不合法，还为了使罗马人能处死耶稣而更改罪名。马太详细说明为何犹太人不肯接受他们的弥赛亚，还把犹太人之中最虔诚的法利赛人的七祸，一一陈明。

5. 律法

马太看重与犹太读者的联系，因此强调要从耶稣的教导来正确了解律法。其他福音书都没有像马太这样强调：耶稣来，不是为废掉律法，乃是要**成全**它。马太记录了耶稣的话："律法的一点一画也不能废去，都要成全。"许多犹太人以为耶稣破坏了律法，但马太清楚地说，那不是耶稣来的目的，他来不是要废掉律法，乃是要"成全"律法。

为什么马太要特别针对犹太人写作？

让福音的门永远为犹太人敞开

公元85年，马太写完福音书不久，许多犹太信徒被逐出会堂，教会里则是有愈来愈多的外邦信徒，造成犹太人与教会之间的鸿沟日益扩大。马太希望福音的门永远为犹太人敞开，他希望帮助他们了解，作耶稣的门徒并不是要放弃旧约，更不是要忘却犹太根源。犹太人是神的子民，马太和使徒保罗一样，都渴望犹太人能够信靠他们自己的弥赛亚。

提醒外邦人莫忘犹太根源

第二，马太写这部深具犹太人特色的福音书，是希望外邦信徒永远别忘了犹太根源。在四福音书中，提到耶稣的犹太根源就属马太福音最明显，将耶稣置于神对以色列旨意的脉络之下，并上溯至大卫和亚伯拉罕的家谱。

他一方面对犹太人说："不要拒基督徒于千里之外"，另一方面也对基督徒说："不要拒犹太人于千里之外"。这部福音书的用意是要把犹太人和基督徒连结在一起。

二、他对外邦人的关注

马太并非单单为犹太人而写，他也留心提到**基督关心外邦人**：

- 一开始就有东方的智者来伯利恒朝拜圣婴，他们很可能是外邦人。

- 在第1章的家谱里提到路得和喇合，她们都是外邦人。
- 他说耶稣在"外邦人的加利利地"服事。
- 马太记载一位百夫长（罗马人）的信心特别受到耶稣称赞。
- 他提到从东从西，将有许多人到天国里坐席。
- 福音就是给凡仰望他名之外邦人的好消息。
- 马太记载迦南妇人的信心。
- 马太写道，耶稣是被匠人所弃的房角石；又说天国将从犹太人那里夺来，赐给外邦人。
- 在马太福音的结尾，耶稣吩咐门徒去使"万民"作门徒，他用的字眼是指所有种族，即外邦人。

此外，马太毫不迟疑地把**耶稣提到犹太人的负面话语**记录下来，有一整章都在讲"有祸了"，此用语也散见其他各章。"有祸"是咒诅人的话，第23章收集了给法利赛人和宗教领袖的斥责，用词严厉。

我们多半留意祝福，而忘了耶稣也说过咒诅的话。在耶稣的时代，住在加利利沿岸四大城市的人口约达二十五万，今天却只剩下一个城，为什么？因耶稣说："哥拉汛哪，你有祸了！伯赛大啊，你有祸了！……迦百农啊……"，这三个城市都没了。他惟一没有咒诅的城市，也是今日仅存的，就是提比哩亚。

三、他对基督徒（犹太人或外邦人）的关注

门徒训练手册

前面提过，马太写这部福音书，是以初信者为读者对象，从结尾的耶稣命令可看见马太的写作目的。耶稣交代门徒一件工作，吩咐他们去做，直到他再来："你们要去，使万民作我的门徒，奉父、子、圣灵的名给他们施洗。凡我所吩咐你们的，都教训他们遵守。"我们可以用这段话为基础，了解马太福音的目标：就是把耶稣的命令教导给门徒，以**帮助门徒**。所以，不妨把马太福音称为"门徒训练手册"。

新约圣经中最适合给初信者读的，可以说就是它了。马太精心编排

内容，教导初信者活出耶稣门徒的样式。信徒灵命的起点可能是信耶稣的一个决定，但要作主的门徒却是经年累月的事。作门徒的关键要素，是学习**如何活出地上的天国生活**，马太福音正是为此目的而写——好让我们能使人作主的门徒。

教会

这也就说明，为什么只有马太福音记录基督论到**教会**的训辞。"教会"这词有两层含意：**普世**的和**本地的**。

耶稣第一次提到教会，是在彼得认信耶稣就是"基督，永生神的儿子"之后，那个认信是马太福音的转折点。门徒既明白他是谁，耶稣就可以建立他的教会了；建立了他的教会以后，他就可以上十字架了。在此，"教会"指的是普世的教会，以耶稣为根基所建造的教会。耶稣基督的教会只有一个，他正在建造它。

第二次提到教会，也是这词的第二层含意，是在第18章："倘若你的弟兄得罪你，你就去，趁着只有他和你在一处的时候，指出他的错来。他若听你，你便得了你的弟兄；他若不听，你就另外带一两个人同去，要凭两三个人的口作见证，句句都可定准。若是不听他们，就告诉教会。"这教会肯定不是指普世的教会，而是被得罪之人所属的本地社区的教会。

新约圣经中"教会"一字的含意，可以用马太的这两段话勾勒出来：这是耶稣的教会，他正在建造他的教会，而本地教会属于普世教会的一部分，必要的时候你可以把你不平的事带到你所属的本地教会去解决。

不但只有马太福音提到教会，也只有它清楚记录一些特别针对后期教会（即五旬节之后的教会）的教导，这些教导与当时听众并无直接的切身关联。以第10章为例，耶稣给十二使徒的教导共有三十七节，仅十二节的内容与门徒当下直接相关。这一章讲到外邦人的逼迫，但当时外邦人并未参与任何逼迫，所以马太收纳这段耶稣亲口说的话，用意在教导读者关于**未来**的事。类似情形，第18章提到"教会"的纪律，想必也是针对日后而言，因为当下门徒应该是听不懂的。

国度

四卷福音书都有关于国度主题的教导，但是只有马太特别关注，其他三位作者虽提到，但都没有给予显著地位。如前述，马太把耶稣的教导分成五大段落，全都以国度为主题。不但如此，马太福音的比喻往往一开头就说："天国好像……"，这个最突显的主题既反映耶稣的教导，也贯穿圣经的故事，神正在地上重建天国。由于犹太人与基督徒都在寻求神的国，所以用这个主题来连结双方，自是再好不过，何况亦符合马太联合犹太人和外邦人的目标。

不过，犹太人对于国度的期待和基督徒对国度的经验，有着重大差异。这可说明为什么有那么多犹太人无法了解耶稣就是他们的弥赛亚。如果我们要掌握耶稣对此一主题的教导，非了解这点不可。（见第48页图表）

对犹太人来说，天国完全是未来的（尚未到来的）事，因此他们称之为"来世"（the age to come，将来的世代）。今天，每年九月或十月犹太人举国上下庆祝住棚节，即是引颈期盼弥赛亚降临，将天国带到地上来。这是他们盼望的中心，他们视现今世代为"邪恶的世代"，被撒但统治的世界，魔鬼是这世界的王、这世界的神；这些用法虽由耶稣和保罗口中说出，却是犹太人早就耳熟能详的用法。

基督徒对未来的盼望与犹太人的差异在于：**基督徒相信弥赛亚已经来到，而且他必要再临**。在马太福音，耶稣称之为天国的奥秘，亦即弥赛亚不是来一次，而是两次。所以犹太人所期盼的"来世"已经开始，由耶稣揭开序幕。天国已经真真实实降临了，但它与"现今邪恶的世代"重叠，而非如犹太人所期盼的取而代之。在弥赛亚两次降临之间，这两个世代重叠。基督徒之所以处于张力中，原因就是我们活在"两个世代的重叠中"。天国现在已到、又未完全到，已然开始却未全然实现。尚未完全建立好，现在仍然可以进入。

对于那**将要来**的国有这一番了解之后，我们就可以了解为何四福音书的信息对犹太人有如公然的冒犯，原来犹太人认为他们都符合资格，进入来世绰绰有余。施洗约翰告诉他们，必须先洁净自己，在约旦河里

A. 犹太人（以色列）　　　　　　B. 基督徒（"教会"）

直接引述 ⎫　　　　　　　　　　外邦人
　　　　 ⎬ 旧约圣经
间接提及 ⎭　　　　　　　　　　门徒

解释

编纂（五篇= 基督的"律法"）　　　| 门徒训练手册 |

天国（=神的国）

A. 犹太人

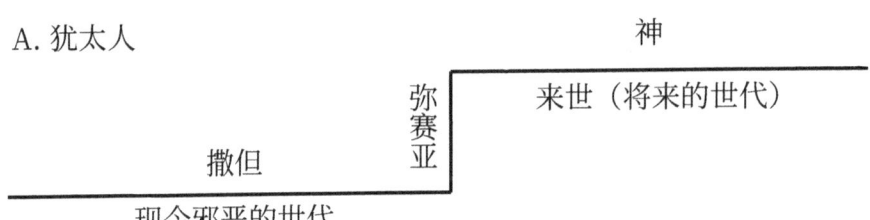

B. 基督徒

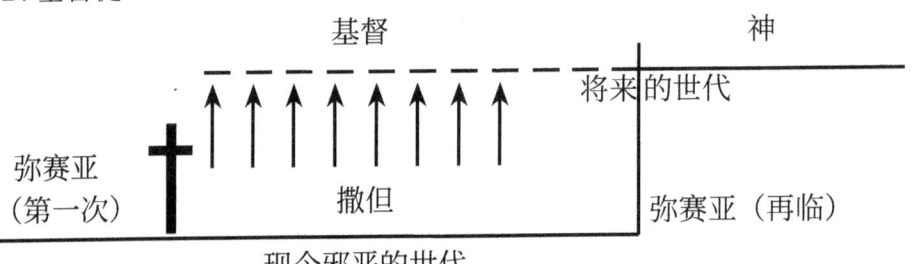

受洗，好叫他们的罪被洗净，预备进入将临的国度。但许多人根本不把洗净罪污的需要放在心上。这是有关国度的一个非常不同的观念，只要能掌握这个观念，就能更加明白耶稣的教导，以及他所面对的冲突了。

马太为使天国的主题与其他教导保持适当的平衡，颇费一番心思。因为把焦点放在国度上，会导致我们仅仅从国度的层面去思考我们与神的关系，信徒好比国王的臣民。想了解作者强调的重点，关键往往在他使用某个字的频繁度。马太提到"父"共四十四次，相较之下，马可仅四次，路加有十七次。马太强调当我们活出天国子民样式的时候，也喊他"阿爸父"。我们既是臣民也是儿子。如果我们只是尽力服从王命的臣属，我们会以为得救是因我们听命的缘故，而忘了神呼召我们进入的是父与儿女的关系。这是避免落入律法主义、死守规则与规定过活的特效药。

了解以上勾勒的国度轮廓之后，接着就可以找出马太福音的主题要旨，那就是：**如何活出天国的样式**？让我们扼要地看看马太汇编的五篇耶稣"讲章"，都是有关天国的教导。

1. 天国的生活（5－7章）

这篇就是有名而往往被误解的"登山宝训"，耶稣并不是在规劝非信徒，因为连信徒要活出这样的生活形态都很难了，更不用说非信徒。所以这篇训辞的对象不是非信徒，而是教导**信徒如何活出基督徒的样式，因我们都是在国度里的人**。

它一开头就让人耳目一新："虚心的人有福了！因为天国是他们的。……温柔的人有福了！因为他们必承受地土。……清心的人有福了！因为他们必得见神。……"耶稣在形容一种新人，一种更新的性格。

开头的"八福"之后，接下来的命令涵盖甚广又切合实际，试举几例：

- 如果你骂某人笨蛋、白痴，等于是杀人。
- 摩西律法说，不可与你妻子以外的女人上床；但耶稣说：就连盯着一个女孩子，心里想着和她上床，都不可以。

- 耶稣还说，不可离婚与再婚。
- 耶稣吩咐我们不要忧虑，因为忧虑形同污蔑天上的君王；他既看顾他手所造万物，岂有不看顾我们之理。

这就是天国的生活形态，初信者可从这几章中取得最好的教材，必须把握的一个重点是：我们不是靠着这种生活型态得救，应该说得救是为了过这种生活。

2. 天国的使命（9：35 — 10：42）

接下来的这篇"证道"，跟第一篇有接续上的逻辑关系。马太指出，当一个人进入天国以后，即肩负带领他人进入国度的使命。因此，我们今天关于**布道**的教导，有很多都来自马太福音第9和第10章里耶稣的教导。

耶稣指示门徒，藉由使死人复活、赶鬼和医病，把国度实况展现出来，然后他差门徒出去，吩咐他们随走随传，说天国近了。可见论到天国，**行动**应该在言语之先。这段经文也详细说明，门徒出去传道时要带什么，不要带什么，还有遭遇反对时该如何反应。

3. 天国的增长（13：1 — 52）

宣道之后接着是成长。**传扬天国的福音**以后，我们应该期待什么结果？此篇教导包含一连串的比喻。

- **撒种人**：就算每四个种子中有三个毫无动静，我们也用不着担忧。因为只要有一个种子落在好土里、结实三十倍、六十倍、一百倍，就值得了。
- **麦子和稗子一起长大**：撒但的国随着神的国一起长大，直等到最后收割的日子才分别出来。
- **芥菜种**：耶稣形容一粒种子长成大树，说明天国也是从微小的起点逐渐增长的；教会的增长亦然。耶稣从十一个好门徒开始，现在跟随他的有十五亿之多！

- **贵重的珍珠**：这比喻是告诉我们怎么看天国的价值，就好比一颗贵重的珍珠，我们应该预备拿一切所有的来换这颗珠子。
- **撒网**：耶稣告诉我们用不着担心不良的归信者，因为天国好像网撒在海里，网住各种鱼类，好坏都有。这信息是叫我们务必等到世界的末了、"鱼"终于被拉上岸时，才能把好的坏的分别出来。万不可在我们捕到鱼时就马上分别优劣。

4. 天国的群体（18：1 — 35）

马太把耶稣关于**本地教会内部关系**的教导，集中在这一章里，讲到我们应如何处理那些渐渐偏离信仰的人，又该如何处理在信徒群体里得罪别人的人。

5. 天国的未来（24 — 25 章）

马太写这部福音书的时候，许多基督徒都在问，耶稣何时会再来？所以马太（路加和马可也是）收录了一个段落，帮助读者知道**主再来时有什么预兆**。

这篇"证道"的地点很重要：耶稣带着门徒坐在橄榄山上，俯瞰圣殿，门徒问耶稣有关世界末日的事。马太把门徒的提问连结到耶稣预言有一天圣殿将被毁。

耶稣说，他再来之前会有四大预兆：

(1) 世界大灾难：战争、饥荒、地震、假基督。
(2) 教会的发展：普世性的逼迫、许多人跌倒（放弃信仰）、假先知、大使命完成。
(3) 中东的危难：亵渎神的独裁者、史无前例（但有时间限定）的灾难，假基督和假先知。
(4) 日头必变黑：日月星辰都不见了，闪电从东到西横扫天空。真基督降临，而基督徒"从四风（方）"聚拢。

以上四大预兆中，第一项已经看到，第二项陆续发生中，第三项尚未出现，而当它出现时，第四项就会紧接而来。

在这个段落之后，马太记了一连串比喻，这些比喻的焦点是：做好准备以迎接大君王到来。每一个比喻都提到他来得"迟延"，强调在面对延迟时需要持守忠心。

主题

前面已经提到好几个马太特别关心的主题，这里还有三个需要思考。这三个主题都是国度门徒训练的基础。

1. 信心

第一个重复出现的主题是：信心。虽非马太独有，却是他特别关心的。他强调，天国的子民也是天父的儿子，凭借信心而活。这信不是指一次下决心相信，而是说已经信主的人要持续地信靠。在马太福音我们常见到耶稣问："你相信我所告诉你的事吗？你相信我能做这事吗？"耶稣寻找的，是持续不断地信靠他和他话语的人。他给予那前来求他治病的百夫长极大的称赞，以他美好的信心对比某些以色列人的缺乏信心。

2. 行义

在其他三卷福音找不到的一个主题就是：义——需要**信**也需要**行**。马太清楚指出顺序很重要，相信在先，但相信是为了行出来。以马太福音里最短的一个比喻为例，有一个人有两个儿子，他叫两个儿子去葡萄园做工；一个儿子回答"好"，却没去，另一个儿子说"不要"，后来却去了。耶稣问，哪一个儿子遵照父亲的心意去行？言下之意，我们虽口里宣称要顺服神，但当我们并没有真的照神吩咐的去做，我们就是在说谎。作门徒不是光相信而已，还要主动"行义"。

这一点在马太福音好几处都说得很清楚，它是耶稣接受洗礼的基本原因，并且耶稣也说明其中往往被我们误解的意义。耶稣为什么要受洗？他本无罪故毋需被洗净；他没有需要被洁净的地方，而他依然去找约翰施洗。约翰起先不愿意，说应该是耶稣来为他施洗才对，但耶稣还是坚持，"因为我们理当这样尽诸般的义"。受洗于他并非悔改的举动，而是行义的举动。这是他和其他人不一样的地方。他的父告诉他去做这件事，他就去做。马太福音在一开始，耶稣就展现出实际去做的重要性。他亲身示范并期待门徒效法他的榜样，去做合乎义的事。

因此，毫不惊讶地，我们看到他的教导时常出现此一主题，他说："你们的义若不胜于文士和法利赛人的义，断不能进天国。"法利赛人敬虔到夸张的地步，他们每周禁食两次，所拥有的一切都要献上十分之一，他们走遍洋海陆地引人入教，他们是伟大的传教士，他们勤读圣经，他们祷告。然而耶稣说，门徒们的义，必须胜过法利赛人的义。

我们要正确认识信心真义，也要照马太所呈现的，正确了解义的观念。耶稣并不是说我们是**因着**义而得救，乃是说我们得救是**为了**义。这个区别很重要。如果把马太福音给不信的人读，他们可能会得到一个印象，以为行善就等于信耶稣了，但其实是你先信了耶稣——罪蒙赦免而得救——然后才蒙召去行义，就是行出马太福音所描述的义。

3. 审判

第三个主题似乎有点令人惊讶：马太福音既是为信徒而写，怎会有审判的主题？这不是有点矛盾吗？马太福音里有颇多关于审判的教导，句句都是耶稣亲口说的。而且，仔细查考每一个有关地狱之警告的上下文，就会发现除了两个警告以外，其余都是对重生的信徒说的。

马太在**提醒门徒不要自满**。跟随耶稣并不代表你已握有天堂门票。跟随耶稣的人若要保持走在"正道"上，必须对地狱心存畏惧。因此除了两个警告是对法利赛人说的，其余都是针对那些放下一切跟随耶稣的人说的。最令人惊奇的是，耶稣从未以地狱来警告罪人。

基督对地狱最为人所知的警告："那杀身体、不能杀灵魂的，不要怕他们；惟有能把身体和灵魂都灭在地狱里的，正要怕他。"根据这处经文脉络，尤其能看出这个真理。这番话是对谁讲的？对十二使徒（也就是传道者），他呼召他们出来，吩咐完之后就差他们出去宣扬天国的信息。他没有告诉他们向罪人传信息时，要叫罪人对地狱心生恐惧，而是叫传道者自己要畏惧地狱。因为当他们畏惧地狱，那么无论何人何事都不能叫他们畏惧，甚至连殉道也不怕了。

纵使新约圣经只有这一部马太福音，也足以使我们了解，基督徒最应该怕的，就是落到神的垃圾堆——耶路撒冷城外的欣嫩子谷，即耶稣称为"地狱"的地方，所有无用的东西都要被丢到那里焚烧。马太福音是一部令门徒清醒而警觉的福音书，教导门徒要认真看待、坚持不懈、相信到底，时时与耶稣同行。

马太福音想教导读者什么？

既然马太的目标是提供一份门徒训练手册，那他为何要把这些教导套进马可福音的框架里？何不干脆取名为门徒手册，把作主门徒所需要的教导记录下来就好？这个问题可以帮助我们更进一步明了，耶稣和马太希望听众和读者学习到什么。

言行一致

马太忠实地呈现耶稣的传讲与教导的方式。耶稣的教导伴随着他的实际行为，又按着他的教导施行神迹。教导需要放在实际行为的脉络下，**使言语和行为相称**，两者平衡、相辅相成。

双向思考

我们需要知道福音书里的指示句：**基督为我们做了什么**，然后面对祈使句：**我们当为主做什么**。如果我们只注重一边而忽略另一边，就会偏离正路。倘若我只把焦点摆在神已经成就的事，可能会以为我什么也不需要做，导致放纵无度（怎样生活都不要紧）。如果我只把焦点放在我当为主做什么，可能会以为一切全靠行为，这会导致律法主义（亦即我是靠好行为而获得救恩）。我们在相信之后要有行为、行出他所成就的事。天国的大能释放我们脱离罪恶，好叫我们行在天国的纯全之中。天国有给予也有要求，所以神为我做的和我为他做的，都是天国福音的一部分。

指示句和祈使句之间需要保持平衡，尤其在思量基督的十字架时。因为若把基督的教导和他在十架上所成就的大工划分开来，那可就非常危险。我们不能只教导人如何活出基督徒的生命，而**不把这教导放在基**

督十架所成就的框架下。马太安排的内容顺序帮助我们对耶稣所做的一切，常存感恩的心。他决定在十架福音的框架下作门徒训练的教导，这是马太明智的地方。因为要求跟随者做这些事的耶稣，是那位医治病人、使死人复生，且为我们死而复活的耶稣。

结论

马太福音深受初代教会喜爱，他们关心大使命，去到世界各地使万民作主门徒，凡耶稣所吩咐的都教训他们遵守。马太福音给了他们行动的力量，因为它是一本写给犹太和外邦信徒的门徒手册。它连结了旧约和新约圣经，告诉世人基督——犹太人的王——已经降临，神给亚伯拉罕的应许在耶稣基督身上应验了，地上万国万民都因着亚伯拉罕和他的这一位后裔得福。大卫的子孙终于来到，而作为大君王的子民，我们当活出天国子民的样式。

4. 路加福音和使徒行传

† 引言

圣经是由人的话和神的话构成的——虽然有许多作者，却只有一位"神圣主编"。这些作者多半都是为了回应当下某一些需求而写，写作当时一点都不晓得，所写的将来有一天会被列为圣经。因此我们可以从两个层面查考：历史层面和存在层面。在历史层面上我们要问：为什么要写？写作背后有什么人为因素？存在层面我们要问：为什么被列入我们的圣经里？为什么神希望我们知道这卷书的事？以下将据此来看路加福音和使徒行传。

这两卷书的作者是同一位，是新约中一个特殊的例子，因此我们要问：路加是谁？他为什么写这两卷书？

路加是谁？

1. 外邦人

圣经所有的作者中，路加最是特别，因为只有他是外邦人。他的英文名字Luke在原文是Loukas，他生于叙利亚的安提阿，那里堪称古代世界的巴黎，靠近地中海东端，位于应许之地的最北边。

第一个外邦人的教会就从安提阿开始，耶稣的门徒被称为"基督徒"也是自安提阿起首，其实那是当地人看到这些人全心地跟随"基督"，而给他们起的浑号，有贬低的意味。到今天，这称谓不但广为流行，而且定义甚广；使徒行传里则常以"信徒"或"门徒"来指称。

路加生长的地方恰好适合让他以外邦人的身份，来书写福音如何从耶路撒冷传到罗马。我们很容易忽略这事，殊不知一个宗教能跨越种族藩篱并不简单，尤其独特的是，从基本完全是犹太人的宗教，成为多半由外邦人信奉的宗教。人多半生在哪个国家，就信哪个宗教，终生不改。在这里我们却看到，一个宗教从一个民族，传到另一民族。我们可从好几方面看出路加是以外邦读者为焦点，譬如，路加避免马太或马可使用的希伯来文和亚兰文词语"拉比"和"阿爸"。为了目标读者的缘故，他比较喜欢把这类词语翻译成希腊文，确保他们能读得懂。

2. 医生

路加的职业是医生，使徒保罗在写给歌罗西教会的信上称他"亲爱的医生路加"。当时的医学已经发展了四百多年，医生均需受过严谨的训练。路加是一个观察入微、条理清晰、下笔谨慎的人，他把这些技巧都用在写作路加福音和使徒行传上。

路加的医学背景从许多事件透露出来，譬如路加是从马利亚的角度来写耶稣的降生，我们读到耶稣出生后包着布，还有受割礼的细节，这些都是医生感兴趣的事。（顺带一提，路加是从马利亚的家谱来回溯基督肉身的祖先，而马太则是回溯约瑟的家谱。）当马可叙述彼得岳母生病时，他只说她"害热病躺着"，路加则写她"害热病甚重"（或译"发高烧"）。在路加记载的六个神迹中，有五个是病得医治的神迹。

神竟使用一位医生来报导超自然事件！童女生子、耶稣行神迹，还有使徒行传里的许多神迹奇事，都出自路加笔下。有些医生对于任何超出自然、物质范围的事，一概质疑，但路加却能够结合写作技巧和医学长才，记录真实发生过的事，即使那事超出医学知识或能力以外。

3. 历史学者

路加对于细节和用字一丝不苟，对文化上的细微差异也十分讲究。他本身并非使徒，对于耶稣的认识都是仰赖那些曾亲近耶稣的使徒。有些现代历史学者批评他的写作有误，但是陆续出土的考古发现却都站在路加这一边，如今路加已被公认是当时最顶尖的历史学家之一。其实，如果我们把"福音书"视为一种异于"历史"的文体（见第15页），那么路加就是新约圣经中惟一的历史作者。与其说他主要目的在宣告救恩的好消息，毋宁说是在为耶稣生平的所言所行提供一份正确而可靠的记载，尽管两者之间必有重叠之处。

4. 旅行者

路加也是一位经验丰富的旅人。只有路加没说加利利"海"，而是加利利"湖"——毕竟它仅十三公里长、八公里宽，在见多识广的旅人眼中，就是个湖而已！从使徒行传中出现"我们"的部分经文可见，他陪同使徒保罗巡回布道。这一点类似新约其他作者：他一直保持匿名，免得读者转移注意力。但出现"我们"的段落，却透露他在场的事实。路加陪伴保罗巡回布道，尤其在走水路时——从特罗亚航行到腓立比，从腓立比到耶路撒冷，还有从凯撒利亚到罗马，有可能因保罗觉得走水路时需要医生在旁。路加众多航程中最精彩的一则描述，就是在使徒行传近尾声时，遇到船难而在马耳他岛获救上岸的经过。

路加乐于远行，这点对于我们了解路加福音和使徒行传的写作经过，至为重要。我们知道保罗分别曾有两年时间被囚于凯撒利亚和罗马两地，以下我们将看到路加很可能是在这期间写下他的两部书——路加福音写于凯撒利亚，而使徒行传写于罗马，陪伴保罗的他可随时采访保罗。

5. 作家

路加以希腊文写作，文笔洗练，就像是受过良好教育的希腊历史学者那样。稍后我们深入探讨路加福音和使徒行传时，再来仔细看他的写作技巧。他记载马耳他船难的经过，被公认为古代文学杰作之一，行文流畅、风格优美，能抓住读者的注意力，场景转换十分紧凑。以作为历史学者来讲，他的能力也是显而易见的；他的研究调查工夫做得相当彻底，而且他知道如何取舍。

6. 传道者

路加也是传道者——不是用他的口而是用他的笔。"救恩"或"得救"是路加福音和使徒行传的关键字，同样字根的字一再出现。身为外邦人的路加尤其关心救恩如何临到"凡有血气的"。在他的福音书中记载施洗约翰引述以赛亚书："凡有血气的，都要见神的救恩！"许多人把这看作是路加福音的关键主题。

稍后我们查考路加福音时将看到，路加对于不同族群都看见神的救恩特别感兴趣。类似情况，使徒行传的主题是圣灵浇灌凡有血气的——从犹太人、撒玛利亚人、直到地极。这个"犹太人"的宗教是给全世界每一个人的：路加将耶稣描述为世人的救主。

历史记载路加以八十四岁高龄逝于希腊的比奥夏（Boeotia），终生未婚。

路加的读者对象

看过作者之后，接着就来看看这两部书的读者对象。路加这两部书都是为一个人写的：提阿非罗大人。提阿非罗的字面意义是"对神友好的先生"。说来似乎奇怪，路加花了四年的时间研究调查，竟然只为了写给一个人看，虽然他可能认为他的著作有一天会广为流传。那么，这位提阿非罗到底是何方神圣？

有个论点认为，提阿非罗是杜撰人物，好比某作者为想象的一群读者——"亲爱的真诚寻道友"——而写，所以这个论点认为提阿非罗是杜撰的名字，意思是某个对神感兴趣，有心认识信仰、寻找这一位神的人。不过，这个论点再怎么言之成理，都未能与所有事实相符。

有人则主张真有其人，很可能是一位对基督信仰感兴趣的出版商——这个想法当然很有意思。把提阿非罗看作一真正存在的人，确实是比较好。显然此人颇为重要，可能也负担公共职务，因为路加在他的名字之下加上称谓"大人"，他对非斯都和腓力斯同样用"大人"的敬称，而这两位负责主持保罗审讯，因此我们获得强烈的暗示：这位提阿非罗可能是律师或法官，总之是从事法律专业。但是，路加为什么要给一位律师提交这份先是关于耶稣、后关于保罗的完整报告？

保罗的辩护律师

假如我们把提阿非罗想作是保罗的辩护律师，甚至是在罗马审理保罗案件的法官，那么一切就变得很清楚了。在开庭审理之前，路加需要提供一份完整而详尽的简报给对方。

此一新兴宗教是怎么开始的？是谁创立的？保罗怎么会参与宣扬此宗教？还有，可能这位律师很想知道罗马当局怎么看待这信仰。所以当保罗被囚禁在凯撒利亚期间，路加就针对耶稣的生平和死亡，做了一番深入调查。之后保罗被移往罗马囚禁，他又趁那段期间对保罗如何致力传扬此一新宗教，作了彻底的研究和记录。

他的调查工作包含访问新约教会的几个重要人物：雅各，可能还有马太，当然也访问了约翰（路加福音里有一些事情是除了约翰以外，没有人会知道的；譬如，耶稣被捕当时，马勒古的耳朵被削掉，只有他和约翰记录了这件事）。

编纂资料成书

论到收集"辩护简报"的必要材料，路加是有些难处的。他不是十二使徒，未曾见过耶稣，未曾目睹耶稣生平与事奉，但他藉由亲自访谈当时的见证人，克服了这些困难。当保罗在凯撒利亚等待前往罗马的两年期间，他收集了关于耶稣的记录。后来当保罗抵达罗马，路加又有两年的时间可以撰写保罗的故事，记在他的第二部书"使徒行传"里。

假如"辩护简报"的想法没错，就可说明这两部书的大半内容了。可以说明为何这两卷书从头到尾描写的是罗马人对此一新兴宗教的同情态度。在耶稣的审讯和保罗的审讯中，路加有三段陈述指出这两人根本是无辜的。彼拉多三次说耶稣是无罪的，罗马当局有三次说如果保罗不上诉罗马的话，其实可以当庭释放。因此在这两卷书中基督徒动辄得咎的起因不在罗马人，而是犹太人想尽办法给这新兴信仰找麻烦。

目击证人

律师会要求第一手的证词、目击者记录，并且**详细调查过的事实**，作成有条有理的报告。路加的两卷书都细心记录了罗马帝国的事件（参路2：1，3：1），而他在第一卷书给提阿非罗的前言中，明确道出他的写作目的："已经有好些人从事写作，报导在我们当中所发生的事。他们的报导是根据那些从开始就亲眼看见这些事，并且曾经传布这信息的人所叙述的。这一切我都从头仔细查考过了，所以我想按照次序向你报告，目的是让你知道你所知晓的道是正确的。"这段话肯定符合律师所要求的文件类型。

焦点在保罗

此理论也说明了第二卷书不寻常的特色，使徒行传虽说是"使徒"的言行记录，其实内容却集中在彼得和保罗两个人，提及其他使徒的地方很少，甚至可说是略而不提。此外，彼得虽是前面十二章的主角，但在保罗信主后他就突然消失了，之后的内容几乎完全集中叙述保罗，约占全书的三分之二篇幅。如此比例看似不寻常，但若整卷书主要用意是替保罗辩护，并向罗马当局说明此一新兴宗教并无任何煽动性和颠覆性，那就说得通了。因此书中描述保罗是罗马公民，就罗马法律而言他是无罪的，所以在法庭上理当获得无罪开释。

从耶稣在耶路撒冷受审的记载中，也可看到一个很有意思的差异。就罗马的法律，耶稣是无罪的，然而却因犹太人施压而被处以钉十架之刑。对照之下，保罗受审的地点，让犹太人无法影响判决结果，他上诉凯撒，因此排除了犹太人的干预。

这说明了为什么使徒行传三次记述保罗的见证——有点过多（其他使徒都没有提出个人见证），除非原因是保罗正在审讯期间，并且面对生死关头，所以律师必须听他在之前每一次讯问中说了什么，作为替他辩护的有利证据。

此外，将使徒行传视为给辩护律师的简报，有助于说明为何使徒行传突然就结束了——结尾停在保罗等候审讯。这点突显了其他主张的薄弱。假如它纯粹是为记载保罗生平，这样突然结束很奇怪。我们知道路加活到八十四岁，如果他写使徒行传的目的是为了记录保罗生平，他大可记录保罗之死。所以，假如写作目的是与审讯有关，那么这份简报以保罗等候审讯作结束，就合情合理了。

再提一点异常的地方，我们就可以把这问题完全弄清。假使路加医生的目的是写一部初代教会历史，为什么他要花不少的篇幅详细记录马耳他岛船难？又为何他仅叙述这一桩海难，其实保罗起码还有其他三次海上遇难？原因肯定是他希望突显保罗的好榜样，在海上遇难的混乱中，他不但没有趁乱逃跑的意图，而且还救了全船人的性命，包括负责押解他前往罗马法庭的百夫长和兵丁在内。我能想象辩护律师在读了保罗这段义勇之举的记录后，会用这句话作保罗庭讯的结论："我不用再多作答辩了，法官大人。"

这份简报成功了吗？

所有证据都指向保罗第一次到罗马受审，结果是无罪开释。他写给提摩太和提多的书信中，提到某些细节不符合他受审前的情况，可见那次他是无罪开释了。有些传统甚至深信他达成了把福音传到西班牙的心愿。西班牙的有些古老教会声称，保罗是他们教会的创始人。

这点我们虽不能肯定，但传统的证据显示，保罗第一次受审结果是无罪开释，但后来他再次被捕，这次则是被处以斩首。暂且不看最终的结果，假如路加写这两卷书的主要目的，是为了初次受审的保罗免于一死，好让这位使徒能继续事奉，那么路加下的工夫并没有白费，这份简报是成功的。

结论

本章把焦点摆在路加对于保罗的关切，但我们也很清楚看到，这次审讯结果影响扩及各地的基督教。不光是保罗受审，乃是**基督教受审**：

在罗马受审的结果传到各地，所以这个案例是很重要的考验。

路加这两卷书可称为"基督教历史"上、下集，从耶稣公开服事起，直到保罗被囚或被软禁在罗马为止，为这三十三年期间作了详实记录，里面有很多独一无二的资料，让最初的读者和后世的读者都能确实知道发生过什么事，以及应该如何回应。

想必路加知道这两部作品会引起**广大读者**的兴趣，因为一般罗马大众渐渐听闻基督教传播的奇妙经过。再过不久，它就不再被视为犹太教的一支，而是一个前进的、普世的、跨越国界的信仰。单就罗马帝国来讲，它也渐渐成为国内要闻了。因此，路加的作品就不仅是辩护简报，**更是信仰的宣告**，对于福音传扬至外邦人中间，作出重大贡献。

因此，他的福音书是独一无二的材料。他一开头就告诉提阿非罗，已有好些人提笔写作，报导所发生的事。他大概晓得马可写的福音，可能还有马太与其他人的记录。但他自己所写的这部福音，则是他进行**大量的原创研究调查**，加以汇整后的成果，包括目击者的访谈和逐字记录，所有资料都以罗马世界为背景。他先描述全景，然后把镜头拉近，集中在个别的人身上。尽管路加本人并非使徒，但从未有人怀疑路加福音和使徒行传应不应该纳入新约"正典"。初代教会认为这两部杰出作品，不论就内容或权威而言，都具有真正的"使徒"标记，尽管作者本人不是使徒。

5. 路加福音

† 引言

路加福音是四福音书中最广受喜爱,却最不具人气的一卷书,虽然这个观察结果可能令你惊讶,但是绝大多数人对于路加福音**独有**的内容仍耳熟能详:好撒玛利亚人的比喻就是大家爱提的一个故事,甚至今天我们也用好撒玛利亚人当形容词;绝大多数人也都读过浪子的比喻,知道"浪子回头"的意思;此外,大家都很熟悉的故事还有:耶稣遇见撒该、马大和马利亚、垂死的强盗,以及以马忤斯路上的两位门徒。

但是论到路加与其他福音书**重叠**的部分,我们多半仅知其他福音所记载的部分,却不清楚路加记载的。譬如马太和路加都记载门徒好比世上的"盐",这是什么意思?大家几乎都以为"盐"是保存食物用的,引申意义就是指信徒应当在社会上发挥防腐和调味的作用。但路加记载了更多的细节,他说如果盐失了味,或用在田里,或堆在粪里,都不合适。这表示比喻中的盐不是厨房用,而是土地用的盐。这种从死海挖上岸的盐富含碳酸钾与其他盐类,钾盐适合作农田的肥料,也适合作人类排泄物的消毒剂。因此,这盐的作用是促成好事、抑制坏事——耶稣说门徒就应该这样。马太说"地上的盐",路加多提供了细节,但我们多半没有留意，就自行解读成厨房用的盐。

再举一个路加福音里常被忽略的例子，"这些事既行在有汁水的树上，那枯干的树将来怎么样呢？"我到各地讲道时常会念这节经文，然后要台下听众投票，这话是出自旧约、新约，还是莎士比亚？答案通常都是错的！其实这句话是耶稣说的，那时他正要背负十字架上各各他，惟有路加将这句话记录下来，可是却好像没什么人记得。

✝ 路加独有的内容

路加福音的架构是以马可的安排为基础，分水岭的关键时刻同样在凯撒利亚·腓立比，之后耶稣就朝耶路撒冷而去。但我们也可以把它分成五大段落：

1：1－4：13	耶稣三十岁以前私下的生活
4：14－9：50	耶稣在加利利地的事奉
9：51－19：44	耶稣朝耶路撒冷而去，扩充记录耶稣的教导
19：45－23：56	耶稣在耶路撒冷的最后几天（这部分和马可的取向截然不同）
24章	耶稣的复活与升天

以下，让我们分别来看路加特有的内容。

耶稣的降生

与马太以约瑟为焦点不同的是，路加完全从**马利亚的角度**来叙述，读来感觉很不一样。路加的记载有更多人性趣味，关于怀孕和生产也给予较多细节，甚至提到婴孩"包着布"。路加和马太都记载了耶稣的家谱，但路加是从马利亚这边回溯到更远的亚当。就法律而言，耶稣是出于约瑟的大卫后代，但他肉身的祖先却是从马利亚回溯到大卫，殊途同归。所以不论从父亲或从母亲的血脉，耶稣都是大卫的子孙、是君王的后裔。

关于耶稣降生的故事，路加还间接告诉我们**耶稣降生的月份**。我们读到撒迦利亚属于亚比雅班次的祭司，从历代志上可知此一班次在圣殿供职的时间：一年二十四班次中的第八。所以撒迦利亚是在犹太历的第四个月进入圣殿办理事务。我们知道伊利莎白是在那个月怀孕的，而她的孕期比马利亚早六个月，于是我们可以计算出，耶稣是在十五个月后降生，就在隔年的第七个月的住棚节期间（公历的九月底或十月初）。犹太人一直期待弥赛亚在住棚节降临，至今依然。

耶稣的童年

耶稣三十岁以前的生活，只有路加记载了一则故事。耶稣在十二岁那年接受了他的"成年礼"，就是从此他"有能力行善"的意思。当一个犹太男孩到这个年龄，他就要为自己的行为负责。在十二岁以前，这个男孩子犯错是父母亲要受罚，但从成年礼以后，他就要为自己的行为负起责任，并遵行神的诫命。他会被带到会堂里去，念一段摩西律法，从此他被视为男人。从那一刻起，他就是父亲职业或专业上的伙伴。

这可说明**耶稣跟约瑟和马利亚上耶路撒冷的故事**。当年都是女性先行出发，每天约走十五英里路，然后搭帐篷，边做饭边等男人抵达。十二岁以下的孩子由母亲带着先上路，十二岁以上的男孩子则与父亲同行。耶稣当时可能像往年一样，先跟着马利亚上路了，但现在他已经十二岁了，一般来讲应该是和父亲一道出发。由此我们可以了解，为何马利亚和约瑟都以为耶稣跟对方在一起。

这也是为何马利亚发现耶稣在圣殿，而耶稣回答："岂不知我应当以我父的事为念吗？"可让我们有更多的体会。这是耶稣最早被记载下来的第一句话。奇妙的是，路加福音说，后来耶稣和父母返回拿撒勒，一样顺从他们。这则故事显示耶稣知道他真正的身份，虽然那年他只有十二岁，而且很清楚的是，马利亚也从未告诉过他（她没有说"约瑟"，而是说"你父亲"）。

耶稣的受洗

关于耶稣的受洗,路加也有独家资料。只有路加告诉我们**耶稣领受圣灵**——就在他受洗并**祷告**之后。马太和马可都记载他从水里上来时领受了圣灵,但只有路加提到耶稣作了祷告:"正祷告的时候,天就开了,圣灵降临在他身上,形状仿佛鸽子。"事实上,路加所告诉我们有关受圣灵的洗的细节,比新约其他作者都要多。这个主题容后详谈(见第73页)。

耶稣的教导

独家收录的教导段落

对于耶稣的教导,路加的处理方式也跟别的作者不同。马太的"登山宝训"到了路加笔下成了"平原宝训",路加在每一个"有福了"之后都配上一个"有祸了";例如:"哀哭的人有福了",随后又听到:"你们喜笑的人有祸了"。当然,这并非意味着马太和路加的内容互相矛盾,显然耶稣这篇道讲过不只一次,而且每次形式不同。路加所记载的是耶稣在不同场合讲的,内容比较简短。

独家收录的比喻

耶稣说的好几个比喻,仅见于路加福音:

- 好撒玛利亚人的比喻
- 浪子的比喻(其实应该说慷慨的父亲与两个迷失的儿子的比喻,见第78—79页)
- 坚持的寡妇的比喻
- 法利赛人和税吏的比喻
- 因友人突然到访,半夜敲邻居的门借饼的比喻
- 不结果的无花果树的比喻
- 不义的管家的比喻
- 拉撒路和财主的比喻,财主的结局是下地狱——惟一提到具体人

名的比喻（拉撒路可能真有其人，见第81-82页）
- 两个欠债之人的比喻

独家收录的事件

有几件事其他福音书并未记载：

- 捕鱼的神迹
- 差遣七十个人去宣教（有些古卷说是七十二位）
- 耶稣升天。除了马可福音的"加长版"结尾简单提到之外，惟独路加记载了耶稣升天。在使徒行传一开始，路加也放了一段耶稣升天的记载，成为两卷书的连结，也点出此事件的重要意义。

路加还记载了他特别关注的**一些人**：

- 在法利赛人家中用香膏抹耶稣双脚的妓女
- 在拥挤人群中伸手摸到耶稣衣裳繸子的妇女
- 在马大和马利亚家用餐
- 爬到树上的税吏（撒该）
- 治好一个患水臌（水肿病）的男人
- 治好一个驼背的女人
- 治好十个长大麻风的人
- 寡妇的奉献
- 垂死的强盗
- 在以马忤斯路上的两位门徒

这些故事让我们注意到，路加比其他福音书作者对人更感兴趣。这对一位家庭医师来说，对人感兴趣自是毫不意外。

对人感兴趣

路加特别感兴趣的至少有六种人：

1. 撒玛利亚人

在犹太人眼中，撒玛利亚人是**被排斥的边缘人**，因为他们是犹太人被掳期间与外邦人通婚的后代。双方敌意之深，以致往返犹大地与加利利地的犹太人，宁可从约旦河东岸绕远路，也不愿穿过撒玛利亚直行。

只有路加告诉我们，十个被治好的麻风病人中惟一回来跟耶稣道谢的，是撒玛利亚人。其余九位都是犹太人，而他们把得蒙医治视为理所当然。

路加也记载雅各和约翰曾经想求神从天降火，烧灭撒玛利亚人，只因他们对耶稣不敬。他在使徒行传接续这个故事，那里我们读到约翰跟彼得重返旧地，为撒玛利亚人祷告，好教他们能领受圣灵的火！

当然，还有"好撒玛利亚人"的故事，犹太人一般不会用"好"来形容撒玛利亚人。路加吊了一下犹太听众的胃口，最后让读者发现最有爱心的竟然是一个撒玛利亚人，从路加记载耶稣讲的这个比喻，可见他关心撒玛利亚人——这对他们肯定也有鼓励作用，同时有助于修补犹太人与撒玛利亚人之间的嫌隙。

2. 外邦人

路加自己是外邦人，所以他的故事中常提到外邦人是再自然不过，就像是一个显著的标签。从福音书开始不久即有西面说，耶稣将**"是照亮外邦人的光"**，就透露出这是他关切的主题之一。

他记载耶稣于拿撒勒传讲时，提到撒勒法的寡妇和叙利亚国的乃缦将军，说这两位外邦人的信心胜过以色列人，此言一出，拿撒勒村民气得想把耶稣推下山崖去。

路加也告诉我们耶稣差遣七十人出去，犹太人认为这个数字象征地上各邦国（源自创世记10章），他还提到耶稣去过约旦河外的比利亚一带服事。其他的福音书作者虽记载了耶稣从北部南行至耶路撒冷的旅程，对于他途经非犹太人地区所作的工，却略而不记。

3. 边缘人

路加对于边缘人，**任何遭社会蔑视的人**，都很感兴趣。他记载耶稣治好了十个长大麻风的人，还呼召了税吏撒该。这种行业的人被唾弃有两个原因：第一是因为罗马人授予他们权力，让他们替罗马人办事，第二是因为他们的工资是从榨取犹太人缴纳的税赋而来。然而，耶稣不但和被厌弃的税吏撒该见面，还说那一天"救恩"临到他家了。

路加还记载了牧羊人参与见证和传报耶稣降生的喜讯。在那个时代，牧羊人的社会名声并不太好，不但不可靠，又会贪小便宜、顺手牵羊，因此牧羊人的见证在法庭上并不具合法性。

还有一个值得注意的故事，一名曾为妓女的女子用香膏抹耶稣的脚，路加记载那是她出于被赦免的感恩反应，不但堪为后世表率，也让自以为义之人反省。

4. 女人

路加也特别提到女人，除了我们讲过的马大和马利亚之外，路加还提到一位女人，她一触摸耶稣衣裳繸子，她的病立刻就好了。其他作者都没有提到耶稣背负十字架时，妇女们在一旁为他哭泣。不但如此，路加还把以财务支持耶稣事奉的女士名字列出来。路加福音一共提到**十名妇女，都是他处经文不曾提到的**，另外在比喻中也出现三名女性。

5. 穷人

路加几乎可说是**偏爱穷人**。譬如他记载耶稣说："贫穷的人有福了"，还有"你们富足的人有祸了"，而马太说的是："灵里贫穷的人有福了"，接下来却没有讲有钱人怎样。在路加福音里，贫穷被视为有福，这和以色列人的看法迥异，以色列人认为贫穷是神不祝福的一个记号。路加记载耶稣诞生后，马利亚和约瑟带鸽子去圣殿献祭，依照利未记的律法，那是所能允许的最低廉的祭物，可见他们的经济状况。

他还记录了好几句反映出耶稣关怀穷人的教导：

- "凡求你的，就给他。有人夺你的东西去，不用再要回来。"
- 耶稣对请他吃饭的主人说："你摆设午饭或晚饭，不要请你的朋友、弟兄、亲属，和富足的邻舍，恐怕他们也请你，你就得了报答。你摆设筵席，倒要请那贫穷的、残废的、瘸腿的、瞎眼的，你就有福了！因为他们没有什么可报答你。到义人复活的时候，你要得着报答。"
- 在大筵席的比喻中，耶稣说："快出去，到城里大街小巷，领那贫穷的、残废的、瞎眼的、瘸腿的来。"
- 在拉撒路和财主的比喻中："后来那讨饭的死了，被天使带去放在亚伯拉罕的怀里。财主也死了，并且埋葬了。他在阴间受痛苦，举目远远地望见亚伯拉罕，又望见拉撒路在他怀里……"

6. 罪人

路加特别感兴趣的最后一种人——"罪人"，乍看之下或许意外，但耶稣来不就是为了拯救罪人吗？在当时犹太人认为，"罪人"一词特别是指**不再尝试遵守摩西律法的人**。摩西律法有六百一十三条，要全部遵守已经够难了，而宗教领袖还添加了更多条律例，以致有相当高比率的人干脆放弃，都不遵守算了。路加记载了好几则故事和事件，强调耶稣正是为了这些人而来的。他强调法利赛人是如何地痛恨耶稣，只因他和那些不守律法的人交朋友，一个跟罪人来往密切的人，怎么可能与神亲近？

路加福音是一部**充满人情味**的福音书，路加注重人，一如耶稣注重人。路加关心那些无力自助的人，也关心那些无人愿意帮助的人。他显然很喜欢这个希腊字*splanknidzomai*，意思是"怜悯"，他描述耶稣一生从不追逐权力和名望，只为了让软弱的人可以被神触摸。撒该故事的结尾有句话点出了耶稣来的目的："人子来，为要寻找、拯救失丧的人"，类似的话还有："众人都想要摸他；因为有能力从他身上发出来，医好了他们"。

路加强调的其他重点

1. 天使

路加对天使特别有兴趣，一开卷天使就上场了，天使告诉撒迦利亚，他的妻子伊利莎白将怀孕生子，要给他取名叫约翰，还有耶稣降生的消息也是由天使向马利亚宣告的。还有当耶稣在客西马尼园祷告时，我们读到："有一位天使从天上显现，加添他的力量。"

大家都说对于超自然之事最充满怀疑的，莫过于医生，路加既是医生又是严谨的历史学者，但他并不认为在他叙述的故事里提到天使，会带来任何的困难，他反倒特别强调天使扮演了**重要角色**。

2. 圣灵

路加福音曾被称为是**"灵恩福音书"**（charismatic Gospel），路加福音提到有关圣灵的经文，比马太和马可加起来还多。

- 路加记载马利亚怀耶稣是圣灵的工作："圣灵要临到你身上，至高者的能力要荫庇你。"
- 伊利莎白和撒迦利亚都被圣灵充满，天使又预告，施洗约翰从母腹里就被圣灵充满了。
- 旧约里被圣灵膏抹的概念，也见于亚拿和西面身上，西面受圣灵感动，见到婴孩耶稣，而亚拿则被称为女先知。
- 圣灵在耶稣受洗时临到他，接着我们读到："耶稣被圣灵充满，从约旦河回来，圣灵将他引到旷野。"
- 经过在旷野受试探之后，"耶稣满有圣灵的能力，回到加利利"。
- 路加记载了耶稣教导关于圣灵的事："何况天父，岂不更将圣灵给求他的人吗？"

路加福音结束于耶稣告诉门徒要在耶路撒冷等候，直到他们"领受从上头来的能力"。路加的第二卷书依然延续对圣灵的兴趣，使徒行传提到圣灵的经文更多。

3. 祷告

（a）耶稣的祷告

路加写的耶稣祷告比其他福音书都多。如前述，圣灵在他受洗时降下，是回应耶稣的祷告，而那是他第一个被记下来的祷告。他最后一个祈祷是在十字架上说："父啊！我将我的灵魂交在你手里。"

从第一个祷告到最后一个祷告之间，路加共记录了耶稣在九个场合祷告，其中七次仅见于路加福音。耶稣似乎**不住地祈求天父的指引**。

（b）门徒的祷告

每个门徒都应该了解祷告的重要性，这也是路加所关心的，第11章尤其包含这方面的深入教导。此外，坚持的寡妇（寡妇与法官）的比喻是在鼓励门徒，神乐意应允我们祷告，而接下来的税吏与法利赛人的对照，则是鼓励我们祷告时要谦卑虚心。祷告对于耶稣本人很重要，对于跟随他的人也很重要。

4. 喜乐

路加福音里**与"喜乐"字根有关联的词语，比新约其他任何一卷书都多**。譬如，只有路加用到"喜笑"这个字。他还记载耶稣说，当一个罪人悔改，整个天堂都要为他欢喜。还有一次，耶稣"被圣灵感动就欢乐"。

这个主题跟赞美与敬拜是相关联的。耶稣降生的故事始于天使的歌声："在至高之处荣耀归与神！"结束于人们在圣殿里称谢、赞美神。路加不断地**把读者提升到天上**，几首最美的颂赞诗歌就出现在路加福音里，譬如"尊主颂"（马利亚的颂歌）和"西面颂"。

5. 普世的福音

路加福音是普世的福音，让我们看见耶稣是**全世界的救主**，这是贯穿整卷书的一个主题，因这位外邦人作者希望广大的外邦人读者都能知道，这福音也是给他们的。

- 他首先从耶稣的家谱着手，他并不像马太那样强调他的犹太根源，而是回溯至亚当，点出耶稣的人性部分，呈现出福音是给所有人的：神一直都关心所有的人。
- 从开头天使的颂歌即唱道："在地上平安归与他所喜悦的人！"
- 路加引述以赛亚书，告诉我们："凡有血气的，都要见神的救恩！"
- 那七十人被差出去，不是像马太福音里给十二门徒的指示，"往以色列家迷失的羊那里去"，而是往"各城各地方去"。
- 我们读到："从东、从西、从南、从北将有人来，在神的国里坐席。"
- 路加福音将近尾声时，耶稣预言："人要奉他的名传悔改、赦罪的道，从耶路撒冷起直传到万邦。"

因此，从路加忠实的记载中我们看到，这份信仰深植于犹太土壤，在犹太背景下萌芽生长，在耶路撒冷达到高峰，而这一切都是为使徒行传作预备，这信仰将传遍帝国各处，甚至传到罗马。综观这卷福音书，它可说是四福音书中犹太味最浅的，这并不叫我们意外，路加所关心的是能不能取信于外邦人，因他所记录的事都是确实的。

✝ 我们该如何读路加福音？

人类的福音

这是给**在罪中迷失之人**的福音书。耶稣是惟一的救主。在四福音书中，惟独路加把"救恩"当作名词使用，他希望读者以他所叙述的这些史实为基础，来认识基督的救恩，而其动词"拯救"使用的次数，比新约其他任何一卷书都多。

路加告诉我们，"今天"就是救恩的日子（这话说了十一次，相较于马太的八次，马可仅一次），"现在"救恩已经来到（十四次，相较于马太四次，马可三次）。他强调怜悯、赦免、和好，皆可在此刻此地找到。这救恩从基督的十字架而来——就好像另一次受洗归入耶稣。如同当年犹太人从埃及为奴之地被释放，照样，耶稣的十字架也为他的百姓提供新的"出埃及"。因此，这是拯救的福音。路加希望读者在耶稣里找到救恩。

欢乐的福音

赞美和欢乐的主题一再出现。四福音书中惟有路加用了"喜笑"一字，与喜乐有关的字眼也是最多的。第15章三个广为人知的比喻中，我们看到失而复得的人有多么地欢喜，当一个罪人悔改，天上也是这样为他欢喜。门徒对于主复活的反应是欢喜快乐。从这个层面看，路加福音不但深具魅力又对"使用者友善"，推荐给想要晓得更多关于耶稣之事的非信徒看，最理想不过。

属天的福音

路加一直**聚焦在天上**，他强调耶稣降生的超自然面，强调圣灵的工作，强调祷告的重要性。他希望凡读了这福音书的人，不论背景是什么，都能进入天堂。耶稣在大筵席比喻中的话，最能总结路加的关切之情："出去到路上和篱笆那里，勉强人进来，坐满我的屋子。"路加知道神希望把万国万民的人都带进天堂，因为耶稣真的是世人惟一的救主。

可读性最高的福音书

路加巧妙地将故事的各个要素串连在一起，譬如第15章大家耳熟能详的"浪子的比喻"，这个名称其实取得不好，因为我们未能看出路加的**写作才能**，以致未能从整卷书的脉络去欣赏这个比喻。它其实可说是浪子"父亲"的比喻，他把家产挥霍在两个儿子身上，当你把第15和16章一起读，会发现一条贯穿的主轴，也会看到路加如何细心地布局，成就这部可读性最高的福音书。

第15章是由税吏与罪人开场，耶稣与他们在屋里同桌吃饭，屋外则是法利赛人和文士在议论纷纷。这两章的内容全都从这个背景延伸出去，必须放在这个脉络下解释。耶稣讲了一个迷羊的比喻；羊走迷了，而且羊知道自己走迷了。接着耶稣讲失钱的比喻，这钱币当然不知道自己遗失了——虽然一个故事的主人是男人，一个是女人，但两人都"丢失"了东西。然后我们读到主要的故事，就是两个迷失的儿子，其实重点不在小儿子，而在大儿子，他比他弟弟还要迷失，但他自己并不知道。因此小儿子就像那只迷失的羊，走远了、迷失了，而且知道自己迷路了。大儿子却像那枚钱币，在家里丢失了，自己却不知道。

不过耶稣可没有到此打住，让我们继续看第16章里的两个人物，对应着第15章的两个儿子。第一个故事令人费解，故事里的管家耍无赖、作假帐，耶稣竟称赞他。有意思的是，这则故事说管家"浪费"主人的财物，前一个故事也讲小儿子到远方去，"浪费"资财，因此我们看到相同的字眼、相同的角色。同理，大儿子声称他没有做错过一件事；他对父亲说："我从来没有违背过你的命"，而第16章第二个故事里的财主，也自认没犯过任何罪，没作过恶事、坏事，但是因为他对别人漠不关心、纵容自己、又远离神，结局就是落到地狱。

因此我们看到在这些比喻中，路加精心安排一条**贯穿的主轴**，这些细心而巧妙的笔法，却被我们的章节段落给打断了，殊为可惜。以下且容我改写一下耶稣讲的这几个故事，用意是把路加连贯的主题重新突显出来。

† 比喻的意译

两个人和他们的钱（路 15 – 16）

> 这事以后，这些灵性上的边缘人——有些只是不敬虔、有些却是缺德败坏，这些人都围着耶稣，要听他讲道。但是法利赛人和文士批评耶稣竟与这些人为伍，他们私下议论说："这个人似乎很喜欢和那些不尝试遵守律法的人在一起，竟然跟他们一起吃饭！"因此，耶稣给他们讲一个故事。
>
> 他开口道："你们当中谁有一百只羊，失去了一只，不把

这九十九只撇在旷野,去找那失去的羊,直到找着呢?一旦找着了,他就欢欢喜喜地扛在肩上,回到家里,请他所有的朋友邻居来,对他们说:'来跟我一起庆祝吧,我那只迷失的羊儿已经找着了!'我告诉你们,把一个罪人从任性的迷途中找回来,在天上也要这样为他欢喜,比为九十九个不曾犯过一个错、体体面面的公民欢喜更大!

"或是有一个妇人有一串钱,共有十个银币,失掉了一个,怎么办呢?岂不点起灯来,打扫房子,每个角落仔细寻找,直到找着吗?一旦找着了,她就高高兴兴地邀请朋友和邻居来,说:'来跟我一起庆祝吧,我那遗失的银币已经找着了!'我告诉你,一个罪人的心被改变以后,神的使者也是这样为他欢喜。"

接着耶稣又说:"一个人有两个儿子,小儿子对父亲说:'爸,我现在就想要我那一份家产,我等不到你死了。'"于是父亲就把产业分给两兄弟。过几天,小儿子卖掉了所分得的产业,带着钱,出国去了。他在那里挥霍无度,过放荡的生活。当他花尽了一切所有的,那国家因发生严重饥荒,食物短缺以致物价飞涨,他就一贫如洗了。为了活命,他只好去投靠当地人,那人打发他到自己的农场去喂猪,他常常饿到恨不得拿猪食来充饥;可是没有人给他任何东西吃。

"最后他终于醒悟过来,对自己说:'想想看,我父亲的农场有那么多雇工,粮食充足有余,而我竟在这里饿死吗?我还是回到父亲那里去比较好。我要对他说:父亲,我知道我铸下大错了,我得罪了神,也得罪了你。我再也不配作你的儿子;请把我当作你的雇工吧!'

"于是,他动身回家。但是离家还有一段距离时,父亲远远地瞧见他,就充满爱怜而奔上前,紧抱着他,不停地亲吻。儿子把拟好的腹稿说出来:'爸,我晓得我铸下大错了,我得

罪了神，又得罪了你，我真不配再作你的儿子了……'

"但父亲不让他说下去，转身吩咐上前来看怎么回事的仆人说：'赶快拿我最好的衣服给他穿上，拿我的印戒给他戴上，拿鞋子给他穿上。还有把那头小肥牛牵来，宰了，今天我们一定要大请客，庆祝我儿子回来。因为我这个儿子是死而复活、失而又得的。我以为我再也看不到他了，但是我们又相见了！'于是大家欢宴起来。

"那时候，大儿子正在农场做工。他回来，离家不远，听见欢宴的声音，大伙人正跟着乐队唱歌跳舞。他叫一个童仆过来，问他怎么一回事。那童仆回答：'你弟弟回来了，你父亲因为他无灾无病地回来，把小肥牛宰了。'

"大儿子非常生气，不肯进去。老父亲同一天第二次跑出来，好声好气地劝他，希望他的态度有所转圜。但他勃然大怒，对父亲说：'你看，这些年来，我像奴隶一样为你工作！我一次也没有违背你的命令，更不曾违抗你的意愿，可是你给过我什么呢？连一头小山羊让我跟朋友们热闹一番都没有！但是你这个儿子，这同妓女吞尽了你辛苦赚来的产业的，他一回来，你倒为他宰了上好的小肥牛，给他庆祝！'

"但父亲温柔地对他说：'儿子啊，你常和我在一起，你也知道所有余下的产业全都是你的了。你不能了解我们这样庆祝是应该的吗？因为你弟弟回来了，我们原以为他大概死了，没想到他还活着，而且又回来了。本来我想我们永远失去他了，但现在我们又得着他了。'"

耶稣又对他的门徒讲另一个故事："从前有一个财主，他雇了一个经理人管理他的产业，有人向他告密，说这人侵占他的财物。于是他把那人叫来，当面问他：'我听到的是怎么一回事呢？把你经管的账簿交出来，我要立刻查帐，你不能再作我的经理了。'

"于是这个经理人考量他的出路，对自己说：'主人要辞退我了，今后我去做什么呢？我要确保我一失业就有很多老客户施援手，给我个出路。'

"于是他把欠他主人高额债务的承租户一个个地叫了来，问头一个说：'你欠我主人多少？'

"'四千升油'。他回答。

"那经理人说：'这是当初的合约，快，坐下来，把数字改成两千。'他问另一个说：'你呢？你原本答应付多少？'

"那人回答：'两百袋麦子。'

"于是经理人说：'你的合约在这里；把数字打个八折。'

"当主人听到合约被窜改的事，不禁称赞这个不诚实的经理人脑筋动得快，做事机灵。"

"真遗憾，这些为今世而活的人比起那些已蒙启迪而知来世的人，处理起与他人相关的事情来，往往更精明。"耶稣接着说："所以我给你们的建议是，要用今世的不义钱财结交朋友，这样，到最后你所有资产都带不走时，他们会张开手臂迎接你进入天堂。

"一个人在小事上靠得住，在大事上也靠得住；一个人在小事上不诚实，在大事上也不诚实。所以如果你们在处理必朽坏的商品如金钱，都不值得信任的话，那谁还会让你们照管任何有永恒价值的东西呢？如果你们照管别人的资产尚且不值得信任，谁还会把你们自己的东西给你们呢？

"没有一个雇工能同时全心为两个雇主工作，他肯定会作比较，偏向或忠于这一个，对另一个就比较不在意。这就是为什么你们不可能在卖力赚钱的同时又事奉神。"

有些法利赛人听到了耶稣对门徒说的这番话。他们是那种又要致富又要虔诚的人，对于耶稣这番话他们嗤之以鼻。

但耶稣知道他们心里在想什么，就对他们说："你们或许能取信于你们的同事，但神一眼就把你们看透！人或许佩服你们，但神恨恶你们。

"摩西的诫命和先知们的指责到施洗约翰来以前，都是有效的。从施洗约翰以后，神的治理就展开了，大家都在抓紧机会进入神的统治之下生活。事实上，这个地球和外太空消失，要比神的律法一笔一划被涂抹还容易呢！

"再给你们举一个例子：在神看来，任何人跟妻子离婚，另娶别人，就是犯奸淫，而无论谁若娶了离过婚的女子也是犯奸淫。

"从前有一个财主，每天穿着最昂贵的华服，享受大餐，过着穷极奢侈的生活。就在他车道大门外的水沟旁，坐着一个乞丐，大家都叫他拉撒路。他浑身生疮，每天在房子外的垃圾桶里找吃的，附近的流浪狗常来舔他的疮。过了一些时候，这个乞丐死了，他的灵被天使带上天，放在亚伯拉罕的怀抱里。乞丐过世不久，财主也死了，举行一场盛大的葬礼，但他自己可没参加，他已经下到地狱受苦了。

"他在痛苦中，举目远远地望见亚伯拉罕，又望见亚伯拉罕抱着那老乞丐拉撒路！他就喊说：'我祖亚伯拉罕啊，可怜可怜我吧。假如那要饭的能用手指头蘸点水，要我舔他的手指头我也甘心哪！这里真的热得受不了！'

"但亚伯拉罕郑重地对他说：'你该记得你生前过得多么舒服，而我的朋友拉撒路可从没有好日子过。如今换他得一点安慰，换你尝尝受苦的滋味。无论如何，在你我之间有深渊相隔。没有人能从这边过到那边去，也没有人能从那边过到这边来。'

"这可怜的财主就想到另一种可能，他说：'要不这样，我祖亚伯拉罕哪，求求你，如果你不能够派一个人到我这边来，那么请打发一个人去我在地上的家那里，我还有五个兄

弟，起码可以警告他们不要像我落到这个可怕的地方。'

"但亚伯拉罕摇头说：'他们家里都有圣经，只要他们读一读摩西和众先知所说的话，就足以获得警告了。'

"这已被定罪的人可不这么想，他说：'我祖亚伯拉罕啊，那还不够说服他们。但是若有人从坟墓里起来，回去告诉他们真实情况，他们就会悔改的。'

"可是亚伯拉罕说：'如果他们不在意神透过摩西和众先知所赐下的话语，即使有人从死里复活，他们也不会相信的！'"

6. 使徒行传

✝ 引言

查考圣经时，不论研读哪一卷，都需要从两个层面去查考。第一是**属人的层面**，需要思考是谁写的、为什么写，需知每一卷书皆出自一特定环境，作者写作时心中都有特定的读者群。我们从这个层面去看当时的历史情境，放在原初的脉络中，神的话语才会呈现**真实**的意思。

第二是**属神的层面**，我们在研读的时候要问，为何圣灵要赐下这卷书？与今日的我们*有何相关*？

这两个层面也可说是**历史**层面和**存在**层面，历史层面问的是何时写成？背后有什么人为因素？存在层面问的是为何这卷书会成为圣经的一部分？还有神想藉由这卷书告诉我们什么？如此双管齐下，对我们接下来查考使徒行传特别有帮助。

✞ 从历史层面看使徒行传

是谁写的？为何而写？

作者身份

作者路加，在叙利亚的安提阿从事医生行业，是圣经作者中惟一的外邦人。保罗各处巡回宣教常有他作伴，他对于研究耶稣生平事迹和教会增长，有特别浓厚兴趣。他很可能分别在凯撒利亚和罗马，写作路加福音和使徒行传（本书第4章已详细介绍这两卷书的作者路加，见第57－60页）。

辩护简报

如本书第4章所述，使徒行传是路加所写两卷书的下卷，为的是替在罗马等候被提审的保罗辩护。使徒行传一开始和路加福音一样，都称呼"提阿非罗大人"，其称谓暗示此人应是律师或法官，使徒行传有两处也用了同样的敬称，即审问保罗的腓力斯和非斯都巡抚大人。无疑地，路加晓得这份"简报"将会广为流传，因为罗马城的人都想知道，使保罗被告受审的这份信仰是怎么回事。

倘若使徒行传为的是写保罗生平的历史，那么路加就算不写他离世的细节，起码会把审判结果收录进来。倘若为了写教会历史，那应该有更多罗马教会的细节才是。路加的用意既不是在提供保罗传记的完整细节，也不单纯只是在报导教会历史，但是，他提供的细节足以让提阿非罗了解，基督教信仰是如何发展的，还有，为什么使徒保罗现在被这样控告是不公平的。因此，路加留给读者的结尾就停在足以说服提阿非罗的简报之处。

架构与大纲

了解为何要写以后，接下来的问题是这卷书的大纲，由此也可略窥路加的写作目的。关于路加写作使徒行传的大纲，一般有三种理论。

1. 两段式

最简单的理论是路加以**两位主要的使徒**作架构，第1至12章的主角是犹太人的使徒彼得，其余部分则是外邦人的使徒保罗。有颇多证据支持这理论，因为路加写彼得和保罗颇有明显的平行对照，并且可能是刻意的，为的是抗衡当时教会的一个发展：跟随彼得的犹太人教会是一派，跟随保罗的外邦人教会是另一派。路加的记载强调保罗和彼得的生平在许多方面都可以相提并论，所以我们不应该认为谁比较重要。他们两人的雷同处有：

- 两人都行过神迹。
- 两人都见过异象。
- 两人都为信仰受苦。
- 两人都作过长的演说。
- 两人都被圣灵充满。
- 两人都放胆传道。
- 两人都向外邦人和犹太人传福音，不过彼得主要向犹太人传，而保罗主要向外邦人传。
- 两人都被关进监牢且因神迹而获释。
- 两人都医治过病人。
- 两人都治好过生来瘸腿的人。
- 两人都赶过鬼。
- 两人都用过特殊的方式治病，彼得是影子治好人的病，而保罗则是用手巾。
- 两人都曾使死人复活。
- 两人都曾向假教师宣告审判。
- 两人都拒绝被人膜拜。
- 两人都死于罗马（虽然未包含在路加的记载内）。

以上分析强烈显示出路加写作的原因，就是在确保两位使徒都受到教会同等的尊重和重视。因此，研读使徒行传的一个方式就是分成两大段落。

2. 三段式

使徒行传1章8节说："你们……要在耶路撒冷、犹太全地和撒玛利亚，直到地极，作我的见证。"有些人认为之后的架构都是以这句话为主题发展的。**从耶路撒冷起**为基督作见证，在第1至7章。从第8至10章，这见证进一步带到**犹大地和撒玛利亚**，然后再传布到**欧洲**，乃至**罗马帝国的核心**。因此，此架构认为路加福音让我们看到耶稣一开始说的话，到结尾时如何实现，亦即福音传到了罗马，由保罗在凯撒面前为基督作见证。但是，罗马当然不能算是"地极"！

3. 六段式

以上三段式的架构虽在某些方面也能取信于人，但还有一个更好且更仔细的架构，可用来了解这卷书，就是直接从路加的一项**修辞技巧**，来观察他所要强调的主题。在不同的叙事环节里，他用了一系列**类似的词语**：

- 6章7节："神的道兴旺起来，在耶路撒冷门徒数目加增的甚多，也有许多祭司信从了这道。"
- 9章31节："那时，犹太、加利利、撒玛利亚各处的教会都得平安，被建立；凡事敬畏主，蒙圣灵的安慰，人数就增多了。"
- 12章24节："神的道日见兴旺，越发广传。"
- 16章5节："于是众教会信心越发坚固，人数天天加增。"
- 19章20节："主的道大大兴旺，而且得胜，就是这样。"

以上五句话均以神的道兴旺、或教会的人数增长，标示一个段落的结束。路加总是先告诉我们发生了什么事，接着作个结语，因着所发生的事，所以神的道兴旺，教会增长了。

由以上分段，再依地理位置来看路加福音的内容安排，也可看出它的道理，这六个段落的划分如下：

1－6：7	犹太人与耶路撒冷
6：8－9：31	希腊人和撒玛利亚人
9：32－12：24	外邦人和安提阿
12：25－16：5	小亚细亚
16：6－19：20	欧洲
19：21－28：31	罗马

路加描述这个新兴宗教有股"挡不住的力量"，传遍整个罗马帝国，耶稣的死与复活就好像一颗石子丢进池塘，激起涟漪，路加在每一段作个小结，强调这涟漪不断扩散，直到罗马。这显然是选择性的叙述，仅描述单一方向——朝西北方的延伸。只有一处暗示向南扩张，就是那位埃塞俄比亚的太监返非洲途中归信受洗。

重大事件

现在我们来看，路加认为在这段期间发生了哪些重大事件，使得基督教信仰从发生于犹太村庄的一个运动，扩散成为全国性、乃至普世的信仰。

五旬节那日

就**福音传扬而言，路加所写的第一件大事是**：五旬节（参徒2章）。那天早上九点钟，一百二十位门徒聚集在所罗门廊下祷告时，圣灵降临在他们身上。说方言的恩赐伴随着圣灵的浇灌而来，这和神对巴别塔的审判（参创11章）恰是逆反，使得从各国来此过节的人都听到了彼得的信息，那一天就有大约三千人悔改，信而受洗，加入教会。许多人后来回到家乡，福音信息就随他们传开了，包括传到罗马。

寡妇的抱怨

令人惊讶的是，第6章一开始，路加记载外邦人的寡妇抱怨教会饭食分配不均，紧接在此事之后的6章7节就是第一个小结："神的道兴旺起来"，可见这也是教会扩张的一个关键大事。使徒们留意处理，确保**犹太人与非犹太人之间没有差别待遇**。此阶段必须不计代价避免犹太人与外邦人的分裂，结果使徒们挑选了七位执事出来管理饭食，其中两位执事带出特别的影响，他们就是腓利和司提反。

司提反的殉道

司提反在传道的时候被捕，并被带到宗教领袖面前，被指控的罪名是作反犹太宣传。从使徒行传的记载中，我们对他所知不多，然而他最后一篇证道却被记录下来，几乎是全本圣经最长的一章（参徒7章）。路加藉他的话强调使徒行传的写作目的，在于描述基督教如何从一个犹太民族的宗教，转变成为**外邦人的、跨民族的信仰**。

司提反在犹太人领袖面前，提纲挈领地叙述早在圣殿兴建以前，神就在他们的故土以外活动频频，包括与亚伯拉罕立约、救他们出埃及、颁布律法，全是在应许之地以外进行的，这令犹太人又惊又怒。他的意思是神的道和神的同在超越民族界线，因此犹太人认为耶稣亵渎圣地和律法的控告其实是不实的。

这段讲论是为福音信息传播到外邦人中间，提出神学上的解释和正当理由，而在使徒行传所揭开的大剧之中，司提反的殉道和随后而来的大逼迫，终于迫使信徒离开耶路撒冷，进到撒玛利亚，甚至走到安提阿——路加的出生地。

腓利在撒玛利亚

接着，路加记载七位执事中的腓利在撒玛利亚的传道与众人的回应。犹太人和撒玛利亚人之间向来积怨颇深，门徒早先的行为也并不宽厚，上一次约翰与耶稣到撒玛利亚来，约翰和雅各兄弟俩还问耶稣，能不能求神从天上降下火来，把撒玛利亚人都烧死。这次，却有**许多撒玛利亚人信而归主**，后来彼得与约翰一起抵达，为撒玛利亚人祷告，好叫他们领受圣灵的洗。这次完全是出于另一种原因求天降下火来！

腓利后来被带到另一个地方，去向一位离开耶路撒冷返家途中的埃塞俄比亚太监传福音。假如路加的目的不是让读者看到福音是如何传开，我们就真不知道为何安插这件事在这里了。福音就是由这位太监带往埃塞俄比亚，他是**第一位信主的非洲人**。

扫罗的信主

扫罗的信主也是整个叙事中的一个转折点（参徒9章），事实上，这见证共记载了三次，为使提阿非罗知道之前提交给其他判决者的证词。扫罗后来被称作保罗，我们知道他是如何**奉差遣服事基督**，还有他如何与耶路撒冷信徒达成共识。当安提阿的教会将巴拿巴和保罗差出去传福音，这卷书的焦点就从彼得转到保罗了。

彼得在凯撒利亚

福音的扩展碰到一大绊脚石：**犹太人的饮食清规**禁止犹太人与外邦人同桌吃饭。因此路加记载了一件事，就是神如何教导彼得吃"不洁净"的食物，并且是他所允许的，接着就差他去一个外邦人家里传福音。

使徒行传第10章发生了一件令彼得大为惊奇的事，他看到**圣灵降临在非犹太人身上**，和圣灵在其他地方浇灌犹太人是一模一样的，这件事太重大了，甚至彼得必须向耶路撒冷的使徒们说明当时的情况，好叫他们也能知晓神动工的方式。

耶路撒冷会议

彼得与耶路撒冷信徒们的谈话，堪称第15章耶路撒冷会议的会前会。保罗在大会上讲述他如何在外邦人中间服事，教会人数因而增加，但他也意识到犹太人教会与蜂拥进入神国的外邦人之间的裂隙，正在逐渐扩大。这些外邦信徒对于犹太人的传统自是所知不多，会议之后，保罗写给外邦教会的书信无不捎上耶路撒冷"母会"的鼓励，确保**外邦教会能在无干扰之下继续增长**。

一致的目的

我们很清楚地看到，路加为了让提阿非罗看到**教会扩张的事实**，还有这扩张是**如何发生的**，因而挑选这些事件作记录，并非毫无计划、随意安排的。这些事件描述基督教信仰如何进入并散播至罗马世界，以及如何在文化压力下依然保持一贯的内涵。路加并未记下许多信主的故事，也没说大多数使徒后来怎样了，却是依据目的挑选一些事件来写。

✝ 从存在层面看使徒行传

以上是从人为或历史层面看使徒行传，接下来把焦点摆在这位神圣主编为何要给我们这一卷书。我们的研读查考不能仅顾及过去，还必须聆听它带给今天的信息。所以看过历史的意义之后，我们要来看这卷书存在的意义，如今，它有什么关于神的信息要告诉我们。

福音书与书信的衔接

使徒行传是四福音书与使徒书信中间，不可或缺的一环。想象一下新约圣经若是少了它会如何，许多事情将会难以理解。若少了使徒行传，使徒书信里提到的某些关键人物、地点和观念，将无从解释。

1. 保罗

新约的书信多半是保罗写的，但是，保罗是谁？四福音书都没有提到他，因他不是十二使徒之一。若无使徒行传的记载，对于他这个人、他的事奉、他为何要写信给教会和个别信徒，还有为何这些书信很重要，我们将所知甚少。

2. 水的洗礼

信而受洗也是使徒行传里一个重要的连结，**只有使徒行传描述用水施洗**这件事。所以，虽然保罗在书信中常提到受洗，例如："岂不知我们这受洗归入基督耶稣的人是受洗归入他的死吗？"但他从未把"水"和"受洗"连在一起讲，这导致有些学者主张保罗并未教导用水施洗，又说"受洗归入基督"纯粹是灵性上的意思。但你可以在使徒行传找到保罗自己也在水中受洗，并且也用水为他所带领信主的人施洗。所以我们知道，当他在书信中讲到"受洗"，就是指用水施洗。

3. 圣灵的洗礼

"受圣灵的洗"一词，在四福音书里都出现过，但是无一处告诉我们究竟是什么意思，也没说当一个人受圣灵的洗，是什么情况。若想在书信里查考这个词的意思，也会失望而返。在哥林多前书，保罗用了这个词："我们……都从一位圣灵受洗，成了一个身体"，但实际上是什么意思，他却没讲。只有在使徒行传里说明了**受圣灵的洗的真正意思**，因为惟独在这卷书中描述了实际的情况。

4. 摩西律法

使徒行传也帮助我们思考，今天我们当如何看待摩西律法，我们怎知基督徒不受它的约束呢？摩西律法有六百一十三条，我们到底还受不受这么多条规定的约束，并且我们怎知这些规定是否仍需遵守？答案在使徒行传15章，我们在那里看到有关割礼的辩论来到一个高峰，终于一次彻底解决，结论就是所有的**基督徒都不需要受摩西律法的约束**，不过仍受基督的律法约束。

5. 教会

有个令人意外的发现是，要不是路加在使徒行传中对"教会"所作的记载，恐怕我们都会对"教会"一词产生不同的误解。在四福音书里，只有马太提到这个词，而那两处经文都没有叙述教会应该是什么样子；新约一般书信则谈论教会的普遍情况，仅约略暗示教会是什么。同样地，只有读使徒行传才知道**教会究竟是什么**，包含教会是如何建立，使徒们如何按立长老，还有使徒和他们所建立的教会之间的关系。

6. 得救

使徒行传对于我们十分要紧，因为我们从里面才了解**重生得救的正确方式**。福音书记载了圣灵降临之前的事件，使徒书信则是写给已信主的人，这两部分都没有为教会成立时期的人提供信主的正确模式。所以我们得看使徒行传，才能知道使徒如何领人进入神的国，我们也读到成为基督徒的正常模式是：悔改、相信、用水施洗、受圣灵的洗（这方面请参阅拙作《属灵接生学》〔*The Normal Christian Birth*〕一书）。

今日信徒的典范

因此，使徒行传是各样信息和说明的重要来源——但显然不止这样。许多人会把它视为教会生活的典范，盼望着什么时候**现代教会也能展现出路加所描述的那些特质**。这个假设看似合理，毕竟这是圣经里惟一记载的教会历史。圣灵想必感动人把这些事记载下来，为的就是让我们知道神对他百姓的心意。

1. 从缺点和优点中学习

"典范"取向的说法固然有理，但我们若认为所有的模式都是今天当**遵循**的，可能会出现一些问题。路加绝对不是在描述理想状况，使徒行传除了记载**教会超乎寻常的增长，也记载教会的争执、纷争和错误**，不论是蒙受的祝福或遭遇的难处，他都一一写下。

- 亚拿尼亚和撒非喇欺哄圣灵，大概没有人会效法他们的行为。
- 西门以为有利可图而公然拿钱要买圣灵，想要灵命进深的初信者当然不能以他为榜样。
- 使徒保罗和巴拿巴"起了争论，甚至彼此分开"，虽然路加的记载里没有怪罪任何一方，但从字里行间可以看出，在宣教行动展开之前发生这样的事并不理想。
- 路加描述了迦玛列对于新兴运动的态度，此人向其他犹太人领袖建议，先不急着表态支持或反对基督徒，再等等看。但从路加的叙述看来，保持客观的疏离态度并不是对福音的适切反应，这位骑墙派人士从此没有再出现过。
- 对比之下，迦玛列的学生大数人扫罗却选择激进的态度，他不要"再等等看"，他要以实际行动逼迫教会，阻止这新兴信仰发展下去。但在往大马士革的路上，他满怀的敌意被翻转，后来他成为伟大的（堪称最伟大的）使徒。

因此，使徒行传所记载的信徒社群有好有坏，里面有敌对、争执、伪善、异端，也有不道德之事。我们看到的不只是值得效法的榜样，也有前车之鉴。

2. 了解非常态与常态模式

想要了解使徒行传里的事件，必须分辨哪些是非常态的、哪些是常态的。若属非常态事件，当然就**不应该期待以后会经常发生**。

以保罗信主为例，他听见耶稣的声音，又被大光弄瞎了眼。这显然是仅此一次的事件。如果我们拿这个经验作为现代人信主的范例或模式，那么许多人将通不过考验。事实上，保罗也说那是独一无二的经验，目的是差遣他去作使徒。

再以亚拿尼亚和撒非喇之死为例，今天的信徒做的错事更加严重，是否也曾这样被击杀？或是以抽签决定由谁取代犹大，今天我们也必须这样做吗？显然不是。

进一步来说，倘若这些反常情况以后还会发生的话，那我们将难以取决应遵循哪个前例。使徒彼得从希律的监牢中被解救出来，但使徒雅各就没有，今天我们该期待哪个结果呢？我们务必谨慎，切勿拿初代教会的某一事件或经验作为任何时代的教会通例。

上述讨论带我们来到一个关键问题：**如何分辨什么是非常态事件、什么又是常态事件？** 教会不是常认定某些现象是反常的，今天不会再出现，结果却证明是错的吗？不妨用下面三个问题来决定常态与非常态事件。

（a）该事件仅仅提到一次吗？

一件事如果只提到一次，就没再出现过，那么很可能（虽非绝对确定）是非常态的。举个例子，五旬节那天所发生的一些事情是仅此一次，下不为例的。我们并不期待每次有人领受圣灵时，就会有大风吹过、有火舌出现。我们读到有次信徒聚在一起祷告时，整个屋子震动。假如今天我们以房屋震动与否，来决定祷告是否真诚，那就错了。**初代教会有些事件必然是仅此一次的**，因此倘若某件事仅提到一次，以后或许会再发生，但若说必须再发生，那可就错了。

（b）有没有重复出现？

不过，从使徒行传对于受圣灵的洗的描述中，可以看出一些雷同处。五旬节那天的风和火显然是独一无二的，但其他现象有重复出现。当那些在哥尼流家的人（10：46）和约翰的门徒领受圣灵的时候，都有说方言——显示这可能是可重复的现象，即便风与火没有重复。事实上，使徒行传每次记载有人领受圣灵的洗，总是有些状况发生，叫领受者本人和旁观者都很清楚圣灵降临了。**若是有重复发生的情况，则该事件应该成为今日教会常态的可能性就会比较高。**

（c）是否有他处经文提供独立的印证？

如果四福音或使徒书信提供**独立的印证，指该情况确实是当时基督徒生命的常态，那么我们可肯定也能接受**。举例来说，不只是使徒行传2章33节讲到圣灵"浇灌"，还有旧约的约珥书2章28节和新约的提多书3章6节，也都印证这个说法的有效性。

再举一例，使徒行传中提到按立长老，这是仅此一次的事件吗？不是。长老并非仅一时出现于使徒行传的职分，在提多书、提摩太前书和希伯来书都有经文提到，可见这是通行的领导职分。

3.现在与过去

回答了以上三个问题之后，应该比较容易分辨什么是路加记载的历史中，仅此一次的事件，而什么是神希望我们效法，应该经常发生的事——即使今日一般教会的实际情况远不如应该有的样子。

我们必须用以上问题来分辨，也必须用使徒行传作范例，因为如果不这样，就会误信另一阶段的教会历史才是我们当效仿的，许多宗派的团体都从别的阶段，或宗教改革时期、或清教徒时期、循道卫理时期或早期的五旬宗，寻找可效仿的地方。他们都忘了，**圣经已提供有力的模式，且为评断所有其他时代的终极标准。**

使徒行传让我们看到初代教会的信徒做了什么，还有他们是怎样的一群人。

（a）他们做了什么

使徒行传讲到信徒彼此相交，有温馨的团契，以使徒的教导为中心，重视祷告；还有他们随走随传，按着圣灵所赐能力，向人传讲基督。使徒行传也告诉我们，初代信徒虽面对犹太人和外邦人的敌意，依然放胆传扬福音，无所畏惧。这卷书洋溢着生命力，处处可见神的作为和国度的增长。

（b）他们是怎样的人

这群信徒是一群因认识神而充满喜乐的人，就算被关在监牢依然赞美神。他们是敬畏神的人，充满希望和勇气：彼得和约翰宁可违背犹太人领袖，也不愿停止传道。司提反也随时准备面对那些敌对的犹太人领袖，即使付上性命的代价，在所不辞。

使徒行传是宣教手册

既然，我们可以把使徒行传当作今天效法的范式，那么该怎么研读呢？20世纪初，罗兰·艾伦（Roland Allen）的著作对许多寻求明白使徒行传的人来说，影响颇深。其中三本书影响了许多人对于今天应该如何运用使徒行传的看法，这三本书是：《宣教方法：是圣保罗的还是我们的？》（*Missionary Methods: St. Paul's or Ours?*）、《教会的自发扩展》（*The Spontaneous Expansion of the Church*）、《圣灵的职事》（*The Ministry of the Spirit*）。他的思想超越同时代的人，他的洞见使我获益良多。他主张**使徒行传不只是教会行为的典范，也是教会扩展的宣教手册**。使徒行传告诉我们如何该实现大使命，使福音传扬开来，从这卷书里，我们可以整理出今天可遵循的七个宣教策略：

1. 差派使徒

"使徒"的字面意义就是"奉差遣的人"，初代教会认为，这些人是奉神的差遣去传福音。新约里提到有五种"使徒"：

(1)耶稣是使徒中最大的——无人可与他相提并论。

(2)十二使徒，**主复活的目击证人**——今天没有人可与他们相提并论（马提亚取代犹大的位置）。

(3)保罗，第十三位使徒，"使徒中最小的，如同未到产期而生的人"——今天没有人能像他那样写下圣灵默示的圣经。

(4)**拓荒植堂者**，到一个地方去领人信主，然后带着这批初信者建立新的教会——保罗、巴拿巴等人，都属于这一类使徒，他们经常以团队形式出去宣教。

(5)**任何从甲地被差往乙地去执行任务的基督徒，都是一种"使徒"**，比方以巴弗提，他就是被教会差往罗马去照顾保罗的生活起居——从这个角度看，任何基督徒都可以作"使徒"。

以上仅第四和五种使徒可以应用到今天，耶稣基督的教会**需要拓荒植堂者，也需要愿意被差遣、奉神的名执行特定任务的人。**

主动差派与后方支援，都是地方教会的责任，使徒行传很清楚地让我们看见，是圣灵将这些人分别出来事奉的。差人出去的决定不是信徒开会的决议，而是听从圣灵的引导。是圣灵说要把保罗和巴拿巴差出去做他要他们做的工，教会也随时听候圣灵引导，为了传扬基督而愿意把教会里最好的人才差派出去。

还有一点值得注意，使徒是以团队的形式被差遣，起码有两个人一起巡回布道（就像耶稣也是差门徒两个两个地出去）。在使徒行传里，我们找不到宣教"独行侠"的经文依据。

2. 进入城市传福音

使徒一般都是从人口密集的城市开始服事，这样当教会增长以后，就可以产生涟漪效应，扩及邻近地区。例如，当保罗去到以弗所，天天在推喇奴的学房教导，我们读到"一切住在亚细亚的，无论是犹太人，是希腊人，都听见主的道"。这些听道而信主的人当中，可能有一位名叫以巴弗，这人建立了歌罗西教会。后来虽然保罗未曾到访歌罗西，未曾参与该教会的增长工作，但他却写信给歌罗西教会。

因此，这是一条合理且有效的策略，就是先到**大都市传福音，以此作桥头堡向外扩展**，今天我们需要时常想到这个宣教策略。

3. 切实传福音

保罗一般会先把焦点放在会堂，"保罗照他素常的规矩进去（犹太人的会堂），一连三个安息日，本着圣经与他们辩论"。

保罗对犹太人讲论时会引用旧约，但是，请注意**他会依据听众而改变做法**。当他的对象是外邦人时，他会先设法找出双方的共同立足点，然后再介绍圣经里的观念。使徒行传17章记载他向雅典人的讲论，即为一例。那篇信息不是特别成功，不过倒也使几位有名望的人信主了。路加记录了这篇信息，好让我们看到保罗在外邦人中间是如何传讲信息的。

在这篇说给雅典人听的信息中，保罗提到他们的历史，也引述了他们所熟知的诗句。他知道许多年前雅典城有过一场大地震，许多建筑物被震毁，城市受创严重。由于雅典人信奉多神，他们以为是得罪了某位神明，就想赶紧找出是哪一位神明在发怒。他们决定放一只羊到大街上，看这只羊漫步到哪个神坛旁边坐卧下来，他们就知道是得罪了哪一位神明。结果这只羊却不照人的计划，最后竟走到田野中间坐了下来。雅典议员们于是开会决议，既然还是不知道得罪了哪一位神，那可能是他们遗漏了某一位，而这位神因雅典人没有为他建一座坛而生气。于是他们就新建一座坛，坛上刻着："献给未识之神"。

保罗到了雅典城以后，看到这座坛，就由此切入，告诉他们这位未识之神是谁，挑起听众的注意力，从这个共同点上，他说他们应该来认识这一位神，他讲到这位神已拣选耶稣，使他从死里复活，且设立他审判全世界。

使徒行传几乎每一页都以传福音为焦点，圣灵赐给基督徒胆量与能力，使他们放胆传扬信息。

4. 训练门徒

使徒们也关心使人作"门徒"，这可不是我们现代人的回应方式：

举手、走到讲台前，或在决志卡上留名。使徒们都晓得**作门徒是要花时间的**，所以保罗总在一个地方待上一段时间，坚固信徒的信仰根基。在以弗所城，他每天从中午十二点到下午四点（午觉时间）教导天国的道理，如此长达两年，为的就是让初信者学习真道，也让未曾听过福音的人能归入这信仰。因此，虽然路加记录了"基督徒"一词源自安提阿，但是这些归入信仰的人，一般被称作"门徒"或走"那道路"的人。作门徒并非一次的决定而已，那对每日生活几无影响，要紧的是**持续走这条信仰之路**。

5. 出去植堂

使徒行传记载使徒出去传扬福音之后，信徒群体如何被建立起来，还有使徒们后来如何再回去这些教会坚固信徒，因此每一次宣教之旅结出的果子，就能成为**持续跟从主的信徒群体**。如果我们住在已有许多教会的国家，往往会忽略这个层面的宣教策略。其实，我们可以向某一社会阶层，就算是人数不多的一个群体，传福音并建立教会。而这种植堂作风并不会引起现有教会的疑虑，因为是**向截然不同的社会阶层传福音**，尽管在地理位置上，那一群人就在附近而已。

6. 设立长老

我们读到保罗和巴拿巴重返路司得、以哥念和安提阿，"在各教会中选立了长老，又禁食祷告，就把他们交托所信的主。"

由于这些教会才成立不久，意味着这些"长老"信主可能才刚满十二个月，但这不是问题。只要这些人比其他信徒有长进，灵命成熟，就能把**带领教会的责任托付给他们**。按立长老带领羊群，是整卷使徒行传常见的模式，因为使徒们总是尽量找当地信徒起来领导，好让信仰群体可以自我管理，不用依赖创建者。长老似乎是由全教会共同按立的，由本地信徒印证使徒的提名。（此处经文的"选立"字义上就是"举手"，所以长老是用举手投票选出的。）

由此可见，从某方面来讲，使徒的工作可以清楚界定如下：

- 要到核心城市去
- 要传讲福音，也要因应听众而调整切入点
- 使人作门徒而不是作决志
- 留下来培训他们
- 建立教会，这样离开的时候才会留住信徒群体
- 选立长老带领这个信徒群体

7. 继续前进

这是宣教模式的最后阶段，非常重要，教会建立起来以后，使徒就要继续前进。往后双方的联系可能透过书信、拜访，或派一位使徒"代表"前来。**既然这个团契有了本地信徒起来领导，那么使徒就可以离开，继续到其他地方服事**。这些教会都是自传、自治、自养的。可见真使徒的事奉是适时移动的，通常他们也有自己的一份工作，自己赚钱支持自己，避免在拓植教会的期间给任何人增添财务负担。

宣教计划中的非必要条件

以上是使徒行传所运用的"宣教法"，分析之后，里面少了一些今日认为不可少的要件：

- 没有教堂——他们在信徒家中或租地方聚会。
- 一般认为没有必要花大笔钱兴建教堂。
- 没有圣职人员和平信徒的区分。
- 教会所有的职分都是基于恩赐和功能而设立——每位信徒都有他的服事。
- 没有阶级高低之分。
- 没有总部。
- 没有婴儿洗礼。
- 没有依国家民族或宗派划分而建立的教会。
- 没有敬拜的程序——虽然对于初代教会如何敬拜神，可以找到一些暗示，但是并无固定的模式让我们遵循。

■ 使徒们并没有设立医院、学校、诊所或救援组织。

今天，我们视为教会事工或福音机构事工常见的要件，在初代教会可并不常见。

† 从神学角度看使徒行传

我们已从几个不同的焦点来纵览使徒行传，包括这卷书的写作目的，写作对象的身份，路加如何安排这卷书的架构来达成他的写作目的，还有这卷书可以如何用作"宣教手册"。最后，还有一种研读这卷书的方式，可将以上分析全部接榫在一起，就是从神学的角度来读。如何从神学角度读使徒行传呢？

谁的行动？（whose acts？）

让我们先来看卷名，这卷书原名"行动"（Acts），源自希腊文 *praxis*，英文"实践"（practice）就是从这个字来的。因此，使徒行传就是在写**基督教信仰的实践**，但实践者是谁？是谁的"行动"呢？有四种可能的答案：

1. 使徒们

这卷书叫"使徒行传"其实有误导之嫌，因为大多数使徒并没有出现在这卷书里！雅各在头几章就被斩首了，约翰总是随着彼得一起出现，只有彼得获得较多篇幅，后半部的焦点完全在保罗身上，而保罗并不在起初的十二使徒之列。所以，严格来讲并不能叫"使徒行传"。

2. 耶稣

这卷书开头第一句是："提阿非罗啊，我已经作了前书，论到耶稣开头一切所行所教训的……"，言下之意，这卷书要**继续谈耶稣一切所行所教训的**，因此不妨叫作"耶稣行传下集"。耶稣的名字在前面的13章一共提到四十次，他是使徒传道的主题，使徒奉他的名行医治。这些可作为支持"耶稣行传"的理由。

3. 圣灵

不过，更深入地来看，**使徒行传里最突出的人物其实是圣灵**，在前面的十三章里提到了四十次，从头到尾共提到七十次。或许我们应该称这卷书为"圣灵行传"，从圣灵于其中扮演的角色来看，这个名称是恰当的。圣灵在五旬节那天赐给一百二十位门徒为主作见证的能力，且被圣灵充满；使徒行传里有一些重大的决定是出于圣灵的引导；彼得在哥尼流家中传讲信息时突被打断，因圣灵降临在现场每一个人身上；圣灵阻止使徒进入亚细亚和庇推尼，却差他们往特罗亚去。圣灵提供了一切宣教扩展的动能，所以我们若将这卷书视为"圣灵行传"，理由也颇充分。

4. 上帝

这卷书其实还有一位更重要的人物，虽然在前面十三章中提及圣灵达四十次，但有一位却被提到一百次之多：就是神自己。如果我们将焦点单单放在耶稣或圣灵，可能会使我们无意间落入"一神论"的陷阱里。**圣灵把我们的焦点转到耶稣身上，而耶稣把我们带回到神面前。**

三位一体

所以，使徒行传的神学其实就是三一神论，虽然圣经里其实不曾出现"三位一体"这个词，但这是一种简明的表达方式，表示所信的这一位神有三个位格，因此使徒行传的内容关乎三件事：

1. 上帝（圣父）的国
2. 耶稣（圣子）的名
3. 圣灵的能力

因此，若要给这卷书取一个面面俱到的书名，就是：**"靠着使徒当中的圣灵，藉着耶稣基督的神的一本行传"**。

结论

关于基督教如何从耶路撒冷传播到罗马,使徒行传作了绝佳的记载。路加筛选证据,挑出一些促使基督教扩展的大事,提供教会生活的范式和宣教手册,要叫这扩展得以延续下去。在记录事件的同时,路加也达到了向提阿非罗作简报的目的,就是让他的朋友——使徒保罗,受审后被宣告无罪获释。神让这卷书写下来还有一个用意,就是要我们了解他如何动工,建立他的国度,无论我们是谁、身处何地,都能很清楚应该为什么样的理想而不断努力和祷告。

7. 约翰福音

†引言

在四福音书的引言中，我们看到一位伟人过世后，世人对他的怀念必经历三个阶段：首先对他**做过**哪些事感兴趣，再来对他**说过**哪些话感兴趣，最后对他**是怎样的人**感兴趣。约翰最大的兴趣显然在第三方面，他看耶稣的内在，而且问：耶稣是谁？

马太、马可和路加都偏重在耶稣做了什么、说了什么，几乎不大触及他内在的动机问题。只有约翰给我们耶稣**内在生命和真实身份**的画像。稍后，我们将看到这虽不是约翰写作的唯一理由，但仍非常重要，如果未能掌握这个面向，可能会读不懂约翰福音。

整体而言，约翰福音跟马太、马可和路加福音有五个主要的不同点：

1. 省略

约翰和对观福音的不同之处，从**内容**来看特别明显。约翰不但从一个特别的观点写耶稣，而且他省略了好几件被其他福音书作者认为重要的事：

- 耶稣的感孕和诞生
- 他的受洗
- 他受试探
- 赶鬼
- 变像
- 最后晚餐
- 耶稣在客西马尼园祷告和祷告中的挣扎
- 升天

他省略这些着实令人惊讶，尤其如果我们注意到其他作者赋予这些事件的显著地位，例如耶稣变像，对观福音皆视为关键事件，约翰却略而不记。耶稣在十架上时曾吩咐约翰照顾他的母亲，也许约翰省略降生的故事，是为了减少马利亚曝光的机会。不过，约翰省略以上这些事的主要原因，单纯只是这些细节并**不符合他的写作目的**。既然他要写的福音书和其他三部不同，所以他就舍弃这些他认为没有必要的素材。

约翰不但省略了一些事情，也把其他三部福音书认为重要或值得大幅报导的主题，**轻描淡写地带过去**。譬如马太、马可和路加福音都记载了很多神迹，但约翰只记载七件神迹。对于耶稣传道的一大主题：神的国，约翰也很少提到。"神的国"一词仅出现两次，一次是耶稣告诉尼哥底母，人若不重生就不能见神的国，另一次是耶稣对彼拉多说，他的国不属这世界。容我重申，这并不代表神迹或神的国不重要，只是因为约翰写作的目的和其他作者不同，他要采取不同的方式达到目的。

2. 增加

神迹

有省略之处，也有非常重要的增加之处。约翰提到的七件神迹里，有**五件**是其他三卷福音书都没有提到的：

- 迦南婚宴上变水为酒

- 毕士大池边的一名男子得医治
- 治好了大臣的儿子
- 医治一位生来瞎眼的人
- 叫拉撒路复活

只有两件神迹和其他福音书重复，就是行走水面和喂饱五千人。

不但如此，约翰还**用不同的字眼来指称神迹**：征兆（或记号，signs）。征兆必定是指向它本身以外的事物。所以约翰记载的神迹比较少，并非因为他认为不太重要，而是为了用这个神迹作记号或征兆，指向耶稣。稍后谈到约翰的写作目的时，再来彻底了解。

个人的故事

约翰写了好几则仅见于约翰福音的个人故事：彼得不肯让耶稣洗脚，撒玛利亚妇人在井旁信主，还有耶稣与尼哥底母的谈话。事实上，约翰更重视这些**一对一的谈话**，其他三部福音书则多着重耶稣对群众的谈话。又譬如，这卷福音书所记载施洗约翰的谈话，全是私下的对话，没有一句公开的宣告。

耶稣的宣言

约翰福音里记载了七处耶稣的宣言，就是**七句"我是"**：

- 我是生命的粮
- 我是世界的光
- 我是门
- 我是好牧人
- 我是复活和生命
- 我是道路、真理和生命
- 我是真葡萄树

以上宣言仅见于约翰福音，这七句话适足以强调他的写作目的，为要让我们看见耶稣眼中的自己。

3. 焦点

对观福音都是以马可福音的大纲为架构，前面三十个月在北部的加利利，接着六个月到南部的犹大地，尤其聚焦于耶路撒冷。但约翰福音很不一样，发生**在南部**的事情几乎占了全卷的篇幅，同时也纳入耶稣早期的事奉素材。他选择强调耶稣到耶路撒冷**过节**（可能每年有三次之多）。因此，约翰福音有一大半内容都围绕在住棚节、逾越节和献殿节，至于耶稣在北部的事奉多半略过不提。

4. 风格

从以下两方面，特别能看出约翰福音的独树一格：

语言

约翰的语言和其他福音书都不一样，其他福音书内容重叠处不少，有些地方的遣辞用句雷同。约翰的语言显示他是**完全独立**的写作，譬如在喂饱五千人这件事的叙述中，对观福音彼此间有五十三个字是共同的，但与约翰福音的共享字仅八个，约翰用的"鱼"一字，甚至和别的作者都不一样。

争论

对观福音都把重点放在耶稣的比喻上，长篇的教导较少。在约翰福音里，耶稣似乎被牵涉到**无止尽的争论**中，而且**长篇讲论的焦点比较多摆在信心而非行为上**。由于这些讲论多半是耶稣在南部发表的，因此似乎当耶稣到了南方以后就改变了教导的风格，很可能是因为犹大地的人常针对他的身份而与他起争论。

以约翰福音第8章的长篇讲论为例，耶稣讲到他与父神之间的关系，法利赛人就问："你的父在哪里？"他们推论耶稣不敢说出父亲是谁，因为谣传他是私生子。

耶稣回答说："你们不认识我，也不认识我的父；若是认识我，也就认识我的父。"所以耶稣对他们说，他当然知道他的父是谁，并将问题抛回给法利赛人，他们也应该认识他的父，只是他们离他好远。

这里引出一个有关耶稣敌人的问题，说来挺有意思，但大家往往未曾察觉。约翰福音提到"犹太人"恨耶稣，还有耶稣常和犹太人辩论，后来犹太人把他钉十字架，我们往往把"犹太人"和整个民族划上等号，这是大错特错。事实上，正是这个误解引发了两千年来的反犹主义。当约翰指称"犹太人"时，意思是南方犹大地的人，以区别北部的加利利人。加利利人的态度很不一样（仅极少数例外），他们对耶稣多半持正面态度。

5. 观点

约翰的观点和对观福音大不相同。约翰关注的是，**除了向希伯来人传递信息之外，也需要和希腊世界交流**。他是在亚细亚省的以弗所（今土耳其的西部）写这部福音书的，那里是希腊与希伯来思想的交会处。如果我们要掌握约翰编排素材的取向，就不能不了解希腊人和希伯来人之间的差异。

简单来讲，希伯来人的思维里，时间像是一条水平线，一般认为有过去、现在和未来。他们所认识的神，是昔在、今在、以后永在的神。他们的思想都在这线性的时间上，时间是有目的而直线前进的。对照之下，希腊人的思维把时间看作空间里的**一条垂直线**，他们关心的是在上头的和在下面的生命，在天上和地上的生命。

因此如果你从希伯来人的角度思考，你的时间旅行概念会由神来决定历史的方向。前三卷福音都假定这种时间线轴，而约翰也没有完全摒弃它，毕竟他本身是犹太人。譬如，他有五次提到"小时"的概念。

不过他也采用希腊人的取向，即天与地之间的垂直思考，在上的和在下的。因此他视耶稣是**从天上降下来的**，在3章13节他引述耶稣的话："除了从天降下、仍旧在天的人子，没有人升过天。"还有6章33节："因为神的粮就是那从天上降下来、赐生命给世界的。"

前面提到约翰福音里很少提到神的国，反之，对观福音强调神国正进入现今邪恶的世代，等到那一日终将完全实现在地上，约翰却把焦点摆在垂直面上，即神爱世人，所以差耶稣到地上来。我们可以说约翰福音主要是谈"上与下"的福音，而其他福音是"现在与过去"的福音。

✝ 认识约翰福音

看过约翰福音和其他三卷福音书的不同之后，接下来应该深入了解约翰本人。

约翰是谁？

1. 渔夫

约翰被呼召出来跟随耶稣以前，原是渔夫，既捕鱼也卖鱼。我们知道他在耶路撒冷有熟人，很可能是生意往来而认识的。他把加利利的鱼货销售到耶路撒冷去，所以他是**跨两个世界的**人，是北部农村和南部耶路撒冷大城市之间的桥梁。因为这样，在几乎皆出身北部的使徒当中，他特别突出——只有加略人犹大是南部出生的南方人。

2. 耶稣的亲戚

他和雅各都是耶稣的表弟，兄弟俩都跟随耶稣作门徒。其实，十二门徒里起码有五位，可能有七位，跟耶稣有亲戚关系，尽管他自己的弟弟们一直心存怀疑，等到他复活之后才信他，门徒雅各和犹大则不但信他，而且写了新约的两卷书。从耶稣在十字架上请约翰照顾他母亲，可见约翰跟耶稣非常亲近。

3. 耶稣最亲近的朋友

约翰跟耶稣很亲近，不仅因为他是耶稣的表弟，也因为他和雅各、彼得属于**"圈内人"**，这三人跟耶稣特别亲近。他称他自己是"耶稣所爱的门徒"，意在不直接道出自己的名字，免得读者将注意力转到他身上，然而这个形容却给我们另一番洞见，就是在十二门徒之中，约翰跟耶稣最亲近。在最后的晚餐，紧挨着耶稣坐卧用餐的是约翰。当他们共度这值得纪念的时刻，耶稣希望他的好朋友坐在身旁。

4. 最后在世的使徒

约翰不但跟耶稣最亲近，也是存活最久的使徒。他写福音书时**年事已高**，能深思耶稣的许多独特视角。最后，约翰安排彼得的故事作结尾，彼得听到耶稣透露他将被钉十字架，以及彼得问耶稣关于约翰会怎样离世。耶稣回答彼得说，那不关他的事，假如耶稣想要存留约翰性命直到他再来，那也是他的决定。从那天起就有谣言流传，说当约翰死的时候，耶稣就必再来，其实耶稣不是这么说的，所以约翰在他的福音书结尾作了澄清。

约翰跟耶稣的亲近，也反映在另一方面，**他不怕把耶稣的话加以扩充**。为了带出完整的意思，约翰会用自己的话重述耶稣的讲论，因为他相信自己很清楚耶稣的想法，所以能解释耶稣话里的意思。所以，譬如你读到约翰福音3章16节："神爱世人，甚至将他的独生子赐给他们……"，会不大清楚这话出自谁的口。是耶稣和尼哥底母的对话吗？还是约翰加上个人思考的衍义？如果是出自耶稣的口，当然显得十分奇怪，这句话听起来比较像是第三者用间接的方式谈耶稣。这是约翰在整卷福音书的典型作法，他重述耶稣说过的话，因为他真的了解耶稣话里的意思。他**在圣灵的引导下**，将隐含的意思带出来。因此不难看出为什么这卷福音书会被初代教会的教父优西比乌（Eusebius）称作"属灵的福音"。

约翰的写作目的

约翰的写作目的究竟是什么？回答这个问题，可以真正促进我们对这卷书的了解。前面提到，约翰关注的是耶稣的真实内在，但这只是其中一部分，他于书卷结尾道出真正的目的，他说他挑选这些素材，**目的是要叫读者信耶稣是基督，是永生神的儿子**，并且叫他们信了他，就可以因他的名得生命。这段话讲得够清楚了，但我们仍须充分理解约翰的意思。

了解确切的意义

首先要了解的是希腊文的用字，希腊文有一种动词词态叫"现在持续式"，不大容易翻译成英文，却往往是正确了解经文意思的关键。"现在持续式"就是**持续做**某件事，翻译时有必要加上"持续"二字，譬如耶稣并不是说："求就必得着，寻找就必寻见，叩门的就给你开门"，听起来像是做一次就成了。其实他是说："**持续求**，就必得着；**持续寻找**，就必寻见；**持续叩门**，就给你开门。"因此假如某人第一次祈求领受圣灵却未得着时，用不着惊慌，应该持续不断地求。

约翰福音20章31节的动词，用的就是现在持续式，因此比较正确的翻译是："但记这些事要叫你们**持续相信**耶稣是基督，是神的儿子，并且叫你们**持续相信**他，就可以因他的名**持续得着**生命。"以此句型结构去看大家耳熟能详的约翰福音3章16节，意思就更清楚了："神爱世人，甚至将他的独生子赐给他们，叫一切**持续相信**他的人，不致灭亡，反而**持续得**永生。"

为非信徒或信徒写的？

约翰的目的不是为了帮助读者就此相信耶稣是神的儿子，而是为了叫他们可以**持续地**相信。对于还不认识耶稣的人来说，约翰福音可能有不少内容还不适合他们读，这卷书是**为成熟的基督徒**写的，为要帮助他们持守信仰，既认识耶稣真正的身份就不要偏离，要持续地相信且持续地得着永生。

这就是约翰选择素材的依据，这卷福音书的目的不在全方位涵盖耶稣生平，而是为了提供读者能够持续相信且持续得生命的须知。简单来讲，约翰是为了生命而写，而得着生命的方式就是**持续地信靠顺服**。

结局就是得生命

约翰描述耶稣所带来的生命，是一种**现在持续式的生命**。永生包含质与量——既是长存的，也是丰盛的。不只是死亡后的保障，更是我们此时此地可以享受的生命。约翰在20章31节所宣示的写作目的，言下之意是我们虽拥有这生命，但若没有持续相信，很可能会失去。所以整体而言，约翰福音有两个关键主题：**生命与相信**。他为了生命而写——希望读者可以持续得着生命，但是相信是得着这生命的方式，如果我们持续相信，就会持续得生命。

信心就是方法

约翰对于信心的关切之情，从这个字的频繁出现可获得印证——共出现九十八次，比其他三卷福音书加起来还多。但我们要留意，因为不是每一次的意思都一样，对约翰来说，**信心有三个阶段**。

（a）相信（Credence）

意思就是**相信某件事是真的**。重点在所相信的"事"。所以我们相信耶稣受死，相信他复活，也就是相信这些是历史事实，进而接受福音是可信的真理。相信的基础是基督的话语和作为；他的话语和作为证明他的声明为真。

这种信心不是使人得救的信心，他们虽然说相信某件事是真的，但这只是起点而已，距离接受真理而使人得救的信心尚有一段距离。（魔鬼也相信这些事实，只是信得"颤抖"；这并不能使它们成为信徒。参雅2：19。）

（b）信任（Confidence）

信心的第二阶段是信任：接受了真理以后，我们就用**信靠和顺服**耶稣，来表示我们信赖他。这意味着认真看待真理，且在真理的基础上采取行动。在约翰福音结尾处，耶稣对彼得说："跟从我"——这就是基于信靠和顺服所采取的信赖举动。我们可能声称相信某人，却不信任他，那种"信"只是表面上的而已。

（c）坚信（Continuance）

信心的第三个层面关乎持续性，也就是前面提到约翰写作福音书的主要目的：我们要**持续相信**。无论在希腊文或希伯来文，"信心"和"忠心"都是同一个字，有时甚至不确定是用哪个意思。如果你真的相信某人，你会持续信赖他。如果你真的充满信心，那你会忠心到底。你会持续相信某人，无论发生什么情况、也不管付出多大代价。因此，信心不是单一步骤（即时），而是一种状态（持续）。

在约翰福音15章耶稣对门徒的教导中，就把这一点讲得很清楚，耶稣用葡萄树来形容自己，门徒就好像枝子。他提醒他们必须常与他同在、住在他里面，如果不这样，就结不出果子来，最后被砍下丢到外面烧了。所以约翰福音不但教导我们，若不是父神吸引人，就没有人能到耶稣这里来；同时也教导说，信徒若要得着永生，就必须**持续住在基督里**。生命在葡萄树里，不在枝子上（参约一5：11）。

因此，总结以上约翰写作目的之论述：他的目标是让读者持续信靠耶稣，好持续地得着永生。这信心有三个阶段：接受真理、行出真理和持守真理。耶稣自己就是那真理。

关乎耶稣的真理

约翰的写作目的还有一个层面可谈，可帮助我们深入了解经文内涵。约翰写这卷书约在公元90年，当时**关于耶稣的种种臆测**愈来愈多，甚至关于他早年的生活也有许多毫无根据的揣测，有好几本不在正典之内的伪福音书描写耶稣的童年，其中一本描写耶稣小时候在拿撒勒的街上玩耍，某人把他推到烂泥巴里，耶稣就咒诅那人长大麻风。还有一个故事说，孩童耶稣用黏土塑鸟，祝福祷告后，放开那鸟，那鸟就飞走了。

事实上，耶稣在三十岁以前一个神迹也没有行过，因为圣灵的能力还没有降临在他身上。耶稣行神迹不是以神子的身份，而是以人子的身份，在没有被圣灵充满以前，他不能够行神迹。约翰眼看这些错谬的教导开始散布，于是为了彻底扫除这些有关耶稣身份的臆测，他决定提笔论述：**耶稣究竟是谁？** 当时在约翰居住的以弗所城就流传着两种错误观念，约翰觉得特别需要纠正。

错误一：过分看重施洗约翰

从使徒行传19章我们得知，在以弗所有一群施洗约翰的门徒，他们还未相信耶稣，直等到保罗来纠正他们，他们才信主。看来到约翰老年的时候，还有人特别尊崇施洗约翰，甚至到形成一个异端的危险程度，**他们把焦点摆在悔改和道德生活上，因为施洗约翰的教导仅及于此，他还来不及强调耶稣所带来的圣灵。**

所以使徒约翰着手写这部福音书，纠正这种太过推崇施洗约翰的观念。你可以看到每次他提及施洗约翰时，都语带贬意。他说施洗约翰不是世界的光，只是指向光；另外，他说约翰没有行过一件神迹，并记录约翰亲口说："他必兴旺，我必衰微"；还有耶稣是新郎，他只是伴郎。

施洗约翰说了有关耶稣的两件事，至关紧要：

- 他是**神的羔羊**，将除去世人罪孽的。
- 他将是**用圣灵施洗**的那一位。

若要门徒对耶稣有正确而平衡的了解，就必须同时教导这两件事。施洗约翰说得很清楚，惟有耶稣能除罪且用圣灵施洗。尽管约翰已经说得这么清楚，他的门徒还是把他的大半教导给忘了，以致未能看出耶稣的独特地位。

错误二：过分轻看耶稣

这些以弗所人还有一个更严重的错误观念，就是把耶稣看得太轻。顾念当地深受希腊哲学的影响，会有这种错误观念是可以理解的。前面提到，希腊哲学家的生命观是二分法，由此衍生出许多组用语：上头的和下面的、属灵的和属物质的、永恒的和短暂的、神圣的和世俗的，都是二分法。不但划分为二，他们还尊崇这个、贬低那个，柏拉图就说灵性层面是更真实的，亚里斯多德则说物质层面才是。

由此观之，希腊人无法了解耶稣的教导，因为耶稣既是物质的又是属灵的，既是地上的又是天上的，既是人又是神。在他们的想法里，**物质的和属灵的根本不能放在一起**，于是他们就发展出各式各样的论调，以说明哪一面的耶稣才是真实的。

(1) 神性多于人性？

有人说，耶稣的神性大过人性，说他从来就不是真正的人，只是显出人的样子。这异端被称为"幻影说"，幻影就是幽灵的意思，也就是说耶稣只是看起来像人。依据这种观点，耶稣从未真正经历人性，因为他的神性总是盖过他的人性面。

(2) 人性多于神性？

也有人认为，与其说他是神，不如说他是人，他是一个完美地回应神的人，他把在我们每个人里面的神性潜力充分地发挥出来，这叫"嗣子论"——亦即耶稣只是神收养的儿子，通常认为这件事发生于当他受洗上来、被圣灵充满之时。遗憾的是，今天还有人在教导这异端。

(3) 一半是人，一半是神？

有人主张耶稣是部分神性、部分人性，而不说偏重哪部分。这观念一直流传到今天。耶和华见证人就主张我们必须将耶稣视为半神半人，视耶稣为第一个*被造的*。约翰福音开宗明义就说耶稣是神，起初与神同在。耶和华见证人却把这节经文翻译成他是"一位"（a）神，添加了原文没有的不定冠词。

(4) 完全的人、完全的神？

约翰福音明确地说，耶稣是百分之百的神，又是百分之百的人。如果约翰要达到写这部福音书的目的，那么显然让世人看到这点至关紧要。倘若耶稣不是完全的神和完全的人，他就不能拯救人类脱离罪恶，惟当他具备百分之百的*人性*，才能够代替我们死，并且惟当他具备百分之百的*神性*，才能够战胜死亡，把生命赐给所有信靠他的人。如果约翰的读者想要奉耶稣的名得着生命的话，就必须认识使徒们所认识的*这一位耶稣*。

因此，为了让大家认识关于耶稣的真理，约翰刻意将焦点集中在两方面，就是耶稣的人性和神性。

1. 他具备完全的人性

在四福音书中，把耶稣写得最具"人性"的莫过于约翰福音。譬如，整本圣经最短的一节经文："耶稣哭了"，让我们看到耶稣是完完全全的人，他站在好朋友的坟墓前，虽然知道很快他就会把他从坟墓里叫出来，但是当场他仍然流泪了。约翰也记载耶稣饿了、渴了、累了、感到惊奇，这都是人性的特点。彼拉多无意间的一句话："你们看这个人！"竟准确地描绘了耶稣。从耶稣身上，约翰让我们看到**真实的人性应该是什么样子**。

从约翰强调耶稣的**祷告生活**，也可看出耶稣的人性，约翰福音对于这部分的细节描写得最多。约翰描绘具有真实人性的耶稣需要祷告，需要倚靠天父指引他该说什么、该做什么。他的一些极美的祈祷文，就记载于约翰福音里。

不仅如此，**耶稣之死**也是约翰福音的焦点，它比其他福音书更强调耶稣真的死了。约翰记载有一位兵丁拿枪刺入耶稣肋旁，随即有血和水流出，约翰接着加上一句："看见这事的那人就作见证——他的见证也是真的，并且他知道自己所说的是真的——叫你们也可以信。"约翰希望读者务必知道耶稣是真的死了。顺带一提，那是"心包膜破裂"、心碎的特殊症状。

同样地，约翰也提供了耶稣**复活**的目击证据，他记录他在空坟墓里，看到细麻布还放在原处，裹头巾在另一处卷着。耶稣真的死了，而且也真的从死里复活了。

2. 他具备完全的神性

不过约翰福音最主要强调的，还是**耶稣具有完全的神性**。这把我们带回到约翰写这卷福音书的目的，有机会仔细看约翰有趣的铺陈手法。前面提到，约翰认为信心是从相信某件事为真开始的，约翰为了让读者相信耶稣具有完全的神性，所安排的证据都环绕着"七"这个数字，因为在希伯来人心中，"七"是一个完全数字。约翰收录了三组完美的证据，**证明耶稣的神性**：七位见证人、七件神迹和七句自述。

(a) 七位见证人

"见证"的动词和名词在约翰福音里总共出现四十一次，约翰强调我们有**个人的见证**，这些人都亲口述说有关耶稣的真理。约翰福音里有七个人都认出耶稣的神性。

- 施洗约翰
- 拿但业
- 彼得
- 马大（第一个说耶稣是神儿子的女人）
- 多马
- 约翰，耶稣所爱的门徒
- 耶稣自己

在犹太人的律法中，有两、三个见证人就可以使事实成立，但约翰在这里用了"七"（完全数字）个人的见证，见证耶稣真的是永生神的儿子。

(b) 七件神迹

前面提到约翰记载耶稣所行的七件神迹，而且他用的字眼是"征兆"（signs），因为这些征兆都指向耶稣是谁。他所收录的其实是耶稣所行的神迹中，最超自然、最令人感动和激动的。他没有收录赶鬼的神迹，因为在古代世界有不少人作赶鬼的事，包括法利赛人都帮人赶鬼。所以，他特别强调**没有任何人能行的神迹**：

- 变水为酒——千真万确的神迹。
- 医好大臣病重的儿子，耶稣和病人相距遥远，不必亲眼见到、也不必按手，就把病人治好了。
- 治好毕士大池边一个病了三十八年的男子，这人应该是得了某种慢性病。
- 喂饱五千人，四卷福音书都记载了这个神迹，这是创造性的神迹，由少变多。

- 行走在水面上。
- 治好一位生来瞎眼的。
- 使拉撒路从死里复活。不是才刚刚咽气就使他复活，像睚鲁的女儿或拿因城寡妇的儿子那样，这次耶稣乃是使一个大体已开始腐败的人又活过来。

约翰说这些"征兆"都指向耶稣的神性。诚如尼哥底母对耶稣所说的："你所行的神迹，若没有神同在，无人能行。"

（c）七句自述

独有约翰为我们记录了耶稣的七句自述，如前所言。听在犹太人耳里，耶稣的声明毫不含糊，因为每次他都用"我是"（YHWH）开头，这在希伯来文里即意味着神，约翰用心安排这七句话的背景，以烘托**耶稣声言的正当性**。

- "我是从天上降下来的粮"，说这话之前是以五饼二鱼喂饱五千人。
- "我是世界的光"，之前他刚使一位生来瞎眼的得看见。
- "复活在我，生命也在我"，说了这话以后，他呼唤拉撒路，叫他出坟墓，从死里复活。

他还说："我就是门"、"我是好牧人"、"我就是道路、真理、生命"、"我是真葡萄树"。这个人知道自己就是道成肉身的神，约翰把他的七句自述精心安排在福音书里，为要告诉读者，耶稣值得他们信赖。

他和父神的关系是公开的

相较于对观福音，在约翰福音里，耶稣与父神的关系公开得多。约翰记载耶稣是父神**差**来的，他与父神**原为一**，并且他完全**顺服**父神，只说父神要他说的、只做父神要他做的。

耶稣和犹太人之间的争议多半和他的身份有关，这是最引发敌意的部分，尤其当他以神自称的时候："耶稣说：'我实实在在地告诉你们，还没有亚伯拉罕就有了我（I am!）。"于是他们拿石头要打他；耶稣却躲藏，从殿里出去了。"

事实上，只有约翰福音直接描述耶稣就是神，而其他三卷则是暗示。约翰福音一开头就说："道就是神"，将近尾声时，则有多马向耶稣喊说："我的主！我的神！"

✝ 主题

终于讲到主题部分了，让我们来看约翰将哪些主题融入整卷书的目的之中，好叫读者持守对基督的信心。

1. 荣光

"荣光"是约翰福音里的一个关键字，因为在旧约里这个字眼只能用在神自己，而约翰福音第1章就用了这个字眼，提及道成了肉身，并我们见过他的"荣光"。出埃及记结尾处会幕落成，神显明他自己，当时神的"荣光"（*shekinah*）充满了帐幕。约翰看过这荣光，耶稣的一生、他的死亡、复活和升天，都充满了神的荣光。就连十字架都成了耶稣得荣耀的地方。因此，这卷书从一开始就介绍一个人出场，这人与同时代的其他人**截然不同**，也和所有属神的百姓迥然有别。

2. 道

约翰福音的起头非常独特，马可记载耶稣生平是从耶稣三十岁开始讲起，因为他那时才开始公开事奉。继马可之后写福音书的可能是马太，而他决定再回溯一点，他认为有必要把圣灵感孕和耶稣降生写进来，因为他本身是犹太人，所以耶稣家谱必须一路回溯到亚伯拉罕。而路加认为，由于耶稣是人子，所以必须从他属于全人类的一分子来看这个人，因此他的家谱应该从亚当开始。

相较于前三卷福音，约翰决定把时间推得更早，他强调早在创世之前耶稣就存在了，所以他以创世记1章1节作基础，写下约翰福音的开头第一句："太初有道，道与神同在，道就是神。"（请参本章末"意译约翰

福音开头"，第124页）

耶稣的名字

这里引发一个有趣的问题，可以帮助我们了解约翰在讲什么，请问：**在耶稣降生以前要怎样称呼他？**我们太习惯讲"耶稣"，以致忘记这其实是个全新的名字，是他来到地上的时候才取的。所以在那之前他叫什么呢？如果约翰要写的这一位是从起初就已经存在的，那么该怎样称呼他呢？

约翰选择了一个独一无二的名字："道"（the Logos），英文版圣经多翻译作"the Word"。约翰选择用这个字眼，因为它很能表达出耶稣是谁，而且让读者觉得非常合理。一般我们会想到"话语"（a word）是从嘴巴说出来而进到耳朵里，所以话语也是由一个人进而影响另一个人的表达方式。从这个层面看，耶稣就是一种**沟通**（communication），他是来自神的话语，并传达给我们。

"道"的背景

这里不妨来讲一点历史，说明为什么约翰会选择称呼耶稣为"道"。"道"的概念对约翰的写作地点——以弗所城，别具意义。六百年前，以弗所城住了一个名叫赫拉克利特（Heraclitus）的人，据说是科学的鼻祖，他相信探索世界，亦即科学式的探索，是不可少的。他相信人应该常问那是怎么来的？为什么会这样？只是偶然的机率吗？我们所在的宇宙是混乱无序，还是有它的次序？

他常寻求模式或"法则"，希望能解析出大自然运转背后的一些逻辑。他用"道"（logos）这个字来代表**事情发生的"缘由"**（the reason why），亦即事物发生背后的那个目的。他观察生命（bios），想在里面寻找"道"（logos）；他研究天气（meteor），也想找出"道"。这概念呈现在现代用语里，就是各科领域的学问：生物学、气象学、地质学、心理学、社会学等。

所以赫拉克利特说，"道"就是"缘由"，每一门科学都在寻找"道"，事物的起缘。约翰因知**耶稣就是一切事物"为什么"发生的终**

极缘由，所以就采用这个观念，而将耶稣称为"道"。全宇宙都是为他而造的。在人类能够沟通之前，这"道"就已经存在。万有都本于他和归于他，他就是那个"缘由"。

这个字眼还有另一段历史，这次得从以弗所横渡地中海，来到埃及的亚历山大城。这城里有一所混合了希腊思想与希伯来思想的学校，部分原因是这城里住了许多离散的犹太人。这所学校，或称大学，就是把希伯来文旧约翻译成希腊文"七十士译本"的地点。参与圣经翻译的七十位学者中，斐罗（Philo）在把希伯来思想翻译成希腊文时，特别强调"道"（*Logos*）这个字不应该用"它"来称呼，应该用"他"。（编按：此处可能是作者误植；因斐罗的年代较晚，并非七十士译本的译者之一。）斐罗将"道"**拟人化**，有点像箴言里将智慧拟人化，比喻成女人。

永活的道

约翰将赫拉克利特的思想和斐罗的想法融合在一起，宇宙间有一系统性的法则，是万事的缘由，这"道"不单被拟人化，而且就是一个人，他名叫耶稣。他就是那"道"（Word的第一个字母要大写），是独一的永活之道。

约翰在一起首，就说了关于这"道"的四大要素：

（1）他是永恒的

一开始这道就*已经*存在，太初是我们想象力的极致，超过宇宙之初我们就无法想象了。他不是被造的，而是与创造天地的神同等地位。

（2）他具有位格

"这道与神面对面"，按字面翻译应该是这样。这个字眼是指两个人互相凝视、彼此相爱。地上的人只有基督徒能够说神就是爱，因为只有基督徒相信神是三位一体。犹太人和穆斯林都无法说神是爱，因为他们相信神只有一位，只有一位不能爱。基督徒所信的神是三位一体，是父和子彼此相爱的神，所以能够说神就是爱，从过去到永远，他是爱。

（3）他是完全的神

太初有道，道与神面对面，道与神有个别的关系，道就是神。这道不是被造的，但他也绝对不比神小：他与神完全同等。当多马向耶稣喊说："我的主！我的神！"是在宣告关于耶稣的真理。起初就有他，他也参与创造天地。今天科学家讲地壳是由"板块"构成的，"板块"（tectonic plates）源自希腊文*tecton*，这字的意思是"木匠"！耶稣，来自拿撒勒的木匠，造了我们的地球。他就是光和生命的源头。万物都是为了他的喜悦而存在。

（4）他是完全的人

紧接着，我们读到更奇妙的字句："道成了肉身，住在我们中间，充充满满地有恩典有真理。我们也见过他的荣光，正是父独生子的荣光。"每一个人都可以个别地来认识神，耶稣是有张人脸的神，他是无所不在的耶稣。

约翰写的第1章令人惊诧万分，因为从一开始他就宣告基督徒相信的理由绝对站得住脚：

- 耶稣既是永存的，所以他能给我们永存的生命。
- 因为他是有位格的，所以我们能与他建立个人的关系。
- 因为他的神性，所以惟独他能赦罪。
- 因为他的人性，所以他能替我们赎罪。

3. 生命

若说约翰福音开宗明义的主旨是"道"，那么贯穿全书的一个重要主题就是"生命"，共出现三十四次。前面提过，约翰福音是为了让基督徒持续相信、持续得着在基督里的生命而写的。我们也注意到，这生命是丰盛的、是现在就可以拥有且持续到永生的。约翰用一连串的对比来说明这生命对信徒的意义。

生／死

他解释说，得着这生命代表**信徒将永远不见死**。生命将持续到死亡以后，死亡不能碰触它。所以约翰将必要死的人和永远不见死的人作对比，"因为我父的意思是叫一切见子而信的人得永生，并且在末日我要叫他复活"。

光明／黑暗

约翰也用光明与黑暗的对比，当耶稣讲到"不在黑暗里走"，他指的是**道德上的黑暗**。耶稣说，如果我们跟从他，就不必躲躲藏藏，因为我们是行在光中，一切都摊开来，毫无隐瞒。黑暗比喻的是死亡、没有神的地方。耶稣说："我是世界的光。跟从我的，就不在黑暗里走，必要得着生命的光。"

真理／谎言

前面讨论过约翰强调三个阶段：接受真理、行出真理和持守真理，如此方为真实的信心。但他也用真理和谎言作对比，并且在第8章描述耶稣和他的敌人之间一来一往的辩论，均围绕着这个主题。在希伯来文和希腊文里，真理和真实是同一个字。**如果我们住在真理中，就是住在真实之中**。耶稣说："你们若常常遵守我的道，就真是我的门徒；你们必晓得真理，真理必叫你们得以自由。"

自由／奴仆

这是耶稣和法利赛人讨论的一个重点，法利赛人声称他们从来没有作过谁的奴仆，显然是忘记了他们的祖先曾在埃及为奴！耶稣说，所有犯罪的就是罪的奴仆。因为每次你犯罪，就是强化习惯的锁链，使你成了恶习的奴仆。耶稣来是要释放他们得自由。因此，真正的生命就是**脱离灵性的辖制、重获自由**。所以，如果天父的儿子释放你得自由，你就真自由了。

慈爱／忿怒

约翰很清楚让我们看到神的作为的对比，一个人若不是在神的慈爱中，就是在他的震怒之下。没有中间地带。二者的**永恒结局**是截然对立的，约翰福音把这点说得很清楚。耶稣说："信子的人有永生；不信子的人得不着永生（原文是不得见永生），神的震怒常在他身上。"

真实的生命

因此，真实的生命就是**与耶稣和他的父有个人的关系**。那是行在光明与真理、自由和慈爱中的生命。耶稣向父神祷告时，说："认识你——独一的真神，并且认识你所差来的耶稣基督，这就是永生。"

4. 圣灵

四福音书里，约翰福音告诉我们最多关于圣灵的事。从这点看，把它排在使徒行传之前实为恰当，尽管使徒行传和路加福音的连结性较强。惟有靠着圣灵我们才能享受到约翰所形容的生命，因此有关圣灵的教导，约翰着墨甚多：

- 第1章，施洗约翰见证耶稣领受了圣灵，且说耶稣将用圣灵给其他人**施洗**。
- 第3章，耶稣讲到人若不是**从水和圣灵**生的，就不能进神的国。
- 第4章，耶稣讲到圣灵有如**活水**，且说我们必须**在圣灵和真理中**敬拜神。
- 第7章，耶稣上耶路撒冷过住棚节，这节期于每年干季结束的九月底或十月初举行。在节期的最后一日，犹太人都会举行一项仪式，由祭司带着一只大水瓶，到西罗亚池边装满，然后把水瓶带回圣殿里，将水浇奠在祭坛上，同时祈求神降下秋雨。就在这样的场景中，耶稣站起来，高声说："人若渴了，可以到我这里来喝。信我的人就如经上所说：'从他腹中要流出**活水的江河**来。'"经文接着告诉我们，耶稣这话是指信他之人之后要受圣灵说的。

- 第14到16章，处处可见将要来的**"保惠师"**，就是真理的灵。圣灵的希腊字是 *paraclete*（*para* 意指"在旁边"，*cletus* 意指"被呼唤"），与你并肩而立的一位，或是你一呼唤就来到你身边的那位。约翰也形容圣灵和耶稣是一样的，他将继续作耶稣留下的工作，使世人知罪、知义、知审判，赋予信徒能力，并提醒他们耶稣说过的一切事情。

- 第20章，耶稣预备门徒迎接**五旬节**，预备的方式是一个记号和一个命令。记号就是耶稣向他们每一位吹气，而命令就是"你们受圣灵"。当下他们并没有领受到什么，但那是几星期之后五旬节的预演。到了五旬节那日，当他们坐在圣殿祈祷时，听到一阵风声呼啸，就想起耶稣曾经向他们吹气。于是他们就遵行他的命令，领受他所应许的圣灵。

† 意译约翰福音开头（1：1 – 18）

起始的第一段对于约翰写这部福音书的目的，非常重要。然而这段话太深奥了，以致连信徒都测不透。这也再次印证拿这卷福音书给未信者读，希望他们读了就能信，实非明智之举。以下译述的用意是希望帮助读者读懂这段经文，故将"道"译成先前定义的"缘由"（the reason why）。

当宇宙开始存在的那一刻，它的全部缘由就已经存在且恒常存在。它的目的和模式皆可在一个人里面找到，这人能与神面对面，因为他也具完全的神性。从"时间"开始运行时，他就已经与创造主一起工作，万物藉由这样的伙伴关系被创造出来。事实上，他亲自参与所有事物的创造。就连生命本身都起源自他，而他的生命照亮了全人类每一成员的生命意义。他的光持续穿透昏暗的人类历史，因为再大的黑暗也不能扑灭这光。

随时光推移，有一个人带着神亲自赋与的特殊使命出现。这人名叫约翰，他来宣告这生命之光即将出现，好叫每一个人得以因着认识这人而信靠神。约翰自己并不能给任何人启蒙，但是神差他来，要他把能给人启示的这一位指出来。真正的大光在那一刻已经进入这世界，且将在世人中间发光，照亮每一个人。他来到世上，就是他亲手所造的世界——然而世界却不认得他是谁！他来到他自己的地方，但他自己的人却不接待他。不过，有人倒是接纳他了，并且奉他名的时候有十足的信心，他就赐给这些人权柄作神的儿女，成为神家庭中的新成员——这些人不是由于任何外在因素而生的（不是在一时冲动的促使下，也不是出于人意的选择），而是出于神的直接作为。

因此，具备完全神性的这一位，也就是我们整个宇宙背后的缘由，化身成为人的样式，支搭帐幕住在我们中间。我们都见过他令人赞叹、炫目的荣光，正是神独生子的荣光，丰沛而真实完整地照射出来，惟独神的爱子才能这样真真实实、充满恩慈地散发荣光。

约翰是一位可靠的见证人，他向群众喊说："这就是我一直在告诉你们的那人，我对你们说过，那在我后面来的，位分比我高，因为我还未出生，他就存在了。"

我们也都从他丰丰富富的一切中获益，领受一个又一个我们本不配得的恩惠。摩西所传给我们的是严格的规定，我们必须努力遵守，但我们行义所需要的帮助和诚实，却是从耶稣来的，他是真正的弥赛亚。在此之前，没有一个人有机会真正看到神的样子；现在神的爱子来了——没有人像他那样与他的父神亲近——他把我们需要知道关于神的一切，都表明出来。

结论

　　约翰福音是非常了不起的一卷书，跟其他三卷福音书截然不同。它反映出的独到见解，出自一位当耶稣行在地上时与他最亲近的人，这人最关切的是，我们不仅应该知道耶稣做过哪些事，更应该了解他是谁。此外，它也反映出约翰心中的负担，就是信靠耶稣的人不应该听信错谬的教导而偏离正路，关于耶稣的身份或他的主张都是真实的，他希望信徒有绝对的把握，知道无论目击证人、耶稣亲口说的话、耶稣那些令人惊奇的作为，全都指向他是真正道成肉身的神，是永活真道，是神的荣光住在人中间。约翰所收集的证据和论证，构成了最令人信服的见证，耶稣有权利要求我们持续地信靠顺服他。

第十三位使徒

Part II

8. 保罗与其书信

我们对保罗的认识比其他使徒还多，新约圣经有三分之一写到关于他的事，或是有他而写，包括使徒行传的一半内容和他写给教会与个人的十三卷书信。他对教会两千年历史的影响仅次于耶稣，其实，欧洲历史上也很少有人的影响力大过于他。如果我们要了解保罗书信，一定要了解他的成长背景，以及他怎么会占据如此关键的地位。

† 保罗早年的事迹

保罗原名扫罗，依以色列第一位国王命名。保罗（Paulus或Paul）是拉丁文名字，他信主之后改用这个名字，但以下我们讲一律称他为保罗。保罗生于大数，那是地中海东北端的一座城市，位于今天土耳其南部。大数大学曾是地中海世界排名第三的学校，仅次于雅典和亚历山大。

保罗个人深受三方面影响，第一，他父母都是犹太人，所以他从小就学习旧约圣经。他属于便雅悯支派，这支派因为出了以色列史上第一位国王而著名，此外，这支派曾险遭灭除，那可怕的经过记载于士师记。这家人似乎是在保罗小时候移居加利利，等保罗稍长就把他送到耶路撒冷，受教于一位非常著名的自由派拉比迦玛列门下。

使徒行传第5章提到这位犹太学者，当时众人正在讨论耶路撒冷兴起的基督教运动，迦玛列发言道，如果这股运动是出于人，必无疾而终，但若是出于神，那么公会对抗它也无济于事。换言之，他的立场是坚定的骑墙派！但保罗不愿追随迦玛列若即若离的态度，反之，他相信基督徒会对犹太教构成极大的威胁，所以他决心对抗，捍卫犹太教，若有可能，将这新教派从地上除灭亦在所不辞。

司提反在公会前论述完之后（参徒7章），被犹太人用石头打死，因为他所持的观点"亵渎神"，保罗也赞成把他处决，他甚至帮那些丢石头的人看守衣物。司提反是第一位因信奉耶稣而殉道的人。

司提反之死可能对保罗造成很深的冲击，因为使徒行传7章告诉我们，司提反临终时脸上发光，还高声说他看见耶稣站在神的右边。当时，目睹司提反殉道的保罗却更加下定决心要作第一个反对基督徒的使者，他甚至愿意离乡背井去逼迫各地的基督徒。

第二个影响保罗的是希腊语。住在大数的他能说希腊文，那是古代世界的通用语言，就好像斯瓦希里语（Swahili）是非洲东岸的通用语言一样。所以保罗信主以后，被主呼召出来宣教，不论走到哪里他都能传讲，因为他讲的是通用的希腊语。

第三，罗马的法律。保罗的父亲是罗马公民，所以保罗也是，日后他四处宣教，身为罗马公民的特权偶尔能派上用场。有一次，他因公民身份免掉受审前的鞭打，还有一次，当他被控触犯犹太人的圣殿律法，他就要求上诉凯撒，那是罗马公民才有的法律权利。最后，他被处决时，他没有像彼得被钉十字架，而是被斩首——罗马公民才能采取这种痛快的死法。虽然罗马公民身份并没有让他一生少受点苦（完全没有），但在他事奉的某些重要的时刻，仍起了不小的作用。

犹太、希腊、罗马三股影响力的独特组合，为保罗提供了一个将来向外邦人传耶稣的理想背景。由此也突显一真理，就是神往往在人信主之前，即已着手预备他将来的事奉了。

† 保罗的信主

保罗的信主是发生在戈兰高地一个叫库奈特拉（Kuneitra）的小镇附近，距离大马士革仅几英里路而已，这点很有意思。他向来以身为犹太人自豪，为犹太人纯正的信仰而奋斗，但是他才刚走出犹太人的边界就遇见复活的拿撒勒人耶稣，耶稣说要把他差往外邦人那里去。顺道一提，这事发生的地点，就在耶稣于彼得、雅各和约翰面前变像的山脚下，不过这次耶稣变像所显的荣光更强，因为他已经升天，恢复了他原有的荣光。

保罗的信主过程十分戏剧化，他这才明白耶稣真的是弥赛亚，进而悔改与相信。他的重生历时三天，直到当地一位叫亚拿尼亚的信徒来为他祷告，才告完成。亚拿尼亚很清楚保罗过去是逼迫基督徒的，但他仍遵从神的命令去找保罗。亚拿尼亚为他祷告后，保罗就被圣灵充满，也受了洗。我在拙作《属灵接生学》中，提到重生进入神国有四大要件：悔改、相信、受洗和领受圣灵，缺一不可。从保罗相信基督的"起点"上，即可看到这四项重要的条件。

† 保罗信主之后

令人惊讶的是，保罗并未立即正式展开宣教事奉，不过他倒是走到哪里就传到那里，因此很快就引起犹太人的敌意。有一次他为了躲避追杀，不得不藏在筐子里，被人从城墙上缒下去。

至少在十三年以后，保罗才开始做他信主那一天就蒙召去做的事。信主之后，他到阿拉伯去，花了三年的时间独自在神面前，从他与耶稣面对面的经历，再思他的神学。他是第十三位被复活的主任命的使徒，也是此类型使徒的最后一位。虽然有人主张，保罗应该算是递补加略人犹大的第十二位使徒，但保罗总是认定在他之前的十二位使徒，从未自认跻身十二使徒之列。不过，他倒是以特别的使徒自居，且因这特别的呼召所赋予的权柄，写下新约圣经的那么多内容。

至于他在阿拉伯的那三年，如何获致深入的神学思想，我们只能凭想象了。总之，他发现耶稣就是那长久以来向犹太人所应许的弥赛亚，这一点想必大大影响到他对旧约的理解。还有，耶稣曾问他为何要逼迫他，当时保罗的确在逼迫基督徒，却不是在逼迫耶稣。他很可能因此领悟到，做在基督徒身上的，就是做在基督身上，他肯定是在这基础上，构思教会就是基督在地上的身体。

保罗上耶路撒冷去见使徒们却处处碰壁，大家对他避之唯恐不及，毕竟他曾经害许多信徒的亲人被捕入狱。不过，巴拿巴却甘冒风险和保罗作朋友，倘若保罗确实可信，甚至愿意把他引介给耶路撒冷教会。与此同时，在耶路撒冷的犹太人则视保罗为叛徒：他本是受过良好训练的拉比，如今竟成了他们所痛恨的基督徒。在这种情况下，保罗又回到大数待了十年。这十年往往被我们忽略，我们想到保罗信主的经过，以为他是紧接着开始巡回布道。其实他先在阿拉伯待了三年，作彻底的反省和深思之后，回到他的故乡，再等待十年印证那呼召。直到巴拿巴去邀他出来帮助安提阿教会，他的宣教呼召才被认定，才开始他的事奉。耶稣作了十八年的木匠，也足堪对照。

† 保罗开始宣教事奉

叙利亚的安提阿在新约圣经里的地位颇重要，耶稣说浪子的比喻时，讲到小儿子到远方去，耶稣心里想的很可能就是安提阿。对犹太人来说，安提阿是"远方"；那城堪称古代世界的蒙地卡罗（Monte Carlo），名声不佳，但第一个外邦人教会却是在那里建立起来的，教会的会友被起了个绰号——"基督徒"，门徒被称为"基督徒"是从安提阿开始的。

保罗在安提阿教会的祷告会中，获得宣教呼召的印证（参徒13章），有人起来发预言说，时候到了，教会应分派保罗和巴拿巴去做神呼召他们去做的工。因此，保罗在信主之时从耶稣领受了事奉的呼召，现在透过教会的一段预言获得印证。此模式值得注意。有太多人相信他们有从神来的呼召就够了，用不着等教会来印证。

那时巴拿巴和保罗已投入一项工作，这在我们今天看来，似乎觉

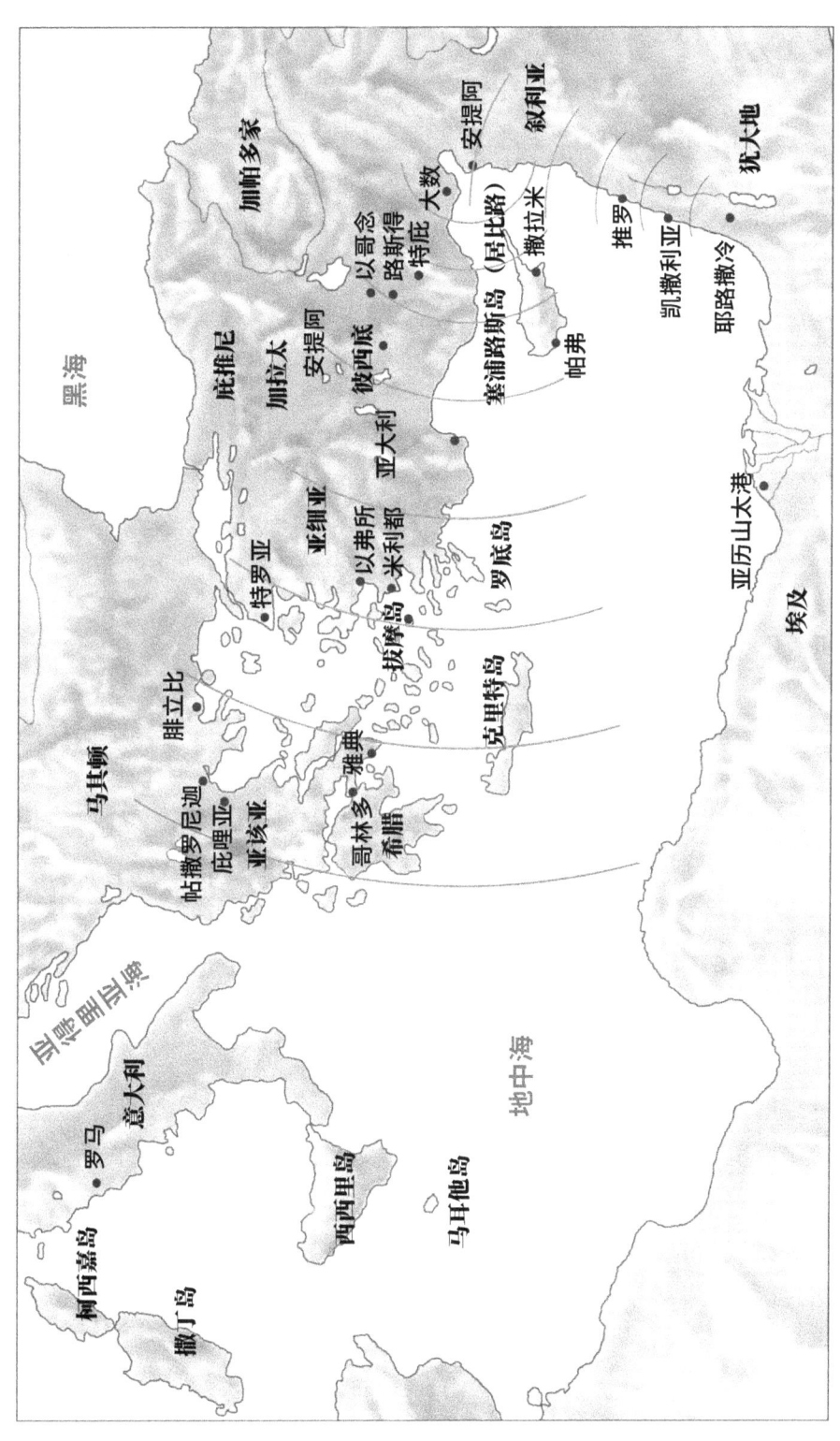

得有辱宣教士尊严。当时犹大地发生严重的饥荒，所以安提阿的教会募捐了一些钱，请保罗和巴拿巴带去，确保这笔捐款用在当用的地方。但是，这可不是保罗惟一一次参与募捐的工作。

上一页的地图显示，第一个宣教基地是耶路撒冷，后来移往安提阿，安提阿好像成了震中，震波从这里向外扩散，甚至到达罗马。保罗第一个抱负就是把福音传遍地中海世界的东北部，直到帝国首府。于是他们启程，第一站到塞浦路斯（居比路），接着转往大陆，他们在安提阿、路司得和特庇建立教会，然后回到母会安提阿报告经过。由于保罗书信多半是写给爱琴海沿岸的教会，所以我们对那些距离较远的地名比较熟悉。保罗第三次、也是最后一次宣教之旅启程后，一行人刚离开克里特，就遇上暴风雨而发生海难，船只全毁，但人员都安然无恙地登上马耳他岛，最后保罗是以囚犯的身份抵达罗马。

✝ 保罗的宣教策略

保罗的策略是在每个关键城市，拓植一个神国的社群，然后尽快动身，前往下一个城市。有时他在一个城市只待三星期，有时则待上较长的时间。譬如，他在哥林多待了十八个月。有时他是不得不离开，有时他选择离开，但他总是留下一间教会可以继续向周围地区传扬福音。他不曾尝试走遍每一个城镇村庄，他偏向集中火力向每一省的一个关键城市传福音。所以作为一位真正的使徒，他不断地移动，不断地探索新的地方、开拓新的据点。

但这策略的代价不小，保罗遭遇过许多危难，他遇着船坏三次，冒死是屡次有的，有一次被人用石头打到半死，又饿又累更是常有的事。除了这些外在的事，就像他自己在书信中所说的，还有为众教会挂心的事，天天压在他身上。

所以他的策略就是不断地往前走，但这并不表示他就将所建立和服事过的教会抛在脑后，他会跟进以确保这些教会质量并进。他用两种方式作跟进，一种是再次拜访，一种是写信。

当他再次拜访教会，多半会指定某些长老来带领教会。不过，只回去一次还是不够，因为没有时间处理许多个别问题，可是他又一心想要把福音传到地中海以北，远至西班牙。

由于保罗还要不停地往前走，所以写信成了他持续跟进的主要方式。这些书信可不是一个学者坐在图书馆里写下的神学论文，反之，每一封信无不反映出使徒的关切之情，希望他所带领信主的这些人能持守信仰。

最后他虽然到了罗马，但不是照他所期待的方式，而是以囚犯的身份抵达首都，他的宣教事奉则是向这批看守他的罗马士兵传福音。他是一个等待受审、有生命危险的囚犯，他的朋友路加医生替他写辩护书，呈给法官或辩护律师提阿非罗（我们从路加福音和使徒行传得知这些讯息）。后来保罗无罪开释，有强烈证据显示，他仍持续宣教的工作，足迹可能远至西班牙。他也回头拜访克里特岛和尼哥波立等地，还去了几个他不曾到访过的地方。然后，他被一个叫亚历山大的铜匠出卖，于尼禄在位期间二度被捕，押解的行动之快，他连取外套和笔记本的时间都没有。

†保罗是什么样的人？

对于保罗的外貌，我们仅知一种可能的描述，不太吸引人。他个子矮小（保罗的意思是"小"），有O型腿、鹰钩鼻、秃头。两道眉几乎连成一线，眼睛长得有点怪，而且两手粗糙。想象有一间教会正考虑聘请保罗当牧师，听到以上的描述会作何感想？请再考虑以下事实，他从不在一个地方待很久，他常常让人不高兴，他给警察添麻烦，他被关过，而且他是一个很顽固的传道者。还有，他未婚，兼差织帐棚，他使他的会友分裂，而且他说方言。然而神就是拣选我们认为最不可能的人来为他作工。

保罗也有很多正面的特质，比如奉献委身、满腔热诚、一心一意，以及超乎常人的专注力。他相信单身可使他把全副精神专注于蒙召的事上。他以极大的勇气迎战危险，反驳敌对者意见时，他能将怒气控制得恰到好处。说实在的，他有几封信措辞强烈，直率且严厉，但他仍能同时表达心中极大的关切、关怀与怜悯。

✝ 保罗关切的主题

保罗成功的秘诀并不在他的个人特质里（当然也值得称赞），而是渗入在书信各处的三大主题：

1. 在基督里

毋庸置疑，这人绝对是为基督而活。他在写给腓立比教会的信中说："对我来说，我活着，是为基督。"打从往大马士革的路上遇见基督的那一天起，他就完全被耶稣吸引。对他来说，死比活着更好，他说："我情愿离世与基督同在，因为这是好得无比的。"

他自称"基督的奴仆"，奴仆在古代世界是被鄙视唾弃的人，是别人的财产，没有自己的时间和金钱。不过，保罗在哥林多后书也自称为基督的大使，这个形象就体面多了。他以作大使为荣，也以作奴仆为荣。

"在基督里"一词，与今天许多基督徒形容他们与耶稣的关系相反，现代信徒多半说："基督在我里面"，但保罗很少这样说。当我们说"耶稣在我里面"的危险是，把耶稣缩小成放进我们心里，但其实应该是比较小的在较大的里面才对。保罗会说："圣灵在我里面"，但是讲到基督，他总是说："我在基督里面"。因着基督，我们得着各样福气；在他里面，一切的福气都是我们的。所以无论保罗身处罗马帝国的哪个地方，他真正居住的地址是"在基督里"。

2. 为福音的缘故

保罗为福音而活，为了传扬福音的信息，什么他都愿意作。即使被关进监狱，他仍发现在福音里满有喜乐，所以虽有罗马兵丁跟他铐在一起，每八小时换班，他也为此欢喜，因为每天可以向三个人传讲福音，一个也跑不掉！根据保罗所写的腓立比书，当中的确有些人信了主；此外，他听说有些人传基督是出于嫉妒，要和他竞争，保罗一样很高兴，因为福音终究被传扬开来，无论讲的人动机如何。他说他愿意到任何地方去，只要能把神在基督里所成就的一切讲给人听。

我们可以用两个词来形容保罗的福音，第一，**终末的**福音。终末的英文eschatology源自希腊文eschaton，意思是"末后的事"。保罗相信未来已侵入现在。我们若忽略福音里的未来层面，就等于忽略福音本身。福音不只是此时此地的好消息，这好消息更关乎即将到来的新世界，关乎当我们亲见基督时将领受的全新身体。

第二，**道德的**福音。只"拯救灵魂"而不能改变生命的福音，保罗可没兴趣。他所传的福音对生命每个层面都有道德的含意，他在领人信主时也强调这点。

3. 因着恩典

保罗永远忘不了，耶稣竟在他去迫害基督徒的路上得着他，这件事太奇妙，他总是认为自己完全不配得到这救恩，倘若耶稣照他所当得的给他，他应该下地狱。所以"恩典"一词的意思就是：领受你不配得的，保罗的感受就是这样，他在罗马书里说："惟有基督在我们还作罪人的时候为我们死"。保罗永远对这恩典心存感激，而感恩就是这人殷勤作工的动机。

† 保罗的书信

保罗是史上最著名的书信作者，然而写信这件事在犹太人中间其实非常罕见。古代世界的犹太人几乎没有写信的理由，因为他们住在小小的国家里，直接拜访亲友比写信简单多了。

写信和寄信在当时是一种昂贵的沟通方式，仅在必要时采用。虽然罗马帝国里有很多信件流通，但通常是官员或有钱人才请得起信差送信。所以在缺乏邮政服务的年代，必须有很重要的原因才会提笔写信，好比重大问题或危机。

古代人写信多半很短，一般只用一张蒲草纸，长度大约不超过二十个字。信写长了就得用上数张纸，一张张黏起来。保罗的书信可能是古代信件流传至今最长的，平均长度约1,300字，罗马书有7,114个字，可能是那段时期最长的一封信吧！

保罗依循信件格式书写，每一封信都先报上自己的名字，这样收信者一打开信轴即可知寄信人是谁。名字之后是地址，这样信差就知道信件的递交地点。接下来保罗会向收件人致问候语。当时信件的格式多半如此，但保罗藉这样的格式来鼓励教会或个人。（在启示录里，给亚细亚七间教会的书信，也遵循相同的模式，已升天的耶稣先称赞收信的教会，接着才提出批评。）

问候语之后，就来到保罗心中所要传达的主旨，通常占据信件的主要篇幅，然后将整封信的要点简短作个总结，再补一些问候语，最后签名。

古代人写信多半请书记代笔（边听口述边写），保罗也不例外。帮他代笔的其中一位，就是他后来宣教之旅的同伴西拉。所以保罗写信时并非坐在书桌前提笔就纸，很可能是一边口述一边在房里踱步，或一边和一个罗马兵丁铐在一起。他的书信是对话风格，而且像福音书一样，是先讲出来才被写下来的。保罗出于礼貌在信件结尾处签名，因为有些仿冒他名字的信在教会间流传。所以保罗在帖撒罗尼迦后书结尾时，慎重地签了名，确认这封信是他口述的。另有一种可能是，保罗患有眼疾，使他没法亲笔写信，在加拉太书结尾处他说，这些大的字是他亲笔写的，推测是视力不佳的缘故。

✝ 三种信

保罗的书信有三种，第一种是给个人的，共有四封。他写给腓利门、提摩太（两封）和提多。

第二种是写给不同教会的应时书信，意思是因应当时教会的特定问题而写。

第三种是一般书信，只有一封，就是以弗所书。这一卷和任何个人或教会并无特殊关联，也不是为了任何特定需要或与收信者有关的危机而写。有些人错把罗马书归到一般书信类，但若仔细查考就会看到，罗马教会当时有个状况，才促使保罗写下罗马书。

以弗所书相对地较容易应用到现今生活中，但是个人书信和应时书信则呈现较多挑战。读这些书信好比听某人在讲电话，由于只听到单方面的言语，所以必须设法把双方谈论的主题拼凑出来。譬如某人接到电话，谈话内容如下：（括号内才是真正意思。）

"喂？……来啦？恭喜！……有多重呢？……是什么颜色？……可别让你老婆碰啊！……你会发现它老是渴（指很耗油）……跟毛毛虫比（指就履带车来讲），它动得算快了……提醒你，你可是在红土上——不好跑，别忘了啊！……我也想要有一台……拜！"

乍听之下，可能猜不到这两人在电话里谈的是刚送到的一台新的牵引机！

有时我们得像侦探一样，设法重建电话另一端讲的话。譬如，保罗给帖撒罗尼迦的信徒写了两封信，第一封充满温馨，第二封语气冷淡。这当中必是发生了什么事，才会让保罗的语气变化这么大，所以若要找出是什么事，就要非常仔细地去读这两封信。

除了只听得到谈话的一端，另一个问题则是保罗和我们之间的文化鸿沟，我们距离这些书信的背景不只两千英里，还得加上两千年。我们需要找出实际情况背后的原则，然后运用到今天的生活中。例如，保罗指示哥林多教会的姊妹要蒙头，是否意味着今日妇女参加教会聚会时应戴帽子？

感谢神，新约教会并不完美！发现新约的教会也有不少问题，颇令我们安慰。而且若没有这些问题，今天就没有保罗书信了！要不是因为哥林多教会充满恩赐又充满血气，我们就没有哥林多前书13章的阐述；要不是哥林多教会某些人在聚会中喝得醉醺醺，我们就没有主设立最后晚餐的那段话。因为保罗在书信中处理一大堆问题，所以我们才能够深入了解跟随耶稣的真义。

† 是书信，不是说教！

很有意思的是，其他宗教都没有用书信作为神谕的启示。不但是因为古代很少写信，更因为从来没有人听过书信可视为神说话的方式。尽管保罗知道他是凭着使徒的权柄写的，但他一点都不晓得这些信将来会被列入圣经。但过不久，这些信就在罗马帝国内的众教会之间流传，后来终于被收集在一起，根据篇幅长短排顺序，很像旧约先知书的排法。写给教会的九封信排在前，给个人的四封信排在后。早在新约正典完成以前，彼得就已称保罗的信是"经书"（Scripture）了。保罗被视为特别的使徒，他的著作很快就被认定是出于神的默示。

书信就性质而言，本来就不是针对信仰或行为的系统论述，就内容而言，则仅及于和当时情况直接相关的事，譬如歌罗西书并未提到"称义"，尽管这个词是保罗其他书信常见的主题。

为什么神选择使用书信对我们说话？在此提出两个理由。第一，书信让神的话感觉更**亲切**。书信是写给像我们这样的普通人，里面有个人的和情感的因素，我们读信时会期待这是种属于个人的情感沟通。所以，纵然有文化鸿沟，但人性是共通的，这让我们读书信时较容易有贴近的感觉。

第二，书信让神的话语感觉更**实际**。这些信都与真实生活有关，论到真实的需要、婚姻、奴隶、子女、每天的工作。神希望我们以实际又亲切的形式读他的话语，免得我们钻进哲学的牛角尖，陷入深奥艰涩的思维里。神选择用书信而非授课的方式，把他的话语赐给我们！

✝ 结论

以上纵览的目的，在补充有关使徒保罗和保罗书信的背景资料，但亲自花时间去读他的书信，仍是无可取代的。一口气读完一封信，是很不错的主意。当我们读朋友的来信时，可不会跳着读，只看几个段落；我们会从头到尾读完，去理解整封信的内容。类似的道理，读任何一封保罗的信时，也必须先掌握全文主旨，再来了解细部的内容。在以下几章中，你会先读到每一卷书信的纵览，为的就是帮助你掌握主旨。

9. 帖撒罗尼迦前后书

✝ 引言

保罗写给帖撒罗尼迦教会的两封信，前后仅相隔几个月，较之保罗某些书信算是容易懂的。两封信的寄件人都是保罗、西拉和提摩太团队，他们曾经到过帖撒罗尼迦，不过作者显然是保罗。虽然两封信是在短时间内，写给同一个地方的同一群人，但气氛、语气和口吻都完全不同。虽然两封信谈到的主题相同，但处理方式完全不同。第一封信读来非常亲切温馨，反映出保罗对帖撒罗尼迦教会的关心；然而，第二封信里保罗的态度是冷淡、严厉、疏远的。

要了解保罗的书信，最好先查考一下每封信特有的背景，尤其是他写信的日期和收信人的所在地。

在下一页的地图上，可以看到帖撒罗尼迦位于爱琴海的顶端，当时是重要港口，如今因淤塞而离海岸有一段距离。

帖撒罗尼迦是这地区的重要城市，位处罗马通往亚洲的主要干道——依纳爵大道上，其港口是几条重要的南北贸易路线终点。这座城市铸造的钱币之多，居爱琴海沿岸城市之冠，为重要的金融中心。这里当然是做生意的理想地点，保罗则视之为福音传播的重要据点。

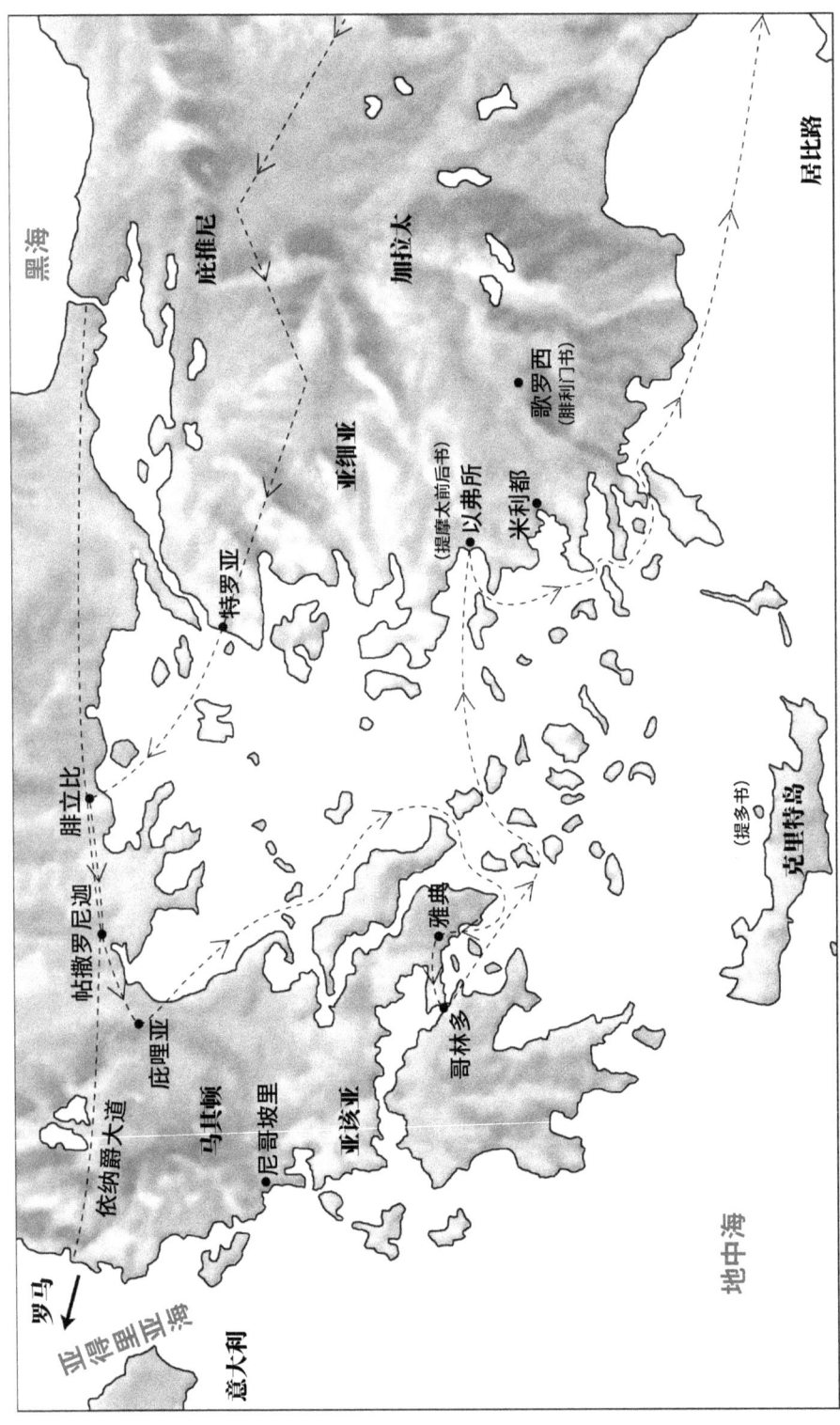

此城人口众多、种族亦多，有不少犹太人到此作生意。从考古学的出土文物，使我们对保罗时代此城的样貌有相当的了解，城里有罗马广场、竞技场、希腊市集，以及一座撒玛利亚人的会堂。事实上，近期的考古发现已确认，路加称该城领导人"地方官"（polytarch）是正确的，从前大家一直认为路加弄错了，因为没看过其他城市用这个称谓。但现在考古学家在帖撒罗尼迦城和其周围，共发现四十一处同时期的铭文内含此称谓。

† 保罗在帖撒罗尼迦和庇哩亚

保罗在第二次宣教之旅来到帖撒罗尼迦，约为公元49年。原本他想先到亚细亚，然后到庇推尼传福音，但每次都感觉圣灵不许他进入那些地区。当他们在特罗亚（即古代的特洛伊）等候时，保罗梦见一个人向他招手，请他过去马其顿帮助那里的人。于是他们就横渡爱琴海，在尼哥坡里港上岸。保罗先到腓立比传福音，但被赶出来，于是他转往帖撒罗尼迦。

保罗照惯例先进到犹太人会堂。他虽是外邦人的使徒，但对犹太人还是有特殊的责任，他相信只要犹太人信主，就可以组成教会向周围的外邦人传福音。

然而，会堂中最容易信主的却不是犹太人，而是一群边缘人——中文圣经译为"虔诚人"（亦即"敬畏神的人"），他们并未受割礼入犹太籍，但因为感受到犹太人的神是真神，所以有兴趣来认识犹太教。

进到会堂讲道的策略，引起帖撒罗尼迦的犹太人激烈反对，甚至让保罗没办法继续传福音。最令一些犹太人恼怒的是，保罗主张这些敬畏神的人，不必成为犹太人，也能作属神的儿女。在恼恨的犹太人挑唆下，帖撒罗尼迦掀起一场骚动，于是保罗自愿离开，仅在帖撒罗尼迦待了三星期而已，但他不屈不挠地往下一个城市——庇哩亚传道。虽然仅停留短短的时间，仍留下一群信心坚固的信徒，会友里甚至还有好几位尊贵的妇女（社会地位很高）。

✝ 保罗在雅典和哥林多

在庇哩亚传道不久,保罗再次被迫离开,单独向南前往雅典,把西拉和提摩太留在庇哩亚继续传道。保罗在雅典传道所碰到的反对势力,却来自不同一群人——希腊的哲学家,他们教导说,人死后灵魂就摆脱肉体的束缚,他们讥笑保罗相信身体复活。保罗在雅典传道只有几个人信主而已,还不足以形成一间教会。

保罗离开雅典转往哥林多,这时候他显然士气低落。

先是被赶出腓立比,然后又被迫离开帖撒罗尼迦,庇哩亚的情形也一样。在雅典城,他被人嘲笑,仅带领几个人信主。他到哥林多时,心情沮丧,他在哥林多前书里写道:"我到你们那里去的时候十分软弱,又害怕又战战兢兢",仿佛失去胆量似的,原因不难看出。虽然我们总把保罗视为史上最成功的宣教士,殊不知很少有人能像他这样千辛万苦,历经艰难。

所以当提摩太和西拉在哥林多与他会合,且带来帖撒罗尼迦教会状况颇佳的消息,保罗的雀跃之情可想而知。这好消息让保罗士气大振,但他一时无法离开在哥林多的服事,于是他决定写一封信给帖撒罗尼迦教会。

提摩太和西拉还带来腓立比教会的一笔奉献。保罗到哥林多时已身无分文,不得不织帐棚维生,但也因此结识从罗马城逃到哥林多来的一对犹太夫妇——百基拉和亚居拉。给帖撒罗尼迦信徒的信,就是在这双重的鼓舞下写的。

✝ 信徒对福音的领受(帖前 1)

帖撒罗尼迦前书第1章呈现保罗的好心情,他很高兴听到他们的信心稳固。他多次使用"领受"(receive)一词,显然他很高兴他们不但把神的道听进去,而且也领受了。以下就分成四组三连词来浏览帖撒罗尼迦前书的内容。

话语、行为和神迹

保罗说，他用三种方式把福音传给他们：言语、行为和神迹。许多基督徒似乎相信用言语传福音就够了，但光有言语却没有证据，如何证明那些话是真的？传福音不但要让人听见，也要让人看见。言语、行为和神迹——两种是用眼看，一种是用耳听，如果这在保罗的时代构成有效的传播，那么在今天就更是如此。

保罗并不认为大众期待听福音，但他的确认为大众等着亲眼看到。人以行为证明所传话语的真实，神则以神迹证明话语的真实。

许多时候，我们把焦点单单摆在话语的传讲上；传讲神的道固然重要，但必须用我们的行为和出于神的神迹奇事，来支持我们口所传的。

当初耶稣差门徒两个两个地出去，他给他们的叮咛用简单的话说是："你们要做的事很简单，每到一座城里去，就叫死人复活、治病、赶鬼，然后告诉他们神的国降临他们中间了。"换句话说，先让人看到福音，接着让人听到福音。

信心、盼望和爱

保罗经常使用这一组三连词，尤其是在哥林多前书13章结尾，但在帖撒罗尼迦前书也有。显然帖撒罗尼迦教会的信心和爱心颇强，但盼望比较弱。有信心表示他们相信神在过去所成就的事，有爱心表示他们相信神现在正动工。但是他们对于神将来必成就之事，却不太了解。

请注意，信、望、爱的含意不仅是在心态上而已，更有主动积极的一面：信心使人采取行动，爱心使人殷勤作工，盼望则使人抓牢而不动摇。

上帝、耶稣和圣灵

保罗说，帖撒罗尼迦信徒已充分经历到神是三位一体的神，他们并没有把焦点集中在一个位格上，因而忽略另二位格。他们在神面前悔改，信靠耶稣，且领受圣灵。

回转、服事和等候

最后这一组词语是保罗对好基督徒的定义，这是三个形容信心的动词：他们离弃偶像，来服事又真又活的神，且等候神的儿子从天降临。基督徒生活包含为过去而悔改，现在持续地服事，持续地等候基督再来。

† 保罗的人品（帖前 2、3）

第二章开始出现第一个难题，保罗所到之处无不遭遇反对，反对主要来自犹太人，背后则是撒但的势力。两者皆出于嫉妒，犹太人和撒但因为失去跟随者而心生妒忌。魔鬼是谎言之父，它为了破坏神兴起的工作，诋毁传信者、破坏所传信息。首先它抹黑开创事工者的动机，造谣中伤他。

在帖撒罗尼迦已经出现这种情形，从保罗在第2和3章为自己所作的辩护，可略窥此造谣中伤的性质。他共有九次驳斥谣言，替自己的诚信辩护。他不是为了自己的名声而已，因为他知道一旦他的名声毁了，那么帖撒罗尼迦的基督徒对他所传的福音就会丧失信心。

以下就是这九项污蔑：

1. 保罗成事不足、败事有余，他没跟大家解释清楚，丢下一团乱，人就跑掉了。
2. 保罗是个懦夫，他畏罪潜逃（事实是，我们知道保罗离开是为了保护信徒，免得他们得为他筹保释金）。
3. 保罗是狂热分子，他一意孤行、偏激。
4. 保罗是好色之徒，信徒团契里有不少有钱的妇女，城里谣传保罗对这些女性献殷勤。
5. 诈欺，他们指控他是骗子，为了得利而拉拢信徒。
6. 谄媚，他们说他不过是迎合大众口味，其实没什么值得听的内容，而且他不是真正关心帖撒罗尼迦教会。
7. 投机，他们说他传道不过是因为在教会有钱可拿。

8. 懒惰，他们说他没有真正做过一份工，日子却过得挺舒服。
9. 专制，他们说他严厉地辖管他所带领信主的人。

他们所控告的皆非事实，却让保罗背黑锅，而且造成不良印象，以致再有说服力的驳斥也难以洗刷。

这些指控的背后是魔鬼，其实这九点全是魔鬼的狰狞面目，它把自己的邪恶动机硬套在保罗身上。

保罗提出十一条辩护，在帖撒罗尼迦信徒和神面前作证，那些指控皆非事实。

1. **他指出他服事的果效**。他对他们说："你们是一所根基稳固的教会，满有信心和爱心，且把福音传给别人，这叫成事不足、败事有余吗？"
2. **他强调他放胆无惧**。在腓立比的时候，他被下到监牢，但是他一获释就紧接着前往下一个城市帖撒罗尼迦，马上开始传道，这叫懦夫行径吗？是懦夫的话，早就逃到别国去了。
3. **他说他没有半点诡诈**，每句话都是确实的，从来没有想要骗谁。
4. **他指称自己敬畏神**，就算没有人为他作证，神可以作见证。
5. **他诉诸他的谦卑**，他没有选择维护自己的权利，也不求别人的称赞。
6. **他诉诸他的温柔**，他对帖撒罗尼迦信徒就好像母亲乳养儿女一样，没有人比他更关心他们。
7. **他诉诸他的无私**，他提醒他们，他曾经怎样为他们付出时间和金钱，连他自己都摆上了。
8. **他诉诸他的劳碌**，他不但不懒惰，而且辛勤工作，从早忙到晚。
9. **他诉诸他的圣洁**，他说："我们向你们信主的人，是何等圣洁、公义、无可指摘，有你们作见证，也有神作见证。"耶稣曾说："你们中间谁能指证我有罪呢？"保罗的自辩颇为近似。

10. *他诉诸他的恳切之情*，他不只像母亲乳养儿女一样，也像父亲待自己的儿女一样。当他们需要安慰时，他就像母亲一样安慰他们；当他们需要管教时，他就像父亲一样管教他们。
11. *最后他诉诸他的严格*。他对他们的标准从不妥协，绝不用半哄半骗的方式。

从保罗在帖撒罗尼迦教会面对的情况，我们得以洞察魔鬼如何利用批评来破坏福音工作。魔鬼擅长使基督徒对领袖心生怀疑，质疑他们服事动机不单纯。

但这种反对力量吓不倒保罗，他也告诉帖撒罗尼迦教会用不着太惊讶，因为基督徒受苦反而是蒙基督拣选的证据，是信心的印记、光荣的标志。如果从来不曾为福音受苦才应该担心，如果从来没有因为跟随耶稣而遭遇困难、树立敌人、付出代价，那才要担心。对保罗而言，受苦是正常现象，他愿意接受被关、被鞭打、被石头打，而若有任何人为了破坏福音工作而污蔑他服事动机不单纯，他必抗辩到底。

✝ 信徒的成熟（帖前 4、5）

在帖撒罗尼迦前书第4、5章里，保罗为了要帮助信徒灵命长大成熟，特别从两方面提醒他们：圣洁和盼望。

1. 圣洁

这是灵命的核心，因为圣洁是神给每一位信徒的旨意。保罗晓得帖撒罗尼迦教会有两方面的挣扎。

(a) 妇女

首先是*妇女*方面。希腊人对于两性关系采取纵容和杂交的态度，这与他们所敬拜的神颇像，妻子可以常换，情妇也司空见惯，对于希腊人这种生活方式，有一位狄摩西尼（Demosthenes）如此形容："我们养妓女是为了享乐，养情妇是为了每日肉体需求，养老婆是为了生孩子、和有人能忠心守护我们的家。"

塞尼加（Seneca）曾说："娶妻为的是离婚，而离婚为的是娶妻。"贞洁几乎是闻所未闻。

因此保罗是在这样的社会背景下，对帖撒罗尼迦教会的弟兄们说，不可再去找妓女和情妇，要弃绝杂交的社会风俗。他们要保持婚姻的床纯洁，以示尊重婚姻。不可像对妓女或情妇那样对待妻子。

(b) 工作

其次是工作方面的问题。这在今天的教会似乎是禁忌话题！我们很少听到有关工作的证道，或许是因为传道者本身多半并非从事朝九晚五的工作，他们可能一天为教会工作十六小时，仍非一般定义的"上班"。门徒训练课程也很少讨论工作，只说明如何在工余时间作基督徒——如何祷告、读经、作见证、在教会事奉。这一切都加深一个印象：服事神是下班以后的事，同时又让基督徒在工作上待不住，总想何时可以不必上班，投入服事。

他们忘记每个基督徒都是全时间在事奉神的，上班也是在追求圣洁。我们应该把爱神、爱邻舍的心表现在工作上，我们工作的动机是出于荣耀神。若不把工作视为追求圣洁的一部分，那么在神眼中你是在浪费时间。

有些帖撒罗尼迦信徒放弃固定的工作，说是等候主再来，其实是游手好闲。以当时文化来看，这算是典型的人生观，希腊人崇尚生活安逸，他们认为工作（尤其是劳力的工作）是恶的、丢人的，所以都尽量雇奴隶去做。而希伯来人的思想则是本于旧约，视工作为敬拜的一部分。工作不分贵贱，在神眼中，所有工作都值得敬重，也都应该用来讨神喜悦。

所以保罗告诉这些人要亲手作工，养活自己，不要依赖别人。四肢健全的基督徒不应该靠别人施舍过日子，应该自己养家糊口，行有余力帮助真正有需要的人。保罗所指的并非那些*不能*工作的人，而是*不愿意*工作的人。

2. 盼望

保罗也发现必须教导帖撒罗尼迦教会何谓盼望,这是新约圣经的一个关键主题——基督再来,共提到三百多次。所以保罗认为给初信者的基本教导之一,就是盼望。帖撒罗尼迦教会虽满有信心和爱心,可是在盼望方面却很弱,部分原因是受到周围希腊世界对死亡的看法影响。

伊斯奇卢斯(Iscillus)说:"人死了就死了,没有复活。"希阿格底(Theocrates)说:"活着的人还有盼望,死人毫无盼望。"有位哲学家说:"短暂的一生落幕后,我们只能在无止尽的黑夜中长眠。"有一古希腊文的墓志铭写着:"我本不存在,我后来存在,我如今不存在,我并不在乎。"

所以,帖撒罗尼迦的基督徒以为人一旦死了就错过基督再来的机会。我们不确定是因为他们根本不相信死人复活,还是他们认为死人要等到基督再来之后才会复活。总之,保罗需要明确地对帖撒罗尼迦教会说,关于长眠之人,不要为他们忧伤,像那些没有指望的人一样。当耶稣再来,长眠之人将首先与他相会。在基督里死了的人必先复活,接着还存活的人都要跟他们一同被提,与主相会。

这自是意谓着已去世的基督徒会重返地上,他们在空中与主相会之后,将以新的身体回到地上。天堂本是他们的等候室——给那些已去世之人的暂时居所,他们正等待基督再度降临地上,与他永远同在。

显然帖撒罗尼迦教会虽领受耶稣必再来的教导,可惜却误解了。保罗引述耶稣独创的比喻,主再来"好像夜间的贼一样",暗示主再来的日子并无预警,完全出乎意外。许多人以为耶稣随时会来到,但保罗纠正这种假设,他说对那些从不警醒等候的人,他会忽然临到他们。"好像夜间的贼一样",不是针对信徒说的,而是针对那些毫无准备的人。相较之下,帖撒罗尼迦信徒并不属乎黑夜,而是属乎白昼;只要保持警醒,就不会觉得突如其来。事实上,保罗在其他地方的教导和新约的其他书卷都说得很清楚,基督再来以前必有某些征兆,这是帖撒罗尼迦后书论到主再来的一个主题。

✝ 最后的劝勉（帖前 5：12 － 28）

来到结尾处，保罗仿佛欲罢不能，想把相关主题的许多篇证道浓缩在第5章里，因此我们看到好几个并不连贯的问题。

教会领袖与会友

帖撒罗尼迦是民主自治城市，正面果效就是这里的妇女解放程度高过希腊各城。但这个民主体制也有一个负面影响，就是会友不懂得尊重领袖。所以保罗告诉帖撒罗尼迦信徒，对他们当中的领袖要尊重，因为领袖若未受到尊重就无法带领教会。教会不是民治，而是神治，治理教会是靠圣灵——被圣灵充满的领袖和信徒。教会领袖不是独裁者，会友也不能主张一切民主。

保罗告诉会友三不五要：不可懒惰、不可灰心、不可胆怯；要有耐心、要饶恕、要喜乐、要祷告、要感谢。

三位一体

最后，保罗以三位一体的教导作结尾：

圣灵：保罗吩咐教会不要消灭圣灵的感动，也不要藐视先知的讲论，但要凡事察验。善美的事要持守，各样的恶事要禁戒不做。

神：保罗求神亲自使他们全然成圣，不受周遭敌对神的文化污染。

耶稣：保罗求耶稣保守他们完全无可指摘，直到他再来的那日。信徒应以基督再来作为圣洁生活的动机。

✝ 信徒能持守（帖后 1）

给帖撒罗尼迦教会的第一封信寄出不到几个月，保罗又写了第二封信，语气却截然不同。这封信的语气冷淡而疏远、震惊而不悦。仿佛他听闻教会传来不好的消息，所以觉得需要再写一封信，对前一封信提到的事再加以说明。

开头第一段，他称赞他们虽遭遇逼迫患难，仍存忍耐和信心。从前冲着他来的敌意，现转向他们，他对他们说，为着福音的缘故受苦是必经之路。

尽管现在他们遭受极大的不公不义，但他要他们放心，将来公义的神必为他们申冤。他用六个字眼描述神将如何对付那些逼迫基督徒的人：灭绝、除去、审判、患难、报应、永远沉沦。

因此，当我们听到有人在逼迫基督徒，应该为那些逼迫的人战兢。我们可别忘了，人只有两种结局：一种是永远与神同在；另一种是永远沦落地狱。

✝ 信徒站立得稳（帖后 2、3）

保罗在帖撒罗尼迦后书同样关切信徒的圣洁与盼望；这次他反过来先讲盼望，再讲圣洁。

1. 盼望

保罗虽仔细地教导他们耶稣再来的事，可他们还是没搞懂，之前盼望太弱，现在变得太强。有些信徒相信主已经再来、或已近在眼前，所以现在除了等候他，什么事都不必做，有些人甚至因此放弃工作。

看来他们之前可能收到一封冒名信，假冒保罗之言，说基督再来已近在眼前。在前书我们看到魔鬼无所不用其极地攻击神的信使保罗，现在魔鬼转向信息本身发动攻击。它知道如何使基督徒对基督再来的真理产生偏颇，使他们或忽视或狂热。

面对福音信息被曲解，保罗的反应很特别，他告诉他们基督再来不是近在眼前，因为至少还有一件大事，这件事若不发生，耶稣就不会再来，那就是"不法之人"要显露出来。这人根本不把律法放在眼里，而且以神自居，其他经文称之为"兽"或"敌基督"。由于这人尚未到来，因此基督再来已近在眼前的说法，绝对不是真的。

保罗的观点帮助我们了解新约的历史观和其他哲学的差异。

希腊哲学相信历史是不断循环的，帝国兴亡有时，不断重演，没有终点。今天有一种历史观由此衍生，历史虽然前进，但时上时下、时好时坏，战争之后接着和平；通货膨胀之后接着通货紧缩。历史虽前进，却非正面地演进。

20世纪初普遍的历史观是进步的，相信人生愈来愈美好，未来愈来愈光明。然而到21世纪初，最普遍的是每况愈下的历史观，许多人觉得事情愈来愈糟，如今关键字不再是"进步"，而是"求生存"。

但有一种历史观是犹太人、基督徒和共产党共通的，就是**末世观**——亦即情势将愈来愈恶劣，直到触底反弹，就会突然变好，而且维持好转的局面。这就是圣经里的犹太人先知所持的历史观，但以理即为一例。

犹太人、基督徒和共产党的历史观差异在于，是谁导致这个触底反弹。共产党相信是人，但这梦想很快就破灭了。犹太人说是神，基督徒说是耶稣，当他再来时，人类历史将触底反弹。帖撒罗尼迦书信的背后就是这个新约的历史观，在启示录有更详细的叙述。

保罗说，尽管主再来并非迫在眉睫，但"不法之人"的影响力已隐然若现，只是现在有一股约束的力量在，有一天神会除去这约束，但耶稣亲口说那段时间会很短（依据启示录，不妨假设只有三年半的时间），然后耶稣就会再来了。于此同时，帖撒罗尼迦教会应该耐心等待，保持殷勤工作。

2. 圣洁

关于工作的教导，保罗的语气颇为严厉，因为他说："若有人不肯做工，就不可吃饭"。保罗的看法是，基督徒毋须供养不肯工作、好吃懒做的人。保罗不是谈论失业问题——那是我们必须打倒的社会之恶；他也不是在讲不能工作的人，而是讲不肯工作的人。

当主再来的时候，他希望看到我们尽忠职守，所有关于再来的比喻都强调忠心。耶稣的比喻讲到主人延迟，但延迟是为考验仆人的忠心。神所感兴趣的，与其说你做什么工作，毋宁说你有没有**好好做你手中的工作**。他宁可要一个殷勤认真的出租车司机，也不要一个漫不经心的宣教士，因为他更在乎的是品格，而非成就。许多时候我们认为工作有贵贱之分，最高等级的是宣教士、布道家和牧者传道，接下来是医生护士，再下一级是教书的人，诸如此类。然而，这距离事实实在太远了。在圣经里，亲手作工是最高等级！耶稣是木匠，保罗是织帐棚的，彼得和约翰是捕鱼的，他们做这些事情的时候，都是在为神作工。

有些人在同一个工作上做了四十年，却感叹自己没有能够服事主，实在是一大误解。当耶稣再来的时候，他会和我们一同管理世界，他会找可靠的人来管理法院、银行等等。保罗以基督徒将来将审判世界为由，责备哥林多的信徒互相告上法院的举动，难道他们没有能力解决这些纠纷吗？所以现在基督徒应该预备自己，当耶稣再来时，就能够做他要交给我们的工作。

✝ 祷告

祷告也是保罗写给帖撒罗尼迦教会的信里，相当强调的一个主题。他说他一直为他们祷告，也请他们为他代祷。他甚至说，他们的祷告能使主的信息快快传开，得着荣耀，正如在他们中间一样。所以他紧接着为他们感谢神，也求神在恩典和良善中成全他们，保守他们免于撒但的网罗，并引导他们的心领会神的爱和基督的坚忍。

他很重视他们的代祷，他虽是最伟大的宣教士、第十三位使徒，但他知道他需要代祷。他请求他们为福音迅速传扬而祷告，他深深感到每一个能够传福音的时刻都难能可贵。他也请他们为他的人身安全代祷，因为他知道作为福音的使者，乃是深入敌军阵营的。

✝ 结论

保罗写给帖撒罗尼迦教会的两封信，提醒我们灵命的两大关键：

1. **同行**。当我们信靠基督，就开始与他同行了。我们必须在圣洁中与他同行。救恩是一个过程——我们从地狱里被救出来，迈向天堂。追求圣洁是灵命不可或缺的一环。
2. **等候**。这两封信的最后一章都提到基督再来。今天我们应该把这个主题的传讲和敬拜恢复过来才是。耶稣将重返世上，我们也是。他正在寻找将来与他一同治理的人。

对保罗来说，活在基督再来的光中是门徒训练的根基，这两封信都在强调误解此重大议题的严重性。

10. 哥林多前后书

✝ 引言

许多基督徒都曾想象，倘若能重现历史中某时期，信仰之路肯定更平顺。有些人希望重现1904年的威尔斯大复兴（Welsh Revival），有些人想重返18世纪的循道卫理大复兴，近年来，甚至清教徒时期也成了一些人的偏爱；但是，或许最流行的选择还是希望回到新约时代。很多人以为只要我们能回到那些时期，一切问题都会迎刃而解，当然大家都忘记了，新约时代的教会有不少问题，不但外部充满来自犹太人和外邦人对福音信息的敌意，内部也有许多纷争不和。

翻开保罗写给哥林多教会的信，会发现这个教会的问题大到危及教会的存在和事工。在保罗建立的教会中，问题最多的就属哥林多教会了，但我们要为此感谢神，正因为他们碰到这些难题，我们才有这两封精彩的书信，包含哥林多前书13章无与伦比的爱章，和第15章关于基督的复活与显现，那是新约里关于复活教义最早的一段论述。

教会的问题不少，弟兄姊妹追随不同的领袖而结党，严重分歧，最糟糕的是，竟然有弟兄娶了自己的母亲（可能是继母），这种乱伦行为是连异教徒都会谴责的。有些人在领圣餐的聚会上喝醉了，有些人抱持激进的女性主义。不但如此，他们还误解了基本教义，换作我们早把这样的教会除名了，但保罗没有，他写信给他们，拜访他们，希望他们能看到错失而改正过来。

✝ 哥林多城

细看地图可以帮助我们了解，为何这个教会会碰到这么大的困难。

哥林多城位于连接希腊和伯罗奔尼撒岛的地峡上，这条窄长的地峡是贸易要道，走这条路可以省去往南绕到亚该亚和克里特岛之间的危险航道。因此大船运来的货物会在这里先卸下来，运过地峡再装上另一艘船，继续航行。若船较小则会直接安装上滚轮，拖行穿越陆路，从另一端下水继续未完的航程。

哥林多城本身距海虽有两英里之远，但也有自己的港口——利基恩（Lechaeum）。有两道城墙从哥林多城延伸到港口，城外就是亚可哥林多山（Mount Acrocorinthus），高度约两千英尺，可眺望四十英里外的雅典城。哥林多和雅典有点像今天英国的爱丁堡和格拉斯哥，雅典是大学城，住了许多哲学家，常有各种节日庆典，而哥林多是繁忙的港口城市，二城较劲的意味颇浓。

第一座城

考古学家在哥林多挖掘出不少文物，尤其在1858年大地震之后有些遗迹出土。考古学家发现保罗受审的审判席和一座犹太会堂，一切证据都和路加在使徒行传的记载吻合。现代已开凿一条穿越地峡的哥林多运河，连邮轮都可以通过。在保罗那时代，尼禄曾试图开凿运河，但没有成功。第一座哥林多城于公元前146年被罗马人夷为平地，到公元前44年才由尤利乌斯凯撒（Julius Caesar）重建，将人口移入而成为罗马的殖民地。自公元前29年起，它成了亚该亚元老省的首都，聚集了各国各族的人，包括犹太人和希腊人。犹太人在此建会堂，希腊人则影响当地的建筑与哲学理念。这里施行的是罗马的法律，一般人也都信奉罗马人的宗教。这里并无拥有土地的贵族阶级，纯粹以财富划分地位，而财富来自市场和港口。不久旧城的糜烂之风复现，不但有钱人很势利，拥有知识的人也傲慢自大。

第二座城

保罗到访时，这座城市不但富裕繁荣，而且充斥各种异教，膜拜希腊和罗马诸神，包括海神波赛顿和爱神爱芙黛蒂。供奉爱芙黛蒂的庙宇很大，里面住了两千名女祭司，其实就是庙妓，因为与女祭司性交属于祭拜的一部分。事实上，"哥林多化"衍生为希腊语的一个动词，意思是"杂交"。此一背景说明了为何保罗在哥林多书信中需要特别花篇幅讲述男女关系。

✝ 哥林多教会

社会环境

哥林多城里有一大半是自由人——从前做奴隶，后来赎身获得自由，因此保罗在第一封信里才会提到教会当中出身高贵的并不多。虽然是平凡人，却一路打拼，获取财富和社会地位，这或可说明他们为何在教会领袖之间作比较——白手起家的人通常自主性很强，尤其讲到教会政治，更是坚持己见。

道德环境

在哥林多前书6章9－10节，保罗道出部分会友从前的生活形态，他们曾经是："淫乱的、拜偶像的、奸淫的、作娈童的、亲男色的、偷窃的、贪婪的、醉酒的、辱骂的、勒索的"，显然这些罪行在哥林多城相当普遍，教会里也还有一些人有这些问题。

属灵环境

拜偶像是哥林多文化的一部分，但同时教会里也显出圣灵动工的明证，会友领受圣灵的洗，在敬拜中展现各种属灵的恩赐。

✝ 文化的影响

不管哪个教会都面临两大挑战，一个是如何常保教会在世界中（亦即传福音），一个是如何常保教会不沾染世俗（亦即圣洁）。绝大多数的牧养问题都可归入这两大类，哥林多教会尤其如此。具体来看，影响信徒的背景问题有以下三点：

异教的不良风俗

就性的放纵来讲，哥林多是典型的港口城市，几乎是百无禁忌，显然教会也没能挡住歪风吹入。

罗马的法律

哥林多虽位于希腊，仍深受罗马影响，尤其在罗马的法律和秩序方面，这件事本身并不坏——保罗在宣教事奉中，也曾利用身为罗马公民的特权。然而，哥林多教会做得太过分了，肢体之间有纠纷不私下和解，还告上法庭，所以保罗觉得需要把这问题提出来。

希腊的哲学

哥林多人的生活观源自希腊哲学，所以很多问题都由此衍生而来，其实西方文明也奠基于希腊思想，今天教会生活和行为有很大一部分也可从希腊思想去解释，所以我们最好深入了解一番。

譬如，"民主"一词就是源自希腊，民主制度是希腊人的政治观念。虽说圣经不曾提到民主，但许多基督徒都以为教会生活应该采取民主方式管理。再举一例，希腊人重视体育，但除了保罗书信里举过一些例子，圣经他处找不到只字片语。但在这个国家，体育和运动已成了男人的宗教，支配着许多基督徒的生活。

✝ 身体和灵魂

然而，希腊思想最糟糕的一面，是把身体和灵魂分开，希腊人认为身体和灵魂是两回事，很多基督徒也都这样想。希伯来人则认为"灵魂"是身体的呼吸，代表求救的"SOS"（save our souls："救救我们的灵魂"）其实源自希伯来思想——所用的字眼是灵魂，但意思其实就是"救救我们的身体"。

希腊人相信身体和灵魂是分开的，他们认为当身体死去，灵魂就被释放了。他们说，在必朽的身体里有着不朽的灵魂，他们相信只有灵魂的事才是真正要紧的。

在这方面，希伯来思想恰恰相反，希伯来人认为灵魂会朽坏，我们需要不朽的身体，身体非常重要。照旧约所勾勒的轮廓来看，基督徒应该站在希伯来思想这一边，应该拒绝希腊人所信的灵魂不朽，应该和犹太人一样相信身体复活。

这个信念上的差别，说明了哥林多人为何难以了解有些行为基督徒不能做。希腊人对身体持三种观点：有些人放纵身体，因为身体并不影响灵魂；有些人漠视身体，试图过禁欲的生活，摆脱肉体欲望；有些人崇拜身体，他们雕刻完美身材的雕像，做运动时裸露身体，原因都是对身体的崇拜。

所以保罗必须提醒哥林多信徒，身体是圣灵的殿，我们对待身体的方式，确实会对灵魂有影响。他告诉他们，在领圣餐的聚会上喝醉，对灵命是有影响的，此外，如果他们去找妓女苟合，就等于将基督的肢体当作娼妓的肢体，因为他们的身体就是基督的肢体。

这种错误的态度在今天也造成一些问题，因为许多传道者基本上是希腊式思想，他们不愿接受用身体来敬拜，因深信敬拜应该是内在的。所以使用身体——譬如高举双手——并不妥当，殊不知举手敬拜是圣经的命令。他们认为敬拜时惟一可使用的身体部位就是嘴巴，也不管其实罗马书吩咐我们要将身体（全身）献上当作活祭。

✝ 信件

其实保罗一共写给哥林多教会四封信，不过只有两封保存下来。哥林多前书其实是他写给教会的第二封信，而后书其实是第四封。其他两封大概是遗失了，但有些注释者相信可能已经包含在哥林多后书里了。遗失的这两封信有一封写得非常仓促，以致保罗有点后悔，另一封则口气激动，保罗也承认那是非常严厉的一封信。

在使徒行传可以找到保罗此行的踪迹，而哥林多前后书可以帮助我们了解当时的背景。

保罗第一次到哥林多是一个人去的，在那之前他到帖撒罗尼迦、庇哩亚和雅典传福音，都遭遇反对力量。他一度重拾旧业，跟一对犹太夫妇百基拉和亚居拉，一起靠织帐棚维生。因为皇帝革老丢（Claudius）命令所有的犹太人离开罗马，所以这对夫妇从罗马来到哥林多。保罗在会堂传道，后来提摩太和西拉带着腓立比教会奉献的一笔钱，来给保罗，保罗才有了同工，而且因为这笔奉献，他可以投入更多时间传讲真道。但最后他被犹太人赶出会堂，所以他转到会堂隔壁的提多犹士都的家，继续传讲福音。有一个晚上，保罗得了一个异象，主在异象中向他保证，这城里会有许多人归入主名。保罗大受激励，继续在哥林多服事。信主的人包括管会堂的基利司布和全家。十八个月后保罗离开哥林多，已有一间教会建立起来了。

保罗离开哥林多后，先到以弗所，后到耶路撒冷，最后回到安提阿。当他人在以弗所时，有哥林多教会的消息传来，会友家中出现乱伦关系，保罗听了非常不安。

于是他匆匆写下第一封信去纠正他们。不久革来氏家里的人（可能是司提法那、福徒拿都和亚该古一起到以弗所探望保罗）捎来口信，说教会收到他的第一封信，反应相当负面。后世有人认为，这第一封信其实就是哥林多后书6至7章，因为这两章的行文与风格迥异。革来氏家里的人也带来一封信，问保罗有关属灵恩赐、结婚和离婚的问题，却对保罗所担心的事略而不提。所以我们读哥林多前书时，必须弄清楚哪一段是在回应革来氏家人捎来的口信，哪一段又是回答写在信上的问题。

保罗派提摩太把信送到哥林多，自己原本想多陪伴以弗所教会一阵子，之后再越过马其顿，转往南行，在哥林多过冬，因为他在以弗所的事奉颇有果效。但计划生变，因为他收到提摩太的报告，说哥林多教会的情况更糟了，他的那封信起不了作用。于是保罗赶紧动身，亲赴哥林多。

这是保罗第二次前往哥林多，情况很糟，他不得不尽早离开。事后，他描述那次的双方会面相当不愉快，教会自行设立的领袖也以使徒自居，他们非但不希望在哥林多看到保罗，还出言侮辱他。

保罗在这样的情况下写了第三封信，虽含着泪但措词严厉，要求教会处置挑起争端者。一般相信这封信遗失了，不过有可能就是哥林多后书10至13章，因为这部分的语气相当符合上述情况。

当时提多正好从马其顿和亚该亚来，带着众教会的善款，保罗就托他把这封信带去给哥林多。提多善于处理问题，也能清楚传达保罗的坚定要求。

同时，保罗在以弗所面临的一个艰难的处境，很可能是使徒行传19章提到的暴动，于是他离开以弗所，来到特罗亚，希望能从提多那里听到哥林多教会的好消息，但可惜提多不在。后来两人终于在马其顿见面，保罗听到危机解除，非常高兴，就在愉快的心情下写了第四封信（哥林多后书）交给提多带去。保罗第三次，也是最后一次到哥林多教会，是一次愉快的访视。

哥林多前后书的反差颇大，请看以下对照表：

哥林多前书	哥林多后书
实际问题	个人受侮辱
保罗指出他们的错处	他们认为保罗有错
教会的会友	教会的传道人

† 哥林多前书的"内馅"

哥林多前书像三明治，夹了很多"馅"在里面。上下两片"面包"是他们在十字架和复活信念上的问题，而"内馅"是他们在行为上的问题。

让我们先来看"内馅"。首先，保罗处理他从革来氏家人听到的偏差之事，其次处理他们的提问，哥林多前书的这一大段落，讨论的就是这两方面。当时困扰哥林多教会的问题有：

1. **纷争**。以个别领袖为中心结成党派，有人追随保罗、有人追随彼得、有人追随亚波罗。今天也有类似情形，有些基督徒会以过去或现在的教会领袖为效忠对象。
2. **淫乱**。教会里发生乱伦和嫖妓之事，却没有实行教会纪律加以管教。
3. **诉讼**。会友之间有纷争，不私下解决，反而告上法庭。
4. **偶像**。有些信徒把异教风俗混到敬拜神里面。
5. **异性**。"女性主义"的信念导致有些人试图抹灭性别界线。
6. **拜过偶像的祭品**。市场贩售的肉品是祭拜过偶像的，他们想知道基督徒买来吃合不合适。
7. **圣餐**。当时纪念主的圣餐就是正餐，先用过正餐，最后才分饼和酒。但哥林多教会滥用了主的圣餐，有人大吃特吃，有人喝得醉醺醺。原本是一场纪念主的爱宴，如今却成了一场闹剧。
8. **属灵恩赐**。属灵恩赐的运用竟为教会聚会制造混乱。保罗告诉他们，假如有不信的人进来参加，听到大家同时在说方言，肯定会以为大家都疯了。

思考哥林多教会的问题时，最好要分辨有些是教会写给保罗的信上提出的，有些是保罗把所听到的口信。有些地方很容易分辨，因为保罗写说："论到……"。有些地方就不清楚保罗是在引述哥林多教会的问题，还是保罗自己讲的话。譬如哥林多前书7章1节，必须分辨保罗的意思是说男人娶妻并不好，还是在引述他们对这个问题的看法？又如哥林多前书14章34节，这里说女人应保持沉静，到底这是保罗的看法，还是他们的看法？因此我们不能只查考经文，还必须研究前后脉络。

有些问题很清楚。他们问祭拜过的肉能不能吃，因为能买到的肉多半曾涉及异教仪式，屠宰场就是异教的场所，分切好的肉都先祭拜过才拿到市场上卖，因此对基督徒来说有良心不安的问题。他们也问到关于结婚与离婚，以及关于属灵恩赐的问题。保罗因他们是一个充满属灵恩赐的教会而感谢神，但他也告诉他们，他们也是一间属血气的教会。他们都有属灵恩赐，却缺乏必要的品格，以致未能妥善运用恩赐。

把哥林多前后书应用到今天也会问题重重。有些基督徒试图按字面意义应用，像应用圣经其他部分一样，这是僵化的做法。令人惊奇的是，许多基督徒以为耶稣希望教会里有洗脚仪式，只因他曾经洗门徒的脚。从这个例子可以清楚看到什么叫僵化的应用。耶稣洗门徒的脚是因为门徒的脚脏——就这么简单！穿凉鞋走在尘沙飞扬的路上，当然是又脏又臭又黏的。

† 教会里戴帽子？

再来看看哥林多前书11章2－15节引发的问题，女性在教会里究竟该不该戴帽子？许多信徒以这段经文作依据，坚持应该戴。

但就整段来看，其实根本不是在讲帽子，连帽子的字眼都没出现过。保罗提到女性蒙头所用的字眼是"面纱"，并且整章仅出现过一次（中文译作"盖头"），而上下文是在说明女人以留长发来取代盖头，所以根本没有一个句子说到女人应该戴面纱，更不用说戴帽子！

其实这段经文是在讲男人应蓄短发，简单的原则是，在教会里坐在你后面的人应该要能看出你是男或女。更深入的原则是，男女有别，因为这里真正要讲的信息不是关于帽子或头发，而是关于头。所以当我们看着一名男性，应该想到他的头，看着一名女性，应该想到她的头发。从头发分辨男女，也提醒我们神是基督的头，基督是所有男人的头，而男人是女人的头。因此这段经文主张男人应蓄短发，好让人一眼看到他的头，而女人头发不能太短，好盖住头部。

最重要的原则就是，在基督里我们仍有男性和女性之分——并没有变成中性人。我们仍然是神造我们的样子，所以当我们敬拜神，是以男人或女人的身份，乐意接受神造我们的样式。所以变装癖是圣经所不容的，因为当男人想要像女人，而女人想要像男人，就是想抗逆神的创造。当我们敬拜创造的主，是以受造的身份来敬拜他，所以我们需要让人清楚看出男女有别。

西方文化却背道而驰，主张把许多分别男女的界线除去，这种想法已潜入教会。男女本来就有别，我们是互补的，在神眼中具有同等的价值、尊严和地位，但扮演不同的角色，在神面前承担不同的责任，发挥不同的功能。关于哥林多前书11章2-15节的教导，有两种错误的应用：

1. *错用到身体上，而未用在灵性上。*有女人戴帽却对丈夫颐指气使。我见过有些女人到教会必戴上帽子，对这段经文的解释完全顺从，但她们对丈夫却从来不愿顺服，由此证明她们的观念根本是错的！错把这段经文应用到身体上，而未应用到灵性上。
2. *错用到灵性上，而未用在身体上。*有人说，只要心里承认男人是头即可，从外表看不看得出来并不重要。但既然身体是我们的一部分，并且我们用身体来敬拜神，所以如此应用也是错失了这段经文的重点。女人应该藉由头发和穿着来认同女性的身份，这样做是合宜的。

✝ 爱的重要性（林前13）

不只有性别界线的问题，哥林多教会也未能了解圣经对于爱的教导。英文里单一个"爱"字（love），无助于我们在这方面的了解，因为这里所谈的爱，涵盖许多概念，难怪今天我们弄不懂爱的真谛。

这有名的爱章，其实包含在论述属灵恩赐的段落里（12-14章），第12章专谈属灵恩赐，13章谈有属灵恩赐却没有爱，14章谈最妙的道，就是有爱的属灵恩赐。因此，这13章其实并非给婚礼用的爱的诗篇，不管看起来有多合适！

在新约里有三个字都被译作"爱"：

Eros(情爱)：	Philadephia(情爱)：	Agape(圣爱)：
情欲	喜欢	爱情
吸引力	好感	注意力
身体	魂	灵
感性的	知性的	意志的
反应的	互惠的	无条件的
依赖的	互依互赖	独立的

Eros（情爱）这个字用在指性的吸引力，跟这字意思相近但较不常见的字是*epithumia*，指的是一种最糟糕的情欲——对异性或同性的杂交关系。*Eros*不一定有不好的意思，但*epithumia*肯定是不好的。基本上，*Eros*是一种肉体上、情绪上依赖的爱，惟靠你对对方的好感而持续引发，一旦停止，关系就难以持续。

*Philadelphia*由*philo*（to love：" 爱"）和*adelphia*（brother：" 兄弟"）组成，这个字讲的是情感而不是吸引力，有志趣相投的意味。好友之间通常品味相似、观念相近，对彼此有同理心，能感同身受，所以相知相惜的感受会逐渐增强。基本上是知性的，不同于感性上的连结，这是一种相依相属的友爱。

希腊人形容爱很少用*agape*，可能是因为在现实生活上很少见。这种爱不是受别人的吸引而产生的，也不是互有好感、相互依赖的爱。这种爱是出于意志的行动，当一个人用这种方式去爱，是因为注意到有人需要而去爱。由于是出于意志的行动，因此只有这种爱能够接受命令的驱使。你不可能命令某人陷入爱河，也不可能命令谁要对谁有好感，但是告诉人要用这种**圣爱**去爱人，却是可能的。

神的爱就是**圣爱**，神爱我们不是因为我们有魅力，也不是因为我们惹人爱。圣经说，他爱我们的原因就是他爱我们。在旧约中我们发现，神爱犹太人并不是因为他们是大国，而是因为他就是爱，他选择关心一群无人在乎的奴隶。这种爱是牺牲的爱，愿意不计代价。神就是这样爱我们：在我们还做罪人的时候，他就爱我们了。

许多教会因着属灵恩赐的问题而产生争端，以致分裂，原因就出在缺乏圣爱。这种爱可以让意见大不相同的人依然融洽相处，尽管他们观点各异，仍能选择彼此相爱。

† 三明治的"面包"部分

保罗在哥林多前书一开始，处理信仰的两大基本问题。

十字架

十字架在希腊人眼中是很讨厌的，部分原因是他们不接受身体的价值，所以对身体被钉十字架能够带出灵性的救恩这样的观念很不屑。哥林多信徒之所以为其他不太重要的事情而起纷争、结党派，主要原因是他们不了解十字架的重要性，以致保罗必须提醒他们，这些教会领袖没有一个曾为他们被钉十字架——惟独耶稣，所以除了耶稣，他们还要追随谁、效忠谁呢？

复活

在哥林多前书的结尾，保罗处理他们对于复活的怀疑。身为希腊人，他们一直都相信灵魂的不朽，从来不认为身体复活有什么重要。保罗必须纠正这观念，帮助他们从身体的角度去看未来。就像耶稣复活后有新的身体，能吃鱼又能做早餐，照样，将来基督徒也会有身体存在。保罗写哥林多前书15章的那番话，大约是主后56年，是最早记载有人亲眼目睹耶稣身体复活的文献。

† 哥林多后书——一封私人的信

这是保罗书信中最看不出章法的一封信，但也是最私人的一封信，几近自传，因为从头到尾保罗几乎只谈他自己和他的事奉。若说前书是给会友的，那么后书就是给领袖和传道人的；若说前书是保罗对哥林多教会的想法，那么后书就是他们对保罗的想法——而此刻双方关系很不好。

他们的态度可分两个阶段：

第一阶段，与其他敬虔的领袖有关。无论亚波罗或彼得都是深受敬重的好人，但是大家开始比较这两个人，于是慢慢产生分歧而分裂，就是前书所看到的情况。

第二阶段，教会来了一些不好的领袖。有些人来哥林多教会，自称是特殊的使徒，这些人对前任领袖大肆批评，把自己抬高，把保罗贬低。我们若在领袖身上看到这类行为就要提防了。这些人说了保罗很多坏话。

在哥林多后书里，保罗针对这些批评，包括对他的信息和事奉的批评，提出他的回应。他们的批评很多，且可说是对保罗人格的彻底抹黑。

- 他们说保罗是善变的人，计划常常变来变去。
- 他们说保罗是懦弱的人，只写信而不亲自拜访。
- 他们说保罗胆小怕事，什么话都不敢当面讲。
- 他们批评他拿不出一封推荐信，而这些假使徒个个有文凭，有各种可以裱框挂在墙上的证书。这就是为什么保罗在哥林多后书说他不需要任何荐信，测试一个人的事奉真实与否，不是看他的学位或训练，而是看他带出来的人是什么样子。
- 他们说保罗行事神秘，不够透明。
- 他们说他与人保持距离、高不可攀、漠不关心。
- 他们批评他演说时言语粗俗。
- 他们批评他不收取任何费用。在希腊，巡回演说的哲学家是给人提供娱乐的，名气愈高，收取的费用就愈高。

面对如此多的批评，保罗如何为自己辩护？

✝ 保罗的辩护（林后1－9）

哥林多后书的前九章是保罗对这些指控的真诚回应。他不收取费用是因为他希望哥林多人可以免费接受福音。他说每一个人的工程都将接受考验，所以各人都要谨慎如何建造自己的工程。他反驳关于他懦弱的指控，提醒他们，他第二次去哥林多，可一点都不胆怯。

保罗掏心掏肺地为自己辩护。他有一些非常精彩的话就记在哥林多后书，包括：

> 我们四面受敌，却不被困住；心里作难，却不至失望；遭逼迫，却不被丢弃；打倒了，却不至死亡。（林后4：8-9）

> 我们凡事都不叫人有妨碍，免得这职分被人毁谤；反倒在各样的事上表明自己是神的用人，就如在许多的忍耐、患难、穷乏、困苦、鞭打、监禁、扰乱、勤劳、警醒、不食、廉洁、知识、恒忍、恩慈、圣灵的感化、无伪的爱心、真实的道理、神的大能；仁义的兵器在左在右；荣耀、羞辱，恶名、美名；似乎是诱惑人的，却是诚实的；似乎不为人所知，却是人所共知的；似乎要死，却是活着的；似乎受责罚，却是不至丧命的；似乎忧愁，却是常常快乐的；似乎贫穷，却是叫许多人富足的；似乎一无所有，却是样样都有的。（林后6：3-10）

✝ 保罗的反击（林后10-13）

第10至13章和前面大不相同，保罗不再为自己辩护，他转守为攻，用讽刺、尖锐的口吻指控这些掌控教会的假使徒。

这段经文必须用朗读的，才显得出字里行间的热情。让我们来看哥林多后书11章1-31节（《新译本》），这最强有力的一段：

> 请你们容忍我这一点点的愚昧，其实你们本来就是容忍我的。我以神的热爱爱你们，因为我把你们献给基督，好像把贞洁的童女许配给一个丈夫。我只怕你们的心受到引诱，失去对基督

的单纯和贞洁，好像蛇用诡计骗了夏娃一样。如果有人来传讲另一位耶稣，不是我们传过的，或者你们接受另一个不同的灵，不是你们领受过的，又或者接受另一个不同的福音，不是你们接受过的，你们倒可以容忍得下！但我认为自己没有一点比不上那些"超等使徒"；虽然我不善于辞令，却是有学问的，我们在各方面，已经向你们清楚显明了。

我贬低自己，使你们高升，把神的福音白白地传给你们，我这样是犯罪吗？我为了服事你们，就接受了别的教会的供应，也可以说是剥削了他们。我在你们那里有缺乏的时候，并没有连累任何人，因为从马其顿来的弟兄们，补足了我的缺乏。我在各方面都不让自己成为你们的重担，将来也是一样。我有基督的真理在我里面，在亚该亚一带没有人能阻止我这样夸口。为什么呢？是我不爱你们吗？神是知道的。

我现在所作的，将来还要作，为了要断绝那些投机分子的机会，不让他们在所夸的事上，被人认为是跟我们一样的。这样的人是假使徒，是诡诈的工人，装成基督的使徒。这并不希奇，因为撒但自己也装作光明的天使，所以，撒但的仆役装成公义的仆役，也不必大惊小怪。他们的结局必按他们所作的而定。

我再说，谁也不要以为我是愚昧的；就算这样，也要接纳我这个愚昧的人，使我可以稍微地夸口。我这样满有自信地夸口，不是照着主所吩咐的，而是好像愚昧人在说话。既然有许多人按着世俗的标准夸口，我也要夸口。你们那么精明，竟然乐意容忍愚昧的人。如果有人奴役你们，侵吞、榨取你们，向你们趾高气扬，打你们的脸，你们就容忍吧！说来惭愧，我们太软弱了。说句愚昧的话，如果有人在什么事上是勇敢的，我也是勇敢的。他们是希伯来人吗？我也是。他们是以色列人吗？我也是。他们是亚伯拉罕的后裔吗？我也是。他们是基督的仆人吗？说句狂话，我更是。我受更多的劳苦，更多的坐监，受了过量的鞭打，常常有生命的危险。我被犹太人打过五次，每次四十下减去一下，被棍打过三次，被石头打过一次，三次遇着船坏，在深海里漂了一昼一夜；多次行远路，遇着江河的危险、强盗的危险、同族的危险、外族的危险、城中的危险、旷野的危险、海上的危险、假弟兄的危险；劳碌辛苦，多次不得睡觉，又饥又渴，多次缺粮，赤身挨冷。除了这些外面的事，还有为各教会挂心的事，天天压在我的身上。有谁软弱，我不软弱呢？有谁陷在罪里，我不焦急呢？

如果必须夸口，我就夸自己的弱点。主耶稣的父神是应当永远受称颂的，他知道我没有说谎。

保罗相信如此辩护是必要的，非因他在乎自己的名声，而是在乎福音的名声。他为哥林多教会焦急，他不希望看到他们偏离真理，惟恐他们信从了假教师，受了迷惑，就偏离了在耶稣里的真理。

像保罗这种使徒今日已不复见，所以我们可能以为这些经文跟我们没什么关联，但是今天还是有类似情形，神的仆人依旧像保罗一样饱受攻击，无论是牧师、布道家或先知，他们应该像保罗一样，坚定持守福音的立场，也应该保持事奉的动机纯正。

✝ 饥荒救济金（林后8-9）

最后，我们必须看一下中间这两章处理的一个特殊议题。保罗非常关心饥荒的救助问题，他想不如把他们的心思转到关心别人的需要上，说不定可帮助他们用新的眼光来看教会的问题。所以，他用这两章针对基督徒的奉献，做了非常好的教导，敦促基督徒以慷慨乐捐来认识神的祝福。这篇杰作让我们看出使徒保罗的牧者心肠，和他对于正确使用金钱的坚定信念。

† 结论

所以，尽管哥林多教会对保罗来说是最棘手的，但这两封信对今日教会而言，却蕴含非常丰富的教导。这两封信实际教导我们如何面对充满敌意的环境，教会应如何管教行为不检的会友，如何控制会内的活动。此外，也罕见地让我们一窥使徒保罗在敌对势力下如何应对，让我们看到一个神的仆人的好榜样，无论我们在哪里事奉、也无论面对什么样的反对者，都可以效法保罗的榜样。

11. 加拉太书

† 引言

保罗的加拉太书常容易使人意见两极化：一边对它高度评价，一边认为它不怎么样。

历史上有些非常著名的基督徒特别钟爱加拉太书，马丁·路德说它是圣经中最好的一卷书，他说："这是属于我的书信，我许配给了它。"《天路历程》(*Pilgrim's Progress*)的作者约翰·本仁说："我非常喜欢马丁·路德的《加拉太书注释》；除了圣经之外，这本《加拉太书注释》最能够抚慰受创的良心。"约翰·本仁显然深受加拉太书的影响。这卷书信对基督教历史影响甚巨，很多基督徒都喜欢它。

不过，也有些人非常不喜欢加拉太书，叫它"钉十字架的书信"、"一座荆棘丛林"，有人说它字里行间雷电交加。它不受人喜爱的原因有五点：

1. "它太激动"

这封信情绪激昂，一触即发！它的丰沛情感让有些人很不舒服。许多人试图让宗教不带情感，这在英国特别明显，但当他们读到加拉太书，却发现有一个人燃烧着熊熊怒火，这让他们坐立不安。

2."它的个人色彩太浓"

有些人主张加拉太书的个人色彩太浓，但它本应如此，因保罗在这封信里表明个人心迹，甚于其他书信。他在信里提到身体的疾病，以自身的弱点来恳求加拉太信徒。他提到曾经和使徒彼得有过公开的争论，那次他不得不当着全会众的面，说彼得做错了——这提醒我们，即使在初代教会的使徒之间，也有意见不合的时候，且是众人皆知的。我们有时未免太心急，急着回避对质的情况，而快快表示赞同，不能慢慢表达不同意见。真理受到危害时，其实需要挺身捍卫，即使是彼得和保罗也需要当面说清楚。

3."它太理性"

保罗在加拉太书表明，他具备拉比的背景和训练，可以为他的主张辩论，而且论证严密。我所读过的圣经译本没有一本真正抓住他论点的精华，我将它重新翻译，附在本章结尾处，供读者参考。他的论证相当精细，有几个论点简直绝妙，需要特别用心思考。请不要因为我这么说而令你退避三舍，我们各人都当尽意（with all our mind）爱我们的神。我讲完道之后最常得到的评语之一，听起来有点语带责备的味道："嗯，你今天的信息让我们回去有的想了！"言下之意似乎是："我来教会可不是为了来思考的。"我不会为让你用到大脑思考而道歉，保罗就是要你用大脑思考。我们需要非常仔细地查考加拉太书，反复研读，弄清楚保罗要讲什么。

4."它太属灵"

加拉太书剥去属灵的外表，直抵个人的骄傲核心。如果你里面存有任何一点骄傲，可别读加拉太书，因为读完后你的自傲将被剥除。它深入问题根源，超越你的意念和心思，直达骨髓。它是神的两刃利剑，能够刺穿、剖开。

5. "它太多争论"

加拉太书最令人不悦的，就是它太多争论。现代人往往不为宗教的事辩论，大家不要吵架，相安无事就好。加拉太书不同，保罗辩论的对象是基督徒，不是非信徒，并且他在这封信里的信息导致了更多的辩论。

辩论可以是好事。当年要不是马丁·路德起来辩论，可能不会有宗教改革运动。所以辩论曾使我们大大获益。今天辩论之所以不受欢迎，原因是我们害怕歧见会导致分裂。今天最重视的两种美德是包容和圆滑，其实在圣经里都算不上美德，耶稣称不上是包容，更谈不上是圆滑。

究竟不愿意面对不同意见是好事、还是坏事？我认为要看问题是主要或次要而定。我们时常为着次要问题辩论得很激烈，反而不能真正面对主要问题。领圣餐用含酒精或不含酒精的饮料，真有那么重要吗？然而大家常为此争得面红耳赤。

又譬如安息日的问题，我认为基督徒不应该小题大作。保罗说，各人心里要意见坚定，如果有人想要把星期日当作特别的日子，他有权如此。有人想把每一天都当作领圣餐的日子，他也有权如此。我们都无权硬性规定别的信徒在星期日一定要如何，更别提强加于非信徒身上了。

但加拉太书确实处理了一些非常重大的议题，有些是基要真理，若不把握就会失去基督的福音，所以在这些方面，恐怕争辩是免不了的。基督徒面对的许多重要战役都在教会内部，不在外部。这真的蛮痛苦的，谁想见到家人吵吵闹闹呢？每次魔鬼从外部攻击教会，教会就变得更强大，但它从内部发动攻击，却往往能够得逞，其中一个最能迅速破坏教会的方法，就是使福音遭受扭曲、侵蚀或破坏。因为撒但知道只要从福音信息下手，就可以从内部摧毁教会。

我们在加拉太书看到两位男性领导人——彼得和保罗，公开为一根本的议题表示不同意见。我相信神赋予基督徒男性捍卫教会真理的责任，但信心坚定又能捍卫福音的男性不够多，实属遗憾，以致许多女性试图起来捍卫，我相信这是因为预备好挺身面对错谬的弟兄太少的缘故。彼得和保罗当面辩论，彼得错了、保罗对了，而圣经很坦白地让我们知道这件事，显然，神希望我们知道。

† 阅读新约书信

阅读新约书信时务必从头到尾读完，尤其若涉及某一特定议题，譬如腓利门书和希伯来书，你必须从头读到尾，才能了解作者的意思。读的时候请务必记得，就像屋里正在接听电话的人，你其实只能听到这一头的人说的。在这样的情况下，你很容易误会电话另一头的人的意思，因为你是用自己的想法在推测。当你展阅一封书信，有时不得不重建情景，从字里行间去揣摩。你必须自问："发生什么事才促使保罗写这封信？"这会对你研读书信非常有帮助。

以下就要用这种方式来看加拉太书，我们要问的关键问题有：

为何要写这封信？
它答复哪些问题？
它解决哪些困难？

腓利门书所讨论的议题只有一项，而哥林多前书则讨论多项议题，总之，你都需要问上述三个问题，才能弄清楚这封书信在讲什么。

† 热心的犹太人保罗

加拉太书的作者毫无疑问是保罗，这可能是他写给教会的第一封信。无论从哪个标准来看，保罗都称得上是有史以来的伟人之一。他生于大数，位于今天的土耳其南部。大数大学是罗马世界里排名第三的大学，仅次于雅典和亚历山大。他是犹太人，具罗马公民身份，会讲希腊语——这是完成神赋予之使命的理想背景。神早在我们出生之前，就预备我们面对将来的事奉，在我们认识他之前，他就在生活上预备我们，他培养我们一些特质，以备将来使用。

保罗从小就会一项手艺，如同每个犹太男孩一样。他的手艺是织帐棚。不过，在希腊社会中靠劳力工作的人都属于较低的阶级，靠脑筋或"摇笔杆"工作的人，地位较高——可惜我们今天也沿袭了这种心态。

但在圣经里，像织帐棚和捕鱼这类的工作都受到敬重。保罗在写给帖撒罗尼迦教会的信中曾说，信徒应该亲手做工，他也以身作则。所以，圣经认为劳力的工作是尊贵的工作，毕竟，主耶稣自己就是木匠。

所以保罗织帐棚维生，可能是为罗马军队织帐棚，然后他到耶路撒冷念大学，受教于迦玛列教授门下。他成了极端正统派的狂热分子，像是他自称为"希伯来人中的希伯来人"、"法利赛人中的法利赛人"。他的立场是：如果你要遵守律法，就必须全部遵守，单守十诫是不够的。他坦承第十诫"不可贪恋"很难遵守（有意思的是，十诫中只有这一条跟内在动机有关，其余都跟外在行为有关）。然而，保罗相信他曾经守住全部的律法，无可指摘，能说这种话的犹太人可不多啊！

他相当地自以为义，谁抨击犹太教，他就抨击谁，尤其视基督徒如眼中钉，因他们宣称耶稣就是神。保罗认为那对神是最大的亵渎，于是他开始摧毁这新兴的信仰，司提反被用石头打死时，他站在旁边看，他从那时起开始良心不安。司提反临死前，说："我看见天开了，人子站在神的右边。求主耶稣接收我的灵魂！"这使保罗攻击新信仰的心更加强烈，因为现在他除了和新信仰交战，也和自己的良心交战，终于，在往大马士革的路上，他缴械投降，因他遇见了耶稣。

✝ 火热的宣教士保罗

写下加拉太书的这人，成了最热心跟随耶稣的人，坚定地传播他一度想要摧毁的信仰。由于他从信奉犹太教转为基督教，所以对二者都有彻底的了解。他的宣教足迹遍布当时已知世界，并且建立教会，又不断到未曾听闻福音的地方拓荒布道，"为基督建立拓荒地"。

✝ 读者对象

有两个地方都叫加拉太，学者费很多笔墨讨论哪个地方才是保罗的写信对象。在今日称为土耳其的北部，有一组城市叫北加拉太，而南部有一组城市叫南加拉太。英国人对北加拉太特别感兴趣，因为最初是高卢人（法国人）去那里殖民的，跟英伦群岛的凯尔特人有关联。不过，我相信保罗这封信其实是写给南加拉太的信徒，不是北加拉太。南加拉太的城市，包括路司得、特庇、安提阿和以哥念，都是保罗拜访过的。所以他会写这样一封信是可理解的，因那些教会是他亲手建立起来，然后托付给新选立的长老、和教会在天上的元首。

✝ 另类教导

说来可惜，发生在他们当中的状况，也发生在今天许多新成立的团契里，就是有别人进来将这福音事工据为己有。我们要提防这种危险人物，他们占据别人拓植的事工，建立自己的王国。这类领袖往往把新成立的教会带上错误的路，这就是保罗在加拉太面对的情况。做这种事的人是犹太信徒，保罗前脚刚走，他们后脚就进来。让保罗头痛的问题就是他们，他们对加拉太信徒说："别听保罗的，他只跟你们说了一半。没错，是他带领你们信主的，但他没有把你们带进完整的信仰里，因为你们不但需要基督，还需要遵守摩西的律法。"

今天仍然有人叫我们把焦点摆在律法上，在英国我到过不同教会，常看见教会墙上悬挂着十诫，我真觉得惊奇。我在英格兰牧养的第一间教会就是这样，那是1954年，在我所站讲台的后方墙壁上就写着十诫，我决定上任后第一件事就是把那些深咖啡色的哥德字体全给涂掉！我真的放胆去做了。后来有很大的反弹，因为这样听讲道的时候就没有东西可以读了！他们说墙壁不可以空白一片，于是我在上面挂了一个十字架。

保罗不管到哪里都完整地传讲基督的福音，而这些犹太信徒就跟在他后面，说："他没有讲完整，我们来讲给你们听。"今天有些意图坐享其成的领袖，也用一样的说词。他们说保罗的教导虽好，但他们的教导更有智慧。

✝ 坏消息

保罗听到这些成立不久的教会——他为他们受尽生产之苦的教会——传来坏消息。发生了两件事，几乎让他的辛苦毁于一旦：

1.在信息上加油添醋

像现代的异端一样,这些新进的领袖也给福音增添内容。今天许多异端教派给福音增订的内容,通常是在圣经以外再加一本书,比方玛丽·贝克·艾迪的《科学与健康》(Mary Baker Eddy's *Science and Health*)、或约瑟·史密斯的《摩门经》(Joseph Smith's *Book of Mormon*)。如果有人坚称在圣经之外尚须另一本书来补充,你要提防他,因那是给福音"增添"内容。这好比在满载的独木舟上再添重物,信仰之舟就会翻覆。讲台往往是腐败开始的地方,我们务必提防讲台上错误的教导,以免信仰被干腐病入侵。

2.攻击传福音的使者

他们不但给保罗的福音增添许多内容,还攻击传信息者。他们声称保罗所传的不是完整的福音,说保罗不是真正的使徒,说他的福音是二手货,又说教会并没有赞同他。这些教师藉打击保罗的权威,来巩固自己的权威。

† 问题是什么?

乍看之下,你会以为问题在于割礼,因为保罗似乎把焦点摆在这件事上。我们就要问了:保罗是小题大作吗?这点小事需要他这么担心吗?倘若人要受割礼,就让他们接受割礼吧。对犹太人而言,割礼是习俗,保罗有必要这样长篇大论吗?

行割礼不过是男性割包皮的小手术而已,犹太女性毋须行割礼。不过非洲某些部落连女性都要行割礼,而在闪族的世界中,割礼仍是普遍的习俗,主要是在那种气候下,为了卫生的缘故。但是割礼对犹太人具有宗教上的意义,是犹太人的标记。当然,只有男性必须行割礼,因为犹太世界是由男性继承传承下来的诸般应许。有这个记号的人,才有资格继承亚伯拉罕的应许。神当年甚至对亚伯拉罕说,不行割礼的犹太男子,就是违背圣约,必须从神的民中赶出去。神与亚伯拉罕所立之约明订，所有男性后裔身上皆须有此记号。

所以对犹太人而言，割礼至关紧要。有几件事对犹太人等于人生的全部：过逾越节、遵守饮食清规、守安息日和行割礼。其他的事可有可无，惟独这几件是一定要遵守的，无论自由派或不守教规的犹太人。

我们若想充分了解神给亚伯拉罕之应许，一定要了解保罗在加拉太书3章的论点。保罗主张，神赐给亚伯拉罕的应许是传给一位后裔的。神用的"后裔"是单数，因此当神说"赐给亚伯拉罕和他的后裔"，意思并非给他所有的男性后裔，而是只给其中一位。保罗的论点是，当那一位男性后裔来到，也就是耶稣，割礼就丧失功效，因为已经有人继承应许了。继承应许的那一位后裔已经领受了产业，所以现在谁都不必行割礼了。割礼是继承的标记，而耶稣身上有那记号，他受了割礼，他就是继承产业的那一位。

保罗身为犹太男性，当然行过割礼，而从他的论点来看，他给来自加拉太的提摩太行割礼，似乎有点奇怪，行为和论点互相矛盾，但那是因为保罗要带着提摩太巡回布道，而保罗每到一地必先进会堂向犹太人传福音，假如提摩太未受割礼，根本进不了会堂。所以保罗这么做，纯粹是为了传福音的缘故。当年施达德（C. T. Studd）等人到中国宣教，为了融入当地而留发辫，是同样的道理。那么，基于相同理由而为提摩太行割礼的保罗，现在却对加拉太信徒说："你们怎么还在勉强人行割礼！"显然割礼这件事非常要紧，并且背后还有其他原因。

保罗在加拉太书里的口气很强硬，令我再次想到圣经实在不是给小孩子看的——是给大人看的（可悲的是，绝大多数人成年以后就不再看圣经了）。他说："恨不得那搅乱你们的人把自己割绝了"，意思就是把他们自己阉割了，免得生养出跟他们同样德性的人。口气好强烈，儿童不宜！

✝ 割礼

答案是：割礼的背后就是犹太教的诫律。犹太教很容易变成看重行为的宗教，就是以遵守诫命来拯救自己的宗教。那根本做不到，但有许多人尝试。把十诫悬挂在墙上的危险性就在此，它传递的信息是，你得守住这些律法才能够与神保持良好关系。外人进来教会时直接面对一长串"不可"这样、"不可"那样，所以给外人的印象就是，我们什么都反对，什么都从负面角度看，进到神面前，一切乐趣止步。

† 犹太教

基督教源自犹太教，而犹太教可说是源自旧约圣经。但旧约延续到新约仍须遵守的有多少？在613条律法中有多少条至今仍然适用？这是查考新旧约圣经时必须面对的一大问题。

举例来说，我不曾叫基督徒奉献十分之一，因为那属于摩西律法，而新约从未对外邦信徒提到十一奉献。虽然在新约里犹太人这么做，但外邦信徒从未曾被吩咐要奉献十分之一。不过，新约圣经的确吩咐我们要奉献。

我曾聆听一年轻弟兄传讲十一奉献，显然他用计算机搜寻"十一"的相关经文，没有遗漏一条。他说十一是附带祝福的，他把相关经文全部列举出来，提到神在玛拉基书里说："试试我是否为你们敞开天上的窗户，倾福与你们，甚至无处可容。"他又说，十一也附带咒诅，指出旧约里有一条咒诅说，如果我们没有十一奉献，将祸延三代。我看了一下会众的表情，个个流露恐惧，没有人想祸延子孙，难怪下一个主日教会收到的奉献特别多！但我害怕了，因为在新约里，奉献的原则完全不同。捐得乐意的人是神所喜爱的，可不是咬着牙给出去。你应该奉献是因为你想要奉献，不是因为害怕祸延三代而不得不奉献。十一是旧约的律法。

另一个例子是安息日的律法。把旧约律法应用到基督徒身上之前，必须想清楚，因为应用一部分就必须应用全部，如果你应用祝福的部分，那咒诅的部分也必须接受。我们可曾预备好面对这个？我可不想。所以保罗才会说，如果你们行割礼，那只是第一步，就像探出帘外的骆驼鼻子，接着出来的是有着驼峰的整只大骆驼。如果你们听信那些教师的理由而去行割礼，那么613条律法就都得遵守。

这就是保罗如此焦急的原因。割礼本身并不是问题，问题在于它会给犹太教打开一扇门，保罗自己是过来人，论到他所遵守的诫命（不是想要遵守的那些而已），他说他感谢神救他脱离了那一切。同理，如果我们告诉别人要遵守摩西律法，就等于把人送进地狱，因为根本做不到。

我们务必把人带到恩典之下，而非律法之下。我们如今是在一律法之下，但不是摩西律法，而是基督的律法。摩西的律法已无功效，不适用了。但今天教会的一大问题是，把基督的律法和摩西律法混杂在一起，不然你想为什么教会里还有祭袍、祭坛、焚香和祭司？其实今天不需要那些东西了——那些都属于摩西律法，却潜入今天的教会里来。

整卷使徒行传让我们看到，犹太教和基督教的联系渐趋微弱。教会的首位殉道者司提反，就是为此被人用石头打死的。而当腓利为埃塞俄比亚的太监施洗时，更把这件事往前再推进一步。接着彼得被神差遣，进到凯撒利亚的外邦人哥尼流家里。很快地，对于这新信仰传给外邦人的事，耶路撒冷的犹太信徒感到非常、非常地疑虑，他们觉得这样一来，新信仰会脱离犹太人。最后，保罗必须上耶路撒冷一趟，直抵问题核心。耶路撒冷教会出来一群散播反对意见的传道者，到处说光相信还不够，必须行割礼，才是真正归入主的名下。所以真正的问题并不在割礼，而是外邦人是否必须成为犹太人才能成为基督徒。

✝ 救恩

真正的问题是救恩——如何得救的大问题。不同的人提出不同的解答，都自称是基督教的救恩之道。

单靠行为

世上宗教多半是靠行为得救，你必须祈祷、禁食、添香油钱等，要做很多好事以后，神明才会接纳你。你得靠自己的努力救自己。这种靠自己的宗教对人的吸引力在于，它让人保留骄傲，让人觉得自己达到了得救的境界。这是自义，是神恨恶的事。他宁要罪人也不要自以为义的人，耶稣跟自义的人就是处不来，他可以跟罪人做朋友，但是自以为义的人，好比法利赛人，他没法跟他们相处。

行为加上信心

得救需要有好行为，这种看法很普遍。我曾经是英国皇家空军"跨教派"的军中牧师。每次有一批新进官兵抵达，约有七成会随着圣公会牧师去聚会，接着是天主教的军牧把所有操爱尔兰口音的带走，最后剩下的全归我牧养，有浸信会的、循理会的、救世军的、佛教徒、印度教徒、穆斯林、不可知论者和无神论者。作无神论者的军牧可有意思了，不过那是后话。

当他们通通坐定，我就开始一一询问，循理会的请举手，浸信会请举手，依此类推；问完后，我会用相同的语气问，基督徒请举手，此时往往鸦雀无声！偶尔会有一个略带腼腆的小伙子举手，但通常会环顾四周，看有没有人跟他一样举手的。

这时我会说："你们中间有循理会、浸信会等，那现在我问谁是基督徒，怎么没人举手？"

"牧师，你说的'基督徒'是什么意思？"他们反问。

"你们说呢？"我又反问。

"有遵守十诫的人吧？"通常有人提出这个答案。

"嗯，遵守十诫的人是基督徒，这我接受。请问在场有谁是基督徒？"

大家一听就更没把握该不该举手了，这时会有人问："牧师，十条全部遵守是不可能的。"

"那好，请问你得遵守几条才算是基督徒？"

"起码得六条吧？"

"好，我接受，如果十诫中守了六诫的，就算是基督徒，那么请问在场有谁是基督徒？"

这样的开场白引起大家热烈讨论什么叫基督徒。你看，行为加上信心的含意是：我们必须尽量遵守诫命，至于做不到的诫命，就求神原谅。以上就是英国人对基督教普遍的认识，不妨称为"行善的基督教"。

信心加上行为

另一种看法是，先要相信，跟着要有好行为。你信了耶稣以后，就得遵守律法。保罗时代的犹太教观念就是如此。

单凭信心

保罗对加拉太信徒说："你们既然靠着圣灵开始，现在还要靠着肉体成全吗？律法是属于肉体的，是靠你自己的努力，不是圣灵在你里面动工。"保罗要捍卫的是单凭信心；起于信，止于信。一如他常说的："本于信，以至于信。"他说："我不以福音为耻；这福音本是神的大能，要救一切相信的。"是起于信，止于信。

换言之，这点是不能妥协的——你必须持续相信，你不是起头相信，接着靠行为持续。在此保罗要捍卫的是基督徒的自由，无论在信仰的哪个阶段引进律法，都是把人带到咒诅之下，因为耶稣只接受百分百遵守律法，有一条没守住，就是违背律法。

就算人为的法律也是这样，假设我闯红灯，被警察拦下来，我对他说："警察先生，前面的每一个红灯我都有停下来。"他会说："我不管你前面的每一个红灯都有停下来，反正你已经违规了！"神的意思就是这样。律法是整体的——就像一条珍珠项链，可不是一粒粒珍珠。只要有一点没做到，项链就断了，珍珠全散落地上。所以不管你违反一条或九条，都是违背律法。

试想，有三个人受困在礁石上，礁石和岸边隔着一条三米宽的水道，涨潮时，假设第一个人奋力一跃，只跳了三分之一的距离，结果淹死了。假设第二个人跳得比较远，跳了三分之二的距离，结果也淹死了。第三个人跳得更远，仅差六英寸就摸到岸边了，但他还是淹死了。

神的话说：没有持续遵守所有律法的，必受咒诅！如果你想靠自己努力遵守诫命而能上天堂，那么你就在这个咒诅之下。福音所提供的，是完全不同的一条义路。

至此有个明显的问题出现：那么神为何颁布十诫？他赐下摩西律法是为了什么？答案就在加拉太书。

首先，神赐下律法是为了遏止罪。律法让人生比较可接受，至少可阻止或尝试阻止某些罪。

其次，神赐下律法是为了揭露罪。我们是在律法的刀锋下才明白自己有多诡诈。换言之，只有律法告诉你，你是罪人。到你研读神的律法以前，你都不曾发现你错得多离谱。神引进律法，让我们看见我们根本守不了律法，藉此预备我们的心接受基督。这就是为什么传讲十诫能使人知罪，因为他们会知道自己无法全部遵守——尤其照耶稣重新阐释的标准，更不可能做到。

✝ 一个关键主题

自由是加拉太书的一个关键主题，对自由的渴望举世皆然，但问题是，要脱离什么得自由？圣经的信息就是，基督来释放我们自由，把我们从奴隶变成儿女和继承人。因此，如同犹太人脱离埃及得释放，我们也藉着基督脱离罪的辖制而得自由。但自由太容易失去了，艾德蒙·柏克（Edmund Burke）说得好："永恒的警醒是自由的代价。"问题不单在获得自由，更在保持它。自由是会丧失的。

我用一张简单的图（见下页）代表加拉太全书，但需要解释一下。这张图画出加拉太书的三个关键概念：律法主义、自由和放纵。大家都看得出来律法主义与自由为敌，但大家没看出来的是，放纵也是自由之敌。加拉太书1至2章讲我们在基督里的自由，我们蒙父神恩宠，沐浴在他爱的光中。我们在信靠神儿子的基础上，得享圣灵里的自由。所以，我们得以自由地站在这山顶上，是圣父、圣子和圣灵所赐给我们的。

从这张图可看到，有两种方式会让我们丧失自由，一种就是退回去守律法，图中以牢笼表示。一掉进去就被困住了，想要爬出来却出不

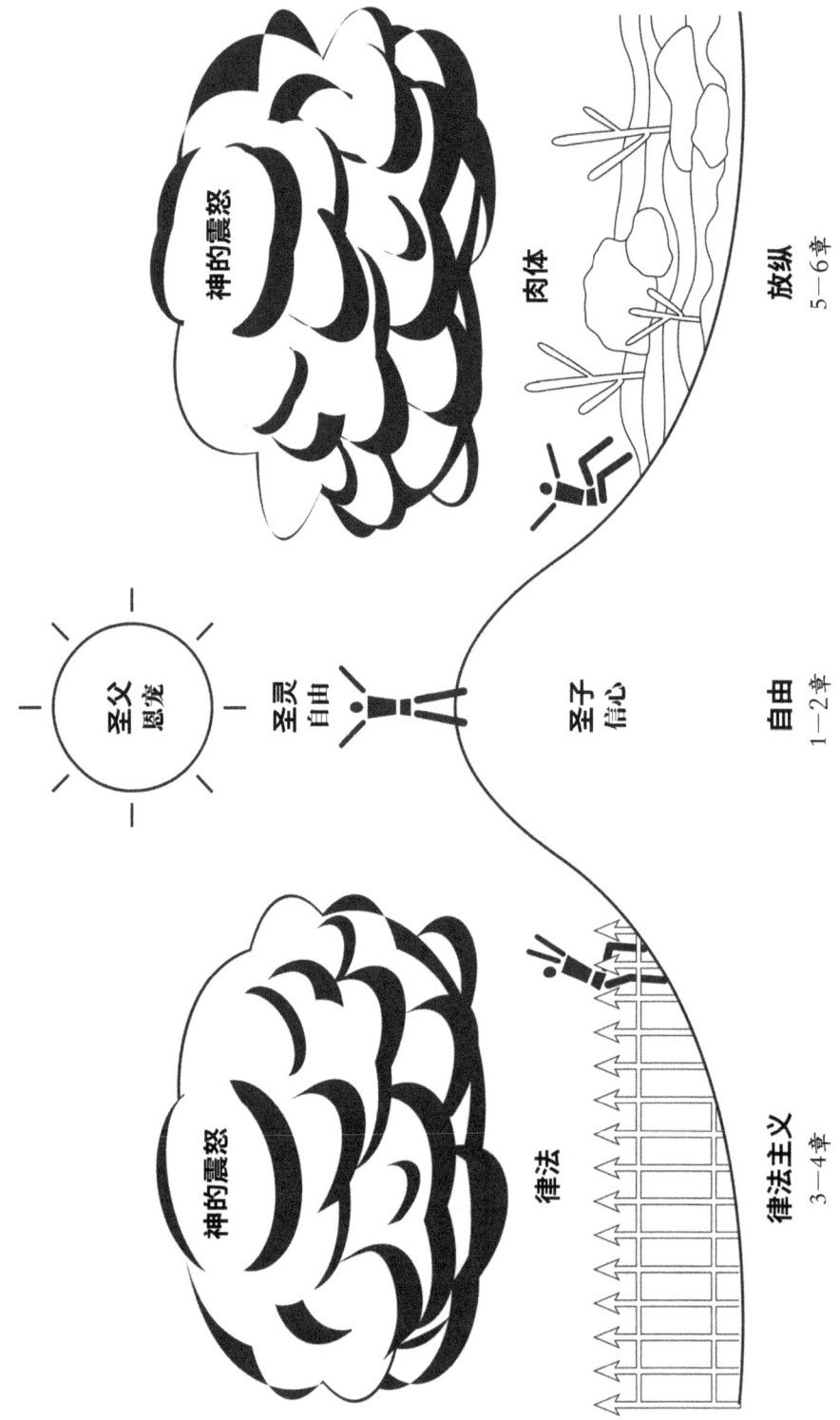

来。如果你重新回到律法底下,就是重回神的震怒底下,因为你守不了律法。还有一种丧失自由的方式,就是又落入肉体的泥淖,那也是捆绑,被自己的欲望辖制,你又重回神的震怒之下,丧失你的自由。

湖区赫尔韦林山的阔步峰（Striding Edge on Helvellyn）最能说明这景象,因为那是一条沿着山脊的狭窄小径,往左或右一个踩空就会滑落深谷里。它在上一个冰河年代被两个巨大的冰球滚过,所以留下这条窄径。瑞士的马特洪峰（Matterhorn）有三个冰球滚过,结果留下三尖点的峰顶。

我们行在圣灵的自由中就像走在峰顶上,需要步步留神,一不小心就会失足。我认为基督徒在自由之中最大的危险是律法主义,或许出乎你的意外。因为放纵往往显而易见,但是当教会开始额外制定许多规则时,就会很容易掉进律法主义,自由就被扼杀了。充满律法主义的团契很容易辨认——每个人都抿着嘴,带着制式的表情;恪守律法,只会让人的心变得刚硬。律法主义使基督信仰变成在乎的是规定,而不是关系。以为守规矩——不抽烟、不赌博、不喝酒、不做这做那——才是基督徒,但是跟神的关系却荡然无存。

圣灵里的自由,并不是你想要做什么就做,也不是由别人告诉你做什么,而是让圣灵来引导你。如同保罗在加拉太书说的,这自由不是让我们去犯罪,而是让我们有不犯罪的自由,这才是真自由。没有一个非信徒拥有这种自由——而神希望我们拥有这自由。但是,把人放到律法底下,以阻止犯罪,实在太容易了,所以有些教会就这么做。他们为了保护会友,就告诉他们不可做这做那,却不知道律法主义和放纵一样是与自由为敌的。

以上就是整卷加拉太书的论点。第1至2章谈到这自由,第3至4章讲到律法主义会破坏这自由,第5和6章则讲到另一极端的危险,就是放纵。所以保罗其实是在两方前线上打仗,问题可真大。保持自由和同时避免律法主义与放纵,真是需要步步为营。

让我们更深入来看律法主义、放纵和自由。

✝ 律法主义

割礼是锲在这些加拉太信徒身上的第一条锁链，是步入律法主义的起点。若得遵守这一条，那么其余的律法全都得遵守，这并不在福音的信息里。

有人问："可是当你对别人说，他们已经不在律法之下了，他们难道不会利用这机会，变得无法无天吗？如果你不订规则，大家不就各行其是、放纵自己吗？"

我在循理会当传道人的时候，教会有本一英寸厚的书叫《循理会的规范与纪律》（*The Constitutional Practice and Discipline of the Methodist Church*），现在已厚达3.25英寸！而且每年持续增加夹页。如果规则条例可以带来复兴的话，循理会今天早就荣登宝座了！可惜不是这样。规定这、规定那、再加一条规则很容易，我们以为这么做会给组织带来生命力，其实不会。自由才能带来生命，而神释放了我们，使我们得自由。我们必须像鹰眼一样锐利地洞悉律法主义的出现。如果你失足落入律法主义的牢笼里，你就会变得心里刚硬、假冒为善，因为你不敢告诉别人，其实你违反了律法。

✝ 放纵

保罗在加拉太书5章，讲到"情欲的事"十分危险，要小心提防。那些都是另一种形式的奴役，就像沼泽一样容易陷入，且难以自拔。保罗所列情欲的事，有些很明显，譬如淫乱、邪术之类；有些比较微妙，譬如纷争、争竞、嫉妒、忌恨、偏见。

接着保罗问："当有人在这些事上失足，该怎么办？"基督徒走的这条路有很多香蕉皮。保罗说，当有人失足，要赶紧去把他扶起来，带他们重回团契，使他们得医治。但若有人明知故犯或任性妄为，他严肃地说，这样的人不能承受神的国。他们或许说："我没关系啊，反正我有上天堂的门票了。"但保罗说："你错了，你不能承受神的国。"这警告真的很严重。

你或失足落到律法主义、或失足落入放纵，都需要赶紧被人拉上来。但若你是故意或任性地选择待在牢笼或泥淖里，那么你必不能承受神的国。

✝ 自由

这自由是不犯罪的自由，岂不美好？如今你在基督里已经自由了，不要再犯罪了。你不需要屈从于罪，如同保罗写给提多的信上所说，神已经给我们弃绝罪恶的恩典了。这真是太好了！回头看前页（第188页）的图，想象山顶上有一条小径，延伸到天边，我们随从圣灵行走在其上，时刻提防放纵与律法主义的陷阱。当你行在圣灵中，美好的事情发生了——你的生命里结出果子来，是圣灵的果子，有九种不同的味道。

地中海地区有一种水果叫"神秘琼浆果"，你咬一口，像橘子的味道，再咬一口，又像柠檬的味道！这一颗果子真的有好多种味道。你能在基督徒身上找到圣灵果子的所有味道。你是否曾经在未信者身上看过一两种？有些未信者有喜乐、有些有平安，除了在基督里且被圣灵充满、又随从圣灵的人，你不会看到有九种一起出现。这九种味道使你与神、与人、与自己，都有美好的关系。前三味——仁爱、喜乐、和平，把你带进与神的和谐关系中；中三味——忍耐、恩慈、良善，把你带进与他人的和谐里；后三味——信实、温柔、节制，把你带进与自己的美好关系中。多棒的果子！

当然，圣灵的果子也有限制，还必须配合圣灵的恩赐，反之，恩赐若无果子也是不足。假如我去医院探病，我若能把圣灵的果子全部展现出来——以亲自探望彰显爱心，以加油打气表现喜乐，以抚平焦虑显出平安，以聆听手术的一切细节表示耐心，以赠送水果表达恩慈，又主动提出帮忙照顾小孩，显出良善。天天去探病以表信实，当护士提醒我探病时间已到我就离开，表现我的温柔，还有为了表示我的节制，不吃自己带去的水果！虽然我的探访行动中，有圣灵果子的一切表现，但我没能医治他，因为那是圣灵的恩赐。我们需要恩赐也需要果子，千万不要舍此就彼。

保罗说，只要顺着圣灵而行，就会结果子。他用了两次"行"，第5章结尾的"靠圣灵行事"，和第6章近尾声的"凡照此理而行"，在希腊文是不同的字。第5章的"行"有漫步的意思，澳洲人所说"随意走走"，是指独自漫步。但第6章的"行"其实意思是"在圣灵里与他人齐步走"，所以"行"在圣灵中有两种。有一种是我们独自顺从圣灵而行，有一种是与主内弟兄姊妹齐步同行，两种我们都需要。真正的自由是与你的弟兄姊妹齐步行走在高处，和主内肢体一同顺从圣灵而行。

以上就是保罗写给加拉太信徒的信息，尽管不是让人听来最舒服的，却是非常切身关联的一封信。有人形容这卷书是基督徒的自由大宪章，我深有同感，这个标题非常贴切。许多人大力推动各种自由，有好的有坏的，但我们所支持的自由，是不犯罪的自由，是免于落入律法主义牢笼和放纵之泥淖的自由，以及稳行在高处、享受神的恩福的自由。

✝ 律法主义在今天

今天律法主义仍处处可见。许多人仍尝试靠自己的行为进天堂，或者是已有信心的起点，却又回到靠行为的老路去，真叫人遗憾。

已故的桑斯特博士（Dr. W. E. Sangster）生前曾到医院探访一位临终妇女，他对她说："你预备好去见神了吗？当你见到他时，你会说什么？"

那妇人举起她长茧的双手，说："我是个寡妇，五个孩子都是我一手带大的，所以我没有时间上教堂，没时间读经，没时间参加教会活动。但我为了孩子已经尽了全力，所以当我见神的时候，我只会把这双手举给他看，这样他就会明白了。"

请问，你会对这样一位妇女说什么？桑斯特博士这样对她说："我亲爱的姊妹，你晚了一步，来不及了。"

她说："什么意思？"

他回答："在你前面已经有人把双手举给他看了，现在神不看别人的手了。"

她又说："什么意思？"

他对她说："不要倚赖你的双手，要倚赖他的双手。"

律法主义今日仍到处流行。英国人一般认为做基督徒就是要敬老尊贤、爱护动物，只要做到这些就自认和固定上教会的人一样，都是好基督徒。有这种想法就表示陷入律法主义了。我们需要告诉他们，只有一百分的好人才能上天堂，如果像你们这样就能上天堂，那以后别人都不想上天堂了！

在教会里也发现律法主义的踪影，动不动就给会友增订规则。进教会只需登四级台阶：悔改、相信、受洗、领受圣灵，仅此四台阶，不应额外增添。只是教会里面还有阶梯，如同彼得前后书所说的那些，但教会外面只有四级台阶。遗憾的是，教会竟然说："你还得由主教行坚信礼"、"你还必须做这个、做那个"、"你一定要委身"，或是"你必须服从教会的领导"等等。这些台阶应该放在教会里面，不是外面。

✝ 放纵主义在今天

今天还有人认为，不信的人犯奸淫罪必下地狱，但信徒犯奸淫却是可接受的。今天还有人相信，信徒犯某些罪是可以免责的，虽然可能会失去一点祝福或奖赏，但不会失去进天堂的门票。加拉太书说得很清楚，故意犯罪的人必不能承受神的国。

✝ 自由仍同在

我们必须与别人一起持续行这条窄路，让圣灵的风吹拂在我们脸上、神的恩福如阳光洒在我们身上。我们有不犯罪的自由，我们有放胆无惧的自由，只要我们顺从圣灵而行。

加拉太书的信息强而有力，请务必好好读它，留意它的信息。

以下是笔者的意译。

寄自保罗，主的特使（不是由于任何官方组织的指派，也不是藉代理人的神圣指引，而是亲自受弥赛亚耶稣和那使他受死埋葬后复活的父神差派的）。在此所有的主内弟兄都读过我的信且赞同。

写信给在加拉太省聚会的神的百姓。

愿你们都得享从神我们的父、和他的儿子耶稣——我们的主和弥赛亚而来的完全和谐，以及我们本不配得的神的慷慨。虽然我们的恶行使他付出生命代价，但他是自愿舍命的，为要拯救我们脱离当代邪恶的场景。这个逃脱计划是由我们的父神决定的，愿荣耀归于他，世世无穷！诚愿如此！

我震惊不已，你们竟然都离弃了这位曾选召你们出来、又特别将基督的恩白白赐给你们的神，转去信从另一种根本不是"好消息"的福音。你们被那些以颠倒福音为目的之人给搅乱了，请你们听好——假如我们自己的人，甚至来自另一世界的超自然使者，向你们传另一个和我所传给你们的福音不相合的信息，那人应受诅咒！虽然这话我说过，但现在我不得不重复——假如任何人传讲的福音，与你们起初所领受的不同，愿他和他所传的信息一起下地狱！

我这样说，听起来是想赢得人的称赞，还是神的嘉许？竟有人说我是为了讨人喜欢？假如我仍想要讨好人，根本就不该来作基督的仆人。

我亲爱的弟兄们，我必须跟你们所有人讲清楚，我所传的福音可不是人想出来的故事；我不是从别人那里听来的，也不是任何人传递给我，而是直接从弥赛亚耶稣领受来的，我的生命经历可以证明我的话。

想必你们听过我早年在犹太教里的热心事迹，我的极端狂热主义促使我四处捉拿基督徒，残害神的群体。作为犹太教的死忠支持者，我比许多年龄相仿的同胞更积极，因为我非常热心遵奉祖宗的传统教训。

就在那时神伸手介入。早在我出母腹之前他已经拣选了我，在所有的人之中他厚施恩典给我，召我出来将他儿子的真理传给别人，尤其是传给从前我所谓的外邦人。我立即决定不寻求任何人的意见，所以我没有上耶路撒冷请教那些已经在作主的特使的人，而是独自到阿拉伯旷野去，把这一切彻底想过，然后直接返回大马士革。

过了三年我才上耶路撒冷去会见彼得，其实我只待了两星期，别的使徒我都没有看见，仅遇见过我们神圣领袖的亲弟弟雅各（神作我的见证，以上这段话绝无半句虚言）。后来，我前往叙利亚和基利家境内各地，所以在犹大地聚会的基督徒都还不认得我的脸。他们只听说那从前视他们为死敌的人，现在竟到处传扬他从前极力摧毁的信仰，他们都为这样的转变而感谢神。

这样又过了十四年，我才再度造访耶路撒冷。这次有巴拿巴、提多和我一起，我是在神的催促下，去与犹太基督徒中备受敬重的领袖私下会谈，我的用意，让他们听听我向其他民族传扬的福音是否与他们所信的相同，免得我的努力全都白费。我带着信徒提多同去，因他是希腊人，可以作个测试，但他们都没有坚持他接受割礼的入教仪式。事实上，连这个问题都没有提出来过，反而是一些根本无权参加会议的闯入者，提出来制造问题。他们偷偷地混进来，想要窥探我们与基督联结关系里所享有的自由，好把我们拉回他们的系统里、受他们掌控。对他们的要求，我们毫不让步，惟恐你们失去那真正的好消息。

至于那些有名望的领袖（他们的地位高低，我不在乎，因为神毫不在意人的地位；我是说，那些明显受到别人敬重的领袖），他们并没有在我前面所列的教导大纲之外，再加添什么。他们反倒都看出主托我传福音给那未受割礼的人，正如托彼得传福音给那受割礼的人。因为那位使彼得向犹太人传福音大有果效的神，显然同样也使我去向外邦人传福音而满有果效。堪称教会三大支柱的雅各、约翰和矶法（彼得用他的希伯来文名字），既然明白神这样大大赐福我在外邦人中间的工作，就跟巴拿巴和我握手，表示他们完全与我们同工，而且我们同有一共识的基础，就是他们专心向犹太人传，我们专心向非犹太人传。他们只提出一项请求，就是请我们莫忘捐助穷困的犹太基督徒，这本来也是我努力在做的。

但是当彼得回访我们而来到安提阿，有一严重危机出现，我不得不当面反对他的作法，因为他明显有错。当他初抵安提阿教会的时候，还满高兴和外邦人同桌吃饭的。后来，雅各所派来的人抵达安提阿，彼得就怕那些人不知会怎么想，就跟外邦信徒隔开，不再同桌吃饭了。其他的犹太信徒也都随着他装假，连我的朋友巴拿巴也随伙装假。我看到这种假冒为善的行为，与福音的真理不合，就当着大家的面对彼得说："你是犹太人，但你放下你的顾忌而采取了外邦人的生活型态。现在你为什么突然间又要外邦人来接受犹太人的习俗呢？"

我们生来是神的选民，不是他族无律法的外邦人。但我们清楚明白一个人并不能够靠着遵守诫命而被神视为无罪，惟有信靠耶稣基督才能除去他的罪。因此即使是我们犹太人也别想凭自己努力达到神的标准，必须靠弥赛亚耶稣所成就的工，才能与神和好。我们的圣书也坦承："在你面前，凡活着的人没有一个是义的"（诗143：2）。但设若我们寻求藉着基督与神和好的人，确实得以活在犹太人的律法之外，那么，难道基督是扰乱分子，故意搧动人无法无天吗？绝对不是！

假如我推翻整个律法体系又重新建立，那才真正叫作违反律法。但许久以前我就发现，尝试完全遵守神的律法是死胡同，无力遵守律法令我自尊心全失——但我正需要从自我挣脱出来，才能够照神的心意去活。因为当我明白耶稣已为我被钉死在十架上，从前的我也和他一同钉死了。我知道我还活着，但不是真的我，而是基督的生命在我里面活着。所以如今我在这必朽的肉身活着，是因着持续信靠神的儿子而涌出的真实生命，他如此爱我，甚至为我牺牲他的生命。不管别人做什么，反正我绝对不让神厚赐的恩典显得多余。因为假如我靠着遵守诫命就可以上天堂，那么基督就死得毫无意义了。

愚昧的加拉太人哪！是谁迷惑了你们，使你们不再按照真理而行？我们已将被钉死在十架上的耶稣，活生生地描绘在你们眼前。现在我问你们一个简单的问题——你们第一次经历神的圣灵，是因为你们遵守了律法的要求，还是因为你们听了福音就相信？

对！那么，你们是神智不清了吗？既然是圣灵的超自然大能带领你们入门，难道你们以为可以靠自己的能力走完这条信仰的道路吗？

以往的一切经验没让你们学到什么吗？当然你们不会把所学到的通通丢掉。请告诉我，当神持续厚赐他的灵给你们，以致你们中间有不少真正的神迹，这一切是发生在你们努力遵守他的律法之时，还是听从且完全信靠他的福音之时呢？

你们的经验和亚伯拉罕一模一样，因为他"相信神能照他所应许的成就，由于他信靠神，所以神就算他为义人"（参创15：6）。所以，你们知道，和亚伯拉罕一样信靠神的人就是他的真子孙。圣经预先看到，神要本于同样的信接纳其他民族，所以将神向亚伯拉罕传的福音记在经上："世上万国万民都要藉着你蒙神祝福，就是因着亚伯拉罕这个对神充满信心的人而得福。"

但那些以遵守律法为凭据的人其实都活在神的咒诅之下，不是在他的祝福之下。因为摩西的律法说得很清楚："不坚守遵行这律法言语的，必受咒诅"（申27：26）。假如我们在神眼中就是这样的话，显然没有人能够达到这种标准。因此连旧约都指出另一条与神和好之道："义人必因信得生"（哈2：4）。律法从未提及信心之事，仅强调达成与否——"遵行这些规定的人就必安然活着"（参利18：5）。

基督已经替我们受了咒诅、付上代价，救赎我们脱离这律法咒诅的束缚。很明显地，他受了律法的最大刑罚——"在神咒诅之下的人要被挂在木头上"（申21：23）。我们的弥赛亚耶稣就是这样除去了咒诅，就把亚伯拉罕的福赐给了非犹太人。所以现在我们单单因着信心，就能领受所应许的圣灵大能。

弟兄们，这一切都不超乎常理，我可以举人类日常事务为例来说明：一个人立好遗嘱也盖了印，就不能取消也不能增添其他条款。现在神已经立了有利于亚伯拉罕和"他的子嗣"（参创22：18）的圣约，请注意这是单数名词，不是复数，意指一位而非许多位；其实指的就是基督。总之我的重点是——不能因着430年后的一个律法条文，就废止神已经批准的约，不然应许就无价值了。二者互不兼容。假如现在要靠遵守诫命来继承这福，那就不是照着原先的条件得的。但是，神已将那第一个应许厚赐与亚伯拉罕，他必信守这约。

那么律法有什么用处呢？那是为了处理人的不法行为而暂时增添的！直等到亚伯拉罕的"那一位子嗣"来继承所应许的福之前，那些过犯罪行仍须藉着律法披露，并受到控制。和应许不同的是，律法并非直接赐给人，而是透过众天使和一位地上的中介传下来的。中间人通常是在双方之间协调，从某方面讲，律法是一种双方共同订立的合同，所以合同里的条件必须被人接受。但我们所信的是惟独神是至高，无人可与他同等而跟他讨价还价，他能完全照自己所定的条件执行，就像他直接赐下应许所作的一样。

这些差别是否意味着神引进两种对立的宗教体系，用律法来取代应许？绝对不是！假如设立一条律法可以使人行善作好人，那么不断地立法就是人生的解答了。但，圣经却以律法证明人人皆错，关闭了凭借律法得生命的可能性，仅留下一条出路，就是本于神的应许，相信弥赛亚耶稣。

在这样的信心来到以前，我们仍须被律法的重兵守卫拘留，等候信心显现的那日。换个说法，我们都像小孩子，而律法就像严厉的监护人，我们必须在监护人的严格管教下，直等到基督来接管，使我们因着信归入他里面。信靠耶稣基督带来属于神的已成年儿女的完整地位和自由。

你们藉着浸入水中而开始有基督生命的人，如今都被包在基督里了，所以你们不再是分开的个体——不分犹太人和外邦人、不分奴隶和自由人、也不分男人和女人，你们都在耶稣里成为一人了。既为基督的肢体，你们都属于他，你们就是亚伯拉罕的子嗣，有资格支取应许给他"那一位子嗣"之福。

请从这个角度看——虽然子嗣可以继承家业，但在他未到法定年龄以前，他和家里的雇工差不多，尽管他拥有整个家业。他仍得受监护人监督，由信托人来管理他的事务，直等到他父亲所定的日期到来。类似情形，当我们在灵性上还是婴孩时，我们的行为就仍受幼稚的世俗迷信所影响。

但是神已经定了一个时候，到日子满了，他就差他的爱子进入我们的世界。他像我们一样从一女人的腹中生出来。她是犹太人，所以他是生在律法之下。这使他能够把所有在律法专制下的人买赎出来，使我们获得自由，并将成年子女的完整地位赐给我们。

因为你们也已被认定为神的子女，所以他差他爱子的灵来，进入我们内在最深处，好叫我们本能地呼喊："阿爸！爹地！"（耶稣就是这样称呼他的天父）。这证明你们每一位都是神的儿子，不再是奴仆了；若是儿子就是继承人，他必确保你们获得产业。

从前你们跟神没有个人的关系，但你们所信的宗教约束你们为那些根本不是真神的"神祇"做了很多事！但如今你们既然认识了神（更可以说是，神把自己介绍给你们认识），你们怎能再回去从前那些薄弱又贫乏的迷信里？你们真的想重回那钳制底下吗？你们竟守着所谓的"圣"日、月朔、节期、年份，我开始担心，恐怕我在你们身上的劳苦是白费了。

弟兄们，我恳求你们，请和我站在同一边。毕竟我情愿认同你们，你们未曾亏负过我。你们都晓得我第一次来向你们传福音是因为生病。当时我的身体状况想必对你们是真实的考验，但你们却没有取笑也没有厌弃我。事实上，你们接待我好像接待天上来的使者，甚至像接待弥赛亚耶稣本人一样。那时你们是那么高兴有我来到你们当中，也为此感到自豪。如今那些情意到哪里去了？我回想起来仍历历在目，那时就是要你们捐赠眼睛给我，你们也是情愿的。现在你们似乎怀疑我与你们为敌，是因为我对你们说实话的缘故吗？

我晓得那些人刻意热心待你们，不是出于好的动机，他们是想要拉拢你们，好叫你们也热心待他们。

请不要误会我的意思——热切款待是好事，只要他们动机纯正。你们都是我特别关心的对象，即使当我未亲自和你们在一起的时候，我仍关心你们。你们像是我自己的孩子，我像是母亲经历生产之痛，直到基督在你们生命中成形。我只希望此刻能和你们在一起，好叫你们能听到我改变口气。我真的已经殚精竭虑，不知该为你们做什么才好。

请告诉我——你们似乎很想要被摩西的律法管辖，但你们真的听到摩西律法的全部内容了吗？就举记载于律法的一件事为例：

亚伯拉罕有两个儿子，是由两个女人所生；一个是出于婢女，一个出于自由的妇人。那出于婢女的，是一次肉体行为的自然结果；但那出于自由妇人的，却是惟独在神的应许下才有的超自然结果。这个对比为要描绘属灵的真实面，因为两个儿子分别代表跟神的两种关系。

一个是源自西奈山，其子孙都生在辖制捆绑之下。他们象征的母亲就是婢女夏甲，来自阿拉伯，即西奈山座落之地，她象征今天的犹太人首都耶路撒冷，那里的领导者及其臣民，都活在压制之下。但天上有另一个"耶路撒冷"，即自由妇人所代表的，她乃是我们所有相信之人的母亲。圣经论到她时，说："不怀孕、不生养的，你要欢欣庆祝；未曾经过产难的，你要喜极而泣，因为被冷落的妻子将比那跟丈夫一起生活的，有更多的儿女！"（参赛54：1）

弟兄们，我们就像以撒，因为我们的生命是靠着神的应许而来的。在以撒当时，那循着自然生的迫害那靠着圣灵能力生的，今天也是一样。但是结果如何？请看圣经怎么说："把婢女和她的儿子赶出去，因为婢女的儿子绝对不可以和自由妇人的儿子，一同承受父亲的产业"（参创21：10）。所以，弟兄们，请把这点清楚地记在脑子里——我们不是婢女所生，而是自由的妇人所生。

当基督释放我们，我们就真正自由了！所以要站立得稳，不要再被奴役的锁链捆绑。听好！我，保罗，一位犹太基督徒，在此严正宣布——如果你们受割礼，基督对你们就毫无益处了。容我重申，我要向所有受割礼的人郑重声明，这样做是让自己必须遵守每一条犹太律法。行割礼不只是切除你们身体的某个部分而已，它会使你们与基督隔绝了！若有谁想靠着守诫命与神和好，必发现自己跌出了本不配得的怜悯范围之外。

我们基督徒的盼望建立在很不一样的根基上，因着信靠弥赛亚耶稣，并靠着圣灵的帮助，我们满怀期待地等候所盼望的和好关系与义人的地位。一旦成为他的肢体，我们有没有受割礼就都不重要了。惟一要紧的，就是以爱的行动表现出来的信心。

你们在灵命上向来跑得好，是谁拦阻了你们，使你们不再顺从真理去行呢？这种劝诱绝对不是出于那永远呼召你们坚持到底的神。俗话说得好："一点面酵能使全团发起来。"然而主使我对你们有信心，知道你们不会改变你们的看法。至于那搅乱你们的人,无论他现在的地位如何,将来必接受他的刑罚。

关于我自己,弟兄们,即使经过这段时间之后,我猜我应该仍旧传割礼吧,果真那样的话,请问有谁可以解释为什么我受到其他犹太人的猛烈反对呢?如果我向来提倡他们的律法,他们就不会对我传讲十字架那么反感了。我恨不得那些煽动你们割包皮的人,自己去彻底阉割算了!

所以,弟兄们,神的意思是要你们得自由。另一方面,不可拿这自由当作借口放纵老我。要用这自由来服侍别人,表现你们的爱心。因为全部的律法可以用一个原则表达,就是"像关爱你自己一样关爱你的同胞"(参利19:18)。但若你们相咬相吞,当心到最后彼此消灭、同归于尽!

我所主张的做法是,让圣灵来决定你们所走的每一步,这样你们就不会只求满足老我的私欲,那些私欲都和圣灵敌对——反之亦然。二者无法兼容,这就是为什么你们发现不能总是顺着自己想做的去做。假如你们的生命由圣灵来引导,面对律法你们就一无所惧了。

当老我起作用,结果会相当明显,会制造淫乱、污秽的心思或猥亵,也是行邪术和药物成瘾的背后因素,又表现出仇恨、争斗、忌恨、恼怒、结党分派、偏见和嫉妒,且带来酗酒、荒宴等类的事。从前我警告过你们,老在做这种事的人必不能承受神的国。

当神的灵运行,必在品格上显出一果子来,包含爱心关怀、深刻的快乐和安详宁静;无限的忍耐、实际的善行和不吝惜的慷慨;稳定可靠、温柔的谦卑和坚定的自制力。这类美德没有任何律法禁止!凡属于基督的人都会结出这样的果子来,因为他们已经把老我,连同邪情私欲都钉在十字架上了。

如果神的灵在引导我们的生活,就让这灵使我们同心齐步。当我们虚浮的骄傲使我们妄想高人一等,把别人当作对手而嫉妒他们的进步,那我们的步伐就会凌乱不齐。

弟兄们，若有谁犯了错被逮个正着，你们当中灵命成熟的人，应该帮助他重新站稳。但在处理时要保持温柔谦卑的态度，自己也要小心，免得被突如其来的引诱击倒。

当压力太大的时候，要彼此分担；这样做就是遵循基督的教训了。若有谁自以为是重要人物而不愿放下身段，其实他根本无足轻重，只是自欺罢了。且我们各人衡量自己的贡献，看自己做得够不够，好以自己所做的为荣，而不致一直跟别人作比较而令人厌烦。因为各人的责任必须各人承担。

那在神的话语上受教导的人，应该要将生活中的物质和教导他的老师分享。

切勿落入任何假象之中——没有人能够轻慢神而不尝到苦果的。人种的是什么，收的也是什么，这是必然的定律。顺着老我而撒种，便收成腐朽败坏的性格；顺着圣灵而撒种，圣灵就会使他产生历久弥新的生命。

所以我们行善，千万不要觉得厌烦；只要不放弃，将来必有大收成。所以一有机会就要尽己所能地帮助别人，尤其是帮助同为信徒的主内家人。

你们看我亲手写的字有多么大！那些注重外表、喜欢炫耀的人，给你们施加压力，要你们受割礼。他们不传弥赛亚的十字架，免得自己不受欢迎，媚众是他们真正的目的。尽管他们守了割礼的律法，但对于犹太人律法的其他部分却都不遵守。他们希望你们受割礼，只是为了他们能夸口有多少人按着他们的仪式归入信仰。

但我从不以任何事或任何人夸口，只夸我们的主——弥赛亚耶稣的十字架。藉着这死刑，我向社会死了，社会于我也死了。我们在基督里的地位并不因受割礼而提高，也不因不受割礼而受阻。那些都无关，真正重要的，是由内而外被造成为新人。凡依据这简单原则而活的人，不分外邦人或犹太人，必领受不被干扰的安宁，和从神而来的帮助，这帮助我们本不配得。

从今以后，谁也不要干涉我的工作。我身上带着我想要的印记，就是在服事耶稣中所得到的伤痕烙印。

弟兄们，愿我们天上的主人和受膏的救主耶稣，以丰沛的爱充满你们内心深处。诚愿如此。

12. 罗马书

† 引言

研读圣经最好的方法，就是一卷一卷地读。圣经是一套丛书，所以可以把每一卷书视为不同的单元，各有其作者、涵盖的年代、文体，且各自为特定的读者所写。提醒这点是为帮助许多查考罗马书的读者，别忘了它是一封书信，以免问错问题，因而无法解开它的意义和目的。

在罗马时代，写信是件昂贵又传送不易的事，不过考古学家仍挖掘出这段时期约一万四千封信。典型的一封信长度约三十字到两百字，控制长度的部分原因是为了控制重量，因运输和送达是由同一个人完成。较长的信很稀罕，西塞罗（Cicero）最长的一封信有两千五百字，塞尼加（Seneca）有封信长达四千字，堪称创纪录。保罗的书信平均一千三百字，但他写给罗马信徒的信却超过七千字，不但是他最长的一封信，也是古代世界出土最长的一封信。

† 不寻常的一封信

这封信之所以不寻常还有其他原因，其一是，开头和结尾的问候语都特别长。罗马书最后一章其实是许多人的问候致意。花这么长的篇幅让朋友互相问候，是极其不寻常的。况且，罗马书读起来比较不像一封信，而像一篇讲章，不像是作者在跟读者闲话家常，它比较像讲一篇道，偶尔穿插像是与一激烈质问者的问答。

第二个跟保罗其他书信很不一样的原因是，收信者是保罗从没接触过的教会。保罗一向忠心照顾他所建立的教会，从不介入别人的工作成果，所以他怎么会写一封长信给一间既不是他创立也从未拜访过的教会，似乎有点奇怪。然而从他的口气可看出，虽然他和他们没有私人的交情，但他希望去拜访他们，也希望他们能认识他。

此外，这封信比保罗其他书信冷静，没有特别提到任何危机或需要加以纠正的争议（不过，稍后将看到，还是有一些问题要处理）。其他书信大多有火药味，但这封信完全没有。

既知其独特风格，圣经注释者无不竭力从各种角度去解读罗马书要义，以下就分成三大类来看。

有些注释者从保罗着手，他们说要从作者身上去找写罗马书的目的。有些学者说，要从作者和读者，以及两者间的关系去找原因。还有一些学者说，只能从收信者去找罗马书写作的理由。

✝ 从作者找原因

第一类解读像这样：写作年代约公元55年，保罗传道已二十载。他的宣教策略是在每一个人口集中的大城市，建立一自养、自治、自传的神国拓荒地。当时地中海东岸的许多大城都已建立教会。

他在东岸的最后一项行动，就是为耶路撒冷的穷人募集捐款。当时耶路撒冷因遭遇大饥荒，教会非常穷困，所以保罗教导他所建立的教会，要他们分享个人所有，教会要为耶路撒冷贫困的信徒收奉献，以备保罗前往时带去。他在希腊待了三个月，等到气候好转才搭船离开，把奉献带去给耶路撒冷教会。他就在等候冬天过去的期间写下这封长信，像是为他所传的福音留下永久的记录。这个理论有两种版本：

一份宣言

有些学者主张，罗马书是保罗所传之福音的宣言——是他的遗言和见证。他不知道自己还有多少时间可以巡回各地传道，因他已获得警告，前方有逼迫和监牢等着他。所以罗马书是一封总结保罗教导的信。相信此理论的人以保罗的话为证："我不以福音为耻。"

一份论证

有些采取此理论的人则主张，保罗是把他传福音多年来所碰到的反对声音，诉诸文字，有点像麦道卫（Josh McDowell）的数本护教书籍，为福音信息在今天所遭遇的反对提出答辩。辩论和讨论福音，保罗已习以为常，而且他懂得善用机会达到最佳效果，譬如他在以弗所的学堂与人辩论。因此他很清楚有哪些主要的问题和反对的意见，于是希望作一本手册收录反对福音的论点。

几个问题

上述取向有一些大问题。

第一，假如这是他的福音摘要，为何只寄给一间教会？为何不是给许多教会传阅？写给耶路撒冷教会或他所建立的其他教会，不是更合适吗？

第二，罗马书并未含括保罗所传福音的全部要素。例如，丝毫未提与神国有关的事，然而我们知道保罗传讲神国的事。还有其他明显的遗漏，如耶稣的复活升天和关于教会的事，几乎没提到。没有提到圣餐，对于天堂或地狱也没有清楚的说明。没怎么谈悔改，更不见重生的概念。还有一个明显的缺漏，就是没有一节经文提到神是天父的身份。

所以，这些疏漏告诉我们，这不是保罗所传福音的摘要，因为它不是我们在保罗其他书信读到、或从使徒行传所听到的完整的福音。依据罗马书来建构福音信息，显然在许多方面有重大疏漏。此外，罗马书有些主题似乎不需要提高到那么显著的地位，为何花那么多篇幅说明称义和亚伯拉罕的行为？

我们无法相信保罗是在写一份明确的信仰宣言，还有第三个原因，就是与第9至11章不符。在这几章中，保罗对犹太人的关心表露无遗，甚至说，倘若他下地狱可使他们上天堂，他也情愿。如果罗马书是摘要宣言的话，怎会包含如此不寻常的主题在内。学者说这几章是题外话，不算在罗马书全卷的论述内。我在剑桥求学时，从威尔沃斯主教约翰·罗宾森（John A. T. Robinson, Bishop of Woolwich）获益良多（附带一提，后来他曾短暂离开福音派立场），他是位出色的圣经教师，虽然他对这卷书有精辟的见解，但他只教我们第1到8章，他说第9至11章与保罗写作目的无直接关联。

但是，一个不把第9至11章算在内的理论，怎可能正确？保罗的信原本并不分章节，用这个简单的理由即可推翻这点。保罗的思路从第8至9章，再到11至12章，一气呵成，并无中断。这几章并非插入语，因此在第8章他说，无一事物能使我们与神在基督耶稣里的爱隔绝，并列出许多事物来，这条思路延续至第9章，像是在回答他人的反对意见：那么犹太人呢？神不是已经弃绝他们了吗？当然没有！而第11章末接到12章，也是连贯的思路；11章结尾颂赞神的慈爱怜悯，字里行间充满荣耀，紧接着第12章说："所以，弟兄们，我以神的慈悲劝你们……"

† 从作者与读者找原因

第二种理论从保罗与罗马信徒之间的关系，找出保罗写这封信的原因。

帝国首府

此理论指出，罗马既是帝国首府，保罗欲前往传道，自是不在话下。加上当时确实是"条条大路通罗马"，所以罗马是传福音的策略重地。

此说有它真实的成分，意味着保罗不想委请别人写信给他们，而是亲自为他们介绍他所传的福音，就是他们已经信从的，藉此显示他并非具争议性的传道者。

通往西方的大门

另一种理论稍微改变了上述说法,却更有说服力,此说主张保罗视罗马为通往西方的大门,他希望通过罗马将福音传至西班牙。此时,他已将福音传遍地中海东半部,他希望西进,故需要一个更靠近宣教禾场的新据点。耶路撒冷是他的第一个根据地,安提阿是第二个,但安提阿距离西班牙太远,所以他打算以罗马作为下一阶段宣教行动的根据地。

第二和第三种理论都有道理,但仍不够完整。

1. 此两种理论皆假定保罗对读者有所求,但信里的语气完全相反,保罗说他想要把那些属灵的恩赐分给他们,而不是想从他们那里得到什么。事实上,他是说他要去服事他们。
2. 此两种理论皆未能解释第9至11章。如果他只是希望他们支持他西进宣教,为什么这几章里面一直提到以色列?对许多理论造成难解谜题的这三章,其实是罗马书最重要的内容。
3. 不仅如此,这些理论也未能解释第12至16章,最后这五章讲到罗马信徒如何活出信仰,并将焦点特别集中在某几方面。为什么保罗不就一般基督徒的道德与行为而论?为何仅点出一些很实际的问题?

† 从读者找原因

现在,让我们从罗马信徒的角度来看这封信,为什么罗马的教会需要这封信?

外在的角度——城市

政治的

在这封信里,保罗相当肯定政府的重要性,他说神将政府置于教会之上。在第13章,他告诉他们要尊重政治上的领袖,也要纳税。保罗说,这些统治者不是空空地佩剑,他们是神的用人。所以如果教会受到逼迫，必须先确定不是他们犯错，若犯错则当受惩罚。

社会的

罗马书让我们看到这个大都市的众生相，第1章读来像是罗马日报的周日版。罗马堪称是同性恋温床，历任的前十五位皇帝，十四位有过同性恋行为。皇帝都如此行，宫廷里的人会如何可想而知。保罗提到当时在罗马司空见惯的各种罪行：反社会行为猖獗、子女忤逆父母、大众目无法纪、无法管束的暴力与犯罪。古罗马帝国首都之众生相如此不堪，却与当今世代颇多雷同。当时的罗马帝国在收税上碰到大问题，大家都在兼差、都在逃漏税，所以保罗特别担心教会也同流合污。这好比救生船若进了水，就失去作用了。

内在的角度——教会

所以有些人主张，保罗是在人到以前信先到，因为他不确定何时可以到他们当中服事。圣灵已给他明示，他知道自己随时可能被捕、受审，他不知道把福音传到罗马的抱负还能不能达成，所以他决定先写一封信，把他要传的信息写下来，扫除他们的疑虑，知道福音是他们面对目前处境的惟一答案。所以有一条线贯穿整封信，就是要服事这些活在一个充斥着邪恶、犯罪和暴力的城市的基督徒。

我们对罗马教会所知甚少，我们知道彼得和保罗都去过那里，但都是在教会成立之后。五旬节那天有从罗马来耶路撒冷过节的人，无疑，其中有些人信了主，他们把福音带回罗马，因为在当时的罗马城里有一犹太人社区，住了四万名犹太人。

因此，第一间罗马教会是犹太人在自己的区域建立的，起初教会里都是信靠耶稣且被圣灵充满的希伯来人。显然，由于教会向进出罗马做生意的犹太商人传福音，所以教会逐渐增长。

罗马皇帝革老丢讨厌犹太人，于是下令将四万名犹太人全数驱逐。使徒行传18章告诉我们，有一对夫妇名叫百基拉和亚居拉，从罗马城逃出来，遇到保罗。所以保罗写罗马书的时候，教会可能已经全部是外邦信徒了。

革老丢于公元54年去世，犹太人返回罗马，因为继任的皇帝尼禄晓得犹太人精通生意之道，所以就广邀犹太人返城。但是，当然了，等他们回来时就发现教会已经由外邦人全权管理了，犹太信徒并未受到特别欢迎，气氛有点紧绷。

这个背景帮助我们理解罗马书，进而发现几乎每一部分都跟这情势有关，以犹太人身份蒙召向外邦人传福音的保罗，是叫这两群人和好的不二人选。

✝ 1—8章

罪

保罗一开始就指出罗马城的罪，并提醒两边的人，他们都是罪人。犹太人没有比外邦人好，外邦人没有比犹太人好。他说基督既为犹太人和外邦人死了，我们都必须在圣灵里得生命。

称义

他阐述罪人如何得以在神面前被称为无罪之圣徒，接着他谈到，无论犹太人或外邦人都能与神和好，并解释两边都是靠同一方式"称义"，就是凭信心。两边都是靠基督的宝血得救，所以不需要争论谁比较重要。

放纵与律法主义

第6至7章，保罗处理犹太人和外邦人接受福音后的两大问题，外邦人容易过于放纵，犹太人则容易倾向律法主义。当基督徒误以为在基督里的自由，就是可以忽略神的律法，则出现放纵；而基督徒误以为守律法可在神面前得奖赏，则落入律法主义。所以保罗在第6章处理放纵的问题，他提醒他们，受洗即是认定自己不再是罪的奴仆，不再受罪的辖制。第7章保罗处理律法主义的问题，他提到自己在守律法上碰到的难题，尤其难以遵守的是不可贪心的诫命。

接着，保罗在第8章讲到在圣灵里的自由，说明这自由如何使犹太人和外邦人联合。

✝ 9－11章

第9至11章讨论犹太人的地位，对整卷书至关重要。外邦人容易自以为取代了已不在神旨意内的犹太人，而成为新以色列人，所以这三章处理犹太人和外邦人之间的紧张关系。

英国许多教会相信所谓的"替代神学"，殊不知新约圣经从未将以色列的名字加给教会，并且保罗提醒读者，需知神对犹太人的工作未完，并不因为他们曾拒绝他，就不在神旨意内了。他告诉外邦信徒不可因为犹太人被折下来、而他们被接上去就骄傲，因为如果他们没有保守自己在神的慈爱中，将来也有可能被折下来。他又进一步解释，将来有一天以色列全家都要得救。事实上，过去两千年以来，一直都有一些犹太人信靠耶稣而得救。

犹太人和外邦人之间有鸿沟，部分原因是耶路撒冷的圣殿有一道墙分隔外邦人院和内院，墙上告示："外邦人止步"。保罗有次被捕就是因为他被诬告，说他带了一位外邦人跨过那道墙进入内院。所以尽管如今犹太人和外邦人都信靠耶稣，却仍存在着一种紧绷的气氛。

因此保罗想要把问题一举解决，就告诉他们，无论犹太人或外邦人都是罪人，都一样因信称义。事实上，他形容外邦人因着信成为亚伯拉罕的后裔——原本这称呼只用来形容犹太民族的。

✝ 12－16章

第12至16章，延续犹太人与外邦人关系紧绷的主题，虽然这段处理的是比较实际的行为层面，但他把焦点集中在会导致犹太信徒与外邦信徒关系紧张的行为上。其中最明显的问题就是食物，因为不洁净或祭拜过的食物，外邦人都照吃不误。接着他处理每星期有一特殊日子的问题，因为外邦信徒没有守安息日的观念。保罗很清楚地解释，信徒是否要把星期日视为特殊的日子，各人可有各人的决定。

其实星期日当然不是安息日，在主日我们应该敬拜神，不是因为主日取代了犹太人的安息日，而是因为那是创造的第八日，是创造完毕后第二周的第一天，也是神工作周期的第一天。假如我们是要记念他的安息，就会在星期六敬拜，但我们是在庆祝他重返工作，亦即他在复活的主日所做的，那是他再造全宇宙的开始。不过，在创造的第一个六日里，他先造天地、最后造人，现在他却是先造新人，再造新天地。

主日是神最忙的一天，是一星期当中最多人成为在基督里新造的人的一天。圣灵浇灌下来的那一日是星期日，所以基督徒在星期日庆祝，但初代教会可从没把主日当安息日。曾有三百年之久，基督徒无法在早上十一点或晚上六点半聚集敬拜，而是必须在一大清早或深夜，因为外邦信徒是循罗马人的规矩每十天放假一天，犹太信徒只有星期六放假一天，而奴隶是没有假日的，由于初代的信徒多半是奴隶，所以他们也不能固定守主日，这种情形延续三百年之久。

但在犹太人与外邦人共组的教会里，讲到守特殊的日子，气氛就紧绷起来。犹太人视安息日（周六）为特殊的日子，而外邦信徒看日日都一样。保罗解释说，这完全是个人选择的问题。

今天当我们面对类似问题，也需要保持同样的弹性。或许主带领我们照一套规矩行事，但不表示可以规定别人也要这么做。

保罗写罗马书不是在论述教义（稍后讨论罗马书大纲），而是用教义来阐述实际应用。

关于罗马书的写作目的如上述。因此，接下来要分享这本书重要主题。

✝ 罗马书的关键字

分析关键字可使我们看到重要的相关主题。

神

"神"共出现153次，是重复出现最多次的一个字。保罗强调信徒都是神的子民（不分犹太人或外邦人），教会是以神为中心。"基督"和"主"分别出现65次和43次。

律法

罗马书里，"律法"一字共出现72次，前面提到保罗特别点出犹太人容易落入律法主义。

罪

"罪"这个字也常出现，共有48次。保罗提出罗马城里的罪恶问题，也讲到信徒当中的罪。他说罪在哪里不是重点，重点在于神恨恶罪——不论是在信徒或非信徒当中的罪。他说基督徒虽是因信称义，但仍要照各人的行为受审判，因为行为是信心所结的果子。罪在基督徒是很严重的事。

信心

"信心"一共提了40次，信心使犹太人和外邦人联合；从前他们在罪中联合，但如今他们在信心里合而为一，都因着信而成为亚伯拉罕的子孙。

义

紧接着信心之后的关键主题是"义"，尤指在神里面的义。带动宗教改革的重要人物马丁·路德，就是因为读了罗马书而明白因信称义极其重要。起先，"神的义"一词令他惊惧，后来他发现那是神要赐给凡信靠他之人的礼物。我们绝不能忘记十字架是双重的替换，耶稣把我们的罪除去，又把他的义赐给我们，并不是让我们不必下地狱的交易而已。

从神来的义确实不易理解，我们听到"悔改"一词，多半会联想到应该悔改的许多恶行，但最难的其实是为善行而悔改。保罗说，当他思考自己的义，觉得一如粪土。先知以赛亚也一样坦率地说，以色列人的义像一块沾染经血的秽布——没有人会想给别人看见。保罗其实在说，我们的义会成为我们与神的关系的最大阻碍。听到这一真理，最难以接受的其实是那些"好"人，那些知道自己是坏人的，反倒率先回应。

现在很少听到传道人在台上敦促会众，为他们的好行为悔改，其实好行为比任何事物都更容易阻隔人上天堂。同样罕见的，是很少在祷告会里听见有人祈求神的怜悯——说来可悲，因为神是满有怜悯的神，凡求神怜恤者必得怜恤。

保罗对"义"的概念，不仅止于关心听道的人死后能否安全，在英文字里最接近"救恩"（salvation）的字眼不是"安全"（safe），而是"废物利用"（salvage）。有太多人只想要安全，好像天堂门票在手就安心了，殊不知回收过程是需要时间的。在新约里，"得救"一词共出现三种动词时态：我们已经得救，我们正在被拯救，还有我们将要得救。对应这三段过程，保罗使用三个神学词汇来形容——称义、成圣和得荣耀。让我们来思考这三个词汇的意思。

称义

新几内亚有一圣经译本，用的是混合式英语，将"称义"翻译成"神说那个人没事了"，译得真好。"称义"的意思正是在神眼中看为好，那是美好的祝福，但只是救恩的起点而已。当神把我们从罪的刑罚中拯救出来，就使我们称义。当我们与神的关系破裂，就在罪的刑罚之下，但神释放我们得自由，并宣布现在我们是义人了。其他宗教多半主张我们应该先做好事，然后才能跟神和好，但基督教却是神先说我们是义人。

许多人以为这就是救恩的全部，以为"称义"就是终点，其实他们才刚从正确的月台上车出发而已。

成圣

来到得救的第二部分。既已脱离罪的刑罚，并且破裂的关系也复原了，现在我们是从罪的权势下被释放出来的自由人。罪的辖制已被破除，而成圣需要靠信心，就像因信称义一样。我们因信称义，也因信成圣。虽然我们不必靠自己制造圣洁，但我们确实需要每一天、每时每刻持续信靠。

得荣耀

"得荣耀"形容这整个过程的终点，就是当我们完完全全摆脱罪的存在——那时我们将活在一个没有任何试探的世界，没有一件事是我们不能享受的。到那时，我们才终于能够有充分把握地说："一次得救，永远得救"。

✝ 归给（Imputed）也分给（Imparted）我们

接下来，谈谈神学家将义区别为"归给"我们的义和"分给"我们的义。我们称义是凭借着信靠基督——好让他的义遮盖我们的不义。用画面来说明，就是我们"披戴"基督，当我们受洗归入基督时，就像穿上一套新衣服。我们穿上他，好让神看着我们时就看见基督。我们是藏在基督里了。这叫作归给我们。不单是算我们为义，神也希望把他的义分给我们，而这就是成圣的过程。

所以我们相信的那一刻就称义了，但神希望我们也能成为义（亦即成圣），当我们走完全程到终点时，就会站在荣耀中得见他的本像（亦即得荣耀）。

很有意思的是，我们注意到尽管保罗写信时，把焦点摆在他的信息上，但是近尾声时他却不再谈他的信息，而是谈他传福音的方式。他说："你们听到了我传的信息，你们看到我怎样生活，也亲眼看到那些靠圣灵能力所行的神迹奇事，我已经把福音完完整整地传给了你们。"我们很清楚看到当学的功课：不但要宣扬福音给人听，也要展现福音让人看。

✝ 罗马书大纲

讲到书信本身的分析，我最大的建议就是阅读，而且持续地读。至于书信的分段，有好几种方式。最简单的分法，是把它整齐地分成信心、盼望和爱三个主题；第1至4章讲信心，第5章开始谈盼望。信心是回头看神在基督里已成就的事，盼望是瞻望未来神即将成就之事，包括在以色列和外邦人当中即将成就的事。

接着，从第12至16章出现了第三个钥字：爱。保罗关心当下，关心信徒如何在社会和教会中，把所信的行出来。

有了这个简略的大纲以后，就可以再深入分析这封信：

开场白：保罗的信息——从犹太人与外邦人谈起

以同样的方式得救

1. 为了神的义
   (a) 在神的忿怒之下的罪人都要受审判
   (b) 藉由信心成为被称为义的圣徒
2. 藉由基督而和好
   (a) 罪的刑罚就是死——他为罪人而死
   (b) 罪恶权势的辖制——我们向着罪死了
3. 圣灵的更新
   (a) 在肉体中受辖制的律——失败与绝望
   (b) 在圣灵里的自由——得胜与把握

归属于同一位神

1. 过去以色列人被拣选。
2. 现在以色列人硬着心。
3. 未来以色列人将得救。

活在同一世界上

1. 他们个人忍受的——在事奉上承担、在苦难中忍耐
2. 他们公开的行为——面对国家和社会
3. 他们实际的友爱——不使弟兄跌倒和颂赞

尾声

保罗的传道法——话语、神迹奇事、行为

问候个人

† 以色列

我本无意提供罗马书的注释，但因第9至11章引起不小的困惑，所以让我们深入谈谈保罗有关以色列人的教导。

以色列人过去蒙拣选（罗9章）

保罗表达出对同胞的伤痛，甚至写到，若能使他们上天堂，要他下地狱也甘愿。他解释说，尽管他们曾经拥有一切，却仍然拒绝了神所差来的那一位。但这并不有损神的名声，神本来并不期待他们全都信靠耶稣，因为他并没有拣选他们全部的人。保罗从以色列历史举例，说明他的论点：

1. **以实玛利和以撒**。以实玛利虽是长子，但神拣选的是以撒。亚伯拉罕试图藉着与夏甲生育，给自己一个后代，但是神将赐下一个儿子的应许仍是有效的。
2. **雅各和以扫**。再一次，继承祝福的是小的儿子，不是大的，尽管雅各是两兄弟中比较诡诈的。
3. **摩西和法老**。保罗解释说法老硬着心，是有神的手在其中——暗示神选择这么做，以回应法老自己不愿意走神的路。
4. **外邦人和犹太人**。在旧约里神拣选这个，不拣选那个，照样，神也拣选了外邦人，并且暂时"弃绝"犹太人。他可不是对事情演变成这种情况而"失望"——这一切都是他已经决定好的。

保罗在这段论证中隐含对于预定论的教导，可摘要如下：

1. 神没有义务怜悯任何人。
2. 神的拣选都是有目的的——好让他显明他的忿怒和审判。
3. 那些为公平而拣选的人得到了公平（比如说，法老有很多次机会改变心意），那些为怜悯而拣选的人非因配得怜悯而被拣选。

以色列人现在的顽梗（罗10章）

保罗从人的层面教导说，我们有责任与神和好，但我们有两种选择：

1. 行为（律法）——靠律法。我们用这种方式来制造自己的义，这种方式当然注定失败，却是以色列民族一般采行的方式。
2. 话语（福音）——信靠主。我们用这种方式得着神给我们的义。我们接受自己无能力遵守律法，且仰望那完全守住全部律法的那一位。

以色列人将来的得救（罗11章）

面对是否神已经丢弃他的百姓，保罗的回答是，神永远保留一群余民。有些犹太人确实刚硬着心，但不表示整个民族都堕落到无法挽回的地步。因此，外邦人不应该为他们被接纳为神的盟约之民而沾沾自喜，因为就像犹太人被"折下来"，同样外邦人也会被折下来，又如外邦人被接上去，照样犹太人也能被接回去——有一天肯定会的。这是个"奥秘"，在圣经里，意思就是"现在可以揭开的秘密"。

✝ 结论

尽管许多人都把罗马书当作一本神学巨著，和保罗的宣教活动没有关联，但我们的分析显示，这封信非常的实际。它处理有关教会合一种种令人困惑的问题，它对于教会应如何从犹太的根源继续发展，提出深入的见解，同时也为每个世代的属神子民，理清了有关信心的关键议题。因此它是一篇条理分明的杰作，许多人都觉得这是保罗的最佳作品之一。许多基督徒会背诵罗马书——由此可见这卷书受推崇的程度。因此，任何信徒都应该好好了解这本关键的书。你应该一读再读，直到你充分掌握其中的信息，这是我诚心的建议。

13. 歌罗西书

✝ 引言

使徒保罗不时会听闻某些状况，他若因分身乏术而无法亲赴解决，这时他通常会写一封信去。到他事奉末期，写信成了他唯一的沟通方式，因为大半时间他都被关在牢里——有两年在凯撒利亚等候提审，还有两年待在罗马等候审讯。在罗马时，他被软禁在自己的租屋处，虽然有一名罗马士兵跟他拷在一起，但他仍能接见访客，其中一名访客叫以巴弗，歌罗西书就是因为他的到访而写的。

保罗的书信可分三种：写给个人的，并以个人为卷名；应时的书信，为因应某一教会的某个情况而写；还有一般书信，给一般教会传阅，并未为处理特定的问题而写。歌罗西书是一封应时书信，同一时间保罗也写信给腓利门，还写了一封一般书信，虽然原本是要给许多教会看的，却名为以弗所书。这三封信是在同一时间由同一位信差，即推基古，递交到同一地区的。

前面提过，保罗的书信依照古希腊世界常见的格式而写，一开始是寄信人姓名，接着收信人地址、问候语、称赞的话、信件本文、总结，然后是结束的问候语，最后签名结束。虽然最后有个总结，但"应时"

书信所要回应的"情况",不总是清晰可见,这就好像听单方面讲电话。我们必须从字里行间去理解为何要写这封信。

† 歌罗西

地理背景提供我们了解这封信的第一条线索。歌罗西位于土耳其西部的山谷,很靠近希拉波立和老底嘉。到保罗的时候,此城镇的重要性已不如它的邻近二镇。但它所座落的谷地仍受到相当重视,当地涌出的温泉富含矿物质,使周围山谷形成一片雪白,即今被称为"棉堡"的水疗胜地(Cotton Castle Spa Waters),游客到此泡温泉,在雪白的山岩上日光浴,当时的歌罗西城现今已经不存在。

从前歌罗西位于明安达河(Meander)支流卢卡斯河(Lycus)南岸,明安达河因其中段的河道曲折蜿蜒而得名(meander,即"曲折"之意)。歌罗西地处以弗所到幼发拉底河的贸易要道,因此人口混杂,欧洲各地来的人在此定居。最先定居在歌罗西的是弗吕家人(Phrygians),随后希腊人来到,他们是在亚历山大大帝时代在这里安顿下来的。犹太人自是因着遍地商机而来,最后,当然少不了随着罗马帝国的扩张而延伸至此的罗马势力。到第7世纪,萨拉森人(Saracens)将此地变成萨拉森镇,但无论是由谁掌控,不变的总是它的国际风情。

混杂的人口意味着许多不同宗教,形成一个多元化的城镇,并没有哪个宗教凌驾其他宗教之上。稍后我们将看到,这些宗教文化的背景有助于说明保罗采取的做法。以下列举此地的六大宗教信仰:

1.泛灵论和迷信

最早定居此地的弗吕家人相信万物都有灵,存于自然界并透过自然界运用能力,所以河有河神控制,树木有树神,山也有山神——雪白的山谷恰好促成此信仰。它带来迷信和恐惧,为了平安无事,必须设法讨好众神灵,跟今天丛林部落所信奉的很类似,也与现代绿色运动的某些见解雷同。

2. 星相学

有另一种信仰也很普遍，就是相信星辰和星座对人的一生有其影响力。星相学可能是从东方传来，而此地居民也乐意多增加一套信仰模式。类似的信仰今日仍存在，在英国天天看自己星象运势的，十个男人中有六个，十个女人中有七个，有些生意人甚至看星相吉凶来决定买卖交易。

3. 希腊与罗马诸神

歌罗西膜拜希腊和罗马的各个男女神祇，且混合各种异教风俗习惯。有些人相信诸神喜欢看到人禁绝肉体欲望，如食欲和性欲；有些人认为诸神乐见他们采取罗马性行为放荡不羁的生活特色。

4. 神秘宗教

这些源自东方的宗教往往被形容为"诺斯底宗教"（Gnostic religions）。希腊文gnosis意思是"知道"，相反就是"不可知"（agnostic）。不可知论者就是不知道，但诺斯底信徒则自认"知道"，且原因多半是他们通过灵性经验而了解一些特别的秘密。有的神秘宗教有入门仪式，且相信可以通过特别的仪式使灵性进步，而臻于完美境界。教会成立的头几世纪里，曾深受诺斯底主义迷惑，至今虽然名称有所不同，但依旧如影随形。

5. 犹太教

歌罗西的犹太教作风和圣地大不相同，这里比较崇尚哲学，比起犹大地的犹太教少些道德色彩，却多一点神秘感，部分是受诺斯底思想的影响。这里的犹太教充满臆测推想，因此颇引起人的注目和兴趣。它赋予天使很高的地位，认为天使是神创造天地和颁布律法的代理者。他们说天使控制着神与人之间的沟通。信奉者非常重视犹太历和饮食律法的传统。

6.基督教

歌罗西的基督教信仰并不是使徒保罗传过去的，没有证据显示他曾经路过那里。歌罗西教会是曾到狱中探望保罗的以巴弗建立的。使徒行传告诉我们，保罗曾在以弗所住了两年，天天在推喇奴学堂传讲、与人讨论福音。路加记载说，保罗这样有两年之久，叫一切住在亚细亚的人都听见主的道。以巴弗就是听保罗讲道而信主的人之一，后来他返回歌罗西，也把福音带回故乡。所以保罗是基于以巴弗跟他报告家乡教会的情况而写下歌罗西书，这也是信里有那么多问候的一个原因。他提到亚里达古、马可、底马、路加和以巴弗本人，他在信上写道，以巴弗是基督耶稣的仆人，常竭力为他们祷告。但因他并未亲自认识他们，意味着他对他们并无权柄，所以他的语气从头到尾都相当冷静温和。

✝ 错谬的教导

歌罗西教会究竟发生了什么事，一直是圣经学者辩论不休的题目。显然，有错谬的教导正影响着教会，但究竟问题是什么，学者们却无法达成共识，因为当你看保罗的反驳与论证，实在看不出是针对什么宗教或异端。

很清楚的是，他所面对的并不是其他教会所碰到的、纯粹出于犹太人教导的问题。还有一点很清楚的是，他所面对的不只是神秘宗教或星相学。不过，他的论证似乎是回应各种宗教与哲理的大杂烩，因此惟一符合证据的解答就是，保罗是针对歌罗西当地文化的各种意识形态提出辩驳，跟今天所谓的新纪元运动颇为类似，因为里面同样混杂了各种观念和哲学，并无一套特定的教义。像新纪元一样，与其说是某一种信仰，不如说是一种心态。这种让其他观念掺杂进来的基督教，今天称为"融合主义"（syncretism），保罗知道它会破坏教会纯正的信仰，因为当基督信仰掺杂了其他宗教，那么基督信息的重要地位就丧失了。

所以，保罗写信反驳这些号称使人充实、给人自由、胜过邪恶力量、推崇禁食，实则迷惑人的空洞哲学。他说教会被蒙蔽了，竟以为有基督还不够。从这方面看，这封信也传递非常重要的信息给跨入21世纪的教会，因它提醒我们渗入教会内的各种宗教行为的危险，无论看似有圣经依据或源自异教。对许多英国人而言，基督教只是一种宗教，只是一种宗教仪式，因此几乎不提圣经讲的耶稣。另一方面，许多与异教有关的行为也渗入教会，例如，有些基督徒也在推广反射疗法（脚底按摩）和瑜珈。

†融合主义对教会的影响

保罗对于宗教融合主义的回应，是这封信的主要特色。以下思考它对歌罗西教会的两大影响：

1.神的内住

对于神的内住性（the immanence of God），歌罗西信徒已变得无感。基督徒相信神既是超越我们之上，也住在我们当中，意思是他既高高在上也离我们很近。这是一个似非而是的真理，舍此取彼就不是基督教所信的神。然而，歌罗西信徒将神视为遥不可及的存在，又以相信各种天使和精灵，来填补神人之间的鸿沟，因他们以为必须靠中介才能够与神沟通。他们过度重视神的超越性，可能因此落入一个危险，即错失神与他们同在的恩典。

2.基督居首位

歌罗西信徒相信需要中介，部分原因是他们把神看得过高，却把耶稣看得太低。所以纵然保罗称赞他们的信心，但听到以巴弗提到的教义问题，保罗就不太放心了。他们不再相信基督居首位，而把基督放在和其他受造物同等的地位，不明白他的地位是创造之主、教会的元首，他们把耶稣视为受造的，说他并不是神，如同今天耶和华见证人所说。

†掺杂的信仰

保罗提到，有两件原本是非信徒才做的事，现在却成了他们生活的一部分。

1. 守节日

歌罗西信徒已经开始守节期、月朔和安息日，事实上，新约圣经里没有任何基督徒节日的记录，现在教会遵守的年历，其实有一大部分混杂了异教节期在里面。

宗教融合主义有个令人料想不到的例子，就是过圣诞节这件事。若说基督徒不该过圣诞节，可能会遭到绝大多数人的反对，但在新约里没有一节经文命令基督徒要庆祝圣诞节。事实上，圣诞节原本是异教徒在隆冬过的节日，他们每逢12月25日庆祝太阳"重生"。公元597年，奥古斯丁被罗马教宗贵格利派往大不列颠传福音，他发现无法改变当地人过节的习俗：烘焙圆木型蛋糕、唱歌作乐、饮酒狂欢，每个村子都要选出一位"欢宴之王"，他在"十二日"节期间可以随意要求任何女孩跟他在一起。所以教宗的建议是，把这个节期"基督信仰化"。这个决定遗留下来的缺点是，基督被缩小成马槽的婴孩，往往因此被等闲视之。

此外，新约也没有指示我们要过复活节，基督"天天"复活，我们应该天天乐在他的生命中，天天庆贺他复活。就连守主日也根本不是新约的命令。如果我们想把星期日视为特别的日子，就守主日，如果我们想把每一天都视为主的日子，那也可以。没有任何律法要求我们守主日、过圣诞节或复活节，然而许多基督徒却以为我们非守不可。

2. 禁欲

希腊人有种禁戒肉体正当享乐的习俗，这也在歌罗西流行起来。有人弃绝婚姻，主张独身更好。有人则是有一长串这不可摸、那不能吃的禁忌。保罗不得不说，神厚赐万物给我们享受。基督徒有自由禁食，也有自由尽情吃喝，各人可依据个人的心愿与良心。

从保罗在歌罗西书和其他书信（尤其加拉太书和罗马书）的教导清楚可见，四旬斋期间放弃甜食不是基督教的真义，而是在于放掉不讨神喜悦的态度和习惯，比方骄傲、贪欲和嫉妒。这意味在你生命中的每一天都要活在基督里，从这点看，每一天都是特别的日子。

马丁·路德曾努力尝试禁戒肉体欲望，在他还作修士的时候，按着认为合宜的习惯努力去做，想要藉此使自己得救。他每天向三位圣徒祈祷，又鞭打自己直到倒在地上不省人事。他去朝圣，还以双膝跪爬罗马的圣梯。但他发现心里依然没有平安。修道院院长问他："如果你把圣人遗物、朝圣、向圣徒祈祷等等的敬虔操练通通拿掉，请问你拿什么来取代？"马丁·路德回答："基督，人只需要耶稣基督。"这就是宗教改革运动的起点。它除去了不必要的宗教习俗，让基督重新居首位。

† 神一切的丰盛都住在永活的基督里

假教师教导"丰盛"，但他们的焦点是藉由各种习惯和行为达致丰盛，保罗却用这个词来形容基督。他告诉歌罗西信徒："神本性一切的丰盛都有形有体地居住在基督里面。"查理·卫斯理（Charles Wesley）在一首圣诗中有感而发："我们的神缩拢到一时间跨度内，不可思议地成为受造之人"。保罗要说明的是，有了耶稣就有神的全部。

具体来讲，基督耶稣是：

1. 宇宙的创造主

依据保罗所说，大自然一切令人心生敬畏的力量，全都在耶稣的控制之下。因耶稣已在十字架上把我们的罪债一笔勾销，又撤去一切权势，所以十字架绝非仅仅为自我牺牲的例子，更是真实与永远的得胜之道。

2. 胜过一切的权势

耶稣胜过了一切的权势，全宇宙一切的统治者和掌权者都在耶稣之下。事实上，所有的知识和智慧的宝藏也都藏在他里面。他就是一切，也在一切之内。

3. 教会的元首

他既胜过一切权势，当然也掌管教会。教会只有一个头，可没有许多个头。并且不是以人为元首，乃是以神为元首。教会的头就是耶稣，他并未将元首的地位委托给别人。如果有一间教会没有正确地连于元首，就会麻木，因为地上的身体和天上的元首之间的沟通管道破裂了。

✝ 一切人类的焦点都在至高的基督

从基督高过一切的地位来看，我们把焦点全部集中于他是合宜的。保罗描述信徒如何与基督同死同复活，且经历内在生命的更新。忽视这内在工作的外在习俗都是多余的。

1.肉体情欲的洁净

所以，信徒在基督里的生命必须从许多实际方面去行出来，保罗教导说，肉体的一切邪情私欲要"脱去"，然后必须本于意志的行动"穿上"基督。恶欲、贪婪、恼怒、恶毒，通通要根绝，不可再存留于基督徒生命之中。保罗说要治死这一类行为。

2.教会内的爱心

不但如此，以基督为焦点也意味着基督徒的人际关系要改变。在与他人的关系上，我们要效法主，要存谦虚、怜悯、恩慈的心，彼此饶恕，以爱心相待。基督徒当专心于天上的事，而神的性格为我们提供了完美的典范。

3.家庭中的和谐

保罗也关心效法基督的生活应延伸到家庭里，所以他点出家庭中几个主要的关系——夫妻、亲子、主仆（因仆人也是家里的人）。这些关系都是互相依存的，各人都应扮演好自己的角色。他用"顺服"来形容因应之道——妻子顺服丈夫、儿女顺服父母、仆人顺服主人。同时，丈夫、父母和主人也都有责任，应以舍己的爱来爱顺服他们的人。

✝ 结论

从歌罗西书可获得两点结论：

1. 负面的

保罗在歌罗西书中指出，人已走上救恩之路却未能抵达终点，是有可能的。不仅是这封信或保罗书信这么说而已，在新约其他地方也可找到，尤其在马太福音和希伯来书。论到信徒存在天上的盼望，保罗说："只要你们在所信的道上恒心"，即持续相信，那么这盼望就不会失去。他提醒他们，假如他们妥协而让肉体私欲支配，就形同放弃那可在末日逃避神的忿怒的权利。他的教导里有一种急迫感，因为他很担心他们会被各样的观念引诱而误入歧途，有一度他甚至用"被掳去"来形容基督徒所面对的情况，是他们让自己丧失了在基督里的自由。假如他们偏离正道而重回宗教老路，那他们就会丧失一切。

2. 正面的

此书信的正面结论是，我们既相信基督就必须持续信靠他。信中不断劝导我们要持续在他里面，正如耶稣所应许的，只要枝子继续连于葡萄树就会结出许多果子，照样，保罗也敦促歌罗西信徒要常保焦点在基督身上，才能活出讨神喜悦的生命。因此他在第2章劝勉他们，既然接受了主基督耶稣，就当持续住在他里面。

来就基督还不够，还需要在他里面生根建造。我们需要持续在基督里，直到离世。保罗的教导和耶稣自己的教导相似，耶稣曾说："我是真葡萄树，你们要常在我里面，我也常在你们里面。枝子若不常在葡萄树上，自己就不能结果子；你们若不常在我里面，也是这样。……人若不常在我里面，就像枝子丢在外面枯干，人拾起来，扔在火里烧了。"（参约15章）

因此，尽管保罗不认识歌罗西教会的会友，但他还是非常关心他们，希望他们不要失去了原本在基督里已拥有的一切。

14. 以弗所书

✝ 引言

保罗的以弗所书大约和歌罗西书同时写成，有几个原因。

第一，以弗所书里的主题跟歌罗西书非常类似，以致有人认为以弗所书根本就是以歌罗西书为范本。歌罗西书是为对抗宗教融合主义而阐明基督教信仰和基督徒行为，以弗所书也涵盖此范围。这两封信都形容教会是身体、是大家庭，遣词用字类似，而且都谈到奴隶的事（腓利门书也讨论到此主题，约是同一时期写的）。

第二，保罗说，他希望歌罗西书不仅给歌罗西教会看，也要在老底嘉和希拉波立的教会传阅，言下之意，这两间位于卡斯河谷（Lyxus valley）的教会也有同样的问题。类似问题也影响相距仅120英里的以弗所书教会，应该是合理的推测。尤其以弗所书并未特别指名给以弗所教会，而是泛指该地的基督徒，有些早期的抄本甚至没有"以弗所"一字。

此外，以弗所书没有个人问候语，假如是特别指名给以弗所教会的，没有个人问候语就很奇怪了，因为保罗曾在那里待了两年，应该会像其他书信那样问候个别信徒才是。

看过了相似处，我们也要来看看以弗所书不同于保罗其他书信的地方,它的独特处在于不受读者关切之事所主导。在这封给一般教会的书信中,保罗没有像其他书信一样处理任何错误教导或教会内部的问题。

✝ 城市

以弗所城位于东西向和南北向两条大道的交会点,座落在亚细亚内陆的入口处,来自波斯、埃及、希腊和罗马的商旅汇聚在这座城里。在保罗的时代,这里是一大港口城市,不过现在早已淤塞,今天要找以弗所的遗址,要往内陆一个叫艾索胡克(Ayasohuk)的地方去。它是昔日爱奥尼亚联盟(Ionian League)的十二城之一,是贸易金融中心,有一座可容纳两万四千人的剧院,还有一座宏伟的神庙,占地420英尺宽、240英尺长。这座神庙供奉一块落到以弗所的黑色陨石,巨大而乌亮的表面有许多凸出,状似女性乳房,被视为是黛安娜女神(希腊文即亚底米女神)的象征。因此在以弗所就发展出膜拜女性乳房的宗教,这块多乳房的陨石被安置在神龛上,当地银匠则仿制小陨石贩售,给人买回家去供奉。

✝ 教会

在新约所有的教会中,我们了解最多的莫过于以弗所教会,第一次看到它是在使徒行传18至20章,保罗到那里传福音。有关此教会的通信不少,除了这封信以外,我们发现提摩太前后书是写给人在以弗所的提摩太,内容也提到以弗所教会。在启示录,有一封信就是写给以弗所教会。约翰的三封书信及约翰福音,也都是在以弗所写,因为使徒约翰在这里定居,奉养耶稣的母亲马利亚。

从圣经以外的文献也可证明教会在此地打下根基,以弗所在早期教会历史上颇为重要,公元431年曾于此地召开大公会议。今天,我们可以在当地参观圣约翰教堂遗址和约翰的坟墓,可以相当确定这位老使徒在此寿终正寝。

保罗有两次到访此城,加起来共待了两年,期间教会增长了,基督教信仰传扬开来，许多人回应并信靠耶稣，甚至贩售黛安娜女神小物的生意一落千丈，因为太多原先信奉女神的居民，归向真神了，结果那些制作小陨石的银匠因为丢了生意，就给保罗找麻烦。

† 书信的结构

为阻止亚细亚的异端侵害教会，显然保罗觉得最好的办法就是写一封信，总结说明基督教信仰与行为。这是我们所能得到最接近福音宣言的文献，尤其因为罗马书其实并不像许多人以为的是保罗的福音宣言。以弗所书比其他书信更有系统，许多人视之为保罗的最佳书信代表，又誉为"书信之后"。

这封信的结构简单清楚，前半部讲到我们在基督里与神的关系，后半部讲到我们在主里与他人的关系。保罗论及我们与神的关系时，用的是"基督"；但写到彼此间的关系时，用的是"主"。使我们与神有关系的是基督，而他是管理我们彼此关系的主。

前半部（1－3章）	后半部（4－6章）
神的旨意与能力	我们的行事为人与属灵争战
与神的关系（在基督里）	与他人的关系（在主里）
"在里面动工"的救恩	"向外做成"的救恩
教导	责任
我们是靠什么得救	我们得救是为了什么
敬拜尊崇	生活应用
赦罪	圣洁
称义	成圣
我们得释放	我们的回应
神的主权	人的责任
教会内部	教会外部

因此，保罗在以弗所书的前半勾勒出救恩如何临到信徒，后半则指出信主之后行事为人当如何。务必留意的是，不是藉由（by）行善而得救，乃是得救为了（for）行善。

世人以为行善可以救自己，福音却说我们得救是为了行善，这是两种截然不同的观念！

前半部的关键字是**旨意**和**能力**。我们看到神的意旨，也看到他有能力成就。后半部的关键字是我们的**行事**和**争战**。我们要行在光中、行在爱中、行事为人当像光明的子女，并且要为这场属灵的争战而战。

所以，前半部的焦点在教会内部，后半部在教会外部；前半部论及福音的垂直面向，后半部论及福音的水平面向。

这两大要素务必兼顾，不可偏废。如果我们相信得救就是拿到进天堂的门票，以后怎样生活都没关系，那就不曾真正了解福音。

这封书信的结构告诉我们，救恩的顺序非常重要，有人误以为基督教不过是劝人"为善"，同样扭曲的是，以为基督教只是叫人"得救"。其实这两者都需要，但顺序务必正确。世上宗教多半是成圣在前、称义在后——要求人先达到良善（姑且不论如何定义），然后才会被神明接纳。惟独基督教说，我们是先被神接纳，照我们的本相被接纳，然后神会按他的心意塑造我们。因为除非我们跟神有正确的关系，否则不能活出基督徒的生命，所以称义必须在成圣之前。基督徒的行为是以信仰为根基的，基督徒的责任是从明白教义而来的。

仔细看第1至3章，会发现保罗以崇拜聚会为脉络，说明得救的教义，"顺序"是颂赞、祷告、讲道、祷告、颂赞，而整个聚会的主题是神的能力和旨意。

颂赞——神的旨意，万有都在基督里同归于一。
祷告——使人知道神的旨意和能力。
讲道——神的能力和旨意，显明在：
  1.**基督**——死里复活，统管万有。
  2.**外邦人**——得救而重新联合。
  3.**保罗**——得救而显明神的奥秘。

祷告——使人知道神的能力和旨意。

颂赞——神的能力：充充足足地成就一切，超过我们所求所想的。

使徒保罗十分强调犹太人与外邦人合而为一，他特别提到神已经拆毁犹太人和外邦人中间隔断的墙，圣殿里阻隔外邦人进到内院的墙是万万不可越过的，违者处死。此一严格划分曾大大危害初代教会，保罗特别清楚个中滋味，他之所以在狱中写这封信，就是因为有人诬告他带外邦人特罗非摩（以弗所人）进入仅限犹太人进入的区域。

保罗虽强调教会是取代圣殿的"新圣殿"，但我们若据此认定神已经丢弃旧以色列，那就不对了。由此解读出所谓的"替代神学"，主张教会已取代了以色列，根本是错的，因为诚如保罗在罗马书9至11章说明的，神对以色列人仍有他的旨意。

✝ 我们的行事为人

第4至6章论到，我们对神已成就之事当有的反应，从"行事"一词频频出现，即可知当有的反应就是行出来。我们可以跳进圣灵里、在圣灵里踊跃，但是神希望我们行在圣灵中。行走虽比不上跳跃那样引人注目，却是一步一脚印地走在正路上。

保罗列出八个领域如下：

1. 谦卑

我们要行在谦卑之中，因为谦卑是合一的秘诀。若无谦卑，基督徒的合一就办不到，因为骄傲会破坏合一。所以听到别人在背后说我们，其实用不着生气，只需记得，他们若照我们的本相认识我们，可能更难听的话都会出笼！

我很喜欢的一首诗，特别突显了这点：

满怀圣徒般的热忱，我曾哀痛地求告：

> "主啊，我的心充满诡诈、一片乌黑，
> 我是罪人中的罪魁。"
> 却听见我的守护天使在我身后轻声说：
> "虚荣的人啊，你还排不上呢。"

假谦虚不叫谦卑，真正的谦卑是了解我今天成了何等的人，全是靠着神的恩典，若不是他的恩典，我不知道我今天会是什么景况。

2.合一

接着，保罗鼓励我们行在合一中。他提醒我们，只有一身体、一圣灵、一信、一洗。我们只有一神，他是我们的天父。无论我们的看法如何不同，总要行在合一中，因为我们都是靠着耶稣宝血得救的。保守在圣灵里的合一，意味着要主动积极，千万别以为上同一间教会就合一了，我们要努力维护合一。

3.成熟

保罗鼓励教会行在成熟之中，他说我们要从合一迈向成熟，满有耶稣基督长成的身量，他也说明这就是为什么神赐下使徒、先知、牧师、传福音的和教师，使我们得造就，好叫我们能长大成熟。基督徒团契以圣灵里的合一为起点，信仰里的合一为终点。我们要保守圣灵里的合一，直到达成信仰里的合一。有太多福音派人士把广泛的教义声明当作合一的基础，因此他们就批评我们这些和天主教灵恩派信徒来往的人。殊不知合一的基础是圣灵。如果受过圣灵的洗的我们，遇到一个在同一圣灵里受过洗的人，我们当然会彼此相交、互为团契。确实，我们在信仰上尚未充分合一，但那部分需要成熟才能达到。虽然目标是信仰上的合一，但可以把圣灵里的合一当作起点。因此每次我们遇见某位有圣灵内住的人，需知他们也是基督的一个肢体，不见得都是我们对！

4.正直

第5章明显是在谈正直。保罗劝我们要言行一致，要和我们是神儿女的身份相称，不可以讲脏话、黄色笑话，这都是非常实际的事。

5.恩慈

彼此要以恩慈相待，互相饶恕，如同基督饶恕了我们。基督徒一方面要彼此包容，一方面却不可纵容罪恶错谬。重要的是，懂得区分两者和找到平衡点。

6.纯洁

我们乃是持续地被圣灵充满，这里的动词意味着持续不断，我们行事为人的动机必须保持纯正，这样才能得蒙那呼召我们的神喜悦。

7.顺服

保罗用的很多字眼在现代人的看法里，变得带有负面意思。但是，顺服，或是在基督里彼此顺服，依旧是成熟的美好标记。他提到三方面：

妻子应顺服丈夫；
儿女应顺服父母；
奴仆应顺服主人或雇主。

上述的例子都是要前者出于敬畏基督的心，"将自己置于后者之下"，以顺服人来表现顺服基督。

8.负责

但是，另一方也有责任扮演好值得让人顺服的角色，这挑战可不小。丈夫要爱妻子，如同耶稣爱教会——一点也不相上下。妻子对我说过不只一次，当我顺服基督时，她也乐于顺服我。因此作丈夫的、作父母的和作雇主的，对于在下的人都有一份责任，他们把自己交在你手中，你绝对不能拿顺服的教导作为蛮横跋扈的理由。

✝ 我们的属灵争战

讲到属灵争战的这一段，大家都耳熟能详，经文教导我们要穿戴神的全副军装，因为我们不是跟属血气的人打仗。跟人打仗容易多了，有些基督徒似乎挺喜欢跟人打仗，但保罗解释，我们不是与属血气的摔跤，我们作战的对象是那些执政的、掌权的、管辖这幽暗世界的，以及天空属灵气的恶魔。事实上，第1章说我们与基督一同坐在天上，所以我们乃是在基督里打这场属灵的仗。

我们很清楚看到一件事，就是绝不转身撤退，因为保罗对全副军装的描述中，没有提到背后的保护。容或有时不能前进，仍要站立得稳，一步也不退后。至于可以灭火箭的信心盾牌，应该是罗马士兵所持覆盖软木的盾牌，箭头上的火被盾牌一挡就熄灭了。所以说，恶者射过来的火箭可以用信心扑灭。

✝ 预定论

查考以弗所书不能不谈预定论，否则就不完整。这个主题在第1章尤其突出，但大家往往误解预定论，有人解释成我们像是机器人或布偶，没有选择，只能任凭神摆布。

会这样解释可能是源自耶利米书18章，有人把那段经文说成我们就像陶匠手中的黏土，而神是陶匠，他想将陶土造成什么就是什么，黏土没有选择。其实耶利米书18章的意思可能恰恰相反，因为在比喻中，陶匠原本想把泥捏成一只漂亮的花瓶，但泥却不配合陶匠的手以致做坏了，于是他把泥取出来重新揉，然后再放进转轮，改做成又粗又厚的陶锅。所以其实神给耶利米的教导是，我们应选择跟陶匠合作，让他把我们做成美丽的器皿。应用在耶利米的时代，神本来想把以色列塑造成一只盛载他怜悯慈爱的美丽器皿，结果却不得不改成装满他审判的丑陋器皿。

这则比喻有助于回答我们能否违抗神的意思，从比喻可看出，如果我们肯回应神，那么他在创世之初就为我们定好的计划即可实现。这里面没有半点暗示说，我们不能违抗他的旨意，他为我们预定了什么就是什么。

让我举个人的一个小例子，家父知道我热爱农场的工作，因为我每逢假日都会主动到农场帮忙，16岁毕业后，我到农场工作，清晨四点就起来给九十头牛挤奶。那时我一点都不晓得家父的规划，他想等我满21岁，就让我接管家族在苏格兰的一座农场。后来，当父亲告诉我可以接管农场时，我却不得不告诉他，我感到神引领我走另一个方向。倘若当年我接下那农场，我就可以说那是家父预定的，他在我不知情的时候把一切都安排好了。

同理，"预定"的字义就是预先决定好命运。但是神可没有把我们当布偶操纵，就像家父没有强迫我照他为我预定的路走一样。神乃是预定我们得荣耀。我们可以违抗、可以拒绝走上预定的路，也可以接受它。如果我们接受了，将来就可以永永远远地说，那是他在创立世界以前就为我们安排好的。

† 预定论的两种看法

一般看法是，神拣选某人得救、不拣选某人得救，这就叫预定。据此看法，那么神在我们出生前就决定了我们会不会得救。他们说，一旦神决定我们将得救，什么也阻止不了，因为神的恩典是不可抗拒的。所以一个人的结局是上天堂或下地狱，完全是神的选择，因为若不是他的恩典在我们身上动工，没有一个人能以悔改与相信来回应神。我们既已蒙拣选，在天堂就保证有我们的位子。这种预定论的观点多半跟法国的神学家加尔文（John Calvin）有关，不过他虽教导拣选的恩典，但他在《基督教要义》（*Institutes*）中也说，信徒有可能失去救恩。

然而这看法已受到挑战，首先，若仔细查考有关预定论的经文就会发现，与其说信徒蒙拣选而得救，不如说更多蒙拣选出来服事。其次，圣经并未强调个人的拣选，而是强调一民族被拣选，称为选民。第三，圣经没有说神的恩典是不可抗拒的，它是可抗拒的。使徒行传记载司提反在讲论中批评公会经常抗拒圣灵。恩典的条件是信心，惟有持续地相信，才能持续在信心里面。

不仅如此，我们的命定并非倚赖神的拣选，而是我们的选择，看我们是选择回应神的恩典，还是选择抗拒。很清楚的是，我们重生是在悔改与相信之后，不是之前。因为我们悔改了、相信了，所以神赐给我们在基督里的新生命。

最后一点，"忍耐到底"是神对我们的要求，不是给我们的保证。圣经讲忍耐到底、与葡萄树连结、得胜、常住在基督里、持续地相信。这些字眼都反映出我们的信心需要持续。这不是靠行为得救，而是靠持续相信而得救，这是我们需要强调的。这个反对加尔文预定论的观点，通常被称为亚米念主义，因提出这看法的是一位荷兰的神学家亚米念（Arminius）。

所以我相信预定论，我信神预定我成为今天这样的人，我信他早在我还未存在世上以前，就决定他希望我上天堂。在我爱他以前，他就爱我了。并且是他选择了我，而不是我选择他。不过，我也相信将来我能进入天城，是因为我没有抗拒神的恩典，我接受了，而且持续地相信。

下表就是预定论的两种观点：

加尔文	亚米念
为了得救	为了服事
个别地	群体地
个人	一个民族
不可抗拒	有条件的
恩典	信心
命定是靠神的拣选	命定是靠我们自己的选择
失丧——是因未蒙拣选	失丧——是因错误的选择
重生在悔改与相信之前	重生在悔改与相信之后
忍耐到底是神的保证	忍耐到底是神的要求

† 一次得救，永远得救？

讲到预定论，有一句流行话已到了陈腔滥调的地步，我们常听人说："一次得救，永远得救。"这句话最大的问题是，"得救"的字义含糊不清，到底什么叫"一次得救"？我正在被拯救，但还有很多需要被拯救。得救是一个过程，不是即刻发生的神迹，我像别人一样，正在等候耶稣的再来，那时我将"一次得救"，因为我将全部得救，包括我的身体在内。

我同样坚定相信，基督徒的团契不应该因为这些关于预定论的讨论而被破坏，不管我们如何看法各异，都能以基督为中心而合一。

† 结论

就基督教的教义和基督徒的责任、信仰与行为、神学和伦理而言，在保罗书信中作了最清楚呈现的，莫过于以弗所书。难怪它是许多宗派和信徒最偏爱的一卷书，可能因为它强调合一，造成它在这个普世教会的年代特别流行，不过我们务必留意兼顾真理与诚实。

15. 腓立比书

✝ 引言

保罗在第一次被软禁于罗马的期间,写信给腓立比教会。腓立比是他踏上欧洲大陆第一个拜访的城市,也是他建立的第一间教会。如同以下将看到的,对保罗而言,这是个特别的地方,这里的教会在他心中有特殊的地位。

在保罗那年代,腓立比是繁荣的大城市,因为它位于东西贸易要道的艾格纳提亚大道(IIgnatian Way)上。这座城市位于从黑海延伸至亚得里亚海的大纵谷上,绵延的山脉里富含金矿和银矿,更增此城市之财富。20世纪90年代初,考古学家曾在腓立比城的一座陵墓里挖掘出大量黄金——仅次于埃及法老王图坦卡门(Tutankhamen)之陵墓——那是马其顿王腓力的陵墓(马其顿位于希腊北部),此城市就是依这位国王命名的。他的儿子比他还出名,就是建立庞大帝国而于三十一岁英年早逝的亚历山大大帝。

古代有几场关键性的战役发生于此,公元前168年罗马人征服此地,公元前42年安东尼(Anthony)于此地击败布鲁特斯(Brutus)和卡修斯(Cassius)。公元前31年安东尼和克丽奥佩特拉(Cleopatra)在这里战败身亡。既是如此关键的战场，罗马人就在这里建立殖民地。皇帝奥古斯都（Augustus）给它取了个夸张的名字："朱利亚·奥古斯都·腓立比殖民地"，不过大家都简称为"腓立比"。它是一个迷你版的大都会，市民的权利类似罗马本土公民，所以许多罗马人在此定居。

✝ 天国的拓荒地

腓立比的位置使其成为重要的福音基地。它是通往欧洲的大门，从路加在使徒行传里对教会扩展的记载可见，神有意使它成为"天国的拓荒地"（英文：colony，又译为殖民地），在使徒行传16章我们读到，圣灵不许保罗进入亚细亚的庇推尼。保罗和同伴往西行，启程时并不知道最终的目的地会在何处，直到保罗看见异象，有一位穿着像是马其顿人向他招手，请他过去帮助他们。于是，保罗和同伴乘船从尼哥坡里（Neapolis）港上岸，然后来到腓立比。使徒行传记载保罗在此传道，这是福音首次抵达欧洲大陆的第一个清楚记录。圣灵于五旬节降临时，可能有一些上耶路撒冷的欧洲人信了主，把福音带回去，但我们没有这方面的证据。

✝ 腓立比教会

公元52年教会成立，人数仅个位数而已。保罗的福音策略是每到一处就先进犹太会堂传道。可是腓立比没有犹太人会堂，可见那里的犹太男性不到设立会堂最低限度的十人，于是保罗参加一群犹太妇女的祷告聚会，其中有一名妇女在建立腓立比教会上具关键作用，她就是女商人吕底亚。她从亚细亚来，以贩售紫色布匹维生。使徒行传告诉我们，她有数名奴隶和一家人，后来全家都信主受洗了。主张婴儿洗礼的人可能会很失望，因这里的"一家"（household）并不是"家庭"（family）的意思，而是包含奴隶和亲戚在内的一家人，并不包含儿童。

并非人人乐见保罗在这里传道，不久他就面临敌对势力，而且是以意想不到的形式出现，有个女孩子跟在保罗的宣教团队后面，对围观的群众喊道："这些人是至高神的仆人，对你们传说救人的道！"这种宣传看似好，却引来反效果。原来这个女孩子有邪灵附身，能够占卜将来的事，因此替她的主人赚了许多钱。于是，保罗把她身上的鬼赶出去，让她不再干扰他们的聚会。那女奴的主人知道他们的财源从此断绝，就揪住保罗去官府，控告保罗搅乱城市秩序，害保罗被关进监牢。这是一个转变，因为在此之前，控告保罗搅乱秩序的通常是犹太人。

接着，使徒行传记载保罗和同伴把牢房变成举行崇拜的地点。他们在半夜漆黑的监狱里唱诗赞美神！神仿佛回应他们的敬拜似的，忽然发生一场大地震，连监狱的地基也摇动，一下子所有的监门都打开了。看守人醒来，以为囚犯都逃了，他将面临被钉死的处罚，在他欲拔刀自刎之际，被保罗呼喊制止。看守人问说："我该做什么才能得救呢？"保罗立即回答："信主耶稣。"我们必须说，保罗通宵向他和他一家人传福音，花了好几个小时，因为到天亮时，他们都预备好接受洗礼了。因此，有吕底亚、这位监狱看守和他一家人，可能还加上祷告小组的其他犹太妇女，腓立比教会就这样开始了。

然而，保罗还被关在监牢里，他知道在腓立比这个罗马殖民地，他可以运用身为罗马公民的权利，于是他告诉官长自己受到不公平的对待。官长知道，如果上面调查发现保罗所言属实，那就得换他们坐牢了，于是他们恳求保罗离开腓立比。保罗说："好，如果你们亲自来领我出去，带我们走出城，我就走！"所以城里的官长就来领他们出监，护送他们离开。因此保罗在腓立比只待了短短的时间，可能只有几天，至多几星期，但却留下欧洲的第一处"天国拓荒者"。

这封信是多年之后，保罗在罗马监狱里写的。保罗继续宣教之旅，多年后在耶路撒冷被捕。他是被诬告的——有人告他带一名外邦人进入圣殿内院。他上诉凯撒，最后被押解到罗马，他带着锁链等候提审。在这等候的两年期间，路加医生写了两卷书作为保罗辩护之用，即路加福音和使徒行传，结果让保罗无罪开释。

† 保罗写此信的原因

保罗收到腓立比教会带来的两件礼物,而萌生写这封信的念头。

1.奉献支持

第一个礼物是金钱奉献。腓立比教会为了感谢保罗把福音传给他们,决定以金钱支持保罗的工作,其实保罗从未跟他们要求过任何事情。主动以金钱奉献,支持保罗继续传道事奉的,只有腓立比教会。

2.派人协助

第二个礼物更令保罗欣然接受,就是有一位弟兄不但带着奉献来给保罗,还带着他管家的技能,留在保罗被软禁的房子里,照料保罗的生活起居。显然这间教会自问:"我们能怎样帮助他?"然后决定最好的方式是给予实质的帮助,于是差一位名叫以巴弗提的人去,圣经称他"使徒",字面意义是"被差遣的人"(源自希腊文动词*apostolos*,意为"我差遣")。所以一个人从甲地被差派到乙地去做某件事,也叫"使徒"。

† 五种"使徒"

关于"使徒"一词,人们有许多混淆困惑,其实在新约圣经里出现五种"使徒"。

1. 耶稣被称作使徒,因为神差他从天上到地上来拯救我们,所以他是首要的使徒。
2. 第二种使徒就是亲眼看过复活的耶稣,且被耶稣差往全地去的"十二位门徒"。这一类使徒的资格是,亲自认识复活前与复活后的耶稣。
3. 保罗自己是特殊的使徒。他虽不算在十二门徒之内,因为耶稣受死以前他并不认识他。但后来他在往大马士革的路上,遇见复活升天的耶稣，耶稣呼召他，所以他是第三种使徒。
4. 第四类就是保罗的另一个身份，被教会差派出去拓荒宣教，在未曾听闻福音之地建立教会。其实"差派"（sent）源自拉丁文 *mitto*，这个字就是宣教士（missionary）和飞弹（missile）的字源。宣教士就像是洲际飞弹，带着福音的炸药发射出去！今天我们仍有这一类拓植教会的使徒。
5. 以巴弗提属于第五种使徒——从某一处被差派到另一处去做某件事的人。所以这一类使徒涵盖颇广，而且未必像我们以为的那样，地位高高在上。

✝ 以巴弗提生病了

对于以巴弗提的到来，保罗在信上表达感谢，但遗憾的是，不久以巴弗提就生病了。有趣的是，保罗的祷告并未使他得医治。我们毋须惊讶，在新约里，医治多半不是和基督徒有关，而是和传福音有关。保罗身边的几位同工都得了病，一样没有得医治。提摩太有胃病，保罗告诉他可以用点酒。特罗非摩病了，保罗把他留在米利都。新约里的医治神迹不是为了让基督徒保持健康，而是为了传福音。

但谣言传回腓立比教会，说他们差出去的人病了，而且病得快死了。所以保罗决定，最好的办法就是让以巴弗提回腓立比，同时他也写一封给教会的感谢信，让他顺便带回去。

✝ 书信

这封信和保罗的其他书信很不一样，内容重点不在解决问题或危机，而在保罗和腓立比教会的关系上，这封信像打开一扇窗，使我们看见保罗与他所建立的这一间教会的情谊，让我们看到保罗不只是一位传道人、宣教士，也是一个朋友。这封信让我们窥见保罗对他所带领信主之人有很深的感情。

这封信有个特点很有趣，保罗好像不知该怎么结束，因他说了好几次"最后"（译注：和合本没有翻译出来）。我们不必感到惊讶，这是典型的书信写作，他只是一再想到还有别的事，就像我们写信给好朋友："喔，有件事得说一下……喔，还有另一件事……"就是这种临时想到的感觉，反映出他一边口述一边思考的动态。

✝ 团契

思考保罗如何安排他的教导顺序以前，我们要先看他所提出的两个关键主题。

这封信里有一个相当显著的字眼，就是 *koinonia* 这个希腊文，多半译为"团契"（译注：和合本译为"交通"），其实这个字的含意很深，我们多半未能充分理解。我们常说："会后有茶点，请大家留步、喝杯茶、交通一下"，好像喝杯茶就制造团契了！喝茶可以制造友谊，但团契可不只是喝茶而已。

其实，*koinonia*（"团契"）这个希腊字可以用在商业合伙关系，不过还是从新约圣经的用法，最能看出这个字的深义。古代人认为连体婴的血液里有 *koinonia*（"团契"），所以如果有一个死了，另一个也会死。同样地，我们彼此的团契也具有这种特质，发生在这人身上的，也会发生在那人身上，这就是 *koinonia*（"团契"）。

保罗书信中的其他教会都碰到一些大问题，腓立比教会虽然没有，却有一些令人担心的情况。腓立比教会的团契关系被两位姊妹破坏了，她们是友阿爹（Euodia）和循都基（Syntyche），从她们的行为来看，不如叫她们 Odious（惹人厌）和 Soon Touchy（爱生气）好了！她们曾与保罗同工，但两人意见不合，给教会制造问题。她们的事显示教会的合一出了问题，保罗这封信有好几个地方都提到合一。他们的不合一跟哥林多教会不一样，哥林多信徒是各自拥护传道人或领袖，但腓立比教会是因为渐渐骄傲起来——各人自扫门前雪，不管他人瓦上霜。保罗不得不对他们说："如果你们各人多关心别人的益处，不要单顾自己的事，教会就有合一了。"

✝ 喜乐

这封信的另一个关键字是"喜乐"。保罗虽是从狱中写这封信，但信里却洋溢着喜乐。他将独自面对未来，面对可能遭处决的审判，加上反对他的人趁他在狱中受苦时，四处传讲，然而，这封信最常见的字却是喜乐、欢喜和感谢。本格尔（Bengel）曾说："腓立比书的重点就是，'我喜乐，你们也要喜乐'。"胡戈尔（Von Hugel）说这封信"在人生的风暴与压力之中散发光芒"。

保罗于信中道出喜乐之源：祷告、传讲基督、信心、受苦、亲友的消息、款待、接受与付出。在他内心深处有两个喜乐的原因：

1.因为他活着是为了福音

这种充满喜乐的人生观，出于他活着是为了传扬福音。从两件事可看出来，整个城里的卫队都听到福音信息，大概是因为轮班看守他的缘故。还有，尽管有人是出于敌意，想加重保罗的捆锁而传讲基督，但保罗还是很高兴，因为基督终究被传开了。

二次大战期间有几则真实故事，也让我们看到这种靠主喜乐的能力。在柏林牧会的保罗·史奈德（Paul Schneider）牧师，被希特勒以传讲反法西斯主义言论为由逮捕，自此与妻子和两岁儿子天人永别。他被毒打、受尽折磨、最后被处死，但他从达浩（Dachau）集中营写给妻子的信中却充满喜乐，他一而再地写道："我好快乐"、"我好感谢主"；他是为基督而活的人，因此他没有什么可损失的。

如果你是为基督而活，那么死了就是得益处！保罗渴望离世与基督同在，但他情愿留下，他对腓立比教会说："你们在为我担心，其实刚好相反，是我在为你们担心。我自己的事我一点都不担心！"他说："我愿意被释放，重返服事岗位，但我更愿意离世与主同在。"

当大卫·华森牧师（David Watson）癌症末期的消息传出，我写了一封信给他，他曾在著作《不怕遭害》（*Fear No Evil*）中引述这信。我在信上提到，"情愿与主同在，但渴望留下"和"渴望与主同在，但情愿留下"，两者之间有差别。这话他听了进去，并为此祷告直到他终于

"渴望离世但情愿留下"。这才是信徒的理想立场，保罗立下了榜样，他能够说："假如需要我多留一会，我情愿留下，但我非常渴望离世与主同在。"

保罗一生以福音为焦点，从他信中常常提到耶稣也可看出端倪。在这封短短的信中，共有三十八次提到耶稣。我们常说，基督在我们里面，但在这封信里，保罗多次写到住在基督里。基督比我们大，保罗说我们是"在他里面"。

2.因为他靠基督而活

只有腓立比教会给保罗财务上的支持。就连差他出去宣教的安提阿教会是否给保罗财务支持也都未知。所以信末保罗感谢腓立比教会奉献的金钱，但他的感谢方式很有意思。实际上他是说："我并不需要它，但你们需要这么做，所以我为这礼物而高兴。不是为我的缘故，是为你们高兴，因为这会使你们富足。"保罗在恭喜他们，为他们懂得奉献而高兴，却不是为他收到一笔奉献而兴奋。

我的讲道课堂上有一种小考，我会引用经文，但不说出处，比方我说："我靠着那加给我力量的，凡事都能做。"然后问我的传道人学生："请问这节经文是什么意思？你认为有哪些事，是你靠着基督加给你力量而去做的？"我得到各式各样的答案，就是没有一个人提到金钱。但从上下文来看，这句话是在谈金钱，保罗是说："无论收入多寡，我都可以过活。如果我有很多收入，我也可以靠着那加给我力量的基督管理财务。"

论到金钱，圣经说有两种对立的心态："贪财"和"知足"。在别处保罗说："敬虔加上知足的心便是大利了"，还有"我已经学会知足"。这很了不起，想想看保罗在罗马书7章曾说，十诫中有一诫他自知难以遵守，就是第十诫："不可贪恋他人的东西"。保罗曾是个典型的法利赛人，而法利赛人的弱点就是喜欢赚钱，他们既虔诚又很有钱。耶稣曾对他们说："你们要两者兼得是不可能的，你们不可能同时为赚钱而活，又为神而活，你们不可能敬拜神又拜玛门。"法利赛人嗤之以鼻，他们说："因为你穷才这么说吧！"但耶稣知道他在说什么。所以很奇妙的，这个曾经贪心的保罗——喜欢钱又喜欢赚钱的法利赛人——现在竟说："我已经学会知足了。"

† 具争议的一段经文

任何查考这卷书的人，都必须思考这段有名的经文：腓立比书2章5-11节。

很美的一段经文，却引来很多争议。最大的问题是：为什么出现在腓立比书？又为什么和这封信的其他部分很不一样？

这段经文有双重主题：倒空／升高、往下／往上，一看便知。这里面有很美的平衡，耶稣从天而降，最后死在十字架上，然后直升到至高宝座。他倒空自己，神将他升高。

1. 礼拜颂诗

有人认为，保罗是在引用初代教会吟唱的一首圣诗，因内容符合他所强调的重点，但这个说法没有证据，反而有可能是保罗自己在作词。毕竟，保罗常出口成诗，每当有一件令他深深感动的事，他就会不禁吟起诗来。圣经用散文体来传递神的思想意念，用诗歌体来传递神的情感。

2. 神学

保罗可能在此引述一首圣诗，甚至可能是他自己作的诗，但关于这段经文的最大争议，发生在把它视作神学论述的时候——这段话仿佛是在探讨基督位格的本质。

有人用这段经文作为基督虚己论的依据，"虚己"（kenotic）来自希腊文的 kenosis，意思是"倒空"。他们辩论基督究竟倒空多少神性，他究竟为成为人而放掉了什么？

从这个想法引出一个非常危险的神学假设——当耶稣在地上时并不是百分之一百的神，因他为了成为人而把他的部分神性倒空。

显而易见，他曾放下他的荣耀。如同一首圣诞节诗歌唱道："他虚己撇下他荣光，降生救人免死亡。"

他也曾放下他的无所不在——不能同时出现于所有的地方。耶稣只能一次出现在一个地方——这当然是有限的。

另一件显而易见的事：他不再无所不知——他曾经承认有些事情他并不知道。他不知道他何时再来——只有天父知道。有些事出乎他意外，表示当时他不知道接下来会是那样。他把他的无所不能也放下了，因为他只能在圣灵的能力降临他身上以后，才开始行神迹。他不能够以神子的身份行神迹，而是在他领受圣灵的洗以后，以人子的身份行神迹。

所以，毫无疑问地，他确实把许多特权和能力倒空了，但关键是，他绝对没有一刻不再是神；他一直都是百分之一百的神和百分之一百的人，既是完全的神，也是完全的人。

所以我们必须明白，他所放下不是属于他本质的事情，而是他的特权。尽管他放下了他的特权，但"神本性一切的丰盛都有形有体地居住在基督里面"。假如我放弃了我们的房子、车子和其他特权，那并不表示我就不再是我了。我或许选择放弃我的特权，但我仍是百分之一百的大卫·鲍森。同理，尽管他倒空自己，放下他与神同等的地位，他依然是神。

3.伦理

其实这整段既非礼拜的颂歌、也非神学论述，从书信的上下文来看，这段关乎的是伦理——基督的态度与选择。你可以从一个人的选择分辨他的人品，在这里我们看到耶稣做了不凡的选择。

✝ 耶稣所做的选择

1.成为人

他的第一个选择是成为人。我常对儿童举一个实例来说明这点，我说："你们看鱼缸里的热带鱼，假设你们看到那些鱼在打架，互相要把对方咬死，而你知道如果你变成一条鱼进到鱼缸里去的话，就可以救那些鱼，但也有可能被吃掉，请问你会去吗？"

讲到这里，他们可能还不大明白重点，我接着说："别担心，我们会把你的尸体从鱼缸里捞出来，给你一个生命之吻，使你又活过来。但有一个问题就是，我们没办法让你恢复人形，你得一辈子都当鱼！"

神子原与神同等，同享天上一切荣耀。他选择成为人，知道他到地上来可能被杀，也知道尽管神能使他从死里复活，但从此他永永远远都一直是人。所以他仍是"我们当中的一位"，而且永远都是三位一体中的一位，永远都像我们一样是人。

2.他的社会地位

第二个选择与他的出生有关，假如你可以选择任何一种生活水平，你会选择哪一种？假如你能选择你的父母、住在什么样的房子里、何种社会地位，你会选择生在哪里？耶稣选择社会的底层，生在一对贫穷夫妻的家庭里。最重要的，他选择了仆人的角色。

3.他的英年早逝

但他最大的选择是，在三十三岁那年，选择了可怕的、羞辱的、痛苦的死法，人类所发明最惨的死法——钉十字架。保罗写到基督的心，他说我们应该以基督的心为心。这"心"非关理智的想法，而是指我们的人品。保罗说，耶稣做了这些选择，所以完全配得一切权柄和能力，因为神要找的就是可以信任的人。神只能信任不在乎自己的权利、地位或财富的人，所以2章9节说："所以，神将他升为至高，又赐给他那超乎万名之上的名"。神能信任耶稣，把宇宙交给他掌控，因为神知道他绝无任何私心。

我们一定要弄清楚，保罗说"以基督的心为心"是什么意思，他不是在说"效法基督"，而是说："你们已经在基督里有和他一样的心了，所以你们当以基督的心为心"。因此他并不是说："这就是基督的心，因此你们要像基督一样"，而是说："如果你们在基督里，就已经有基督的心了。因此，要让这颗基督的心表现在你们彼此的关系上。"这比单单说"效法基督的态度"要深刻得多。

一如往常，从上下文可找出这段经文的意义。保罗敦促读者不要只顾自己的利益，而是要抱持和耶稣一样的态度。他们应该选择向下，而不是企图往上爬，如此神才能把权柄托付给他们。

所以这段经文不是关乎神学、礼拜颂诗，而是关乎伦理与合一。保罗的意思是："如果我们有基督的心，我们的团契就有合一了。"他解释说，他们必须合一才能够让教会外的人看到福音的真义。他说："我渴望听到你们站立得稳，为了福音的缘故齐心努力。"教会不再合一，是教会失去社会影响力的最快方法，反之，合一的教会则是让世人看到一神与一基督最强有力的方式。

✝ 把信心行出来

在这首关于耶稣的短诗之后，紧接着是这封信的主要教导，保罗告诉腓立比教会如何把信仰实际地活出来。

1. 救赎——经历要实践

  a. 神在我们里面动工
  b. 我们要活出属神的生命

保罗解释说，如同他们已在基督里经历了救赎，所以他们必须把所信的表现出来。救恩绝非被动的经历——得救的真理必须落实在我们所行的一切事上。

2. 公义——目标要追求

  a. 不是自己的义
  b. 乃是基督的义

怎样把救恩行出来，就是要追求义。但是有两种义——我们自己的义和基督的义。保罗曾经是恪遵律法的犹太人，深知善行救不了自己。绝大多数人都很难了解除了为恶行悔改以外，还必须为善行悔改。从这方面看，大罪人信主还比虔诚而有名望的人容易，因为那些可敬的人自认没做过什么坏事，不需要"被拯救"。

保罗的意思是："当我想到我的义，我觉得好像一个小孩子刚解过大便，然后把小马桶举起来说：'上帝，看看我弄的。'"这个例子可能有点粗鲁，但保罗用的希腊文确实是人的排泄物的意思，所以保罗说："我不要我的义，我想要基督的义。"

3.复活——美事要切慕

　　a.从死人中复活
　　b.有新的身体

保罗说："我竭力追求，我与他一同受苦、一同复活，好叫我能得着从死里复活。"其实，这句话用了两次"出来"（out），希腊文直译是："好叫我能得着从死人中出来的复活"，乍听之下不知在讲什么，但启示录有解释，在历史终点会有两次复活：头一次是义人复活，第二次是其余的死人（即"不义的人"）复活，并接受审判，二者之间有很长的时间间隔。

头一次复活是"义人"从死里复活，第二次是其他已死去的"不义之人"复活接受审判，所以保罗说："我希望在第一次复活，我的目标是当耶稣再来时从死里复活"，得以从死人中出来的复活。

4.责任——努力要不懈

　　a.忘记背后
　　b.努力面前

灵命是需要努力的；对某些人而言，这可是新闻。我们不是坐在巴士一路歌唱直到安抵天堂，而是要竭力追求圣洁。他告诉教会要把过去的一切都抛在脑后，竭力奔向神呼召他们的目标。

保罗说，他并不觉得他已经抵达目标，但他仍坚持不懈，为着神已安排的计划全力以赴。

5.效法基督——榜样要学习

  a.坏榜样：属世的心思
  b.好榜样：属天的心思

  我的书架上有一整排关于圣洁的书，但我从与主同行的友人身上所学到的，多过阅读这些书所学的。在我们身边总有一些人让我们看见基督，他们的生命激励我们奋发向上。照样，保罗很关心腓立比信徒有没有跟对人学习。他说教会里有两种人：有一种人"他们的神就是自己的肚腹"，他们用刀叉挖自己的坟墓（他们的结局就是沉沦）；还有一种人是以天上的事为念。你可要找对学习的榜样。

  所以这就是他依旧努力不懈的目标。他可没说他肯定能上天堂，但他说他想要跻身在头一次复活的人里面。

✝ 基督的平安

  结尾时，保罗给教会一个有关焦虑的应许，他说基督的平安必保守他们的心怀意念（4：7）。但有一个附带条件，也就是说，他们要控制他们的思想，所想的都要是诚实的、良善的、纯洁的、真实的。所以应许和条件是相连的。

✝ 结论

  我们已经看到这封信最主要的劝导，并不是主在信徒生命中做了什么，而是信徒需要做什么来回应主。这信上的许多应许都是有条件的，而且很清楚地，我们必须尽自己当尽的义务。

  这个教会没有什么冲突，却有温馨的情谊，这让腓立比书成为保罗书信中读来最愉悦的一卷书，仅有几节例外，此外也是最易读的一封信。在所有书信中，这一封信最能让我们清楚地看见保罗的事奉所带出的配搭关系，他们与保罗的同工关系之深，不仅在世人面前成为感人的见证，并且他们也在保罗有需要的时候给他实质的帮助。同时，我们也清楚看到，这位使徒不论遭遇任何景况，都完全知足了。他对一切事情都知足，除了对他自己以外！他知道他可以从神那里领受力量，所以他敦促读者也要这样做。他特别渴望他们和他一同喜乐。

16. 腓利门书

保罗书信的排列顺序与旧约先知书排序的原则相同——较长的排在前面。保罗的书信被分成两大区块——写给教会的信和写给个人的信,在这两大区块中,都是比较长的排在先,比较短的排在后。因此保罗书信并不是照作者写作的时间顺序排列的,腓利门书被放在最后,只因它是最短的一封。只有这一封单纯讲一个人,一个逃跑的奴隶。在新约的书信中,显然这封信最具私人性质。

查考这封信之前,需要先回答两个问题:"为什么要写?"和"如果这是封私人信函,为何神要把它收入圣经中?"第一个问题的答案相当明显,因为这封信背后的故事很简单,是一幕独角戏,有一个名叫阿尼西母、乖戾、懒惰、悖逆、忿恨的奴隶,逃离主人,到了罗马,以为在大城市里不愁找不到藏匿的地方。我们不清楚他是怎么遇见保罗的,尤其当时保罗正被软禁中,二十四小时跟一个罗马士兵铐在一起。

当时对逃跑奴隶的惩罚,通常是钉十字架,如果他的主人特别仁慈,就只会在他额头上烙下两个字母"FF",意思是"逃奴"。此生他将永远带着这个烙印,但起码小命保住了。

保罗要阿尼西母回到主人腓利门身边,这人是歌罗西人,基督徒,保罗认识他。保罗写这封信给腓利门，希望他能平和地重新接受他的奴隶。由于逃离主人的惩罚非常严厉，所以这封信的语气和内容非常重要。但保罗知道还有一件事很重要，就是阿尼西母要面对过去，不再逃避。悔改有一个重要的部分，就是改正过去的错误。

保罗对阿尼西母说："你知道我得把你送回去。"想必是神要他插手这件事，因为阿尼西母的主人是住歌罗西的一个基督徒，是使徒保罗的旧识。所以保罗说："我要你带着一封信回去，我会在信上把一切解释清楚。"

我们可以从保罗如何使用"阿尼西母"一名的双关语，细细体会他的口气，因为这个名字的意思是"有用的"——应该是主人为他取的。但保罗在信上对腓利门说："也许你发现从前他对你没有什么用处，但现在我把这位对你有用的奴隶送回去。"不仅如此，他是把一位主内弟兄送回去他身边。保罗甚至说，他会偿付阿尼西母所偷走的钱。

可别忘了，在罗马时代很少人写信，尤其是从罗马到土耳其西部这么遥远。所以很有可能在递送这封信给腓利门的同时，保罗也写信寄给歌罗西和以弗所的教会，由同一位信差推基古带去。

这故事可以从几种角度来思考：

个人的角度

这里有三个主要角色：

1. **保罗**。尽管人在狱中，他仍有时间带领个人信主，如阿尼西母。从他的口气可以很清楚看到，他喜欢这个奴隶，尽管保罗这个诉求有点用得太过了，他说："我已经上年纪了，又是个被囚的。"听来有点感伤，却显出这是一封充满人情味的书信。
2. **腓利门**。有个教会在他家里聚会，他有一妻一儿。保罗说，对他们三方来说，可能都很难。保罗很不想让阿尼西母走，因为这对他有益处；阿尼西母也很难回去，因为他是逃跑的奴隶；而腓利门也很难接受并原谅他。"然而"，保罗说："让我们做这件很难的事吧！"

3. **阿尼西母**。这位即将重回主人家中的有用仆人，也将重返工作岗位。

这封信显示，在腓利门家里的教会，有几位同工是保罗认识的，除了腓利门以外，还有亚腓亚和亚基布。以巴弗、马可、亚里达古、底马、路加等，也都问候教会。如果我们问："这封信的目的达到了吗？"答案几乎是肯定的。假如没达成，我们就应该不会看到这封信了，腓利门八成会把它给撕了，当然就不会被列入新约圣经正典。

社会的角度

我们也可以从社会的角度研读这封信，思考有关奴隶的问题。有些人觉得保罗竟无废除奴隶制度之意，实在太令他们惊讶。他们认为保罗虽然在信上提到奴隶制度，却一点没有说这种制度应该废止。把人当作个人财产，这种观念当然不符合圣经的教导，神不是同样重视每一个生命吗？

但这观念是从错误的讯息来的。保罗的确谴责贩奴（在提摩太前书1章10节，他还谴责行淫、亲男色的和说谎话的等等），他之所以不愿致力于废止奴隶制度，是因为罗马帝国人口有三分之二都是奴隶，主张废止这个制度，形同掀起社会动乱。保罗宁可被视为传讲福音的传道人，而不愿被视为追求社会理想的斗士。

反之，保罗从内部破除奴隶制度，从改变主仆的关系和态度做起，他敦促腓利门把阿尼西母当作主内弟兄，不要看作他的一件财产。他在信上说，阿尼西母是他的"儿子"、"亲爱的弟兄"，此外，在歌罗西书和以弗所书上也提到，主仆之间应以新的态度彼此相待。保罗知道，至终这种观点必可从根本破除奴隶制度。

属灵的角度

这封信还有一个属灵的角度，不容忽略。我相信它被列入我们的圣经中，是因为它将我们的救恩完全呈现出来。我们都是逃离神的奴隶，对神而言不再有用，但耶稣来，为我们偿还罪债，把我们交还给神，使我们重新成为有用的仆人。所以，我们看到一幅称义的画面——阿尼西母被当成儿子一样接纳；和一幅成圣的画面——现在他对他的主人是有用、有益的。

伦理的角度

保罗将耶稣为他做的事，做在奴隶阿尼西母身上。他等于是对阿尼西母说："耶稣已经为你偿还了，他拯救了你，使你重新变成有用的人，又把你送回去天父面前事奉他。现在你去吧，耶稣怎样为你付出，你也照样去为别人付出。"换言之，基督怎样待我们，我们也要怎样待别人。我们必须把人收回且送回天父那里去。我们必须愿意为他们付代价，正如基督为我们付了代价。

✝ 结论

因此，我们应当本于神对待我们的方式，来对待别人。

我们怎样被接纳，也要怎样去接纳别人；我们怎样蒙赦免，也要怎样去饶恕别人；我们怎样得怜恤，也要怎样去怜恤别人；怎样蒙爱，也要怎样去爱别人。如果我们不这样去行，就表示我们并未真正了解神的恩典（请看不肯饶恕之仆人的比喻，参太18：21-35）。

保罗这封信让我们看到，他个人在基督里的救恩导向的生活方式。基督为他付出那么多，现在他也为别人付出。这就是"作成你得救的工夫"最美的例子。

17. 提摩太前后书和提多书

✝ 引言

圣经注释学者一般将提摩太前后书与提多书放在一起研读，基于两个很不一样的理由。其一，这些信与保罗其他书信不一样；其二，这三封信本身互有相似之处。以下将看到，把这三封信放在一起查考，确实有充分理由，只是学者们的假设不一定正确。

与其他书信不同的地方

这三封信的与众不同之处，在于保罗的书信多半直接写给教会（腓利门书是唯一例外），此外，这三封信主要谈实际层面的事，虽然并非没有神学观点。保罗其他书信多半在前半部集中焦点谈教义问题，后半部才谈到一些实际的问题，但在这三封信里，确实从开头到结尾都在给实际的建议。保罗对信里提到的几个问题，约略表示意见，不像他在其他书信那样深入处理细节。

三封信彼此相似的地方

长久以来，学者们都将这三封信独立成一组，因这三封信是同一作者在同一时间，为着相同理由而写，虽然收信人不同。

† 作者身份

但是，这几封信的特点却导致有人怀疑，这真的是保罗写的吗？原因如下：

1.风格——内在的差异

无论就内容、风格和遣辞用句，都和保罗其他书信不同。从语句研究显示，这三封信和保罗早期书信相较，一致性颇低。

2.内容——外在的差异

其他学者认为，相较于其他书信，保罗在这三封信里所描述的基督教也很不一样。他在其他书信写到信心，但在这三封信里却加上定冠词——这信（the faith）。他所描述的事奉比起之前似乎较有组织。他与诺斯底异端的论战似乎更加激烈，而谈到信心的外在表现，他似乎采取了异教徒的标准，而非基督徒的理想，例如他说："凡事都要节制"。

3.宣教行程

其他学者认为，这三封信不是保罗写的，因为不符合使徒行传描述的保罗晚年的宣教行程。

4.差异释疑

这三封信和保罗其他书信的差异，其实都不难解释。

第一，这三封信写的时间比较晚。任何作者的文字风格都会随着年岁增长而改变，我们所观察到的改变也属于这一类，毋须假设是不同作者写的。

第二，此时不但保罗上了年纪，教会也是，有许多人是"第二代基督徒"，教会的架构也可能产生变化，保罗的书信不过是反映这些变化罢了。

第三，保罗的行程与路加在使徒行传的记载不符，一点都不意外，因为使徒行传并不包含保罗在世最后几年的宣教足迹。使徒行传结束于保罗被软禁于罗马，但他获释之后又发生了很多事情，一如使徒书信所反映的。那次审讯后他无罪开释，得以继续巡回宣教，他去了克里特，可能也去过西班牙，后来被铜匠亚历山大出卖而再度被捕。提摩太后书写于保罗二度被关的期间。

所以，我个人确信这三封信都是保罗写的，而且是在他离世前最后几个月所写。他写给他年轻的朋友和同工——提摩太与提多，以协助二人受差前往事奉的教会免于败坏灭亡。

† 教牧书信？

1703年由贝德特（D. N. Berdot）率先提出，将这三封信统称为"教牧书信"，虽被普遍采用，却有误导之嫌。误导理由有三点：第一，这三封信和保罗其他书信一样，都是"教牧"书信。他写的每一封信都有教牧意味，都在处理教牧的问题，包括罗马书也是，而罗马书也一直被误认为是保罗的神学观摘要。

第二，这三封信并不是写给牧师的。提摩太和提多都不是"牧师"，并且这些信的用意也不在谈明确的领导制度，如同今日教会的制度，我们读新约时要小心，不要把后来的发展套用回去。

冠上"教牧书信"之名有个危险，这些信会因此被当作牧师训练手册，好像内容在说"如何组织教会"似的。信中确实有所指示，但焦点是摆在教会需要长老和执事，谈到有一些人能被指派作长老，没有谈到牧师。这些信并未授权一人领导，这点以下将讨论。

第三，把这些信当作牧师训练手册并不适当，很多方面应有的建议，却完全没提，这些信没提到怎么选长老，长老有哪些责任，应该有几位长老，任期多长等等。这些信提到传讲信息，有几节经文讲到祷告，但对于如何带领敬拜却只字未提。尽管我们可以筛检出一些教牧细节，但显然提供教牧建议并非是这三封信的目的。我们不能不假定，对于这一类须知，提摩太和提多都已知道了。

† 布道书信？

冠以"教牧书信"之名，意为这些信关注的是教会内部，但保罗所关心的并非仅限于教会内部。在保罗的想法里，领袖决定了会友的质量，会友的质量决定了教会向外面世界作见证的影响力。事实上，这三封信的总目标是让教会安顿秩序以对外广传福音。所以有些人主张称为"布道书信"更贴切。毕竟，这些信从头到尾都在关心传福音。保罗强调"尊荣"福音的好行为很重要（参多2：10），可使非信徒被福音吸引。在非信徒当中的名声也很重要，且是衡量一个人合不合适作长老的一个方法。保罗特别嘱咐提摩太做传福音的人应做的工作（参提后4：5）。

同时，保罗敦促这两位同工处理为福音带来反效果的事。假教师正在破坏教会的品格，为福音制造障碍。会友之间的关系并不尊荣福音，甚至令外人灰心，根本不想听教会信仰什么。保罗认为教会务必清理门户，否则福音连教会周围都跨不出去。他告诉提摩太，神愿意万人得救，因此他们必须确保神的子民的见证，对福音真理起正面作用。

† 使徒书信！

严格来讲，称"布道书信"也不完全正确。最佳描述仍是"使徒书信"，因为提摩太和提多其实都可称为"使徒代表"。从字里行间我们发现，他们两人被差去那些教会并非做牧师，也不是做传福音的人。保罗凭借他的权柄差他们做使徒代表。

当保罗和他的团队在一个地区建立起一群信徒以后，会持续以一至四种方式跟进。保罗会重返那教会，探视近况；或者他会写信去；或者他会派一名团队成员重返那教会，并待上一段时间；或者他会把一名团队成员留下来，协助教会稳固根基。这成员就是我们在这里所看到的"使徒代表"。

"使徒"的称呼需要解释一下，因为实在有太多的误解。"使徒"的字面意义就是"被差遣的人"，在新约里有几种人都被称为使徒（见

第15章腓立比书，第243页）。至于个人的事奉，新约圣经提到几种头衔，除了上述"使徒"以外，还有"监督"（英文episcopal源自希腊文 *episcopos*），监督是教会的督导者。此外还有"长老"（英文elder译自希腊文*presbuteros*，Presbyterian（长老教会）由此衍生而来）。事实上，长老与监督是可互换的两个称谓，意思都是指比较年长、比较成熟、负责监督教会的基督徒。前者描述品格，后者描述功用。

最后还有一个职称：**执事**（希腊文*diaconos*），意思就是"仆人"，负责照管教会实际事务的人。

所以在新约圣经里，使徒建立教会，确保根基稳固之后，就把教会交给监督／长老和执事们。

关键是这些事奉全都是复数的，在新约里看不到一人独揽事奉。使徒有团队、长老有团队、执事有团队。当年他们一间教会里有许多监督，不是许多教会有一位监督，现今做法常与新约圣经完全相反。

在新约里，只有一个人同时兼任使徒、监督和执事（就是加略人犹大！）。仔细读使徒行传第1章，就会发现彼得说："我们必须找一个人来取代犹大，我们得找另一位'使徒／监督／执事'来取代他。"所以我想这个身兼三职的前例，似乎并不好！

通常这些职分各司其职，使徒应该去拓植教会，协助教会稳固，直到有人出来担任长老与执事，他的工作到此为止，然后他就离开。例如，在提多书我们看到，保罗把提多留在克里特，让他完成在每个城市设立长老的工作，然后尽快到罗马跟保罗会合。很可惜，自从第1世纪以后，使徒的角色和长老／监督的角色混淆了，结果变成由一位监督负责许多教会，或者在教会里有人自称使徒。新约圣经里可不是这样的。

✝ 使徒团队

因此，提摩太和提多是在使徒团队的背景下工作的，保罗把教会建立起来了，现在他们的任务是去处理后来出现的问题。提摩太被派去以弗所，而提多被留在克里特，两人的功用都是做使徒的代表（或者说

"麻烦终结者"），以短期任务的方式把事情解决，保罗希望他们赶紧处理，然后到罗马与他会合。

这不是他们第一次被赋予这种角色，两人曾在不同时间被差往哥林多教会处理事情，得到不同的结果。提摩太没有把问题处理得很好，提多处理得比较成功。结果之所以不同，部分原因是处理冲突的做法不同，提摩太比较胆怯，需要多点鼓励。相形之下，提多处理事情就比较果决，所以对提多只要告诉他该做什么就可以，而提摩太需要很多鼓励，把他里面的恩赐挑旺起来。保罗必须提醒他，神所赐给他的灵是充满能力、爱心和健全的心灵。

查考保罗在这几封信里的沟通方式可看到，他好像特别喜欢提摩太，他称提摩太为"我亲爱的儿子"，看来提摩太对保罗亲如家人，他们的关系很特别，而且保罗大概希望提摩太接他的棒子，尽管两人无论在特质和背景上都不一样。

提摩太和提多究竟有多少权柄来执行任务，我们并不清楚。保罗虽不时告诉提摩太要"嘱咐"或"吩咐"教会，但所嘱咐的事乃是根据保罗所教导的使徒的教训，不是照提摩太个人的想法。

我们很清楚的是，这权柄非关阶级，也不是谁传给谁。使徒的代表把教会的领导权交给长老和执事，由长老和执事们继续听从基督的指挥，带领教会。这样他们的任务就完成了，他们并不"制造"更多的使徒。

在这三封信里，保罗希望他的两位同工确保两地的教会都有健全的领导层和健全的会友。一如以往，保罗并不追求量，而是追求质。他要的是高质量的领袖和高质量的会友，他知道这样才能大量领人信主。

有件保罗不曾询问的事，很有意思，保罗从头到尾都没问教会人数或领导人有多少位，似乎领导和会友的质量是他比较关心的。他把提多留在克里特，为的是提高会友的质量，而以弗所教会的问题则是领导者质量不佳。提多书告诉你，一位使徒离开前应该造就出哪种质量的会友，但提摩太前后书则让你思考哪一种领袖是教会不可少的。

我们可以从三方面来看这些信：从作者（保罗）的角度、从收信对象（提多和提摩太）的角度，最后从需要这两位使徒代表前去引导的地点（克里特和以弗所教会）的情况来看。

这三封信其实可以建构出保罗的生平，真不知为什么有人会质疑保罗是不是真正的作者。在这几封信里有关保罗的个人资料，比其他书信还多，所以很难想象这些信不是出自保罗。

† 保罗一生的榜样

过去的改变

保罗写到他生命的转变，回想他曾经是一个亵渎神的暴力人物，迫害神的教会，敌对基督。他自称是罪人中的罪魁，如今他对那位抓住他又指派他去外邦人中间做使徒的神满怀感谢。当神赦免我们，也把我们曾经做过的都忘了，但我们却忘不了，保罗的回忆显示出这一点。

现在的景况

保罗把他的难处和近况都告诉这两位年轻的同工，在这三封信里我们读到，他已经去过以弗所、克里特、尼哥坡里、哥林多、米利都、特罗亚，可能还首度去了西班牙。在提摩太后书，他回想被囚禁于罗马的情形，这次他被囚，不像上次被软禁还可享有一点自由，现在他被因在死刑囚犯的大牢里，是铜匠亚历山大陷害的，他突然被逮捕，甚至来不及取外套和笔记簿就被抓走。在这封信中，他请提摩太赶在冬天以前，把他的外套和笔记簿带来。他知道自己可能得被关上一段时间，而且尼禄的脾气阴晴不定，不能指望他作出公平、公正的判决。

未来的盼望

保罗就是在这样的背景下，给年轻的友人提摩太写了感人的信，不妨称为他的"遗嘱和见证"。保罗已年过六十，深感生命进入尾声。在第一次被囚期间，路加写了使徒行传为保罗辩护，向罗马当局证明保罗没有犯任何该处死刑的罪。但这第二次被囚，保罗知道就算有那样的辩护书也没什么用，他做了最坏的打算。这封信呈现他为一些人与事感到难过，包括底马弃他而去，还有别人也退缩而不再支持他。现在是把棒子交给提摩太的时候了，提摩太还年轻，可以接续他的传道工作。保罗说，他的工作完成了，当跑的路跑尽了，美好的仗打过了。

† 保罗一生的目的

我们不但看到保罗一生的榜样，也看到他一生的目的。从信中清楚可见，保罗一生为福音（在这三封信中，亦形容为"信"和"真道"）而活，他也敦促这两位年轻的同工抱持相同的态度。这是催促保罗做一切事情的动机，因此他希望把神的作为和人的回应勾勒出来，好叫这两位年轻的同工，乃至各教会，都能听到"纯正"的教导。他所用的希腊字意思是"健康"，保罗认为这是防止假教师和不行真道之会友散布有毒话语的最佳解药。

客观层面——神的实然

神

这三封信里各有一部分把焦点集中于神的作为。保罗写到神的属性、他的慈爱与恩典，他是"救主"。一般多认为神是审判者，耶稣是"救主"，但称呼神为救主，符合我们所认识的父神——他主动差他的爱子来，并将末日的审判都归到爱子身上。

这三封信还有其他描述神荣美的头衔，譬如他是不能朽坏、不能看见、永世（亦即永恒）的君王，他是人未曾看见、也是不能看见的，住在人不能靠近的光里。他是独一有智慧的神、永活的神、万王之王，以及万主之主。

耶稣

保罗称耶稣为审判者和救主，且用各种方式描述他在十字架上成就的工。他告诉我们："基督耶稣降世，为要拯救罪人。"又说耶稣"已经把死废去，藉着福音，将不能坏的生命彰显出来"，并且"他舍自己作万人的赎价"。提摩太前书3章16节可说是基督的简略生平："就是神在肉身显现，被圣灵称义，被天使看见，被传于外邦，被世人信服，被接在荣耀里。"

圣灵

保罗也从两个层面提到圣灵的工作。第一，他写到圣灵的经验，提醒提摩太从前他和众长老为他按手祷告时，曾领受了圣灵的一项恩赐。保罗提醒他不要忘了圣灵是仁爱、刚强和谨守的灵。

第二，他写到属灵恩赐的运用，并督促提摩太要使用他被按手时领受到的恩赐。我们不知道提摩太领受了什么恩赐，也不知道提摩太前后书这两节有关"按手"的经文，是发生在提摩太信主或被按立之时。总之，保罗鼓励提摩太要把所领受的恩赐运用出来。

主观层面——人的应然

接下来，看人对于神的主动作为，应该有什么回应。保罗书信讲得很清楚，信徒的救恩有三个层面，这三封信也不例外。救恩不是立即获得，也不是自动获得，救恩是一个过程，保罗用三种时态来描述：

1.过去式（称义）——经历的层面

保罗教导说，过去的得救经历，指的就是我们初次信靠基督之时。介词很重要，得救是靠（by）恩典，不是因为善行，也不是因为"遵行律法"。并非如一些人所主张的，信徒得救只是脱离地狱而已，更是脱离恶行；最终，救恩是藉由圣灵而来。

在提多书，保罗写"重生的洗"，是指用水施洗和在圣灵里施洗。就进入国度而言，正确的起步是两者兼备。

2.现在式（成圣）——道德的层面

救恩的现在式是保罗最关切的，尽管这并非他的主要焦点。保罗很清楚教义的目的，他没时间作学术的辩论、脑力激荡和纯理论的争辩，这些都不能改变生命。

福音带来的结果是善行，与罪恶分开，靠着恩典可以拒绝犯罪。积极来讲，我们被分别出来行善，就像贵重的器皿一样，已经被洁净了，不再作污秽的用途。

善行的结果是带出福音。这三封信提醒我们，基督徒的好行为可以吸引人来寻求神。

3.未来式（得荣耀）——末日的层面

但成圣并不是救恩的终点，因为我们都还没完全得救，只是已经上路，走在这条真道上。当有人对我说："我们主日晚上有七个人得救"，我总会这样回说："你的意思应该是，主日晚上有七个人开始被拯救。"他们还没完全得救。

对保罗来说，救恩三阶段的主要焦点在未来。我们虽然已继承永恒的生命，但同时仍需坚持信心，相信到底。保罗说有些人已经偏离了信心，他警告提摩太一定要留心自己的生命和教训，这样不但能救自己也能救听他讲道的人。

在这三封信里，保罗共提出"五句可信的话"，其中一句在提摩太后书2章11节，正好可用来说明这点，让我们分段来看。

肯定的：

"我们若与基督同死，也必与他同活"（指信主／受洗而言，非指殉道）；"我们若能忍耐，也必和他一同作王。"

否定的：

"我们若不认他，他也必不认我们。"

但是，最后一行的陈述却变了："我们纵然失信，他仍是可信的，因为他不能背乎自己。"有些人主张这表示信徒永远不致失丧。但是，神保证的是他的信实可靠，必不会违背自己。保罗用神的稳定，对比我们的不稳定。纵然信徒永不致失丧，却会因不忠失信，以致不再是信徒了。在这三封信中，保罗写到有些人"偏离"了信心，暗示他们从前是相信神的，但现在不再相信了。

对于未来的救恩，保罗提到我们将赢得冠冕。我们必须坚持到底，好得着神已为我们预备的一切。

影响后世深远的法国神学家加尔文，他有个教导常被人引述，就是一个人一旦信靠基督，他将来得救稳妥无虞。可是，其实他所写的是：

> 尽管如此，倘若我们并未照他的带领持续前进，直达救恩的最终目标，我们的救赎可能是不完全的。因此，我们转离开他的那一刻，即使仅是些微离开，我们倚靠他而稳妥的救恩，就会渐渐地消失退去。于是，凡不倚赖他的人都使自己自动丧失了一切恩典。

现在我不大喜欢用"得救"一词，宁可说"回收"。若有人问我从事哪一行，我常说我从事回收业，人们原本还觉得这行业不赖嘛，但我接着说，我不是回收纸类和金属类，人类才是我回收的材料，这时他们的表情往往转为惊愕。我相信用回收来形容是合乎圣经的，毕竟，人是需要回收的，人起初被造的目的需要被恢复过来。新约圣经用来形容地狱的"欣嫩子谷"（Gehenna），其实就是耶路撒冷的垃圾场。

提多书3章5节对帮助我们了解救恩十分重要，这节经文提醒我们：神藉着水的洗礼和圣灵的洗，拯救了我们。这句话跟约翰福音3章5节很像，那里说我们是从水和圣灵生的。事实上，保罗将水洗和灵洗视为得救不可或缺的要件（参见拙作《属灵接生学》）。只因我们一直以为得救等于拿到上天堂的门票，所以才有错误的观念，以为得救不一定要经过水洗和灵洗。当我们把救恩视为是一种回收的过程，那么这两件事就会是不可或缺的。保罗说，神藉着重生的洗和圣灵的更新使我们得救，藉着耶稣基督将圣灵厚厚的浇灌在我们身上。所以，回收过程从洗礼开始，持续到我们领受圣灵的洗。

✝ 提摩太和提多

　　提摩太和提多两人形成强烈对比，提多出身异教家庭，是未受割礼的外邦人。提摩太生于路司得，那是保罗把福音传到加拉太省的第一个城镇。路司得的团契把提摩太推荐给保罗，提摩太就跟着保罗学习。

　　提摩太的母亲和外婆都是犹太人，从小教他读圣经。他原本并未受割礼，因为他父亲不是犹太人，后来保罗为他行割礼，不是因为保罗认为割礼对提摩太有益处，而是因为这样他才能带着提摩太进出犹太人会堂。保罗不希望他的团队对犹太人造成任何不必要的冒犯，这方面他很敏锐。

　　新约有三处经文，提到提摩太到以弗所之前，有过三次特别任务。保罗曾派他作代表，前往帖撒罗尼迦教会、哥林多教会和腓立比教会。他也协助保罗写了至少六封信：两封给帖撒罗尼迦教会，两封给哥林多教会，一封给腓立比教会，一封给腓利门。不过，提摩太健康不佳，有长年的消化毛病，所以为了他的胃疾，保罗告诉他可以稍微喝一点酒。事实上，保罗觉得有必要督促提摩太像士兵或运动员一样，操练身体以因应服事的挑战。我们不知道后来提摩太是否在保罗被行刑以前赶到罗马，但在提摩太后书里我们可以看到，保罗巴望着他赶快来。

　　相较于写给提摩太的信，保罗给提多的信就比较少提到个人的事。提多显然是执行力很强的人，把哥林多教会的问题处理妥当，保罗似乎对他十分信任。这封信所透露关于提多的事情非常少，保罗没有像给提摩太劝勉那样，给提多劝勉。

　　保罗的书信几乎都在一开始时，就暗示需要处理的危机或困难，提多书也不例外。虽然克里特的每个城市都有教会，却**没有长老带领教会**，所以最迫切的事，就是派一个人去设立本地信徒做长老，让长老们来帮助教会成长。这就是提多的任务。

　　写信给提摩太则是因为以弗所教会的长老不适任。所以保罗给提摩太的任务是，免除这些不适任长老的职分，另找适任者取代。事实上，以弗所的工作找提多来做，似乎比提摩太更合适！

　　对克里特，保罗担心的是会友质量不佳。从保罗的评语看来，他们似乎仍受从前异教背景的影响，进而使教会生活也受影响。克里特人行为不佳是恶名在外的，连教会也免不了这不良的影响。对照之下，以弗所教会需要关注的是领导人的问题。两边都有错谬的教导出现，在克里特，假教师仅在教会生活的外缘，而在以弗所，不良的教导正是出自那些不良的领导人。所以若要有健全的教会，这些问题必须处理。

我们可以把保罗交给提摩太和提多的工作，分成三大类：

✝ 完成交接

他们的第一个任务，就是把这些依赖使徒的教会交给本地信徒起来领导。教会需要适当地独立，对创立者的依赖才能逐渐降低到零。

优秀的领导人

长老

保罗特别说明应该找怎样的人担任长老。他强调品格，尤其是长老作为一家之主的责任，若是教会在长老家里聚会，他有没有好好管理自己的家就更重要了。保罗提到长老的"敬奉"，即"酬劳"之意，他主张善于领导的长老们，尤其是在讲道和教导上特别努力的，应该得到"加倍的敬奉"。

很有意思的是，保罗提到长老在教会外要有好名声。当教会选择长老时，不妨参考教会外人士的意见，如有好名声，被推荐，是个好征兆。

保罗的教导是由男性担任长老。倘若有人问我，女性可不可以做长老，我的回答是：保罗教导的是"他"只做一个妇人的丈夫！毕竟那是做长老的资格之一。从其他经文的重要性来衡量，我个人的看法是，长老是男性应挑起的责任，就像家中管教孩子的事最终要由父亲负责一样。

领导者往往抱怨，倘若会友肯听从他们，问题就能迎刃而解了。我怀疑，许多问题正是因为会友言听计从而起！人都会潜意识地跟从领袖的想法，或许未必领袖说什么就做什么，但会跟着领袖有样学样。做教会领袖有个令人畏惧的责任，就是你的优点和弱点通通会影响着教会。

当然，若教会是由一人领导，危险就特别大，他的性格会成为教会的性格。但若有一群长老来带领教会，各人的优缺点就会互补，情况会比一人领导好得多。教会领袖（亦即长老和执事）的资格在于品格而非恩赐，部分原因在此。使一个人出来做领袖，倒不是他能做些什么事，而是看他在家里是怎样的人、在外头是怎样的人。做长老只有一项能力的要求，就是应该要能够教导，无论是一对一、或对全体会众。

执事

对于执事的资格要求与长老类似，不过倒是有提到姊妹可以担任执事。保罗虽提到姊妹，但究竟是指执事的妻子、还是女执事，有一些争议。只是要在教会里担任某一项服事，不论是谁、也不论多有能力，都必须敬虔才可以。在教会里为主作工最重要的不是才能，而是关系。

我们可以清楚看到，事奉没有阶级高低之分，当上执事并不是往上爬了一阶，更靠近长老职分，即便有人这样想。执事所关心的是教会事务上的需要，而长老的焦点则在属灵的需要上。

优秀的会友

这三封信也列举各种实际事务，勾勒出会友重要的质量。保罗说，在教会里要存着谦让的态度，在社会上对人要敬重，表现方式之一就是为政治上的领导者代祷。会友应该把自己家里的人照顾好，这也是保罗所关心的。

他还教导几件重要的事情：年长的妇女应帮助年轻的妇女，对年长者要尊敬，教会要救济那些真正没有倚靠的寡妇。

提多书的焦点尤其放在会友的质量上，保罗写道，敬虔的品格要表现在教会里、家里和工作上。其实这封信非常适合用来作会友训练课程教材，因它充分说明会友当如何尊荣福音。在这三封信里，保罗很关心教会在世人当中的好名声。有意思的是，保罗在信中所列出的美德其实并非基督徒的清单，而是希腊人的清单。希腊人曾经认为要符合某些品德，才称得上是好人。保罗就拿来挑战基督徒，理当要做到异教徒所列的品德。

这并不表示教会应采用世人的道德标准，而是说我们起码应做到世人所认为的善行。当然这暗示非基督徒也是有分辨力的，而且他们常注意基督徒有没有达到标准！

女性的角色

这三封书信的教导争议最大的，或许是关于妇女的部分，对于妇女的事奉，保罗的限制似乎颇严格。[1] 女性主义神学家很不喜欢这三封信，主张如下：

1. **伪经**。有些人说这三封信不是保罗所写，而是第二世纪有人伪名写作。因此不应列入正典。
2. **拉比**。有些人主张，如果这三封信出自保罗，那么这关于妇女的教导，就是倒退到他信主前还做拉比的日子。保罗年老时源自犹太背景的偏见又回来了。
3. **文化**。有人主张这教导纯粹是顺应文化，倘若耶稣活在今天，他会选六男六女做使徒。抱持此立场的人最喜欢用一句话总结：保罗受当时文化制约。照这样讲，耶稣选十二名男士做他的使徒就是一种圆滑的作法，因为在当时若选女性做使徒会令人不悦——持此论调的人完全没了解到，耶稣做事从不是出于"外交手腕"！法利赛人曾恭维耶稣说："什么人你都不徇情面。"假如耶稣认为那样做是对的，他就会去做。
4. **异端**。有些人主张妇女之所以被禁止教导，是因为许多异端教派都是以女性为首，教会需要和那些做法保持距离，所以禁止妇女教导。不过，并没有证据支持这个理论。
5. **教育**。还有一个主张是，保罗那时代的妇女没受过教育，所以不适合担任教导／领导的角色。若是这样的话，那保罗也不应该让没受过教育的男性来带领教会。在使徒行传里，十二使徒在公会的人眼中"是没有学问的小民"，也没受过什么教育。

---

[1] 完整的讨论请参见拙作《男人当家》（*Leadership is Male*）。

但是我们清楚看到保罗的教导，男女性别差异仍应用在教会里，我们并不是在基督里就变成中性人，神希望男人像男人，女人像女人。保罗的教导和现代强调"人格特质"的倾向显然有别，现代人倾向缩小或泯灭性别界线。

神创造我们有男有女，我们彼此需要。他造我们有不同的角色和责任，当男人行为像女人，女人行为像男人，就是把神的创造之美扭曲了。所以神赋予男人带领的责任，虽然这教导在今天不受欢迎，但圣经就是这么教导的，我们不能回避。

✝ 解决乱源

第二项任务是和麻烦制造者对质。保罗最后离开以弗所时，曾对教会的长老们说，他知道他走以后必有凶暴的豺狼进入他们中间，不爱惜羊群。不幸被他言中。这就是保罗派提摩太去以弗所的原因，要去把那些狼赶走。

假教导是贯穿这三封信的一条线，它是提多书的背景，也是提摩太前后书的前景。事实上，它正是保罗写信给提摩太的原因。如果你忽视问题，问题只会恶化，但若你愿意在一出现时就面对它，解决起来反而比较快。

他们所散播的错误教导

这假教导的本质到底是怎样，从信中并不容易了解，有些人主张应该是类似第二世纪的诺斯底主义。

1. **掺杂希腊人的因素**。他们相信肉体是恶的，因此教导性是错的，又教导在饮食上需要遵守某些规定，才能讨神喜悦。他们也融合了二元论，主张已完全应验的末世观（亦即，复活已经发生了）。
2. **掺杂犹太人的因素**。要遵守饮食清规又重视家谱，这表示可能出于犹太背景。保罗说他们是凭己意解释旧约。

看来保罗有两条战线——打击希腊人和犹太人的两股力量，因其结合成为希腊化的犹太教，攻击福音。

他们所建立的坏榜样

前面提到，保罗告诉提摩太，做得好的长老"配受加倍的敬奉"。虽然英文圣经版本翻译得不好，但保罗的意思很清楚。劳苦传道教导人的长老，值得加倍的报酬。这暗示事奉是有酬谢的，要给那些向未信者传福音的和给信徒教导的人酬劳。相比之下，保罗告诉提摩太不应该付给那些做得差的长老酬劳，尤其如果他们是贪爱钱财的人，更不要给他们一分钱。

从保罗反对的事情，也可看出那些长老们品格的缺失，他说他们有敬虔的外貌，却不符敬虔的实意；他们外表看起来挺好，但内在动机却是自私自利。虽看似遵守律法，骨子里却是放荡的，为自己的成就沾沾自喜，贪爱钱财，以为金钱是他们虔诚的报酬。

他们所带出的坏影响

这些领袖给教会制造灾难，他们错谬的教导就像使身体长了一个坏疽。他们的主张千奇百怪，掺杂了律法主义和放纵——只要有其中一种就会扼杀圣灵里的自由，两种都有则更加严重。领导力必须发自单纯的心、清洁的良心和真诚的信心，而这些不良的长老一样都没有。他们只会宣传错谬的道理，自己也做了坏的示范。

✝ 传递真理

第三个重要任务就是传讲真理，给教会打下稳固根基。教会生活最重要的层面，终究还是要持续地好好教导圣经。未能持续接受系统教导的教会，很容易遭受各种危害，但若能持续面对神的话语——福音真理的传讲，会友灵命必能不断成长。

提摩太必须和麻烦制造者当面对质，要当他们的面指出他们的不是，要迅速处理，免除他们的职位，另寻好的长老来取代。从外面来的攻击，教会都能挺得住，但来自内部的腐败，就岌岌可危了。

教导包含话语的指教、劝勉和告诫，是带着权柄的教导，不只是教育或灌输知识而已。言教之外还有身教，提摩太和提多都要以亲身实践来阐扬真理。

传扬福音信息

他们的信息当以保罗所说的"这信"和"这真道"为根基，他们有三个来源可使用：

1. **圣经**。旧约圣经要传讲、教导和诵读。
2. **使徒的教训**。我们在使徒行传2章看到，初信者恒心遵守使徒的教训。保罗对于基督再来的默想反思，被新约教会的信徒视为有权威的，与其他使徒的教训同列。
3. **可信的话**。书信中有几句话，几乎像是信仰宣言，被认为是反映圣经的真理。这三封信一共提到五句可信的话。

作为忠心的沟通者，提摩太和提多在处理真理上必须言行一致，随时准备好传讲真理，"无论得时不得时"。保罗形容应该按着"正意"教导，这个字的希腊文意思是"健康"。相形之下，偏离使徒教训就像使身体长坏疽、生了病一样。

提摩太受督促去做传扬福音的工作，这表示这些教导应不限于教会的会友，而是有一个更大的目标。

树立生命典范

这些信也鼓励要让人看见真理。保罗提醒提摩太，他已经在几个方面为他立了榜样：教导、生活方式、人生目的、信心、忍耐、爱心、忍受逼迫和苦难上，还有随时预备赴死。保罗是在强调，身教重于言教，我们嘴里传讲的，要实际去做。

他督促提摩太要照样去作信徒的榜样，提摩太的生命摊开在教会大家庭和外人眼中，必须是无可指摘。听起来好像十分艰巨，其实焦点并不在"十全十美"，而是在"不断进步"。

保罗勉励提摩太要逃避恶事，追求敬虔。这样他就能以敬虔生活的榜样，像磁石一样吸引外人来信耶稣。

✝ 今天我们如何应用？

1. **纯全是看内在而非外在。**任何凭借律法去阐释信心的，其本质都是只重外表。
2. **在基督徒团契里仍可区分年龄、男女、阶层。**有人用加拉太书3章28节为依据，主张泯灭这些界线，其实那节经文仅应用于我们跟神的垂直关系，因为就神而言，这些区分无关乎救恩的合法性。
3. **教会的善行必须达到并高过世人眼中的善行标准。**这个原则非常重要，因为世人可不会被愚弄，谁是好人，他们当然看得出来，并且他们认为上教会的人应该是好人。活出良善是我们的责任。
4. **品格比才能重要。**教会的领导者不但要善于管理，也要作好榜样；除了让人听到，还要让人看到。
5. **羊群状况的责任在牧者，不在羊身上。**圣经从未把羊群的状况怪罪给羊，只有责备牧者。我和很多太快把教会的状况推诿给会友的牧者谈过，但羊群的情况如何，神总是找牧者负责的。
6. **纯全、健康的教训，包含我们的所行与所信。**在圣经里，"纯全的教训"包含将所信的转译成行为。
7. **教会是一个家庭，她没有世上的父亲，但有天上的父亲。**所有的人都是教会的一分子——领袖和会友都一样——都是主内弟兄姊妹。这点非常重要，勿称呼任何人为"父"。
8. **教会内部的福利救济必须有识别性。**千万不要把别人的责任往自己身上揽。这些信告诉我们，倘若有某家寡妇有能力照顾自己，教会就用不着担负她的责任。有时候，走偏了的慈善事工承担了过多的福利救济。需要教会负责的是那些无力照顾自己的寡妇。教会在照顾贫穷者的做法上需要敏锐而细腻。

9. 领导者的品格会反映在教会的品格上。不论会友喜不喜欢，他们都会跟从教会领袖的榜样。

10. 写给提摩太和提多的信教导我们一件事，那就是我们所面对最大的争战是在教会内部。我们需要为福音的真理而战，再微小的扭曲也要抵挡。今天危害福音真理的四种扭曲是：

- 政治化——把神的国变成仅为这世界而奋斗的社会运动。
- 女性主义——把神从管教儿女的父亲变成溺爱儿女的母亲。
- 相对化——真与假、对与错之间，没有任何绝对的界线。
- 掺杂融合——以普世宗教之名，把其他信仰掺杂进来。

面对今天的挑战，需要双重任务——解明真理，同时揭发错误。

从苦难到荣耀

Part III

18. 希伯来书

† 引言

难懂或好看？

现代读者对于希伯来书的看法相当分歧，有人觉得它是新约里最难懂的书信之一，因为在外邦人眼中，它的犹太味太浓厚，详细描述了献祭、祭坛和祭司等相关事物。若要正确了解希伯来书，必须熟悉旧约，尤其是绝大多数外邦人没有读过的利未记。此外，希伯来书的某些论据在现代人听起来无关痛痒，谁在乎天使和家谱啊？谁会聊那个话题呢？即使是基督徒也不感兴趣。

不仅如此，希伯来书的希腊文虽然被认为是新约圣经中最优美的，却也非常复杂。新约圣经是通用希腊文（以阿提喀方言为主的希腊共通语）写的，不是古典希腊文，两者犹如市井用语和大学用语之别。希伯来书是新约圣经中最接近古典语言的一卷，即使英文译本译得相当精练，对有些人来说依然存在着障碍。

但是，希伯来书有它的支持者，有人说它是全本圣经中读来最令人愉悦的，他们喜爱甚至陶醉的原因，通常有三个：

1. 信心壮阔华丽的一章

读希伯来书就好像走进宏伟的陵寝，回顾许多伟大信心英雄的生平事迹。前面十章的详细论述有点难懂，读到第11章就顿感轻松，终于有他们一听就懂的事情了。

2. 为旧约带来亮光

希伯来书教我们怎么看旧约和新约的关系，它说明我们应如何看待摩西律法，为我们揭示基督信仰和圣殿的礼仪有何关联，让我们看到神的百姓如何进到与神关系的新纪元。希伯来书为基督徒如何了解旧约提供了许多解释的范例。

3. 为我们讲述基督

任何喜爱耶稣的人都喜爱希伯来书，因为它使我们对基督有更清楚的认识，是新约其他书卷所没有的。希伯来书的作者很常用"更美的"（better）一词。耶稣是"更美的"，作者没说是"最美的"（尽管那也是真的），因为他是拿耶稣跟吸引首批读者的不同选择作比较：耶稣比天使更尊贵，比先知更好，比其他所有的中介更美。

它到底是一卷难懂的书，还是好看的书？其实二者都偏极端，且都错失了这卷书的重点。解开希伯来书的关键是："为什么要写这卷书？"要找出这问题的答案的确有点复杂，不过一旦找到，整卷书就豁然开朗了。

作者是谁？

在我们查看这卷书为何而写之前，需先想想是谁写的，有位学者称这卷书为"新约的谜语"，因为新约里只有这卷书我们真的不知道作者是谁。从以前到现在一直有各种猜测。有些旧版的英王钦定本称它为"保罗致希伯来人书"，其实纯属猜测。我不认为是保罗写的，因为不是保罗的风格和用语。有人说可能是巴拿巴写的，部分原因是书中许多段落都充满鼓励。有人说是司提反写的，还有人支持是出自西拉或亚波罗之手。还有一种意见，认为作者是百基拉，因未提作者姓名，可见它是女性写的，不过我认为非常不可能。最后，我只能说——附和伟大的教父亚历山大的俄利根（Origen of Alexandria）的意见——只有神知道是谁写的！

这封信寄到哪里？

我们也不确定这封信要寄到哪里。上面的地址只写着"给希伯来人"，一点都不明确！对此同样众说纷纭，有人说是寄去亚历山大的，有人说是寄往安提阿或耶路撒冷或以弗所。虽然无法肯定，但有条很明显的线索就在信末。作者说"从意大利来的人也问你们安"，所以我想一个合理的归纳是，这信是要寄去意大利的，意味着寄给罗马的教会。

有一点倒是清楚可见，就是希伯来书的写作时间比罗马书稍晚，因为希伯来书提到一些在保罗写罗马书时尚未发生的事。因此我的假设是，希伯来书是写给在罗马的基督徒，从标题来看，是写给罗马教会里面的犹太信徒。但是，这引发一个问题："为何这封信只写给教会里一半的人看？"

这封信何时寄出？

显然，罗马教会里的第一批领导人都过世了，因为作者在靠近结尾时说："从前引导你们、传神之道给你们的人，你们要想念他们。"当时仍有在圣殿献祭一事，因为作者讲述时的动词用现在式，所以写作时间必是早于公元70年圣殿被毁而献祭终止之时。所以，希伯来书应是在公元55年保罗写罗马书之后，到70年圣殿被毁之间写的。

尼禄

从这期间发生的事情来思考，希伯来书的写作原因就很清楚了。和保罗写罗马书时相较，社会局势起了很大的变化，主因是尼禄登基作了皇帝。我们查考罗马书时（参本书第12章，见第205页）曾提到革老丢做皇帝时，大约有四万名犹太人于公元50年代初期被逐出罗马城，即在保罗写罗马书之前（使徒行传曾提到百基拉和亚居拉就是在这时逃到哥林多）。结果罗马的教会逐渐成为外邦人的教会，到主后54年革老丢驾崩后，犹太信徒返回罗马教会时，他们和当时带领团契的外邦信徒之间，逐渐产生裂痕。查考罗马书时我们看到，保罗写信是为了帮助犹太人重新与他们的外邦弟兄合而为一。

教会在尼禄统治期间遭遇极大的逼迫，尼禄刚开始掌权时也还做了一些好事，像希特勒一样。如果去读希特勒生平就会发现，他把德国从失业率高涨和通货膨胀中拯救出来，造桥铺路，下令生产福斯金龟车作为"人民汽车"。同样地，当你读尼禄的历史就会发现，他执政初期为罗马做了不少好事，广纳雅言又有治理的睿智，之后却不再采纳意见，变成独裁者。如同希特勒想要重建柏林，尼禄也想重建罗马城，他计划先拆毁全城，再兴建空前的宏伟建筑。简言之，他变成一个自大狂，苦的是人民，而最惨的莫过于基督徒，被尼禄杀害的基督徒不计其数。

在罗马书中还看不出有逼迫，教会虽然必须对抗罗马的不道德风气，但还没有任何直接的逼迫。不过，希伯来书里有一段叙述他们所遭遇的各种逼迫，可见已经在受苦了。他们还没有人殉道，表示这时在尼禄统治中期。他们的家被肆意破坏，财产被没收充公。有些人被捕入狱，因此信末提到要探望"那些坐牢的人"（参来13：3），还说提摩太已经从牢里被放出来了。可见局势对基督徒愈来愈艰难，虽然还不至于付上性命的代价，但也差不多已经得付出一切了。

犹太信徒

当然这是所有信徒都遭遇的情况，无论是外邦人或犹太人，那么为什么这封信只写给犹太信徒？答案很简单，并可解释这整封信的来由。遭遇苦难时，犹太人有一逃脱方法是外邦信徒所没有的，就是只要重回会堂聚会就没事了。此时基督教尚是非法宗教，但犹太教是合法的，犹太会堂是向官方"登记"有案的。当时的教会都是地下教会，面对的政治处境如同今日的某些穆斯林国家。

所以犹太信徒若不想让家人受到逼迫，只要重回会堂就可以了，甚至可以号称自己是回归同一位神。但是，这么做（这是他们回返犹太会堂的惟一方法）的代价等于是公开否认相信耶稣。这令人进退两难。他们听说耶稣的事，相信他就是弥赛亚，但他们加入教会后却发现自己的孩子在学校受逼迫，家里的窗户被打破、财产被没收。他们知道，只要领家人返回会堂就安全了，但他们必须当着大家的面说："我拒绝接受耶稣是弥赛亚。"

所以这封信就是在这样逼迫的背景下，以犹太信徒为主要的读者对象而写。作者以行船为比喻，敦促他们信心要坚定，"我们有这指望，如同灵魂的锚，又坚固又牢靠"、"不要随流失去"、"不要退后"（译注：原文是"不要把帆放下"），意味着作者可能有行船的背景。

劝勉和解说

作者在信末说："我略略写信给你们"，意思是他写了一封简短的劝勉信，这是劝勉固然不错，可并不简略！劝勉是非常实际的，作者没有要教导他们教义，而是要阻止人们往会堂回流。作者从开头到结尾所说的每一件事，都是针对这个问题，他向他们软硬兼施，呼吁他们、警告他们、温柔但坚定地向他们说话。作者尽己所能地辩论，惟恐他们返回犹太教，失去他们的救恩。

懂得这份热忱，就不会把这卷书看作单纯是教义的阐释。我听过许多传道人解释希伯来书，像是纯粹在查考基督，而且完全略过应用的部分。依据《牛津英语字典》（*Oxford English Dictionary*），"劝勉"（exhort）的意思是"迫切地劝诫，敦促某人采取某项行动"。整封信在敦促信徒采取某一项行动，消极与积极的诉求双管齐下："请不要回头走老路，请继续向前走。"

在约克郡的洞穴里曾发现一具死尸，法医在验尸时说："要是他保持移动，今天应该还活着。"但他却坐下来，待在一个地方不动，于是渐渐失温致死。希伯来书的信息就是："保持前进！"

这话并不是在斥责，作者与读者一体同心，他说："让我们一起继续信下去"，把自己放在他们身旁，事实上他称自己为保惠师（*para-*

clete，就是约翰福音给圣灵的称谓，意思是"在旁，增添力量者"）。不妨想象作者像回头去救精疲力竭同伴的登山客，跟着他们，帮助他们登顶。

这封信的形式是新约里少见的，作者不停地在解说与劝勉之间来回。（新约书信大多是先论教义，次谈应用。）他不停地论证和呼吁，我们一路往下读，就会发现论证和呼吁的比例有变化。

第1章和第2章，有一段长的论证和一段短的呼吁。但再往下读就会发现，论证渐短而呼吁渐长，直到第11章只有短短的一段解说，接着第12至13章是一段长的呼吁。可见作者一开始较多论证而较少呼吁，到最后则是较少论证而较多呼吁。这是前面的部分比较难懂的原因之一。

呼吁的段落处处可见"让我们……"，譬如："让我们放下各样的重担，……仰望耶稣"（参来12：1-2），"让我们竭力进到……"（参来6：1），"让我们奔那摆在我们前头的路程"（参来12：1-2），"让我们持定"（参来4：14），"让我们常常以颂赞为祭献给神"（参来13：15）。整封信共出现十三次"让我们"（译注：中文圣经并未译出），其中八次出现在最后第11至13章的部分，对个人的呼吁渐次增强，大概除了铁石心肠的人以外，没有不受感动的。

这些论据几乎都取自旧约，当时他们的圣经只有旧约（除了保罗写的罗马书以外），所以这些论据应该都是犹太信徒一听就能接受的。作者用正反两种手法处理旧约：反面手法是两相对照，旧约之下的生活不如新约信徒所享受的生活；正面手法则是点出两约的延续性，并列举许多值得效法的例子。套用奥古斯丁的话，就是"旧约显于新约，新约隐于旧约。"

语言与结构

许多人都觉得很难掌握希伯来书的结构和语言，下页图表（见第292-293页）可帮助我们理解，为我们勾勒出第1至2章的大致轮廓，显示天上与地下的区别。在天上的神藉由天使向人说话，又向众先知说话，都是片段零碎的，有点像刚拆封的拼图，我们可从旧约的片段里组合出耶稣的一生。众先知把这道传给人，但其实是向人宣告死讯，因为律法的话语是带来死亡。

接着来看"在这末后的日子，他藉着自己的儿子向我们说话"（来1：2，现代中文译本）是怎么一回事。圣子藉着使徒向我们说话，于是我们既听到旧约众先知的话语，也听到新约众使徒的话语。

耶稣成为一个人、死了，然后作我们的先锋回到天上。"先锋"是希伯来书给耶稣的称谓，意思是"开路者"，在前面开路好叫我们跟随他。他做这些为的是让我们能跟随他回到天上。希伯来书告诉我们，如今他远超过天使，直到耶稣升天以前，从未有人高过天使。如今他已被高举，并从这尊贵的地位上将所应许的圣灵浇灌给我们，使我们能够行神迹。因此人可以跟随这位先锋，最后得以高过天使，成为许多儿子中的一分子，被耶稣领进荣耀里。所以信徒将来会高过天使，受天使的服侍。

第4至10章的形式复杂得多，可别忘了希伯来人的思考是水平的线性时间思考，从过去到现在到将来（见下页图一）；而希腊人的思考比较空间取向——天与地之间的垂直线。希伯来书融合了这两种时间观，这就是为什么这个大段落的概述令人难以掌握的原因（见下页图二）。

从图二可见一条从属天到属世的直线，亦即不可见的世界和可见的世界，还有一条水平的时间线，即从旧约到新约。这两条线在十字架交会。信心把我们从属世的和旧的约，提升到属天的和新的约。信心带我们走出过去的和属世的，进到属天的和未来的。右下的象限提醒我们，你有可能堕落而往下，你可能从新的约倒退回去旧的约；你可能从属天领域掉回去属世领域。

旧的祭必须一再献上；新的祭一次即永远。一边是许多旧的祭司，而另一边是那惟一照着麦基洗德等次的大祭司耶稣。旧的圣所在密闭的帐幕里，新的圣所是敞开的宝座，现在我们可以直接进入至圣所。

掌握整个主题之后，接下来要深入查考这卷书。

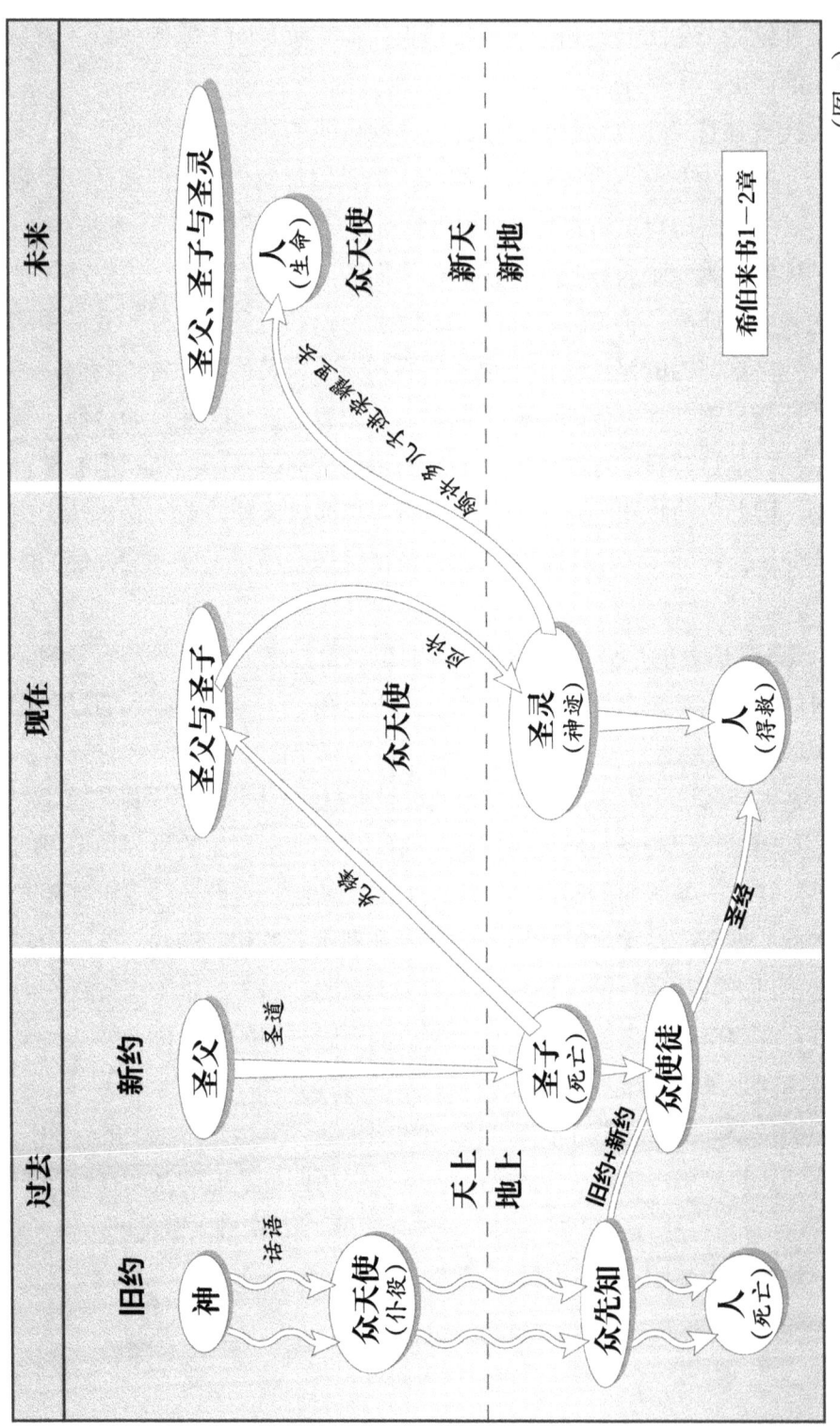

（图一）

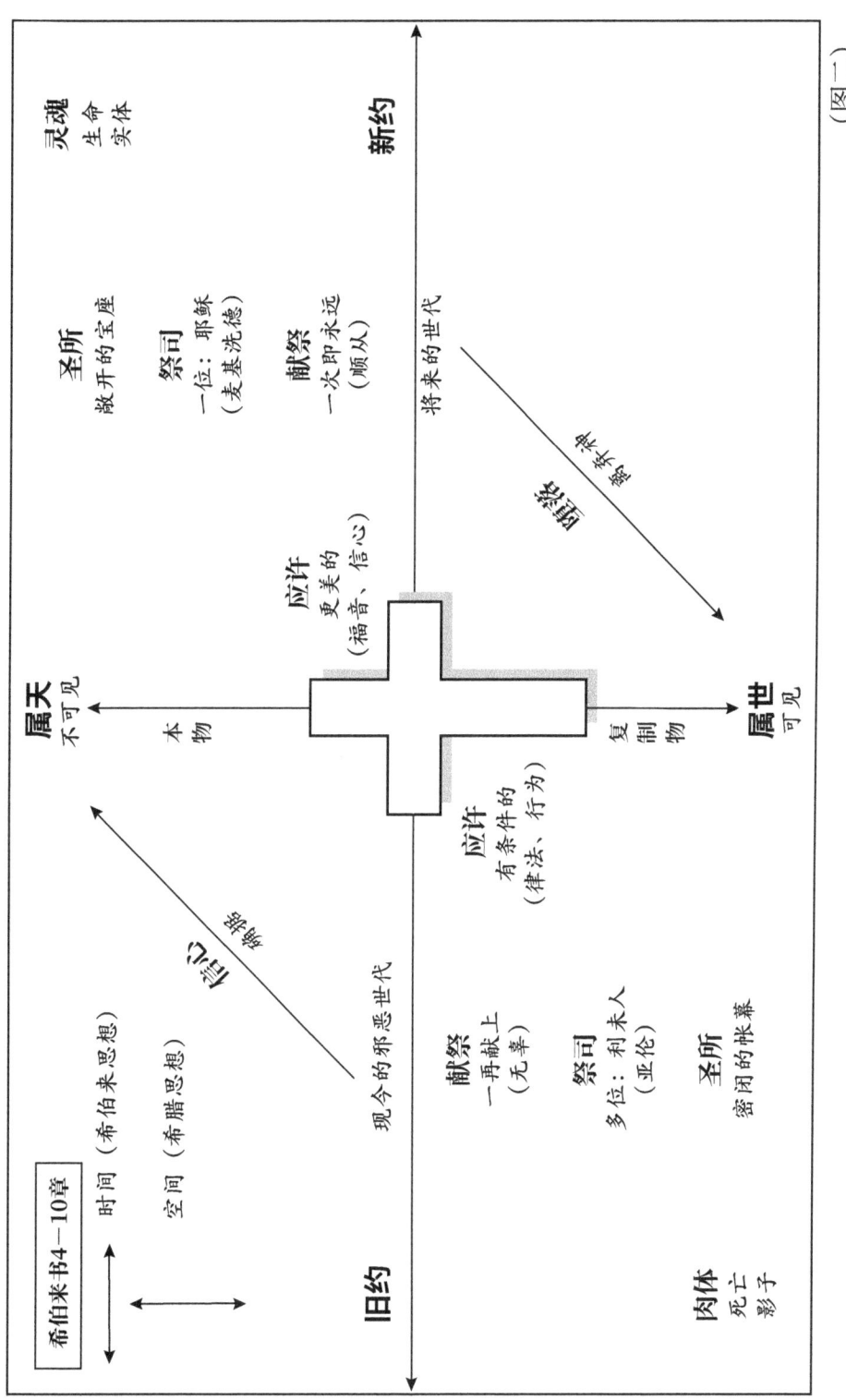

(图二)

† 消极的对比（1－10章）

别走回头路

在第1至10章，作者拿旧约和新约、犹太教和基督教，作鲜明的对比。他的论述很简单：现在你坐的是劳斯莱斯的车，你会想再回去开那辆破旧的老爷车吗？你还想回去用水壶烧热水，然后倒进铝盆里，一瓢瓢地舀水洗澡吗？既然有最新最好的方式，谁还会傻傻地选择旧法子呢？作者的意思是，回头信犹太教等于回去次等的位置。因此，作者第1至6章的论述重点在于，有了神子比有多位神的仆人不知好上多少倍。

儿子比仆人更好（1－6章）

1.先知（1∶1－3）

有些学者认为，这第一句话就其结构、韵律和美而言，堪称新约希腊文之最。较之更为人所熟知的创世记1章1节和约翰福音1章1节，这一句毫不逊色，甚至更美。这一节经文包含了旧约的延续（神已晓谕）和今昔对比（藉着他儿子）。

首先，作者带我们看众先知——从摩西到玛拉基，所传的"古旧言语"：

(a) **许多片段**。这些话语就像一片片的拼图，阿摩司看见的是公义，何西阿看见的是怜悯，以赛亚看见的是圣洁。但每一位先知的话语都包含基督的预言。

(b) **许多形式**。"拼图"盒盖上的图片也不同。有散文体、诗体、预言、历史、比喻、律法、情歌和异象。沟通的管道是各种社会背景出身的寻常男女。

接着，作者拿从前的那些方式和"新的话语"作比较，他说在这"末世"（亦即历史的最后阶段，自基督来到世上之后开始），神已经把最后的沟通方式赐给我们。这"道"已经赐给我们这些相信的人，这次不是藉着片段式的晓谕，而是"藉着他儿子"。作者紧接着带我们从三个层面看耶稣。

(1) 受造万物

i. *最终一切都归他所有*。神早已立耶稣为承受万有者，所以有一天万有必将全归圣子所有，诗篇2篇8节论到列国是他的基业。当他首次来到地上，临终前兵丁为谁能得他的里衣而拈阄，但当他再来时，将掌管万国万民。

ii. *最初一切都是他造的*。万有的起头是这位神子，他不只是卑微的木匠，他是起初的创造者，是他启动和决定万有的创造。

iii. *同时一切都由他托住*。他在地上时曾展现他"平息风浪"的能力。他以复活的生命为宇宙之元首且托住万有。

(2) 创造主

i. *我们看到他荣光的反映*。就像阳光之于太阳，圣子的荣光之于他，也是一样。荣光是他本体存在的一部分。

ii. *他是神形像的印章*。就像印章是照着一个印记制作的，同样地，基督是神的精准印记。当我们看见耶稣，就是看见圣父。

(3) 受造者

i. *十架上的救主*。虽有前述的一切，但这位荣耀的圣子仍然死在十字架上。他的死洗净了众人的罪，这一次不是藉着一句话，而是藉着他的行动，就是让自己成为祭物献上。这是他的作为，连他的父神也不能与他同担。

ii. *头戴冠冕的主*。但他并未留在死亡里。他复活而且得了荣耀。他是高过一切的主、宇宙万有的元首——和平之子、先知、祭司，以及坐在神右边的君王。作者从耶稣的尊荣地位，自然而然地带到下一段，从天使的角度来看这位神子。

2.天使（1：4-2：8）

圣经描写天使是属天的、属灵的超自然存在，在人类之上而在神之下，属于受造等次中最高的。虽说在犹太教里，天使备受尊崇，但作者主张天使不过是仆役，他问读者说："从前你们与天堂的接触惟有透过天使，你们想退回那样的地位吗？现在你们有神子了，与父神最亲近的莫过于他。"

犹太人赋予天使崇高的地位，视之为中介或信使，但基督徒却不看重天使。因此，作者有必要拿天使和基督作个比较，好让读者看见二者的真貌。

（a）现在——他并非与天使同坐（1：4－14）

基督的地位高于天使，作者用一连串的提问并引述旧约作论据。

（b）过去——他并不靠天使说话（2：1－4）

从前藉着天使所传的话是确定的，因为那些话带着属天的权柄。而这新的沟通方式更加重要。

i. **直接的沟通**。在平行的层次上沟通，神的道藉着亲眼见过基督的使徒传递，使徒所传扬的信息是他们亲眼见过、亲耳听到的。

ii. **有神的印证**。同时，这不只是"人类的"沟通而已，更有神迹奇事印证这道。因此接受并回应这道确实有其迫切性。我们需要靠这道系牢，才不至于漂离。

（c）未来——他并非为天使受苦（2：5－18）

i. 这世界服在人类之下（2：5－9），人被置于地上治理全地。我们在创世记1章28节看到，人被摆在管理地上、空中、海中受造万物的位置上，诗篇8篇4－6节也强调人有这地位。但实际上我们并未看到人类管辖大地和万物，只有看到耶稣成为一个人，亲身实现了神为全人类的设计。

ii. 人服在死亡之下（2：10－18），我们被提醒，人类服在死亡之下，撒但利用人类怕死的心态来辖制我们。耶稣知道身为人的滋味，因他曾以"血肉之躯"活在世上，而且持续作为一个人，尽管如今他已被神高举。他也曾面对类似的挣扎，因此他能与世间男女感同身受。

3. 使徒（3：1－4：13）

使徒就是"奉差"去执行某一任务的人，譬如摩西和约书亚。但耶稣是比他们都"更好"的使徒，"奉差"去达成一更美好的目的。

（a）摩西——出埃及（3：1－18）

摩西是犹太人心目中最伟大的领袖，但耶稣超越摩西。福音书记载耶稣变像时，摩西和以利亚来和他谈话，但很清楚的是，他超越摩西和以利亚。

i. **尽忠之家**。"家"这个字在希伯来文有"房子"和"家庭"的意思，好比英国人说"温莎王朝"（the House of Windsor）意思是隶属于皇室的世世代代。这里形容耶稣是"尽忠之家的建造者"，我们都是建造这家的石头。但是作者问道：我们是否像摩西和耶稣一样坚信且尽忠。

ii. **不信的心**。遗憾的是，以色列人在忠于神的事上未能坚持到底，250万人当中仅两位进入应许之地。（编按：作者此一说法稍微引人误解，应指第一代被数点的六十余万男丁中仅两人进入应许之地。）领袖虽好但跟随者不佳。

问题出在不信，不信导致不顺服，终至离弃神而灭亡，他们没能"进入安息"。以色列的历史代表着给新约时代信徒的警告。当年百姓在玛撒悖逆神（出17：1－7），在米利巴屈从于试探（民20：1－13），这两处的状况都是没水可喝。

作者警告读者，他们也可能重蹈覆辙，他们也会因罪而心里变刚硬。今天他们可能和旧约那些人落入相同命运，因为悖逆的人都会惹神发怒（参罗11：22）。

(b) 约书亚——进迦南（4：1－13）

"安息之地"使百姓远离瘟疫、奴役、侵略和贫穷。他们每星期可享一天的安息——安息日，他们应该知道这是一种远离灵性挣扎的安息（申12：9；书1：13）。但最后的安息却是他们未曾进入的，所以仍应努力进入那安息。

i. 神的工作（4：1－10）。在创造的第七天，神歇了他一切的工。对于这一日的描述和其他六日不同，省略不提有晚上有早晨，使得一些人猜测这第七日除了是安息日以外，必有其他特殊的意义。神歇了一切工作的安息日，描绘出一位永远在自己里面得享平安与安息的神。

ii. 神的道（4：11－13）。信心可以定义为对神的道的正确反应。神的道是活泼的，就像说出这道的神是充满生命的一样；它是活跃的，可以祝福或咒诅而对人造成影响；它锐利得像罗马人用的双刃剑，能刺入剖开骨节与骨髓；它能判断，辨明事物真相。

耶稣和摩西相像的地方，就是带领自己的百姓出来，耶稣和约书亚相像的地方，是带领百姓进入应许之地。这提醒我们千万不可忘记自己是从什么样的光景得救，而得救又是为了什么。

本体比影子更好（7－10章）

论述完圣子比众仆人更好以后，接着作者改变方式，我们在第7到10章看到一段精辟的论述，强调实体比影子更美。

用"长腿叔叔"的故事来说明这点再贴切不过了，简·韦伯斯特（Jean Webster）的这本原著已被改编成电影，故事讲述一个在孤儿院长大的小女孩，知道有一位富翁长期支持孤儿院，有一天她瞥见他投在墙上的影子，因为灯光位置的关系被拉长了，两条腿显得特别长，从此她私下叫那影子"长腿叔叔"，成为她多年追寻的梦想。后来她遇见他本人，两人陷入爱河，发展出一段恋情。

重点在这里。从她遇见他本人之后，就完全不再去思念那影子了，因为实体比影子更好。想想看，她已经认识真实的人，还会回去亲吻墙上的影子吗？

旧约里有很多耶稣的"影子"，有些人称之为"预表"（types），但我宁可说是影子，就好像耶稣的影子投射在旧约里，但既然是影子必定有所扭曲，因此根本不可能给你一个清晰的影像。

我们读旧约的时候，也像是在看耶稣的影子，让我举三个例子来说明：

1.祭司的职分（麦基洗德）

我们在利未记的许多处看到耶稣的影子。献祭是他在十字架上献赎罪祭的影子，那些祭牲是耶稣的影子，新约将耶稣描述为逾越节的羔羊。亚伦全家的祭司职分是基督为我们代求之祭司工作的影子。

创世记的麦基洗德也是耶稣的影子。这位神秘的祭司暨君王比犹太人早千百年就治理耶路撒冷了，他送饼和酒给亚伯拉罕。

2.圣约（新约）

还有一个影子是神与他百姓的立约关系，藉着基督，这立约关系也不再相同了。作者问，已在新约里的他们，为什么竟然还考虑回去旧约之下。毕竟这新约是本于赦罪而立的，我认为这赦罪也可说是"忘记"，最奇妙的神迹莫过于当神赦罪的时候，他也不再记住那罪。

我在乔福市（Guildford）的米尔米德中心（Millmead Centre）担任牧师时，有次主日崇拜散会后，大家都走了，只剩一位老太太独自坐在那里痛哭流涕。我到她身旁坐下，问她怎么了。她解释说，多年以前她做了一件很糟糕的事情，假如她的亲友知道，肯定会跟她绝交。她说三十年来她一直请求神赦免，但神从未原谅她。我告诉她，当她第一次请求神赦免时，神就已经赦免这罪而且不再记住了。这三十年来，神根本不知道她在讲什么！她说她不相信我所说的，我翻开几处经文给她看，神已立了新约，不再记念她的罪了。我花了二十分钟说服她相信，神一点都不记得了。接着出现难以置信的一幕，她起身，满场飞舞！一个大约七十岁的女士在教堂里手舞足蹈，喜乐得不得了，神不再记住她的罪了！我们的麻烦在于忘不掉，所以一直很难宽恕自己。

3.献祭（十字架）

当亚伯拉罕献以撒为祭时，我们也看到一个影子。许多人以为这件事发生时以撒还小，殊不知那时他已经三十多岁了。每个犹太人想象那幅景象时，都会想到一名可以轻易扳倒自己父亲的成年男子，但以撒却顺从父亲。我们之所以不了解以撒的年龄，部分原因是分章的缘故。下一章紧接着发生了一件事，常被我们忽略，那里讲到撒拉离世时以撒的年龄，所以献以撒那件事发生时，以撒约三十三岁，而那座山——摩利亚山——正是耶稣被钉十字架的山。两者的平行对照非常清楚。当然，在当时有一位天使阻止亚伯拉罕，还有一只两角扣在荆棘丛中的公羊，亚伯拉罕就取了那只公羊献为燔祭。千百年后，神的羔羊头戴荆棘冠冕，被献在摩利亚山上。

所以作者谆谆告诫读者，切莫重回犹太教的老路——需要屡次不停地献祭，才能赎罪的旧约。如果他们再回头去信犹太教，就是拒绝了耶稣一次即永远献上的祭。

✝ 积极的延续（11－13章）

要继续前行

现在，我们要来看这封信后半部的积极面，作者将旧约和新约相对照，强调新约是旧约的延续，旧约里也有许多好事并未废弃，从旧约贯彻到新约：

对神持守信心

旧约和新约的一个共通主题是信心，当我们想到旧约英雄人物所能汲取的资源，就不得不敬佩他们的信心，他们可不像我们有在基督里所得到的启示，他们没有圣灵的浇灌，到死都未看见他们所信的应许实现，然而他们坚信到底。所以，我们跟旧约有一种双重的关系，有些事要抛在脑后，因为那些都是影子，而如今我们已拥有实体了。有些事我们应当效法旧约，尤其是关于信心的事。作者接着列举旧约的许多组人物：

- 亚伯、以诺和挪亚
- 亚伯拉罕、以撒和雅各（神将他的名字永远和这三个人的名字连在一起，后世将永远称他是亚伯拉罕、以撒和雅各的神。）
- 约瑟和摩西
- 约书亚和喇合（喇合是这名单上的第一个女人，虽曾为妓女又是外邦人，却将自己的未来全部押在神的百姓上，她藏匿以色列的探子而被列入信心的榜样，不但希伯来书提到她，雅各书也提到她。她还出现在耶稣的家谱，是大卫的高曾祖母。）
- 基甸、巴拉、参孙和耶弗他
- 大卫
- 撒母耳和众先知

关于这张信徒名单，有两件必事须留意：

1. 他们的信心表现在行为上。挪亚因着信造方舟；亚伯拉罕因着信，终生以帐棚为家；摩西因着信放弃了埃及的安逸等等。雅各在他的书信上写道："藉着你的行为把你的信心指给我看。"真信心能透过行为显现出来。
2. 第二，这些人都是凭信心而活，直到离世之时，都还未看到他们所信之事成真。信心对他们来说，不只是在布道会上的一个决定而已，更是持续地信靠直到离世，即使他们从未亲眼见到所应许的事成就。

第11章最后有一个很重要的提醒，这些伟大的信心英雄都在等着我们跟上脚步，加入他们的行列，和他们一起见证所信的事为真！考古学家已经挖掘出亚伯拉罕故乡吾珥的几间房屋，都是你想象不到的先进舒适房子。亚伯拉罕七十五岁的时候，神告诉他离开家乡，余生将以帐棚为家。于是，亚伯拉罕离开他原本十分舒适的两层楼房子，有暖气有自来水，只为听从神的吩咐。想象假如你在海边有一栋温馨舒适、有中央暖气空调的房子，神却对你说，他希望你离开你的亲戚朋友，往后一生都在山间搭帐棚为家的情景！然而，亚伯拉罕真的照做了，因着信心。将来有一天，我们终将和他一起，享受神为他的百姓所预备的一切。

定睛仰望耶稣

但是，切莫把注意力放在亚伯拉罕或其他伟大的信心英雄上，我们必须定睛于耶稣！在最后几章，作者从三方面谈我们应该把焦点放在耶稣身上：

1. 信心的创始成终者。忘掉所有的观众吧，站在终点线上的那一位，和在起跑线上鸣枪的，其实是同一人。他带我们起跑，也将看我们冲过终点线。这里的信息是："定睛在耶稣身上，跑吧！"
2. 新约的中介。旧约固然宝贵，但是神藉着耶稣带来的新约更加宝贵。
3. 营外受苦的那位。为了确保我们的救恩，耶稣需要像罪犯一样受死，所以他的确是被他自己的百姓逐出去，在城门外受苦。

"有问题的经文"

以上是希伯来书纵览，接着让我们来思考一些"有问题的经文"。值得留意的是，被贴上"有问题"标签的经文，多半是因为与提问者的立场不同！譬如我常被问到："你对于保罗谈论女性的那些有问题的经文，有什么看法？"我不觉得保罗谈论女性的那些经文有任何问题，只因那些人不同意，所以觉得"有问题"！

希伯来书里这些所谓"有问题"的经文，是关于信徒可能从信靠耶稣中退却而沉沦，以致在末日无法得救。相关的警告最为我们所熟悉的是在希伯来书六章，此外还有好几个段落都严厉地警告随流漂离的人（参2∶1－2，3∶5－6、12－14，6∶4－8、11－12，10∶23－30、35－39，12∶14－17）。从第2章"我们若忽略这么大的救恩，怎能逃罪呢？"开始，这些经文像是一条贯穿全书的轴线，每次我听到有人引述2章3节，都是在警告无视于福音的罪，但这里的"我们"是指信靠基督的人。作者是在说，我们若忽略救恩，都会落入那危险中。绝大多数的教会都有已经随流漂离的会友。

第3章有两段经文贯穿这主题，接着第6章有较长的一段经文，到10章还有一段，那里说："我们得知真道以后，若故意犯罪，赎罪的祭就再没有了"。有些圣经注释者因此下结论，那些人根本一开始就是不信的，想必作者是指那些曾对基督教感兴趣、但半途而废的非信徒。究竟，"一次得救，永远得救"指的是什么？从第6章的叙述来看，那些濒临危险的人是已经重生的那些人！作者指的是那些"已蒙了光照、尝过天恩的滋味、又于圣灵有份"的人，他们是"尝过神道的滋味、觉悟来世权能的人"。我看不出这样的叙述怎能套在未信者身上。换作其他任何书信，说这些语句是在形容基督徒，根本不会有人提出质疑。

在彼得前书有一段话，用几乎一模一样的语言来形容基督徒："要爱慕那纯净的灵奶，像才生的婴孩爱慕奶一样，叫你们因此渐长，以致得救。你们若尝过主恩的滋味，就必如此"（2∶2－3）。一看便知是在讲信徒，希伯来书第6章的用语十分相近，彼得前书从头到尾都是写给信徒看的，他甚至称他们是"属灵的婴孩"，暗示他们是重生得救的人。

作者的警告牵涉到两个阶段，第一阶段是忽略信心而随流漂离。第二阶段是否认信心。因此，第一阶段（称之为"冷淡后退"）和第二阶段（称之为"背离信仰"）是有差别的。

冷淡后退的情形是可恢复的，但是依据希伯来书第6章，我们有可能到一个无法回头的地步，甚至不可能回复到得救的位置。所以希伯来书6章不是在讨论你是不是可能失去救恩，而是在讨论失去救恩以后，可不可能再找回来。答案是：不能够。我们必须警告那些一直在后退而愈漂愈远的人，他们的景况很危险，因为有可能没法回头了。但愿希伯来书没有这样说！但我实在无法回避第6章和其他部分，希伯来书从头到尾迫切地恳劝，怎可能回避！那些"把锚拉起来"、"把帆收下来"和"随流漂离"之人的前路，可怕的危险已临近。

有些人认为，这些警告是假设性的，不可能到那么严重。但这个主张是站不住脚的。的确有些威胁是虚张声势，根本不会发生，但圣经的话都是真理，没有一卷书是跟我们说着玩的。就算没有新约其他书卷的经文提到，但单就希伯来书就足以使我相信，人有可能逐渐远离耶稣，最后到无法回头的地步。这些希伯来信徒背离信仰的最终点，就是站在会堂，向全体否认耶稣是弥赛亚。这么做形同把耶稣重钉十字架，作者警告说，你若把他重钉十字架，他就与你无益了，这是很严重的警告。

讲到这里必须补充一点，这并不表示信徒每天早上醒来都得担心自己有没有得救。新约圣经告诉我们，与神同行的信徒必有得救的确据，新约所说的确据不是基于某一次做的决志，而是基于个人目前与神的关系。保罗在罗马书里提醒我们，圣灵与我们的心同证我们是神的儿女（罗8：16；参约一4：13）。

换个说法，你现在可以有把握正在通往天堂的路上，至于你最后上不上得了天堂，我相信没有人可以给你保证；所以，如果你继续走这条路，信靠耶稣到底，那你肯定到得了天堂。希伯来书的教导并不是要让基督徒成天紧张兮兮，怀疑自己到底有没有得救，而是要让基督徒认真，不要轻慢神，不要冷淡后退，不要忽略信心而随流漂离。

新约圣经里遍布严肃的警告，要基督徒不可冷淡后退，在约翰福音15章，耶稣说："我是葡萄树，你们是枝子。常在我里面的，我也常在他里面，这人就多结果子"，接着他又说："人若不常在我里面，就像枝子丢在外面枯干，人拾起来，扔在火里烧了。"这话我可曲解不得！凭常识判断就可知道这话的意思。

两百多万名离开埃及的犹太人进不了迦南地（编按：作者此一说法稍微引人误解，应指第一代被数点的六十余万男丁中仅两人进入应许之地），有三位新约的作者都用这个例子来警告基督徒，小心晚节不保，实在很有意思。我们或许已经离开埃及，但我们需要坚持到底，直到进入迦南地。保罗在哥林多前书第10章、希伯来书作者在第4章，还有犹大在他的书信中，都引为前车之鉴。他们都警告基督徒，开始奔跑这条信仰之路的人，不见得都能抵达终点。

记得有次看到葛培理（Billy Graham）在电视上接受访问，主持人问他一个从来没人问过的问题："当你到达天堂的时候，你第一个想法会是什么？"葛培理立即回答："终于到了，可以松一口气了。"真是一个谦卑的人，他没有过分确信，他知道他是在往天堂的路上。我有把握自己现在是走在往天堂的路上——圣灵告诉我，我是走在正道上。除此之外，我不能多说什么，但我打定主意要继续走下去，直到终点。

约翰·本仁的《天路历程》形容基督徒的一生有如从罪恶城走到天城的行旅，最后当主角"基督徒"和他的同伴要横渡约旦河——深黑汹涌的死亡之河，两人都望而却步，基督徒的同伴说他不要横渡这河，就转身走下左方的一条小路，希望找到其他过河的方式。本仁写道："所以我在梦中看到，即使就在天堂的大门口，仍有一条通往地狱的路。"那名同伴一直走在正路上，但在差一步就抵达天城的时候却离开了正路。

此一主题在启示录里也明显可见，启示录的信息是给处于极大压力下的人，它应许凡得胜的，神必不从羔羊的生命册上涂抹他的名。这是什么意思？如果你希望你的名字记在生命册上，就必须要得胜，从开始直到终点，永不回头，眼目定睛在耶稣身上。圣经最后一页有一个警告，如果你以为启示录是跟你说着玩，而开始删减或增添，那么神必要把你除名，使你不能享受生命树的福泽。

所以，你瞧，在充满荣光的经文旁有这条警告的轴线一路贯穿，告诉我们神能保守我们，如果你站在圣父、圣子和圣灵这边，那么你什么都不必怕。只要坚持相信到底，必抵达终点。

† 结论

1.失去救恩是可能的

这卷书警告我们，应当持续信靠，切莫以为一次决志相信基督，就

表示最后必定得救。（参见拙作《一次得救，永远得救？》[1]）

2.一旦失去救恩，就无可挽回

这是希伯来书第6章的信息。同样的教导亦见于其他地方，尤其明显的是约翰一书5章16节。这是非常严肃的信息，我相信这些经文不能作其他解释。

3.神的预定需要人持续的配合

预定的结果不是自动发生，神确实预定我们得救，是他先拣选我们，不是我们先选择他，但他要求我们配合。好比某人将绳索抛给一个快要溺水的人，喊说："抓住绳索，不要放手，直到我把你拉上岸。"那快要溺水的人终于上岸时，会不会说他得救是因为他紧抓住绳索不放？绝对不会！他会说是有人把他救上来的。所以如果你说因为你持守信心所以使自己得救，这观念是不对的，但你的确有你该尽的一份。这就是为什么彼得在他的第二封信中敦促读者，应当更加努力使他们所蒙的恩召和拣选坚定不移（彼后1：10-11）。神已拣选了我们，所以我们要更加努力地坚持到底，持续迈向成熟，这样才能奔向那热烈欢迎着我们的天堂。

我相信预定，神预定我成为他的儿子；神拣选了我，选中了我；早在我寻找他之前，他就在找我了。但我需要紧抓住绳索，使那呼召和拣选坚定不移，直到我安抵彼岸。

所以我既想作加尔文派又想当亚米念派，这两个思想学派倾向于互相对立，加尔文派强调神的拣选之工，而亚米念派强调我们需要坚持到底。

我想希伯来书对这方面的教导是无法曲解的，我们不能说那些都是有问题的经文，其实它们说得很清楚，我们需要好好聆听。

4.圣洁和赦罪同样重要

---

[1] David Pawson, *Once Saved, Always Saved?*, Hodder & Stoughton, 1996.

我们已经看到，抵达终点的人不但领受神的赦免，而且坚持到底。这里面的含意是，圣洁和赦免都是不可少的。如果我们还不准备承认基督的主权、还没准备要过圣洁的生活，那么宣称罪得赦免也于我们无益。希伯来书12章14节一语道破："你们要追求与众人和睦，并要追求圣洁；非圣洁没有人能见主。"我发现今天有太多基督徒只想得赦免，却不想要圣洁；他们希望此生从耶稣那里得到快乐，来生得到圣洁。但从我手上这本新约圣经来看，神的旨意很清楚，他要我们此生圣洁，就算圣洁的生活会使我不快乐。我们这享乐主义的世代只想要享乐，不要痛苦。

希伯来书12章7节说，神会管教我们、使我们痛苦的，假如那能使我们更圣洁的话。他在我们里面只找一样东西，就是圣洁，并且他会使他的儿女经过锻炼而得以圣洁。希伯来书甚至说，假如神从来没有管教过你，那你就是私生子，不是真儿子。赦免和圣洁都是恩典的礼物，这才是完整的福音。两者都是在同一个基础上赐予的——都是凭着信心，但你需要两者，缺一不可。

5.神是圣洁的神

拙作《通往地狱的不归路》[1]勾勒圣经对于地狱的教导，自出版后，英国国家广播公司（BBC）有好几个广播节目邀我受访，每个主持人都问到相同的问题："一位慈爱的神怎么会把人送入地狱？"我觉得有意思的是，从来没有人问说："一位圣洁的神怎么会把人送入地狱？"神是圣洁的，他的爱是圣洁的爱，意思是他所爱的人若不达到圣洁，他是不会满足的。希伯来书一再强调这点，请注意以下几节经文：

- 若不流血，罪就不得赦免了。（9：22）
- 人非有信，就不能得神的喜悦。（11：6）
- 落在永生神的手里，真是可怕的！（10：31）
- 所以我们……当感恩，照神所喜悦的，用虔诚、敬畏的心事奉神。因为我们的神乃是烈火。（12：28－29）

---

[1] David Pawson, The Road to Hell, True Potential Publishing, 2008.

† 希伯来书对基督徒有什么价值？

1. **有助于了解旧约圣经**。它帮助我们了解旧约和新约之间的关系。影子的概念对于了解旧约非常有用；我们可以看那些经文如何暗示耶稣。

2. **以基督为中心，帮助我们定睛于耶稣**。作者一直以耶稣为他论述的焦点，尤其是，新约里只有这卷书以他的祭司职分为主题。目前他的工作是在天上为我们代求。有人甚至称希伯来书为"第五部福音书"，因为这卷书强调基督现在的工作。

3. **建立信心**。想到在我们前面有那么多人跑完这路程，现在正看着我们（尤其在第11章），就令人大为鼓舞。

4. **警告我们冷淡后退的危险性**。其严重性分成两个阶段：随流漂离，当我们停止和其他信徒聚会，忽略信心的时候。还有就是故意的、任性地背离信仰，完全否认相信基督。

5. **强调隶属于教会的重要性**。当我们处于压力之下，尤其需要团契生活以坚定信心。魔鬼会挑落单的基督徒下手。所以当面临压力时，务必紧跟在教会大家庭里。希伯来书敦促读者要记念带领他们的人（13：7），且要和这些领袖合作。它也提醒他们务要常存弟兄相爱的心，要去探望坐牢的人，要互相勉励行善。

6. **有助于面对逼迫**。这卷书也令我们想到初代的信徒曾在尼禄手下饱受迫害，在面对这类威胁和困难时，务必持续定睛于基督。这些经文对于今天正面临逼迫的信徒，格外宝贵。

19. 雅各书

†引言

一般人读圣经会碰到两大困难,一个是领悟方面的,就是不懂它在说什么;另一个是道德方面的,你懂它在讲什么!在道德方面有困难的,多过在领悟方面碰到难题的人。若有哪一卷书必抛给你道德难题,那肯定是雅各书了。这本书令人心惊肉跳,因为你一旦读了它,以后就不能拿不知者无罪来搪塞了,它是全本圣经最易懂也最难行的一卷书。

何等实际!

多数人读这卷书的第一印象,都是它非常实际。它绝非无稽之谈、荒渺之言,而是需要在每日生活中实践的基督信仰。它贴近真实生活,只谈一点教义,大量谈论当尽的本分和责任。

在我家的书架上有好多本雅各书的注释书,每一本的书名都与"行动"有关:*行动的真理,有功效的信心,信仰带出的行为,有好行为的信仰,拿出行动的信心*。这些书都强调雅各书的关键字是"做",这也是圣经其他各卷的重点。可惜我们多半忽略这小小的字眼,而偏好着重研究"称义"和"成圣"之类的神学词汇,殊不知"做"这个字在圣经里也很常见，同样重要。

马太福音有一个很短的比喻，讲到一个父亲叫两个儿子去葡萄园工作，一个儿子起先说不去，但后来还是去了。另一个儿子虽说好，但根本就没去。耶稣问，哪一个儿子确实照父亲的意思去做呢？他并没有问哪一个儿子"说"的对。重要的是有没有去做。

雅各书也是这样，它挑战我们做一个"行道的人"，不要只是听道而已。

很没逻辑！

这卷书看似简单，也看似很没逻辑。里头有很多实用的建言，却似乎没办法整理归纳。我曾尝试给雅各书的内容列表，结果完全失败。我也尝试做一张架构大纲，但也不能够。因为作者一下谈这个主题，一下谈那个主题。他在这个主题起了头，然后搁置，转谈别的主题，然后又回来讲原先的主题。这些内容像一颗颗没有串在一起的智慧珍珠，不过从某方面看，这恰好符合本书主旨，因为这卷书是为了敦促我们行道，不是为了分析。

实际而又没逻辑的两个因素放在一起，令我们想到旧约的箴言。箴言也是几无架构可言，同样是把焦点放在日常问题上，这就是犹太智慧文学。拉比讲道有各种形式，其中一种叫哈拉兹（*charaz*），就是"出声的默想"。没有事先准备好的讲稿，只见一位年长的拉比在会堂里分享智慧珠玑。

显然，雅各年轻时也曾受教于这样的拉比门下，因为雅各堪称出声默想的大师，现在，他也在向读者分享珠玑之语。

雅各是谁？

新约圣经里一共有五个名叫雅各的人。最为人所知的应该是西庇太的儿子、约翰的兄弟雅各，他是第一位殉道的使徒，于公元44年遭希律斩首。其次是十二使徒中亚勒腓的儿子雅各。还有门徒犹大（不是加略人犹大）的父亲雅各，小雅各（马可福音15章40节提到）。最后，就是耶稣同母异父的弟弟雅各。写下这封信的就是最后这一位雅各。

耶稣一共有四名同母异父的弟弟，加上几名妹妹（不知道有几位），这些是耶稣至亲的家人。很少人知道十二使徒中至少有五位，可能有七位，跟耶稣是表兄弟关系。这可说明为什么在加利利迦拿的一场私人婚宴中，许多位门徒都去赴席（参约2章），他们不可能是不速之客。

所以耶稣从他的近亲中找了好几位作使徒，但他至亲的家人却不知该如何看待他才好。毕竟一个已经跟你共同生活了三十年的人，突然在各处宣讲说他就是弥赛亚本人，一时之间确实难以接受！在他公开出来事奉之初，似乎不认马利亚（绝大多数学者假设此时约瑟已经过世），他不再喊她"母亲"，而叫她"妇人"。"妇人，我与你有什么相干？"（约2：4）这是他在迦拿的婚宴上，被记载下来对马利亚说的第一句话。

此外，耶稣和家人之间的关系显然颇为紧张，有一次家人来找他，要把他带回去，因为他们认为他是癫狂了（可3：21）。家人发现他被群众环绕着，就打发人传口信给他，说："你的母亲和弟弟妹妹在外边找你，要你回家。"耶稣回答："谁是我的母亲？谁是我的弟兄？……凡遵行我父神旨意的人，就是我的弟兄姐妹和母亲了。"家人都认为他这样回应实在太不像话，马利亚肯定也因话中的含意而伤心不已。

似乎一直到被钉十字架以前，耶稣几乎切断了和他母亲的关系，直到在十字架上，他对约翰说："看，你的母亲。"意思就是请约翰代替他作马利亚的儿子。在使徒行传，五旬节圣灵降临之前聚集祷告的人名中有提到马利亚，那是最后一次出现她名字的经文。此后再没有提到她的名字，她扮演的角色至此结束。她是一位了不起的妇人，我非常乐意称她为"有福"，因为她曾预言说万代要称她为有福。我不称她为童贞女，因为她和约瑟生了其他的子女（可6：3）。

耶稣和他弟弟们的关系不太融洽，在约翰福音7章3-5节，弟弟们提醒他住棚节快到了，接着嘲讽他，应该赶紧上耶路撒冷去，犹太人不是都期待弥赛亚在这节期降临吗？趁这个时候显扬名声，不是最理想吗？

尽管曾经怀疑和轻视，但仍有两位弟弟成为新约的作者——犹大和雅各。据说当耶稣死在十字架上时，他的弟弟雅各非常难过，为自己曾经嘲笑他而懊悔不已，以致说他不再进食了。他大概就这样一直禁食，直到三天后耶稣向门徒显现，也个别向雅各显现，从那以后，雅各就自称是耶稣的奴仆了。

这两个弟弟虽然写了新约的两卷书信，但他们从未利用和耶稣的关系说："听我的，我可是耶稣的弟弟"，实际上犹大自称是"雅各的兄弟"，所以耶稣自己的弟弟们也因耶稣的复活而信服，这位曾和他们同住在拿撒勒木匠屋檐下的人，正是神的儿子无误。在等候五旬节圣灵降临的那批祷告的人里，雅各也在其中。所以耶稣的亲弟弟和表兄弟们都信了他，由此可见耶稣的人品。

接下来，提及雅各在使徒行传15章，主持耶路撒冷教会的长老会议。虽然他不属于十二门徒之列，但显然被公认是耶路撒冷教会的领袖。

在使徒行传15章，他扮演非常重要的角色，他面对一个极其困难、一触即发的危机，堪称初代教会生活最大的危机，牵涉到整个有关割礼的问题，以及基督教能否成为普世的信仰，还是犹太教里的一个教派。雅各主持的这个会议假如不能作出一致的决议，教会就要分裂了。但雅各诉诸圣灵和圣经，挽救了这个危机。彼得在会中报告圣灵在哥尼流一家所作的工，然后雅各说："嗯，这与圣经的意思相合"，然后他引述旧约。这里有一点必须注意，雅各并没有给他的羊群一条诫命（毕竟作为基督徒的他们并不在律法之下），而是鼓励他们选择以爱心来回应这个问题。

若我能说自己渴望看到哪一件事情，我会说是认识圣灵和认识圣经的人能够合一。我们濒临分裂的危险。虽然我曾参与英国的灵恩复兴，但我最担心的是，这复兴渐渐漂离圣经的根基。

对于通晓圣经却不知圣灵活动特性的这一边，我也很担心。关于这方面的主题，请参见拙作《真道与圣灵》（Word and Spirit Together）。

所以雅各依据对圣灵和真道的了解，作出了一个获得大家同意的判断。在雅各的领导下，原本可能发生的灾难，却化为一桩美好的合一运动。

这次会议之后，他们写信递交到各地的外邦信徒，说明外邦人不用承担摩西律法的重担，但是在与犹太基督徒一同吃饭时，应该敏锐察觉他们的顾忌。这封信所提倡的立场，类似保罗在罗马书所提出的，有些事圣经未直接说明，以致基督徒各持看法，保罗说在这些有争议的事情上自认拥有自由的人，为了比较软弱的弟兄的缘故，必须准备随时放弃他们的自由。虽然在信仰里愈成熟的人就愈自由而没有顾忌，这是当然的，但是只要有一个人仍有顾忌，比较成熟的信徒就应该让步。

有些顾忌确实很奇怪，我们做某些事情会觉得有罪恶感，往往是因为从小就听大人说那是不对的。从小我被教导说，星期天骑脚踏车或用照相机都是不应该的。好多年以后我才发现，圣经里找不到任何一节经文与照相机和脚踏车有关！从前我在农场工作时，必须骑脚踏车到五英里路以外的教会做礼拜，怀着罪恶感骑脚踏车去敬拜神，真是怪可怜的！然而当你在基督里长大成熟，会愈来愈觉得可以自由地享受神白白赐给你的东西。

有些事情本身虽然没什么不好，但有些人会觉得怪怪的，甚至会被绊倒，可能是因为跟那人信主以前的经历有关。陪同一位曾经酗酒的人在用餐时饮酒，就是一个典型例子。如果你知道某人做这件事会良心不安，为了主内弟兄姐妹良心的缘故，那么你应该本于爱心放弃你的自由。假如我和一位犹太人吃饭，我会严格遵守饮食清规，就像使徒保罗当年一样。我们需要为了顾虑他人会良心不安的缘故，而调整自己的行为，不可拿我的自由来炫耀。

雅各从耶路撒冷差人送信给外邦信徒时，同时也写另一封信给犹太信徒，这就是雅各书。这封信告诉犹太人如何在外邦世界中行得正，使徒行传15章则告诉外邦信徒当如何在犹太世界中行得正，两封信的建言吻合度几乎百分之百。所以雅各书是在呼应使徒行传，尽管它写得较长。

其他的历史文献告诉我们，雅各一直待在耶路撒冷，人们称他"义者雅各"，一位常驻教会的长老确实需要这美德。他还有一个外号"奥比利亚斯"（Oblias），意思是"堡垒"，坚定可靠的人。

雅各死得壮烈而荣耀，公元62年罗马巡抚非斯都（Festus）死后，亚比诺（Albinius）继任以前，有一段约两个月的空档，耶路撒冷城没有罗马巡抚。犹太人领袖趁机攻击基督徒，因为这时没有巡抚下令禁止，所以他们就在那期间把雅各抓起来，把他带到圣殿顶上，说："你如果不亵渎基督，我们就把你推下去！"在马太福音第4章记载，魔鬼也曾把耶稣引到这个殿顶上。义者雅各回答说："我看见人子驾着荣耀的云彩降临！"于是他们就把他推下去。

但他并没有跌死，于是他们用石头打他。全身多处骨折的他，倒在地上被他们用石头丢，这时他说："父啊，赦免他们，因为他们所做的，他们不知道。"旁观群众喊道："义者雅各在为我们祷告！"这就是雅各的生命！最后终于有人不忍看他被折磨，取来粗木棒重击他头部，他就死了。当然，最初那几年有许多信徒为耶稣殉道，他只是其中之一。

事后主内弟兄来收他的尸体、给他安葬，他们很惊讶地发现（因那是他们第一次看见），他的膝盖像骆驼的膝盖一样，这个人用膝盖跪着的时间多过用脚走路！

在教会内他备受敬重，初代教会的教父优西比乌（Eusebius）曾说：

> 他的生命所展现的人生观与敬虔是如此的显著，被世人一致推崇为"义人之最"。

他的外号"义者雅各"就是这样来的，当时另一位作者赫格西仆（Hegessipus）写道：

> 雅各是拿撒勒人，他有个习惯就是独自进入圣殿，常可见他跪在殿中祈求神赦免百姓的罪，他的膝盖像骆驼皮一样厚，因为他常常跪着敬拜神、为百姓罪得赦免而恳求。他为人极其正直，因此被称为"义者"。

作者

信件开头直说写信者为"雅各",几乎不需要多作介绍,因为大家都知道他是谁。很有意思的是,他引述了好多句耶稣的登山宝训(共二十三句)。据我们所知,当时雅各并不在场,所以想必是直接从耶稣口中听来的,或是在后来十二门徒收集耶稣训诲之言时听到的。

不过,尽管有历史证据指出雅各和这封信的关联,仍有人怀疑不是他写的,因为这封信的风格实在不像加利利人写得出来的。有些犹太人轻视加利利人的原因是,他们有特殊的方言,被视为不识字的人。在使徒行传里,大祭司看到勇敢的使徒们就说:"这些没受过教育的人竟然敢挑战我们?"而雅各书的希腊文风格颇为精练,超过一般预期。

风格

雅各采用了好些高超的演讲技巧,让我们逐一来看:

1. 他用了好几个反问句——亦即并不要求回答,而是要让听的人去思考;参2章4-5、14-16节,3章11-12节,4章4、12节。
2. 他用矛盾的话来引起注意。譬如:"我的弟兄们,们落在百般试炼中,都要以为大喜乐"(1:2),"喜乐"和"试炼"看似矛盾,所以能引起注意。亦参2章14-19节,5章5节的反讽。
3. 他用一些想象的谈话来制造与某人的对答。而这也能引起读者的兴趣,一般人都喜欢偷听别人谈话;参2章18节,5章13节。
4. 他也用问题来引入新的主题;参2章14节,4章1节。
5. 整封信用了很多祈使句。全书一百零八节就有六十节是祈使句!
6. 他将事物拟人化,他讲罪好像在讲一只动物,他所用的图像和人物都取材自日常生活。他讲到船的舵、森林的火,还有农场可见的马的嚼环,这些都引起注意。
7. 他举名人为例,像以利亚、亚伯拉罕和喇合。
8. 尤其他常直接对着"你"说,这也是吸引注意力的好方法。

9. 他不怕使用严厉的话；参2章20节，4章4节。
10. 有时他使用强烈的对比（拿相反的事作对比）；参2章13、26节。
11. 他常常引述经上的话；参1章11、17节，4章6节，5章11、20节。

那么，这些演说技巧是怎么会被放到这封信里的？我认为答案可从彼得前书2章找到。新约许多作者其实不是自己亲笔写信，而是口述，由另一人笔录，今天我们称之为代笔或秘书。

例如保罗和彼得都常请西拉代笔，因此看起来雅各书也应该是由雅各口述，而由某人笔录，修成书信的形式，然后寄给教会传阅。这个解释应可解决一些学者的"疑问"，所以我们就有了这一封结合希腊文修辞和希伯来智慧的信。

读者

这封信并不像新约圣经的绝大多数书信，写给一间教会、一群教会或某一个人的，而是写给散住十二支派之人，明显是指散居各地的犹太人——犹太人在地中海地区开始建立的众教会。开头第一节就提到主耶稣基督，共有十二次出现"我的弟兄们"。

犹太人有两度散居各地：第一次是在公元前586年，非自愿地被放逐到巴比伦；第二次是在耶稣降生之前不久，许多犹太人自愿选择散住地中海世界。境外的犹太人比在境内的更多，单在罗马帝国疆域内就住了约四万名犹太人，许多人虽然每年三次回故乡过节，但仍快速地吸收周围的文化，其积极之态度，甚至使犹太人成了虚伪的代名词。

所以，基督就在传扬福音的最佳时间点降临，犹太人散居地中海地区，罗马人兴筑了一条条大道，希腊语成为通行各地的语言——再完美不过了。神已经预备整个环境，好让有关耶稣的好消息能迅速传开来。使徒保罗每到一个新地方宣教，总是先到犹太会堂里去传，因他相信第一批信徒应该来自当地敬畏神的百姓。

显然，散住地中海地区的犹太门徒所面对的情况，跟住在家乡的犹太信徒完全不同。耶路撒冷教会几乎全部是犹太人，他们是孤立、区隔的，以致变得严苛，律法主义和骄傲随之而来，成为耶路撒冷教会的大问题。但在散居的各地，犹太信徒所面对的是被同化的问题。许多信徒行为不检，自己都不好意思公开说是基督徒。贪婪是他们的问题，因为他们离开以色列多半是为了做生意，离乡背井是为了寻找赚钱的方法。但是渐渐地，他们变得和外邦人几乎一样了。

✝ 内容

财富

引言稍微提到雅各书论及许多主题，其中之一是做生意。任何犹太人都会关心这个主题。他们到各国寻找生意上的机会，所以需要一种可随时带走的生意或技术。这就是为什么有很多人当裁缝师，因为只需针线就可以开始做生意。还有些人做珠宝商，因为珠宝也是很容易打包携带的。当然，放高利贷也是他们常做的生意。在中世纪的欧洲，基督徒是不准放高利贷的，所以银行家都是犹太人，其中最有名的是罗斯柴尔德家族（Rothschilds）。

但是，只专注做生意会产生问题，耶稣曾说："你们不能事奉神又事奉金钱"，同时把自己献给神又致力于赚钱，是不能的。耶稣说这话时被法利赛人嘲笑，因为法利赛人就是又有钱又虔诚，但耶稣说那是不可能的。他们说："因为他不知道怎么赚钱，所以就反对财富。"但耶稣不断警告我们，有钱人很难进天国。当然，若以新约的标准来看，绝大多数西方基督徒都算是有钱人。金钱本身是中性的，有钱可以做很多善事。但保罗写道："贪财是万恶之根。"（提前6：10）

从雅各书清楚可见，有些读者已经因财富而变腐败了。他们剥削雇工，把应该给人的工资拿来作现金周转。他们放纵自己，在不必要的奢侈品上挥金如土。有钱人来聚会，他们就谄媚奉承，叫穷人坐到后排去，把前排位子留给有钱人坐。有些人甚至侮辱、鄙视穷人。

这种情况举世皆然。当你赚了大钱，就以为自己成功了，而没赚钱的就是失败者。随着财富而来的是势利眼。今天有些教会也盛行这种心态，教会大小事操在少数有钱人手中，全职同工不能不迎合，惟恐惹怒握有不健康权柄的主要奉献者。

财富确实会给人虚假的安全感。过着敬畏神的生活才叫作敬虔，而金钱会破坏敬虔，因为当你有很多钱，你做计划时就不会想到要敬畏神。雅各对读者说，做任何计划时都要加上"主若愿意"。家父若在信上提到任何未来的计划，必定加注D.V.（*Deo volente*——拉丁文："主若愿意"）以示敬畏神之心。雅各在讲道中反对不加注D.V.的有钱人。

人赚了钱以后往往忽略神、忽略穷人。雅各列出一些有钱人常见的罪：嫉妒——因为你拥有愈多就想要得更多，所以你会嫉妒比你拥有更多的人；自私；骄傲；自夸；自大；不耐烦；生气；贪婪；争辩；吵架和诉讼，打官司是有钱人的消遣之一。雅各书很适合在伦敦市传讲。

有次证券交易所邀请我去为他们的会员演讲，事前问我定了什么题目，我说题目是："这东西你带不走，即使带着也会被烧光"，他们坚决不肯公布这个讲题！于是我改为"如何在死后投资"，这下他们可有兴趣了！

口舌

因为舌头也为信徒制造很多问题，所以雅各书也把焦点放在这里。我们可以揣测，或许他想到从前自己是怎么挪揄耶稣的（参约7章）。

犹太人爱说话，但是话说得太多会有危险。这些散居境外的人的一大缺点，就是爱讲八卦。离乡背井的人会在自己的小圈圈里讲八卦。雅各深深了解这点，他对于舌头和言语有很多教导。

他教导："颂赞和咒诅从一个口里出来！我的弟兄们，这是不应当的！泉源从一个眼里能发出甜苦两样的水吗？"（3：10－11）雅各说，全身最难控制的部位就是舌头，如果你能控制它，那你就是完全人了。所以凭舌头可随时测量你的圣洁程度。想想你说出的话，因为"心里所充满的，口里就说出来"（太12：34）。当你总是能够说正确的话，该闭嘴时就闭嘴，该开口时就开口，那你就完全成圣了。耶稣说在审判的那日，我们所说的闲话必要句句供出来（太12：36），这里的

"闲话"是指不经大脑说出的话，因为那是当你疲倦或忙碌时说出来的，透露你内心真实的想法，不同于你思考、斟酌之后说出来的话。

其他用来形容舌头的意象有：从地狱里点着的火；它像船的舵，可以操纵全船。其影响有如划一根火柴即可引起森林大火。在这封短短的书信中提到舌头引起的各种罪，譬如抱怨、咒诅、说谎、咒骂。

金钱和言语都是很重要的主题，但真正展开这封信的两个字眼，却是"世俗"和"智慧"。

世界

雅各解释"与世俗为友的，就是与神为敌"，一个人不可能同时广获世俗好评，又得神喜悦。耶稣就不是那样，如果他不能够二者兼得，那我们也不能够。事实上，使徒保罗教导说，当我们愈来愈敬虔，很可能会愈来愈不受人欢迎。保罗曾对提摩太说过："凡立志在基督耶稣里敬虔度日的也都要受逼迫"（提后3∶12）。非信徒可能会尊敬你，但他们也会设法打击你的信心。

雅各说："在神我们的父面前，那清洁没有玷污的虔诚，就是看顾在患难中的孤儿寡妇，并且保守自己不沾染世俗。"（1∶27）

我们常听人说，基督徒应该"在世界里却不属于世界"，这话没错，但可并不表示我们应该远避非信徒。我的好友彼得从前是澳洲的一名车商，只要发现有哪个员工信了耶稣，就会请他走路（别担心，他会先替他们在别的地方找到工作！）。他这么做是基于一个原则：如果周围都是基督徒，他就无从为主作见证了！

雅各书教导我们，被试验和被试探是不同的。神永远不会试探我们，但他会考验我们。差别在于：考验人是希望他们通过考验，但试探人却是希望他们通不过试探。神会考验你，所以当情况变得很艰难，我们应当视为大喜乐，因知神正在使我们升级。给我们试探且巴望我们失败的是魔鬼，不过，惟有在我们心中有魔鬼可以利用来使我们上钩的东西，它才能够试探我们。神已应许，我们绝不会受到超过我们所能承受的试探，意思是，魔鬼当然完全在神的掌控底下，除非先获得神的允准，否则它连我们一根汗毛也碰不得。（从约伯记前面几章可看到最佳实例说明。）

因此作为基督徒，你永远不能够说："我身不由己啊！"在世上我们会面对试验和试探，一个是出于神，神希望你通过考验；另一个出自魔鬼，它希望你通不过。我们需要有智慧分辨二者。当宣教士戴德生（Hudson Taylor）的妻子在晚年几乎全盲而忍受苦难时，有人问她："你这么忠心地服事神，他怎么还让你遭遇这种事呢？"她说："唔，他是在对我的品格做最后的修饰。"

可见人生不会因我们变老而变得容易些。我发现愈老愈难获得指引。我们刚信主的时候，神很怜悯我们，赐下非常清楚的指引，使我们对于该做什么毫无怀疑。但是后来他把我们放到另一种情况，我们得真正开始做是非分辨。随着我们长大成熟，他就不再用汤匙喂食，而是给我们更多的责任，交给我们去判断，不再直接下达清楚的指令。

智慧

前面提到雅各书和箴言的相似处，所以毫不意外地，这封信的另一个关键主题就是"智慧"。雅各书将智慧分成两类，就像试炼有试验和试探两种，智慧也分成从上头来的智慧，和下头的智慧。

下头的智慧来自人不断尝试所获得的经验，我们可称之为人生的历练。但还有另一种获得智慧的方法，而且用不着很长的时间，只要祈求就可以得到！雅各说，若有人缺少智慧，可别以为反正你就是没智慧的人。他解释说，求神给你智慧，不要三心二意，一点不怀疑地祈求。

智慧人人可得，我们却不知道。雅各说，从上头来的智慧是美好的，因为是纯洁、和平的，能解决争端。你随时可支取属天的智慧，当你碰到难题时，只需祈求说："神啊，我需要智慧。"你会为所得到的答复大感惊奇的。

✝ 问题

接下来，我们要看雅各书所引起的"问题"。

通篇的语气

雅各书不太像是基督徒的书信，有关基督或福音的内容不多，似乎强调人的行动多过强调神的作为，强调行为甚于教义，强调律法甚于福音，强调行为甚于信心。它没有提到重大事件，如耶稣的死亡、复活和升天，也没提到圣灵的职事。似乎全部在讲要有好行为。

所以有些人提出疑问，这卷书所描述的基督教，跟圣经其他部分是一样的吗？一些知名的思想家认为它不应该被列入圣经。宗教改革者马丁·路德说他厌弃这封信，因为里面没有什么福音内容，也没能显明基督。（事实上，整封信只提到基督两次。）路德说它是"一文不值的书信"，里面一堆稻草，没有谷物，这说法实在极尽贬损之能事。他说："我不相信它是使徒写的，不应该被列入新约。"他翻译圣经时，将雅各书连同希伯来书、犹大书和启示录，都放在最后的附录。他没有勇气把它删除，但把它移到正文以外。

说实在的，这封信几乎没有什么是正统派的犹太人不会接受的。它论及律法、会堂、弟兄和长老，它称神为"全能神"（译注：和合本并未译出）。倘若你把两次出现的"基督"，还有"出生"、"主的名"、"主来"和"信徒"（译注：1：9，2：1，3：1，4：11的"弟兄"在希腊文皆指"信徒"）这些字眼都拿掉的话，那么正统派的犹太人就会完全同意这卷书里所说的每一件事。

特别的教导

除了上述，还有一个问题特别令广大的圣经读者惶惶不安，雅各书2章24节说："这样看来，人称义是因着行为，不是单因着信。"这话似乎有损新约圣经的教导，尤其有损使徒保罗对于与神和好的教导。路德说这卷书破坏了"因信称义"的福音基本真理。

这封信的一般语气和具体谈论"信心"的教导，意味着它着实费了一番工夫才跻身新约圣经，而继续留在正典之列又费了一番工夫，它是最后被列入的一卷书（于公元350年）。

所以，这两个看似冲突的教导当如何处理？以下是几点说明：

1. 雅各死于公元62年，因此不可能看到保罗书信里有关此主题的内容，虽说他认识保罗，也曾说服他遵守拿细耳人的律法，好叫大家看出他仍然是犹太人（参徒21：18－25），所以假使两人教导互相矛盾，也不会是故意的。
2. 保罗写信的对象是外邦人，而雅各的信是写给犹太信徒，所以目的不同。保罗是为防备犹太人的律法主义影响到外邦信徒，而雅各是为防备外邦人的散漫放纵影响到犹太信徒。因此两人强调的重点有差异，并不意外。
3. 仔细看具体"有问题"的经文，会发现"行为"这个字有好几个意思。保罗写到律法的行为，而雅各写的是信心的行为——亦即行动。雅各说："没有行动的信心是死的。"并不是在谴责律法的行为。他用一个例子说明，光有爱心而无行动，毫无益处。假设有人对某弟兄说："天啊，你没有衣服穿、也没有东西吃？噢，神祝福你啊，弟兄，神祝福你！"雅各问："这有什么益处呢？"这就叫有爱心而无行动，是没有行为的爱心。

所以他谈到信心时，是在讲有信心而无行动，他说除非你把信心付诸行动，否则不叫有信心。光是嘴巴说有信心并不能救你，信心必须实践。他说，即使是魔鬼也信神，而它们是胆战心惊！

接着，他举例说明有行为的信心。一个好男人叫亚伯拉罕，一个坏女人叫喇合，两人都因着信而采取行动，一个准备取去性命，一个则是挽救性命。亚伯拉罕因着信所采取的行动是，将他惟一的儿子以撒献在坛上。妓女喇合因着信所采取的行动是藏匿探子，而且请他们在攻入耶利哥城时务必救她。

雅各是在说，信心不是你口里宣称信耶稣而已，你得用行动表明信靠耶稣。所以，雅各说没有行动的信心不能救你，绝对正确，因为那样的信心是死的。信心不是背诵教条，信心是因着信采取行动，表明信靠神的心。

因此，神藉着保罗和雅各让我们从两个不同的角度，看这个重要的问题，好叫我们取得平衡，认识完整的真理。律法主义说我们得救是靠行为；放纵主义说我们得救不在乎行为；但基督徒的自由（基督徒的立场）却说，我们得救是为了行善，行出有爱心的好行为。

表面上看，保罗是捍卫因信称义的人，但他也在以弗所书2章10节说："我们原是他的工作，在基督耶稣里造成的，为要叫我们行善，就是神所预备叫我们行的。"所以我们虽然不是靠行善得救，但我们得救是为了行善，且将来各人要按行为受审判。而表面上看是在捍卫行为的雅各，在2章5节告诉弟兄们，要"在信上富足"。

律法主义说："为了确保你们免于犯罪，我们要制定规则条例。"放纵主义说："我们有犯罪的自由。"基督徒的自由则说："我们有不犯罪的自由。"这些话听起来像陈腔滥调，却是真实的，基督徒最重要的就是清楚掌握这三句话的差异，因为这就是福音的核心，而我们需要保罗和雅各一起帮助我们持守正道。所以就一般而论，有关"信心与行为"的关系，我相信雅各书需要新约其他书卷配合解释，而新约其他书卷也需要雅各书。

马丁路德对于这封信的评价根本错失重点，他说这封信和保罗、乃至圣经其他部分相抵触，其实路德和他所反对的教皇一样，都不是绝对不犯错的，他过度集中焦点在因信称义的教义上，以致没看出雅各书真正强调的重点。信心必须行出来，要有行动。我们必须将神在我们里面的工作，在格格不入的世俗中行出来。

✝ 结论

我们又不是散居的犹太人，这封信跟我们有关吗？非常有关，因为我们是散居的基督徒。有些基督徒完全在教会的环境里生活，跟耶路撒冷的犹太人差不多，他们因为孤立于世界之外而导致骄傲。

但绝大多数的基督徒像散居的犹太人，在凡尘俗世中打拼，面临被世俗同化而同流合污的诱惑。我们是天国的子民，却是地上的异乡客，散居之属神百姓，等待将来回到天家居住。我们虽在世界里，却不属于世界。

《致丢格那妥书》（*Epistle to Diognetus*）为我们的立场作了最佳总结，这封信写于第一世纪末，为了答复"基督徒跟别人有什么不同？"而写，上面说：

> 基督徒与别人的不同，不在国籍和语言。他们照神的安排，随着居住地点不同，而各自在饮食服装和一般行为上，依循当地的风俗习惯，但众所公认，他们的生活方式却是迥然有别的美好。他们虽住在自己的国家，但只是过客。作为一国的公民，他们和其他公民肩负同样的责任，只是他们把自己当异乡人一样在做这些事。对他们来说，每一个异乡都是母国，而出生地像是异乡之地。他们虽在地上度日，却是天上的国民。他们遵守国家制定的法律，同时却以超越法律的标准过生活，他们被辱骂不还口，却反倒祝福对方……

今天的基督徒需要效法这样的生活形态，以确保不沾染世俗。世俗的动机、手段和道德，仍然是个挑战。今天基督徒所面临的压力，基本上跟第一世纪差不多。如此看来，雅各书非常切合时势，对于所有努力跟随基督的信徒都极具价值。雅各书聚焦信徒在世上和在教会应当有怎样的言行举止。雅各尤其在乎我们做什么，而不是我们说什么。除非我们遵行这道，否则圣经知识对我们毫无益处。

20. 彼得前后书

† 彼得前书

1666年9月2日，伦敦发生一场大火，火苗从一烘焙师的炉子开始窜出，因绝大多数的房子都是木造的，抵挡不住火势，酿成巨大灾害，二十万人无家可归。据估计，这场火灾造成的损失达一千万英镑。总共有九十间教堂付之一炬，后来许多教会都由雷恩爵士（Christopher Wren）重建，包括圣保罗大教堂在内。当然，为这场灾祸找替罪羊是免不了的，这是可叹的人性使然。在这场伦敦大火之后，无辜被怪罪的是法国的天主教徒。

公元后64年7月19日，罗马城发生火灾，从城中央向外围延烧了三天，城市有一大半付之一炬，许多庙宇和房子全毁。市民找上皇帝尼禄，他们知道他向来有野心拆毁旧城区，另外兴建宏伟的建筑，所以大家都认为这件事的幕后黑手就是他，但尼禄嫁祸给基督徒，于是一场针对教会的大逼迫开始了。

教会进入一段可怕的时期，信徒受尽折磨，身上被缝了兽皮，被逼用四肢在地上爬，在圆形剧场内绕行，同时又有狮子和其他野兽出笼攻击他们。他们被狗追逐猎捕，有些人被钉十字架。

记得我曾背对着罗马的竞技场，凝望从前尼禄的皇宫花园，如今是一片绿油油的山丘，我想到昔日他就在那座花园里烤肉。在他的一声令下，有些基督徒全身被浇上柏油和沥青，被绑在花园四周的柱子上，然后点火燃烧，为尼禄的通宵派对提供照明。

神的百姓遭受这种野蛮行径的消息，传遍帝国内的教会，与此同时，使徒彼得也写了一封信在众教会间流传。收信人是住在今天土耳其西北部的基督徒，彼得和他们有特殊的关系，特别关心他们，所以写信提醒他们，为逼迫作好准备。

后来，彼得自己也在那段期间殉道——在尼禄手下于罗马被钉十字架。耶稣曾预言他会以这种死法离世，不过行刑时彼得请求倒钉十字架，因为他觉得不配像耶稣那样被钉。

彼得很可能一直在那个地区服事，尽管圣经没有直接提到。保罗曾经在今土耳其南部服事过，但彼得似乎来到了北部，而他的信就是写给那个地区的信徒。

作者

我们都很熟悉彼得，彼得前书在基督徒中间也深受喜爱。这封信温馨、有人情味、令人感动。他在第一封信中告诉读者，虽然他们没见过耶稣，却能因爱他而有说不出来的大喜乐。这份对救主的爱贯穿整封信。

彼得原本叫西门（它的意思是"芦苇"），是个很常见的名字，没有什么特别。但是当耶稣遇见西门以后，就给他改名叫"彼得"，一个较不常见的名字，意思是"磐石"，标示出耶稣期待看到他性格上的改变。一开始，他是一个不定性的人，像风中的芦苇摇摆不定，但是当耶稣离世后，他成为坚固的磐石。

彼得是加利利伯赛大的一名渔夫，也是安得烈的哥哥。兄弟二人是最先听从耶稣呼召而跟随的门徒，彼得列在十二使徒之首，是这十二人的非正式发言人。

彼得的个性清楚地呈现在福音书里，他有不少优点：有魅力、热诚、冲动、精力充沛；但也有不少缺点：他不太稳定、浮躁、软弱、退缩、性子急又三分钟热度。他有一种毛病，常一时冲动说错话！但有时候他倒也说出有关耶稣的美好真理，很多基督徒都能认同彼得，因为他们跟他很像。

彼得一生中最动人的时刻，应该是在他三次否认主之后，到耶稣被钉十字架之前。后来，他在加利利岸边遇见复活的耶稣。耶稣为门徒做早餐，彼得凝望着眼前的一堆炭火。新约圣经里只有两次提到炭火，第一次是在大祭司的院子里，那时彼得在火旁取暖，三次说他不认得耶稣；此刻他又望着一堆炭火，之前他的懦夫行径想必仍历历在目。

耶稣并未对彼得说："原本我希望你能成为第一位牧师，但是现在恐怕你只适合发圣诗本。"耶稣也没说："我给你一年的观察期，看你是否振作，一年后再来检讨你的案子，重新考虑你的职位。"

实际上，他说的话的意思是："彼得，我能随你的状况调整，我只要确定一件事：你爱我吗？"

这对任何信徒来说，都是最重要的事，你爱他吗？同样的问题耶稣问了彼得三次，有点要把彼得带回正路的意味。再过不久，彼得将在五旬节面对众人传道，使三千人信而受洗。所以毫不意外地，彼得前书特别点出爱耶稣的重要性。

新约圣经其他地方当然有提到彼得，并且在马可写作马可福音时，他也参与甚深。马可不属于十二使徒，他所有的讯息都是从彼得那里得来的。这就是为什么四部福音书里，只有马可福音把彼得的软弱写进去，字里行间透露着彼得冲动的个性。我们从马可福音看到，耶稣是个"行动的人"，和彼得不能说不像。

使徒行传前半部都在讲彼得，但因为路加写那卷书是为了呈给律师，作为保罗受审讯前的简报，所以当保罗上场后，彼得就消失了。

保罗在加拉太书里提到，他和彼得之间曾有一场激烈的面谈，因为彼得在犹太信徒面前拒绝与外邦信徒同桌吃饭。保罗告诉彼得，这样的行为是错的。

我们知道彼得是有家室的人，因为耶稣医治了他的岳母，使徒保罗也约略提到，彼得带着妻子一起去巡回宣教。所以在所有使徒中，除了保罗以外，有关彼得的事情我们知道的最多。

彼得前书是彼得在罗马时写的，显然彼得和保罗都在那里待过一段时间（保罗是被软禁等候提审，后来在尼禄手下被处死），但没有证据显示彼得是罗马的首任主教，那纯粹是一种猜测，为了使人相信使徒权柄的传承。

读者

虽然无法确知小亚细亚（今土耳其西北部）的教会是如何开始的，但使徒行传第2章记载，五旬节那天在耶路撒冷过节的，有从小亚细亚的加帕多家、庇推尼、本都来的人。其中可能有些人听了彼得的首次证道而信主受洗，回去后邀请彼得去探访他们。

彼得以"分散……寄居的"称呼他的读者，过往这是对犹太人的称呼，但基督徒如今也如同犹太人一样，分散到世界各地。这个称呼强调他们与世界的格格不入之感，他说他们是"客旅的"、"寄居的"。我们缺乏具体细节能够证实，这封信在那个地区给所有信徒传阅。

即使今天用"格格不入"来形容基督徒也一样贴切，当你信主后会有的一个难题就是：你会变成格格不入的人。有一种见证我简直听不下去："自从我信耶稣以后，什么麻烦都没有了。"我无法相信这种见证，我认为他们一开始就被误导了。我的见证反而常是这样："我在十七岁那年信主，从此麻烦不断！几年后，我被圣灵充满，从此麻烦更多！"

时常会有人问我，被圣灵充满有什么证据，我总是回答："只有两个字：麻烦！"当你被圣灵充满之后立即可见的一个麻烦是：放胆开口作见证。在使徒行传里，这可比说方言更常见。希腊文*parrhesia*，意思是"放胆说出来"。这可不是交朋友、影响他人的好方法！

基督徒在这世上格格不入，因他不再属于这世界。其实他们成了新的族类，不再是"现代智人"（*homo sapiens*）而是"新造的人"（*homo novos*）；不在亚当里，是在基督里。

当夫妻中有一方先信主，这种差异更加明显，信的人已不属这世界，因此夫妻二人就是活在不同的世界里。这就是为什么圣经教导说，信徒不可嫁娶不信者，否则两人生命里会有一大部分无法共享。

因此基督徒应该预期会麻烦不断，耶稣明明白白地告诉门徒会遭遇苦难。在使徒行传，保罗告诉加拉太省南部的教会说："我们进入神的国，必须经历许多艰难"（加14：22）。所以传福音的人应该坦诚以告，要跟信耶稣的人表明，他们肯定会经历许多艰难，但是他们可以大大欢喜，因为耶稣已经胜过了世界。

主题

彼得前书所涵盖的主题，第一个令我们感到惊讶的是，彼得没有告诉信徒如何逃避迫害，反而教他们如何忍受逼迫，在这个充满敌意的世上如何敬虔度日。所以，受苦是这封信的核心信息，也是最常出现的字眼之一。

彼得前书还有另外两个主题。他希望提醒读者，救恩是面对苦难的一切根基；其次，他希望向他们说明如何面对苦难。记忆是基督徒灵命很重要的部分，彼得敦促他们回想信仰的核心真理。因此，神的恩典是这封信开头和结尾的关键要素。

1.救恩——藉着基督

彼得说，我们必须从个人和全体两方面，确定自己得救。虽然前者较常被讨论，但两者都属于得救的一部分，虽是个别得救，但得救乃是进入大家庭里，好使我们根基稳固不致动摇，尤其当压力大时，光靠自己没办法撑过去，我们需要隶属于信徒团契，一起度过难关。

（a）个人——神的话语

第一个焦点摆在我们跟神的直属关系上。个人层面的救恩来自神的话语，因为神的话语使我们重生。彼得列出三件事——信心、盼望和爱，许多人从哥林多前书13章得知这三大美德，其实圣经从头到尾都一直出现。信心主要是谈神在过去所成就的，盼望主要是谈神未来将要成就的，而爱则是谈神现在所做的事。让我们一一深入来看：

i. **活泼的盼望**。盼望像锚一样重要（来6：10），因为当逼迫的风暴来临，盼望能使信徒坚固不动摇。现今这三件事中最被忽略的就是盼望，但是对未来的盼望是新约圣经的关键主题，所以今天我们也应该关心。

　　对彼得的读者来说，盼望当然重要，因为如果你知道耶稣要再来接你，面对患难就容易些了。彼得前书是一封盼望的信，他告诉他们："神藉耶稣基督从死里复活，叫我们有活泼的盼望。"即使你被杀，死亡也不能碰你一根汗毛！对于未来我们有活泼的盼望，就是盼望有新的身体在新天地里活着。盼望不是一厢情愿的想法，我们知道我们必领受基业。

　　对未来有没有盼望的差别就是：没有这盼望的基督徒虽愿意离世与基督同住，却想要留在地上，但是有真实盼望的基督徒是想要离去，却情愿留下。保罗说："我想离世而去，但若神希望我在地上多留一会儿，我愿意留下。"这是我们应该要有的态度。

ii. **经试验的信心**。彼得知道读者很快就要遭遇严厉的考验，他说我们的信心将要像火炼金子一样被试验，金子被火炼后更精纯。从前炼金都是纯手工的，用一只深锅放在火上烧，同时不停搅拌，直到炼金者看见自己的脸清晰地映现，即大功告成。这就是彼得心中的画面——神就是这样在冶炼我们！我们的信心经过考验后，就会愈来愈像基督。

iii. **满有大喜乐的爱**。救恩包含对神和对人有新的热爱。彼得说，信徒因认识基督已经复活、而且永远活着，心中就充满喜乐。他自己在第一个复活的主日即曾经历到这喜乐。

彼得清楚地说，救恩包含过去在基督里已经成就的（1：10, 4：10, 5：5），和未来将要成就的（1：13, 3：7, 5：10）。我们仍在等候神最终使我们得救。

（b）全体——神的子民

除了关心个人对于救恩的了解之外，全体的面向也是彼得希望读者掌握的。藉着神的话语，我们为自己找到个人的救恩，但我们也被引介到神的百姓之中，那也是彼得书信的一大主题。

彼得用犹太人的称谓来描述神的百姓：

i. **灵宫**。彼得说他们就是活的圣殿，基督是房角石，他们都是活石。他们就是神在地上的居所——他的圣殿。当人接触神的百姓，就是接触神的圣殿。圣经里每次出现"你们是神的殿"，都是用复数，彼得前书也不例外。他敦促信徒不要因为他们即将面临考验，而感觉自己不如人，莫忘自己是谁又是属于谁的。

ii. **君尊的祭司**。彼得还形容信徒都是君尊的祭司。我曾在瑞士苏黎世举行的一场研讨会上，以"信徒皆祭司"为主题证道。会后有一位弟兄对我说："讲得太棒了！"他从未听过这样的信息。但是当我问他是不是"祭司"时，他却马上否认说："不，不是，我只是个平信徒！"后来我再三问他这个问题，他才领悟到，依据新约圣经，答案是肯定的。彼得鼓励读者，面对逼迫时，心里要记得这个祭司的身份。他们必须看自己是能够代表那迫害他们的人进到神面前祈求的祭司。他们可能是敌人惟一遇见过的祭司。

iii. **圣洁的国度**。彼得也敦促信徒要"圣洁"，他仿佛直接引用利未记的命令，吩咐他们。就像当年以色列人要为世人示范什么叫作为神而活，照样，这些信徒在面对逼近的迫害时，也要在世人面前立下典范。了解他们具有尊贵的身份，有助于在艰难的情况下以敬虔的态度回应。

所以彼得从救恩入手，打下讨论的基础，他们必须百分百确定救恩的个人层面——信心、盼望和爱，以及全体层面——他们隶属于神的百姓。

2.苦难

依据彼得的看法，受苦是救恩的必然结果。的确，新约圣经有很大一部分，都是为受苦中、或即将遭受逼迫的信徒而写，譬如彼得前后书、希伯来书和启示录，都是在这样的背景下写的。耶稣和保罗都特别警告信徒会面临逼迫，西方的基督教极少遭遇逼迫，其实是不正常的。关于受苦，彼得说三件事：

(a) 不要因自作孽而受苦

如果你因为犯下罪行而入狱，当然不能说是为耶稣受苦。我们常因自己态度不佳或行为笨拙而冒犯别人，却声称别人对福音有负面反应是因他们讨厌福音，其实根本不是。我们必须确认他们不是因别的事而讨厌福音。所以彼得关心的是，他们受苦不是因为罪有应得。

(b) 受苦不可报复

彼得说，受苦时千万不可以怨报怨。想要报复是人的自然反应，我曾听某人说过，他不介意按登山宝训的教导把左脸转过去由人打，只要可以让他趁机用右膝盖顶那人一下！我们听了会心一笑，因为他的感觉我们都懂。

当某人伤害我们，我们本能地就想报复。彼得说基督徒绝对不能那样做。耶稣也曾受苦，即使人朝他吐口水，他也不曾反击。在旧约里，羔羊并不曾先受折磨然后被杀，而是朝咽喉迅速划一刀，将痛苦减到最低。但是当神的羔羊被杀的时候，却先被嘲笑、鞭打，头上被戴上荆棘，被戏弄、被吐口水。他的反应却是祈求天父赦免他的敌人，因为他们不知道自己在做什么。

彼得说，照样，我们绝对不应该想要自己扳回一城，我们应该以善报恶。如同耶稣所说，我们应该"祝福那些咒诅我们的人"，不可寻求报复。

（c）受苦却不致跌倒

迫害者会企图消磨信徒的信心，所以彼得嘱咐他们，不要怕人的威吓，也不要惊慌。他提醒读者，迫害者或许可以伤害他们的身体，却不能碰他们的灵魂，"他们想对你的肉身怎样，就让他们去吧，你只要保持灵魂不受损。这样，即使你看似节节败退，但终究你必赢得胜利。"

毕竟，受苦只是暂时的，跟永恒比起来，一生的时间何其短暂。不仅如此，所有逼迫的幕后黑手都是魔鬼，所以不要单单从人为角度来看。

3.顺服

前面已提到，彼得敦促读者学习顺从苦难，而不是设法逃避。他把这不寻常的建议运用在好几个方面，以下我们将看到，这不是盲目的顺从，而是学习以顺服的灵面对苦难。

当犹太人一车车地被载往死亡集中营时，他们知道即将遭遇的事，但他们竟安安静静地走进毒气室，令世人惊奇不已。彼得说，基督徒当有的态度，就是类似这样。

这种行为完全违反人性的本能，和我们面对不公平之事的反应截然相反。我们碰到不公平的事就会说出来，小孩子最早学会的句子之一，就是："不公平！"你在工厂罢工现场警戒线前方，也会听到类似的抗议。

彼得却说基督徒没有权利，他们需要预备受苦，就是学习顺从地接受苦难。彼得做了最好的榜样，顺从地接受十架酷刑。他不但没有抵抗，反而坚持倒钉十字架。

彼得提到在四方面特别需要顺从：

（a）臣民

首先，他要读者学习顺从长官（保罗书信中也探讨了这个主题）。他们应该作诚实的公民，应该尊敬皇帝，应该为执政者祷告。基督徒在社会上应该被视为诚实纳税的人。他们不应该抱怨政府，应该被视为忠诚的国民。

当然，这并不表示无条件地听命行事，对于长官权柄的顺从还是有限度的，当宗教当局吩咐使徒们不可在街上传讲耶稣，彼得回答他们："顺从神，不顺从人，是应当的。"当执政者吩咐我们去做违反神的律法之事，我们不能照办。但在这底线之前，基督徒必须忠于国家，不应该因为悖逆或侵犯当权者而被逮捕。

(b) 奴仆

基督徒奴隶在不信的主人手下受苦，并不令人意外，奴隶是完全属于主人的财产，没有自己的时间、金钱或权利。许多主人对待奴隶的方式原本就够可恶的，但是当奴隶信主之后，主人怕他们嚣张起来，就用更严厉的手段压制他们。面对这种挑衅，彼得劝奴隶们对主人的态度仍要顺从，不要无礼冒犯，也不可忿忿不平。

(c) 信主的妻子

还有一群遭遇逼迫的基督徒，是丈夫尚未信主的妻子。这是很棘手又非常痛苦的情况。彼得告诉她们说，妻子当顺从丈夫，包括不信的丈夫也要顺从。彼得也建议妻子如何赢得丈夫归主，他所建议的方式跟一般做法完全相反。一般做法是，当妻子比丈夫先信主，她会认为自己应该做两件事，向丈夫传福音、为丈夫祷告（而且最好是跟其他已信主的妻子一起为不信的丈夫祷告）。

彼得给的建议却不包含这两件事，事实上，他说你最不该对丈夫做的事，就是向丈夫传道。彼得说，妻子必须不靠言语来赢得丈夫归主，所以彼得完全不赞同信主的妻子回到家就对丈夫说，今天教会的证道完全是对丈夫讲的！遗憾的是，有很多未信的丈夫在妻子信主之后，说："我老婆被耶稣抢走了！她不再属于我了。"

妻子务必学习和丈夫和谐相处，但是有太多妇女整个早上查经喝咖啡，追逐灵性目标，而丈夫却一直待在起跑点上，感觉自己渐渐失去一家之主的地位。

有许多向丈夫传道说教的妻子后来都懊悔不已，彼得不劝妻子向丈夫说教，而是劝妻子"要看重内在的美丽如同她们看重的外表一般"，这是给信主的妻子一个简单的方案。在第3章，彼得说明妻子应该怎样变美，请留意他不是在说明如何变得迷人，而是说美丽要由内而外散发出来。

(d) 年轻人

这是第四个需要顺从的部分，不过彼得把它和前三项分开谈，因为这与受苦无关。他说年轻人应该顺从年长者，要听年长者的意见，让年长者带领。先知以赛亚对以色列宣告的惩罚中有一项，就是他们会被妇女辖管、被年幼的剥削利用（参赛3：12），这跟今天教会并非毫不相干。

彼得的总意并非是要他们盲目地顺从，而是说无论作妻子的、作雇工的，都应该培养一种不侵犯人、不坚持己见、也不主张自己权利的态度。

若说在所有苦难背后的终极黑手是魔鬼，那么在所有顺从背后的原因，都必须是为了神。你必须有效法基督的精神，才能够默默地忍受苦难，顺从在上位的人。然而信徒这么做是在效法他们的主，他被钉十字架不但不求报复，反而说："父啊！赦免他们；因为他们所做的，他们不晓得。"

一段有问题的经文

虽说彼得前书浅显易懂，但是有一个问题，在第3章有一段不寻常的经文，起码有三百一十四种不同的解释！这段经文说耶稣："按着肉体说，他被治死；按着灵性说，他复活了。他藉这灵曾去传道给那些在监狱里的灵听，就是那从前在挪亚预备方舟、神容忍等待的时候，不信从的人"（3：18－20）。隔几节以后，彼得又说："为此，就是死人也曾有福音传给他们，要叫他们的肉体按着人受审判，他们的灵性却靠神活着。"（4：6）

自由派传道人根据这段经文，建立人死后有第二次得救机会的教义，而不管其他所有经文都说不可能的事实。人一死就盖棺论定，并且死后有深渊相隔。但是这段经文从表面上看，耶稣的确曾向那些死者传道。

我们当如何了解这段经文？我发现许多解释之所以难处理，原因是大家都想避开最简单、最明显的意思，只因这段怪怪的经文不符合圣经的一般解释，就是人既死了，得救的机会也就没了。

我一贯的作法是先从经文最简单、最明显的意思着手，除非真的很艰深才换个方式。这段经文清楚指出，耶稣从死亡到复活之间是积极活跃的、是有意识地与他人真实沟通的，而那些人也是意识清楚地在与耶稣沟通。

当然，你在教会里面从未听过这个教导，因为受难周的聚会都是到周五结束，然后周日再开始庆祝复活节，所以从来没人告诉你那个星期六耶稣在做什么！它也意外地引起一些有趣的问题：在那一星期之中究竟发生了哪些事件。福音书说耶稣在坟墓里三天三夜，但传统上解释为从周五到周日，只有两夜一天而已！事实上，我相信耶稣是死于周三下午，所有证据都指向如此。我们都以为他死的那天是星期五，只因经文告诉我们他死于安息日的前一天。但是就那一年来看，那不是星期六的安息日，约翰福音告诉我们，那安息日是大日。我们几乎可以确定耶稣死的那年是公元29年，逾越节的第一天是安息日，而那年逾越节的第一天是星期四，所以逾越节前夕就是星期三。这就符合其他所有理论的证据了。因此如果他在星期三的三点受死，在星期六的下午六点到午夜之间复活，那么就跟福音书的每一项证据完全吻合了。

回到彼得的经文，一般认为耶稣从死亡到复活之间什么事也没做，只无意识地、静止地躺在坟墓里。但经文却说，他只有肉体被处死而已，他的灵性却仍积极活跃，他去到死人的世界传道。我能想象彼得在第一个复活主日遇见耶稣时，说："耶稣，你到底去了哪里？"

耶稣回答："我没在地上，我到阴间去了，到已逝者的世界里去。"

"你在那里三天三夜，到底在做什么？"

于是耶稣告诉彼得，他去向那些在挪亚时代死于大洪水的人传道，当然这表示那些死于大洪水的人也是有意识的。我们死了以后同样会是意识清楚的，我们会知道我们是谁，会有我们的回忆。死的只是我们的肉体，不是我们的灵性。死亡使肉身和灵魂分开，以后在复活之时，灵性和身体将重新结合。

但是耶稣在一周之内就经历了全部三阶段，他是一个有身体的灵，直到他死在十字架上，然后他把他的灵魂交给神，他的身体被放到坟墓里。灵性活着的他去向那些在挪亚的洪水中悖逆不信的人传道，然后在复活节主日早晨，他的身体和灵魂又结合，但在整个过程中他都是完全意识清楚、能够沟通的。

由字面意义来看，的确表示耶稣曾经去向那一世代的人传福音，而且只对他们传而已。它的确有个清楚的含意是，这福音能够救赎他们，所以这不就是人死后还有第二次机会吗？

我相信这是给他们的第二次机会，而且只给他们而已。圣经里没有一点暗示其他任何人有这样的机会。但是看来也只有这个世代能抗议神不公平，他们可以说："你除灭了我们，然后应许这种事不会再发生。"我相信神希望他们弄清楚他的公正与公义是纯粹无瑕疵的，所以他说："儿子，去把福音说给他们听，在审判的日子我不要任何人控诉我有任何不公平。"神是公义的，他竭尽全力不做不公平的事，也不偏袒任何人。所以或许这就是为什么会发生这么一件不寻常而极端的事。

所以不要扭曲经文来配合我们的体系，宁可照它最简单明白的意思来接受。这里没有任何一点谈到其他人有第二次机会——那是普救论，圣经没有那样教导。

结论

一般来讲，尽管英国并无逼迫基督徒的事，但我预期基督徒的压力会愈来愈大，尤其是性别歧视法，教会将面临压力，被迫解放对于教会中的同性恋立场，和对于女性长老的立场。我可以预见有一天，在英国连批评别的宗教，甚至说你所信的宗教优于其他宗教，都会触犯法令。有一天我们读彼得前书将会特别感同身受。

彼得听到耶稣对他说的第一句话是："来跟从我。"跟随耶稣的心志从整封信当中照耀出来，我们必须像耶稣一样，挺身迎向苦难。基督是那房角石，基督徒就像活石。基督是大牧人，基督徒领袖也要效法这位牧人。他被恨恶、受尽苦难，基督徒也必如此，他们必须效法基督的榜样。

✝ 彼得后书

这封信写于公元67年，和第一封信相隔三年，写完这封信不久，彼得就在罗马被钉十字架。在约翰福音，耶稣预言彼得年老时会在暴力下受死。所以接下来四十年之久，他知道自己将会被杀害，只是不知道何时。在这封信上，他说他相信时候快到了。

彼得后书的文字风格和前书大不相同，以致有些学者说不可能是彼得写的。它的希腊文比较累赘，像是某个不大懂文法的人根据字典翻译似的，此外，结尾没有任何问候，开头也没有收信地址。

彼得后书的确不是很快就被初代教会接受而纳入新约正典，部分原因是当时有很多伪造文件号称是使徒所写，实际上根本不是。另一部分原因就是文字风格的差异。

但相似处也有很多，在前书中彼得偏好的用语（口头禅），在后书中也常出现，如果你一口气读完两封信，会发现他一直提到我们"宝贵的"信心，和我们"宝贵的"耶稣。对彼得而言，每件事都是"宝贵的"。在前书中，他用这个字眼五次，后书用了两次。

不但如此，他提到之前那封信（参彼后3：1），他写说他亲眼目睹耶稣变像，他认识保罗，而且当平辈一样谈话。彼得后书里有一些言语，仅见于彼得前后书及彼得在使徒行传中的演说，所以我们有充分理由相信，彼得后书的作者是彼得没错。

那么，彼得这两封信的风格差异如何解释？我相信彼得后书是彼得写的，但不像前书那样由他口述，请西拉代笔。他知道他需要抓紧时间写信，但他不是很懂希腊文，所以这封信的文法较差，不过意思倒是清楚的。以此说明前后书风格的差异，道理上说得通。在某些方面，彼得后书是彼得的遗言和见证，就像提摩太后书是保罗的遗言一样。

彼得前后书对照

彼得前书（公元64年）	彼得后书（公元67年）
"受苦"18次[1]	"认识、知识"13次[2]
危险	
简单的 外部 逼迫	狡猾的 内部 异端
弱点	
妥协 焦虑不安	腐败 背弃真道
地位	
出生 喝奶	成长 成熟
语气	
安慰 循循善诱	谨慎 警告
基督再来的盼望	
要拯救 敬虔的人	要审判 不敬虔的人

---

[1] 中文和合本的次数与此不同。
[2] 中文和合本的次数与此不同。

内容

这封信要处理的情况和前一封信完全不一样，虽然读者对象相同，相隔了几年，现在他觉得最迫切的需要，是处理教会内部的危险。现在教会面临两种压力：来自外部的和来自内部的压力，比较危险的是后者。撒但从外部摧毁教会从没有成功过，他愈从外部攻击，教会就愈壮大。这就是为什么在基督教的头三百年里，当基督徒被丢去喂狮子，教会仍然非常快速地成长。这也是为什么今天你去基督徒遭受迫害的国家仍能找到全村几乎都是重生基督徒的村落。所以，第一封的问题是外部的敌意，第二封信要面对的是内部的异端。

彼得后书大纲

第1章：要达到成熟
第2章：要保持道德
第3章：要维持心志

彼得后书完全照着前书的形式写，由此也可证明两封信的作者是同一人。后书先有一段谈救恩，接下来的段落讲到危险，然后引出其中含意，预备他们的心面对即将来临的逼迫。

第1章：要达到成熟

前书谈到重生，谈到需要渴慕"灵奶"，但在后书他说他们是大人了，要长大成熟。不成熟的基督徒爱听新奇的事，成熟的信徒则热爱知识。他希望他们作第二种人，因为他相信知识会使人成熟。

他用了"认识、知识"共十三次，但没有一次是学术上的含义，他关切他们对神的认识是否来自亲身经历，是否以圣经为依据。他也特别说明，他们应该回想对神的一切知识和信心，他用的字眼有："忘记"、"记念"、"提醒"等。基督徒应常常回想真理，而最极致的回想就是圣餐礼拜时，吃主的饼、喝主的杯，设立这事的目的就是让我们记念基督。

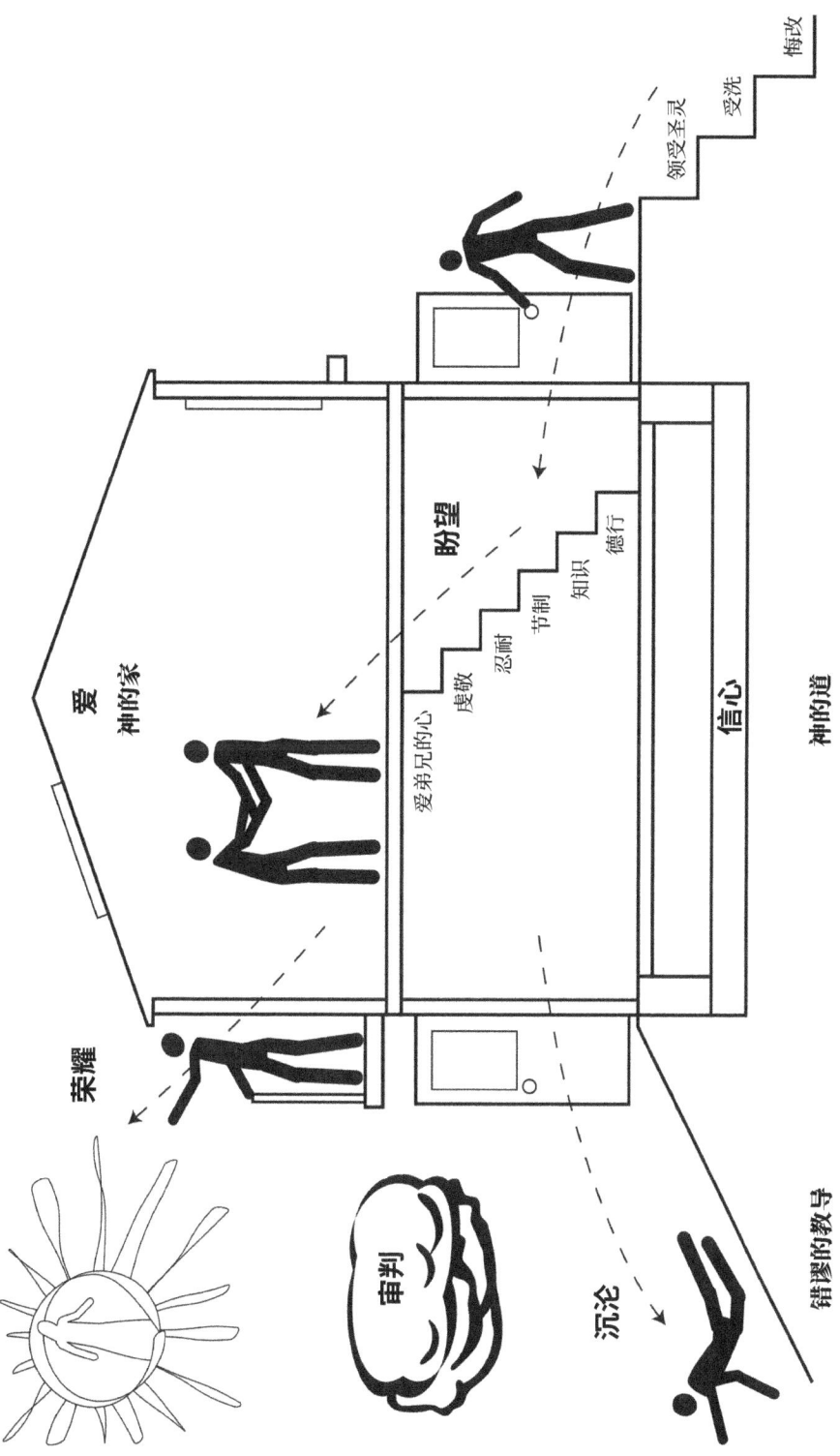

彼得描绘每一个信徒都应该追求的成熟生命，摘要于上页图表——信心家庭。

请注意，踏上前门的信心台阶，并不是彼得后书的内容，而是使徒行传2章38节彼得的证道内容。第一阶是"悔改"，第二阶是"受洗"，第三阶是"领受圣灵"。经过这三级台阶就进入"家中"，没有更多级台阶。拙作《属灵接生学》深入说明，为什么这几阶是神国入门必经之路。千万不可以抬高门槛，可惜很多圣经教师额外增添不必要的入门条件。

踏上三级台阶进入神家中，里面有一座楼梯。彼得说我们有了信心以后，还要再加上几项品德：德行、知识、节制、忍耐、虔敬、爱弟兄和爱众人的心。

登上品德阶梯的同时，我们心中的盼望愈来愈坚定，因为对所蒙的呼召和拣选更有把握。其实除此之外，没有别的方式可获得这份把握。随着我们一步步往上走，对于神要做的事也会愈来愈肯定。

所以，教会是奠基在信心上，在盼望中成长，而且充满了爱。前书和圣经其余各卷提到的三德，这里又再出现。

爬上楼梯顶，就到一个阳台，从阳台可进入荣耀，天堂将盛大欢迎你。所以彼得敦促他的读者一步步向上爬，不要坐在一楼的沙发上不动，要爬上楼梯，尽快到楼上去。

所以解决异端的方式就是灵命要成熟。待在一楼灵命几乎不长进的人，很容易听信错谬的教导，不久就发现自己从后门滚出去，落入沉沦。

彼得强调，他所传的真理并不是他自己的想法，那是他和其他使徒与先知从神那里领受的。先知对自己所发预言的含意往往也是一知半解，因那些言语是针对将来的世代，不是给当下的听众说的。

第2章：要保持道德

彼得后书第2章和犹大书的遣词用句几乎一模一样，这并不是圣经里唯一的例子，以赛亚书2章和弥迦书4章也有一模一样的内容，因此疑问是免不了的，怎么会这样？

读圣经碰到这种情况，有五种可能性：

1. 彼得借用犹大的话。
2. 犹大借用彼得的话。
3. 彼得和犹大都从别处借用。
4. 彼得和犹大一起讨论这个问题，对解决方法达成共识，然后各自写信给信徒。
5. 圣灵给两人一模一样的话。

以上情况都有可能，但我倾向于排除第五种可能，因为圣灵不会把人当文字处理器。圣经是圣灵默示的教义，绝非暗示作者不过是人肉打字机，圣经不是这样说的。所以不大可能是圣灵把一模一样的字句给了两个不同的人。

我倾向于认为二人互相合作，彼得是耶稣最亲近的门徒之一，而犹大是耶稣的弟弟，所以两人很有可能彼此认识。

不论是哪种情形，重叠的部分相当少。犹大书很短，长度和彼得后书第2章差不多。彼得后书跟犹大书重叠的材料，谈到教会里四种腐败的情形：

1. 败坏的信念

就像在以色列有假先知一样，教会里也有。虽然我们无从得知他们到底传了什么信息，但是从彼得处理问题的方式可得知，他们有两个信念被更改了，对基督的位格掺杂了其他宗教的看法，又对神的恩典感情用事。

（a）对基督的位格掺杂其他宗教的看法

有些教会说，耶稣不是独一真神，而是众神之一。他们说基督虽是通往神的一条道路，但还有很多条其他道路，藉此回避惹人反感的"惟一"字眼。他们就是这样贬低了基督，用他们的想象力造出另一个耶稣，不是福音书所传的耶稣。这样的教导在初代教会并非不常见，例如歌罗西教会就受到这种诺斯底主义的教导影响,导致不良的后果。

(b) 对神的恩典感情用事

有些自称信徒的人,认为怎样生活都没有关系,反正上天堂的门票已经拿到手了。他们的心态是神喜爱饶恕,不管你做什么他都会饶恕你。这完全是感情用事,今天却还有人传讲。持此看法的基督徒想当然耳,必会利用神的怜悯继续犯罪。这种观点扭曲了神的恩典,无可避免地导致不道德行为,因为他们以为神并不在乎基督徒怎么生活。

2. 败坏的行为

你所信的会影响你的行为,所以如果个别信徒的信心改变,错谬必会随他们进入教会。彼得描述这种信徒的特征就是在言语上犯罪,他们狂妄自大、毁谤人、说亵渎和虚妄矜夸的大话。

他们不但言词败坏,行为也败坏了。他们不肯服从基督的主权,藐视神的诫命。

彼得和犹大都写信给落入错谬的教会,帮助他们重回正路。请注意,有些人当初进入信心家中是走正确的路进来的,却从后门出去了;但有一些人进入神的家后爬上楼梯,在盼望中长进,终于到达爱的房间而跃入荣耀之中。前者落到神的忿怒和审判之下,后者得享神恩福的和煦阳光。

3. 败坏的品格

败坏的行为塑造出败坏的品格。假先知的错谬教导对信徒品格造成不良影响,彼得后书说,他们的情况简直是不如猪狗,行事为人全凭动物性的本能,没有随从神的灵。他们变得贪婪,充满邪情私欲,一点都不可靠,做事原则全看心情。他们是"无水的井,是狂风催逼的雾气",生动地描绘他们性格的软弱、毫无益处。

4. 败坏的言语

败坏的行为和品格,无可避免地带出败坏的言语,教会里有各种抱怨，反抗领导权，制造纷扰不安，最终导致教会分裂。原本不受流言纷扰影响的人，也被不满的火舌卷入，最终将福音中的合一力量拒于门外。

彼得和犹大都知道，这一连串的败坏必使教会毁灭，所以两人都提出这些事。毁灭教会的不是逼迫，而是因为教会内部已经朽坏，所以当逼迫来临就撑不住了。

因此彼得非常关心教会里信徒的状况，针对异端提出一些严重的警告。他说他们晓得义路，竟又背弃圣道而重回罪中，这种人不晓得有义路倒好。他用严厉的言语形容那些岔出去的人，他们的情况正像狗回头吃它吐出来的东西，也像猪洗干净了，又回到泥沼里打滚。

神不但为教会外的人犯罪而担忧，也为信徒犯罪而担忧。事实上，背弃真道的人受到的惩罚会比从不曾悔改的人更重。这对那些以为信靠基督就可以"高枕无忧"的人，是严肃又厉害的警告，他们的生活显出，他们口里宣称的相信根本是在说谎。

第 3 章：要持守心志

彼得后书最后一章是对将来的盼望，教导的动机同样是出于关心教会。有些人说，基督要再来根本是空话，基督不是许要再来吗？他在哪里呢？

所以彼得回应这些好讥诮的人，他提醒他们，在神眼中的时间是不一样的：在他千年如一日，一日如千年。每延迟一天都显明神的耐心，神耽延乃是"宽容他们"。他说有一天整个宇宙都要被烈火销化，会有另一次大屠杀，这次不是大洪水，而是大火。我想那不会是核子战争；我认为神将要把每一个原子里的能量全部释放出来，他曾将能力贮存在原子里，只消解开释出，整个世界就会在烈焰中熔化。

但彼得写这一段话是为提醒读者，如同浴火凤凰一般，一切有形质的被烈火熔化后，将有新天新地出现。我很喜欢传讲这新地，别把这部分留给耶和华见证人去传讲，这可是基督教的真理，是圣经教导的！只是我担心基督徒恐怕只想听有关上天堂的信息，但是，天堂毕竟只是进入神为我们所预备的新天新地之前的等候室而已。

在约翰写的启示录结尾，阐释了即将来临的新地。这地将是未来的中心。惟独基督徒知道它，人人都在为臭氧层破洞、海洋污染和濒死的森林而惶恐不安，他们因为地球是我们惟一居住的地方而担心。但基督徒知道更多的事；我们期待新天和新地，知道那会与我们所认识的这个星球不同，因为那是有义居住在其中的新天新地，再无邪恶、犯罪、罪恶，也无肮脏污秽。

彼得说，假如我们盼望这些事，就要照着将来在新天地里的生活方式，过现在的生活。对于错谬的教导我们不会听从，不会陷入其中，也不会被污染。我们会保守自己不沾染离教背道的事，更不会沾染世俗。

因此，敬虔的盼望才能真正防备随错谬教导溜进教会。你要定睛在那新天新地，有义居在其中，使你保持圣洁的生活，因为你知道如果你不活在义中，就不属于那新天新地。就好像我们活在信望爱之中，就是在预备自己进入荣耀。当你听到号角声，就可以立刻免费飞到"圣地"！

我祖父葬于新堡（Newcastle），他的墓碑上刻着几个字，是撷取自循理会的一首古老诗歌，写着"聚会真棒"（What a Meeting）。如果你不喜欢大声地敬拜聚会，到时可别上去啊，因为天使长要大声欢呼，号角声将长而又长，足以将死人唤醒，确实是那样的。已死的人将坐到前排的座位，所以如果你死得早，用不着担心。

彼得以一个严厉的抉择收尾，我们可以选择忽略他的教导，随那帮堕落离开的人而去；也可以选择继续在基督的恩典上长进。彼得说，连在所多玛和蛾摩拉的毁灭中，神都能保守罗得，所以他也能保守你。

21. 犹大书

†引言

一卷被忽视的书

犹大书一直被称为"新约圣经最被忽视的一卷书",有好几个原因:

1. 它很短

它和腓利门书、约翰二书、约翰三书,都是新约圣经中最短的书。

2. 它很奇怪

它提到天使长米迦勒为摩西的尸首和撒但争辩,读者觉得困惑,提这些做什么?还提到可拉的后裔和天使被锁链永远拘留在黑暗里,意思也晦涩不明,可拉之子到底做了什么?天使为什么被拘禁在黑暗里?

3. 它很可疑

有些人不同意犹大书这样子引述次经,次经是指从玛拉基书结束到马太福音开始,这段四百年期间内写成的犹太书卷,它们被包含在天主圣经内,但基督新教圣经并未收录。这些书卷从未号称是神的话语,因为里面没出现过"主耶和华说"一词,这在旧约中可是出现了3808

次，也是基督新教圣经没有把它们纳入的原因。在两约之间的四百年间，神没有说话。没有先知为神发言，那些著作并非先知预言，但这并不表示它们毫无价值或所言不真。所以，我们不需要因为犹大书起疑。这些次经众所周知，对于支持犹大书的论点是有价值的。

4. 它很严厉

犹大书给人留下负面的、不宽容的印象，因犹大不遗余力地提醒和挑战信徒要有行动。

5. 它很尖锐

犹大书就像外科医师切除基督身体的肿瘤一样，有些语言像手术刀般锐利地谴责错谬的教导。

各种压力

犹大书尖锐的语气在某些场合是必要的，尤其是错谬的教师在教会内部制造各种压力，在神的百姓中间制造破坏。教会面临的危险有两大来源：

（a）外部的

教会永远可能得面对逼迫的压力，只是程度不同而已。今天有两百二十五个国家的教会所遭遇的情况可称为"逼迫"。但是教会在外部压力之下依然茁壮成长。

（b）内部的

比较令人担忧的是内部的压力。保罗写给加拉太信徒的信说明，初代教会生活中令人担忧的是内部的律法主义和放纵主义。耶稣斥责法利赛人的律法主义，也斥责撒都该人的放纵主义。然而，到了第二代信徒，教会内部已经明显看出这两种危险了。他们或变得心胸太过狭窄，在圣经以外增添许多要求，使作主门徒的标准变得非常严苛；又或者变得太过随便，没有任何言行标准，与使徒教导的门徒操练相违背。

两者差异可简要说明如下：律法主义说你没有犯罪的自由，我们会想办法让你不犯罪。放纵主义说你有犯罪的自由，你既已信主就无所谓了，因你已经拿到进天堂的门票，所以不用担心。但基督教的真自由是："你有不犯罪的自由。信徒里面的罪不是无关紧要的，但基督已经使你脱离罪的权势而得自由了。"所以犹大所担忧的，跟耶稣和使徒保罗关切的并无不同。犹大书的内容很深刻，其信息对今天的教会很重要。

虽将关于这卷书的难题作了说明，但要了解它还是一个挑战。为使它的意思更清楚，请看以下我的意译：

犹大书意译

这封信寄自犹大（Judas，简称 Jude），被大君王耶稣买赎的奴仆之一，也是你们熟悉的雅各之弟。

这封信写给那些从世界中被呼召出来，如今已成为父神家中的蒙爱儿女，为了呈献给君王耶稣而被保守的人。愿你们所经历的怜悯、平安和慈爱多而又多。

亲爱的弟兄姊妹，原本我很想写信给你们，谈谈我们所共享的美好救恩，但我却发现不得不写这封内容完全不同的信。我必须劝你们为保存从前一次即永远地交付给初代圣徒的真信仰，继续艰苦奋斗。我听说有一些人，姑且不提他们的姓名，潜入你们中间，这些不敬虔之人的结局在很久以前就被宣判了。他们把神白白赐下的恩典扭曲成厚颜无耻的不道德行为，根本不认大君王耶稣，就是我们独一的主和神。

有一些绝对的真理，你们是完全知道的，但我尤其要提醒你们，神是轻慢不得的。你们当回想当年神从埃及将一整个民族平安地领出来，但是后来他再度插手时，他们全部都因为不信他而被除灭了。他也没有纵容天使，有些天使不守本分、离开岗位，他就把他们永远拘禁在最深最黑的地牢中，等待审判的大日子。

还有住在所多玛、蛾摩拉和附近城市的居民，像那些天使一样，行为邪淫放荡，以变态的性交满足欲望，因此他们的结局就是在永远不熄的火中受惩罚，这事可作为人人的鉴戒。

历史殷鉴不远，那些人却千方百计地进到你们的团契里，以同样的方式污损自己的身体，他们藐视属天的权柄，污蔑尊荣的天使。然而就连天使长米迦勒（这名字的意思是"像神一样"）为了摩西的尸首跟魔鬼争辩时，也不敢用侮辱的话直接指控撒但，只说："主要谴责你！"把究责的话留给神自己说。

可是你们当中有些人毫不犹豫地毁谤他们所不了解的事，而他们惟一了解的事将证明他们的结局是灭亡，因为他们对人生的知识完全出自动物性的本能，就像没有理性思考能力的畜类一般。这些人要遭殃啦，他们跟该隐走同一条路，又出于同样的动机，为了钱，向巴兰的错谬里直奔，他们像悖逆的可拉一样，结局就是灭亡。

这些人竟然还厚着脸皮和大家一起享用爱筵，其实他们只是为了填饱肚子。他们像露出一半的礁石，谁撞上他们谁就全毁。他们像没有雨的云被风追逐。他们像秋天被连根拔起的树木，没有叶子也没有果子——死而又死。他们像海里的狂浪激起自己可耻的泡沫。他们像脱轨的流星，注定掉进黑洞里永远消失。

第一位人类亚当的七世孙以诺，预见将来会有这些事，就指着这些人预言："看哪，主带着千万的圣天使降临，要审判所有的人，给所有不敬虔之人定罪，因为他们在不敬虔的生活中做出一切不敬虔行为，又说冒犯他的话。"这些人常因不满而发牢骚，总是在抱怨又处处挑剔。他们满嘴自夸，为自己的利益谄媚别人。

可是，亲爱的朋友们，你们应该记得我们主耶稣基督的使徒们所说的话。他们预言末世必有人出来大肆嘲弄敬虔的人，他们的言行完全受自己不敬虔的欲念所支配。这些人只会在你们中间制造纷争，因为他们受本性的支配，没有圣灵引导。

至于你们，亲爱的朋友们，你们应该始终坚立在引向圣洁的信仰根基上，靠着圣灵的力量不住地祷告。要常常住在神的爱里，同时耐心等候我们主耶稣基督的日子，那时他要向我们施怜悯，带我们进入不朽的生命中。至于其他人，我的建议是，对那些在真理与错谬之间犹疑不定的人，跟他们争辩时要特别温柔仁慈。有些人已经被引入错谬之中，你们要从火中抢救他们；至于那些已经彻底被污染的人，不要因为他们那样就对他们不好，但是千万要保持怕被沾染的畏惧感，连他们那沾染情欲的衣服也要厌恶。最重要的是，有一位能保守你们不至于堕入这错谬中，并使你们没有任何瑕疵、欢欢喜喜地来到他荣耀的面前。他是独一无二的神，藉着我们的主耶稣基督拯救了我们。愿一切的荣耀、威严、能力和天地间一切权柄，全都单单归与他，在历史开始之前那一切都属于他，现在这时候也属于他，将来世世代代也都属于他。阿们！

犹大是谁？

作者犹大是耶稣的三弟（参可6：3），不是出卖耶稣的门徒犹大。

细看他的兄弟雅各所写的信，会注意到耶稣的弟弟们在他生前并不信他，从约翰福音7章5节可见当时他们对耶稣的弥赛亚身份，是抱持怀疑的。那段经文记载在住棚节的时候，他们讥笑他自称是奉神差遣的人。犹太人都知道假如弥赛亚来临，必是在这个节期中，所以他们说，既然要出名就上耶路撒冷去表现一下吧。耶稣对他们说，时机尚未成熟，不宜公开表明身份，但他还是秘密地上耶路撒冷过节。

可是在复活之后，情况改变了，他的弟弟们成了传讲耶稣的宣教士，雅各和犹大分别写了一封信，两人都谨慎地淡化与耶稣的亲属关系，宁可把焦点摆在属灵关系上。他们都自称是"耶稣的仆人"。

✝ 内容

道德的污染

犹大书的内容不是犹大原本想写的，在第3节他说："我想尽心写信给你们，论我们同得救恩的时候"，但是当教会里的情形传到他耳中，他就改变了主意，所以他接着说："就不得不写信劝你们，要为从前一次交付圣徒的真道竭力地争辩。"

"竭力"点出争战的激烈程度，事实上，这是他们要竭尽努力去打的一场仗，尤其因为他们不得不面对的是自己的弟兄姊妹，就是把教会引入歧途的异端教师。犹大知道如果不加以阻止，他们会继续污染教会。

这封信前半部谈到，在他执笔之时已潜入教会的一种极危险的败坏，后半部告诉他们，如何以细腻的手法来处理。让我们先来看教会有哪四个层面已渐渐败坏。

1. 信仰

犹大将这些人如何暗地潜入教会的路径勾勒出来。犹大暗示他们的行为偷偷摸摸、居心不良，行为和教导毒害教会，必须处理。这些假教导就像扩散的癌细胞，若不处理就会致命。这些假教导显然跟彼得后书提醒信徒防备的十分类似，这就是为什么这两封信有个段落几乎一模一样。我相信犹大在研究调查时采用了彼得后书，他乐意逐字摘录部分内容。

假教师的错谬特别显在两方面，以为上帝是滥好人，并对耶稣的观点掺杂了其他宗教。

（a）以为上帝是滥好人

他们认为神情感丰富，因而把神的恩典拿来当犯罪的借口。他们把神当作"老好人"，他会摸摸你的头，说："我原谅你，把这事忘了吧，我只希望你快乐。"电视上常宣传这种漫画式的神，连一只苍蝇都不会伤害的慈祥和蔼的神。这就是感情用事，圣经所讲的神根本不是这样。对于罪，神不会视而不见，他会处理罪。我们需要从圣经角度看神，不可感情用事。

（b）将耶稣与异教掺和

对耶稣也掺杂了异教的看法，他们不再相信耶稣是独一真神、惟一的救主，竟把他看作与众神平等，这种情形今天也很常见。你一旦把耶稣视为众神之一，和穆罕默德、佛祖等神明一样，他就不再是到神那里去的惟一道路，不再是通往真理和生命的"惟一道路"，只是通往真理和生命的"一种道路"。

2. 行为

教会的信念被败坏之后，行为就会开始脱序。行为最终是由信念决定的，所以犹大提出最严重的警告，他以三个历史殷鉴来提醒信徒：

（a）以色列人在旷野

犹大书追述出埃及记32章的故事，以色列子民在旷野造了一只金牛犊，很快就沦入淫乱和拜偶像行为。他们对神的看法完全偏离了十诫和摩西的教导，结果，他们对彼此的看法也出现错谬，不再按照他们所听到的教导彼此相爱，转而开始互相欺压，最后没有一个人能进入迦南地。他们虽从埃及地被救拔出来，却没能进入应许之地。他们起跑，却没有抵达终点线。

这件事被新约圣经三名作者拿来警告基督徒，只有抵达终点的人得以承受神丰盛的产业，光是从起点出发是不够的。保罗用它举例，希伯来书的作者用它举例，犹大也用它来举例。

所以这项警告很清楚：假如从埃及地被拯救出来的以色列子民没能够走到应许之地，今天的信徒也可能落到同样下场。重点不仅在于你走过多少路，更在于还未走完的路。你尚未抵达终点，如果你不想在旷野倒毙的话，你可得坚持相信到底。

（b）天使在黑门山

犹大书让我们看到在黑门山上的天使发生了什么事。我们从次经的《以诺书》（*Enoch*）得知此事的细节（不过，如前述，次经不是圣经的一部分）。

在黑门山地区有约两百位天使引诱女人，使她们怀孕。天使与人类可怕的交合，就产生可怕的混种利乏音人，幸好后来他们全部灭绝了。

我们不清楚他们究竟长怎样，某些圣经译本译作"巨人"。对于生命，神有他的次序，天使和人类交合是得罪神的事，就像人与兽交合是神所不容一样。

此行为的后果是暴力充斥全地，变态的性行为和巫术蔓延猖獗。我们在创世记看到，神就后悔造人在地上，心中忧伤（创6：6），我认为整本圣经最哀伤的经文就属这一节了。

所以犹大是在说，假如神的百姓以色列没能逃过审判，天使也没能逃过审判，作基督徒的你能逃得过吗？

（c）所多玛和蛾摩拉

第三个例子是所多玛和蛾摩拉，这两个城市我们常听到，其实位于死海南端共有四座城市，另两个城市是押玛和洗扁。后来这四座城市因为大地震而被埋在地底下。

死海的形状像阿拉伯数字8，现在因死海逐渐干涸，最南端的几座城市会慢慢出现，也许在我们有生之年，所多玛和蛾摩拉将重现我们眼前，那个象征意义可就大了！

我们从犹太历史学家约瑟夫（Josephus）那里得知，把所多玛和蛾摩拉夷为平地的大火，发生在耶稣之前两千年，直到耶稣的时代依旧燃烧不息。耶稣在传道时曾提及这两个城市，听众只要走出耶路撒冷步行约三十分钟，即可看见那里还在冒烟呢！

这两座城市因违反神的律法而受到惩罚。在这两座城市，同性之间发生性关系被视为可接受的行为，这样的情形一如今天批评同性婚姻的人被视为政治不正确，或是性别歧视。

犹大书警告基督徒，如果他们随从流俗会受到神的审判，神是轻慢不得的，他厌恶拜偶像行为（令他伤心），也厌恶淫乱行为（伤害他所造的人）。他或许没有立即处置，但是最终，这一切败德的行为都必受到惩罚。

3. 品格

信念被败坏以后，行为很快就跟着败坏；而当行为败坏，品格也会败坏。品格是行为的结果；行为养成习惯，习惯养成品格，品格养成命运。所以教会败德的第三阶段，就是品格流于世俗化。犹大书紧接着把焦点放在假教师的品格上，他们很像旧约里的三个人物：

(a) 该隐——愤怒（嫉妒）

犹大举该隐为例，该隐出于嫉妒而杀了亲兄弟亚伯（参创4章）。犹大告诉读者，假教师像该隐一样，他们有部分动机就是出于嫉妒，那些听信他们的人也会受到影响而起嫉妒之心。

(b) 巴兰——贪婪

接着举先知巴兰为例，有人拿钱请巴兰发言咒诅以色列（参民22章），巴兰爱钱到一个地步，甚至神还得透过他的驴子跟他说话！该隐被怒气冲昏头，巴兰则是财迷心窍。

(c) 可拉——野心

可拉很有野心，他嫉妒摩西，想要拥有自己的舞台（参民16章）。他联合三股力量结成一党，现代也有类似情形。新设教会本来是好事，但我们很清楚看到，有些教会是出于错误的原因而设立的，只是为了想要拥有自己的舞台，他们是现代的"可拉之子"，不接受神所设立的领导层，想要照自己的意思做。最后可拉和其他两百五十人一起遭受审判，活活地掉入阴间，因为他们藐视神所赋予摩西的权柄。

这三个人都被自我支配，而且都导致其他人丧命。假如不处理假教导的话，教会里必将出现被怒气冲昏头的人、财迷心窍的人，以及野心勃勃的人。

4. 言语

他们面对的问题不只这样，一旦品格败坏了，彼此的言语也就败坏了，因为言语是从品格来的。犹大书描述这些偷偷潜入信徒团契的人，以及他们在言谈上的特征。内心败坏的明确征兆有：不停发牢骚、不断抱怨、喃喃自语地埋怨、轻视卑微的人、奉承位高的人、遇到不懂的事就嘲笑讽刺，尤其是，拒绝任何人的权柄。如果有人是因为不满原属教会而来加入你们，可要小心了，不到六个月，他们也会不满你们的教会！不停换教会的抱怨挑剔者一直在寻找完美的教会，有句老话说得好："如果你还在找完美的教会，就算找到了，也请你不要加入，因为你一加入，就破坏它的完美了！"

令人困惑的经文

犹大书最令人困惑的经文，应该是讲到天使为了摩西的尸首，跟魔鬼争辩的那一段。它回溯申命记结尾一段不寻常的记载，那里说摩西虽然死在尼波山上，"只是到今日没有人知道他的坟墓"。所以假如没人跟他上山，也没人知道他的坟墓在哪里，那么是谁埋葬他的？答案是神差天使米迦勒去埋葬摩西。天使其实是非常具实际功用的，他们很会做菜（以利亚发现天使为他预备了一顿好吃的料理），他们能驾驶马车（也是以利亚发现的）。在现代，我听说在阿富汗有天使骑脚踏车保护一位骑脚踏车的宣教士！天使出现时可不是穿着白色长袍、有一对翅膀、手拿竖琴，有着金色长发。希伯来书13章讲到，曾有人"不知不觉就接待了天使"，假如他们的外表如上述那么异于常人的话，就不会让人"不知不觉"了，可见他们看起来和一般人一样。

所以，这位被差的天使拿着一把铲子去埋葬摩西的尸首，但是当他到那里的时候，魔鬼已经站在尸首旁边说那是他的。接下来双方对峙，米迦勒甚至不责骂撒但，这点颇具教育意义。我们对撒但破口大骂只会显出我们的愚蠢，它比我们聪明得多。我听到年轻人说："撒但，我们斥责你！"我就担心。米迦勒说："主责备你吧"，魔鬼就走了，于是米迦勒给摩西安葬。

处理败坏的情形

信仰、行为、品格和言语，这四方面就是犹大所关切的。接下来要问，今天我们应如何面对类似的难题？

1. 出问题本在意料之中

首先，当教会出了问题，用不着惊讶。有些基督徒会过度惊慌，但无论是旧约的先知或新约的使徒都告诉我们，教会出问题本在意料之中。连耶稣也警告我们提防披着羊皮的狼。所以当这些预言应验时，我们何必那么惊讶？毕竟，我们尚未完全得救，所以教会出问题是必然的，重要的是我们如何处理。我们不必惊慌，应该从容地应付、处理问题。

2. 我们必须力挽狂澜

很有意思的是，犹大并未直指撒但是破坏教会的始作俑者，他明确地怪罪"这些人"给教会制造麻烦。他也说得相当清楚，教会里的一些人要负责开口抵挡错谬的教导。处理这件事必须由人出面，不是交给神去做。犹大提到以诺的服事，以诺是圣经的第一位先知，他是第一个从神那里领受传给其他人的信息，警告那一整个世代，神将在审判中临到他们。以诺六十五岁时得了一个儿子，他问神该给这孩子取什么名字。神给他这个儿子取了一个很特别的名字"玛土撒拉"，意思是"他死时，那件事要发生"。显然玛土撒拉活得比任何人都久，因为神耐心地等候将近一千年，才让审判临到。就在玛土撒拉死的那一天，开始下雨了，但玛土撒拉的孙子挪亚已经盖好一艘船。神等了九百六十九年才审判那个世代。马丁·路德说："假如我是神的话，早就把整个世界踢成碎片了。"

犹大特地指出一件事，这些假教师的行为是"不敬虔"的，整封信里他五次使用了这个字眼。敬虔的人成了他们嘲笑的对象。新约的使徒们警告我们，在末世必有好讥诮的人拿敬虔当笑话看，基督徒会被当成笑柄，只因他们想作格格不入的敬虔人。不敬虔才是"最流行"的，背道而驰的人会被认为古里古怪。

3. 我们能减少损害的程度

接着，犹大书提出实际的建议，告诉信徒应如何坚固自己、坚固别人。

（a）坚固自己

首先，要确保自己与神的关系是正确的，且要在信望爱上造就自己。

愈强壮就愈能站立得稳，避免疾病的最佳方式就是提升健康。类似情形，犹大书敦促我们加强信望爱三德。健康的灵命包含在圣灵里祷告、遵守神的诫命、为着将来而活，神的美意是要我们作圣洁的人，而非快乐过一生。毕竟，相较于我们将在永恒里享受的"快乐"，假如此生过得艰难，用不着太担忧。读犹大书务必留意到，保守自己、造就自己是我们的责任，神不会替我们做。

(b) 坚固他人

有三种人需要帮助。

i. **心里疑惑的人**。犹大敦促信徒要帮助这些摇摆不定的人，他们不知道该不该听从这些教师，他们在理性上有怀疑。必须有人跟他们谈、甚至跟他们辩论，但不是激辩，而是用柔和的态度。严词责备只会驱使他们更往错谬里去。

ii. **走上危险歧途的人**。这些人被误导而开始相信新观念，渐渐落入性命的危险中。犹大书说："有些人你们要从火中抢出来"，就好像房子失火了，要赶紧把人抢救出来！"从火中抢出来"被一些布道家用来强调把人从地狱的火中抢出来，其实整段经文都与那无关。把人从地狱之火中抢出来也是没错，不过并不是因为那些人还未得救，这里是指误入歧途的基督徒。即使是这些散布错谬观念的人也不能被放弃，要给他们一个悔改的机会。

iii. **道德遭到玷污的人**。有些人已经被污染了，经文的希腊文原意指出，我们要非常小心谨慎，千万别受他们的影响，甚至不可被他们玷污的内衣沾染！这种说法虽然有点奇怪，但是显然有些疾病是藉着逆性的性行为和杂交而感染的，所以我们需要戒慎恐惧。

4. 我们能避免跌倒

犹大书告诉信徒，不必为信仰遭受攻击而讶异，但是应该积极面对处理，也要时时记得，神能够保守我们不堕落。有一点很重要，读到神有能力保守我们的经文时，要有平衡的观点。圣经里有很多地方肯定神有能力保守我们，但这些经文都强调，我们需要紧紧跟随他。所以犹大书倒数第2节并不是说："神肯定会保守你们不失脚"，而是说："神**能够**帮助你保守自己在他里面"。不全在我们也不全在他，而是"要保守你自己在他里面，因为他能保守你。要继续信靠他，你就不会跌倒"。

我们可以说他有能力保守我们，把我们呈献在神面前，只要我们保持忠信。他也有这权柄，因他是独一的神、惟一的救主。

所以犹大书最后以赞美结束。尽管有错谬的教导和伴随而来的危险，但神有能力保守我们，使我们在末日无瑕无疵地站立在他面前。这是毫无疑问的。假如神在我们这一边（"以马内利"的意思就是"神与我们同在"），我们就能争战得胜。诚愿如此！

† 结论

查考新约书信可得一清楚的信息：教会最大的危险是内部的危险。我们必须随时留意提防，且要以真理和爱心，为一次交付给圣徒的福音而战。西方世界现正处于这激烈的争战中，我们必须把真理认识清楚，如果你不相信我所写的符合你手上的圣经所说的，那就罢了。但如果你相信且知道它与圣经相符，那么请你紧紧抓住且起来捍卫这交付给圣徒的信仰吧！这任务听起来也许不是太光鲜亮丽，对教会的坚定不动摇，却是十分要紧的。

所以，尽管犹大书是新约里最被忽略的书卷之一，但是其中的信息却依然与我们有关，今天的教会依然需要留心听取，免得同样的问题继续充斥在教会里。

22. 约翰一、二、三书

✝ 引言

新约圣经的书信有两种,有些是不指定收信人,写给一般信徒传阅,有点像福音单张;有些信是写给个人的,内容反映收信人需要听的信息。

约翰这三封信混合了以上两种,第一封信是一般书信,共五章,因为在信徒中有些事特别令他担心,所以比后两封信长。第二和第三封信比较亲切温馨,也是新约最短的书信,约翰二书和三书分别写给不同的人,每一封都只用上一张蒲草纸而已。

这些亲切温馨的信反映出这位使徒的个性,写这些信时,他已经八十多岁了。有人把这三封信称为"慈父家书",不过想到约翰的年纪,说他是慈祥的祖父更贴切。

约翰写这些信时,教会正受到巡回圣经教师的影响,好坏都有。约翰非常担心有些教师带给教会伤害,但他年纪老迈无法出远门,不像那些假教师还有充沛的精力推广他们的异端。因此,他要处理那些问题的最佳方法,就是写信。

约翰是耶稣在地上服事期间呼召的十二位使徒之一,也是惟一寿终正寝的。圣经以外的记载指出，他把耶稣的母亲马利亚接到以弗所住，一直奉养她直到去世。后来约翰也死在以弗所。他的信不仅带着长者、更是"长老"的权威，因为他是亲自与基督接触过的人（参1：2, 2：1, 4：6、14）。

有些圣经教师主张这些信不是使徒约翰写的，因为这些信里面除了一个地方提到该隐杀亚伯之外，没有引述任何旧约经文，而约翰写的启示录里有三百多处提及旧约。这点固然令我们惊讶，但是当你拿这三封信跟约翰福音作比较，就会发现风格和语汇是一致的。约翰福音中的一些表达方式，如："永生"、"新命令"、"常在基督里"，这些约翰特有的语汇都出现在这三封信里，有些语句甚至一模一样，譬如"行在黑暗中"和"使你们的喜乐满足"。

不但如此，约翰福音和约翰的书信都用绝对的对比来形容基督徒灵命。约翰对世俗的评价，与现代人模棱两可的相对主义，形成强烈对比。现代的相对主义认为区分界线是不恰当的——没有对错，任何事都只是看法而已。约翰和整本圣经的立场都反对这个看法，约翰用好几个对比：生命与死亡、光明和黑暗、真理和谎言、爱与恨、义和不义、神的儿女和魔鬼的儿女、爱父神和爱世界、基督和敌基督，而最强烈的对比就是天堂和地狱。如此对比完全不留余地给"第三条路"，你不是这个就是那个，别无其他选择。

所以，尽管在手抄本上没有名字，但内部证据强烈指向作者是约翰，初代教会的两位教父：爱任纽（Irenaeus）和帕皮亚（Papias）也都认为这些信是出自约翰手笔。

信上虽没有日期，但是应该比约翰福音晚，在约翰被放逐到拔摩岛之前。这些信没有提到在公元95年，多米田皇帝（Domitian）对教会展开的可怕攻击，所以写信时间最有可能是在公元90年前后。

✝ 约翰一书

读者

前面提到，第一封信写给一般信徒，没有具体的地点，但是约翰心中有特定的读者对象，从2章12－14节可见，他的信写给三种人："小孩子"、"年轻人"、"父老们"。

这三种人指的不是身体的年龄，而是属灵的，"小孩子"是指需要喝奶，还不能吃肉的初信者。约翰说，小孩子需要经历两件事：他们知道罪得赦免，也知道神是他们的天父，但别的几乎都不晓得。

"年轻人"是指已长大成熟的人。约翰说他们有三个特点：已经成长茁壮，不再是软弱的婴孩了，他们把圣经消化吸收，也尝过与撒但争战得胜的滋味。

约翰也写给更资深的信徒，称为"父老们"，他们的经历更多也更深刻。这些人对神有非常丰富的经验。

以现代人的眼光会注意到，约翰用的都是男性称谓，其实这并非特例，因为新约圣经从头到尾都称呼"弟兄"，而不是"弟兄姊妹"。我们需要解释一下这种作法，尤其在已有"无性别歧视"或"性别平等"版本圣经的今天，对于是否也应该给神加上适当的性别称谓，已让人产生了一些混淆。

圣经强调男性称谓的主要原因是，教会的力量和品格可从弟兄身上看出来。男人不但是一家之主，在教会也肩负领导的责任，整个教会的坚固与否，取决于领导弟兄们的品格。这是为什么我投入很多时间参与"男人归主"（Men for God）特会，并担任讲员的一个原因。但我收到的感谢信多半是妇女写的，她们为丈夫的改变欢喜不已！遗憾的是，倘若教会里每一个妻子灵命超过丈夫的家庭，都给我十英磅的话，我早就成富翁了！健康的现象是，丈夫的灵命在妻子前头，因为除非作丈夫的带头，否则他怎能作家中的头呢？当然，这绝无半点暗示女性不如男性的意思，只表示男女角色是彼此互补的。

约翰写作的原因

约翰一书首先让我们清楚看到的是牧养关怀,约翰称呼读者"我小子们",反映出对他们有很深的感情,并惋惜不能一一探访他们。有三处经文暗示他心里有特别挂虑的事,让我们从两方面来检视约翰写信的原因:

第一组原因

他希望他的读者:

"喜乐充足"(1:4)。他写道:"使你们的喜乐充足",言下之意是他们对人生有所不满意。

"不致犯罪"(2:1)。他很关心他们的生命是不是没有玷污、无可指摘。

"得蒙保守"(2:26)。他希望他们不受魔鬼的诡计,尤其是被错谬的教导所引诱。魔鬼最擅长以错谬教导来危害教会生活,约翰这封信的对象正受其影响。

"得着确据"(5:13)。最重要的一点,他希望读者对于所信的满有把握。基督徒需要有确据。这三封短信里所提出的确据教义十分重要,我们需要确信自己是在基督里,而不是每天醒来都无把握。我们需要"知道"(此处的关键字)我们是在神的手中。

第二组原因

另一种检视约翰写作动机的方式如下:

为了促进他们的和谐融洽(1:3);
为了带给他们喜乐(1:4);
为了保守圣洁(2:1);
为了防备异端(2:26);
为了使他们有盼望(5:13)。

很清楚的是,他写这封信时,距离初次听见耶稣说"跟从我",大约六十年过去了，现在他年事已高，我可以想象鬓霜发白的他说："在信仰上，我是你们的祖父辈。我希望你们对于自己的身份有把握且喜乐充足，我希望你们作圣洁的人，和谐融洽、满怀盼望。"所以，从这三封信可看出约翰温柔的牧者心肠。

约翰一书大纲

我们可以找出约翰的写作动机，但要从他安排素材的手法中寻出任何模式，却不太容易。约翰的书信几乎无法分析，因为他似乎一直绕圈子讲话。他是圆形思考，不是线性思考。我是线性思考的人，我喜欢看到论据一步步推演，再加以分析。受过律法训练的使徒保罗，就是用线性思考写作的人，所以当我碰到一个用圆形思考的人，绕着相同的主题一而再地讲，会有点不知如何处理。约翰的圆形思考风格，可从他的职业、他的年龄和他所属的民族来说明。

1. 他的职业

约翰是渔夫，不像保罗是个律师，所以他倾向在不同主题间跳来跳去，像在聊天一样。他没有受过教育，所以没有线性思考的训练。

2. 他的年龄

老年人多半变得啰嗦些（事情反复讲了又讲）。聆听者需要专心汲取字里行间的智慧。

3. 他的民族

但是，我认为主要原因是约翰在用犹太人的方式讲话，旧约的箴言和新约的雅各书，都是绕着几个主题反复地讲。任谁想对这几卷书的某一领域作有系统的查考，可得一路找寻到底，因为并无结构可循。

世界还是真道？

读约翰一书的方式之一，是把焦点摆在约翰用整封信来阐释的一个主题，请看下表。

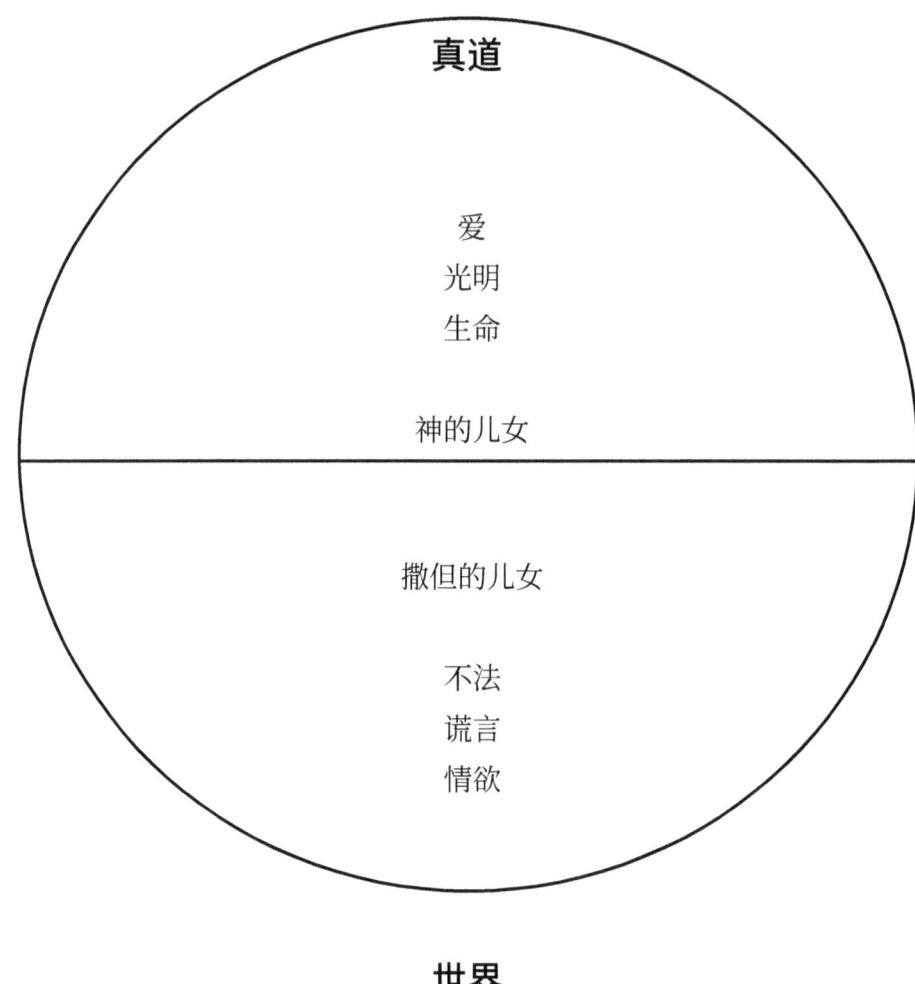

　　这个圆形切成两半，一半是由神的道主宰，那是有生命、爱和光的领域；另一半是由世界主宰，充斥不义、谎言、私欲。约翰敦促读者依据神的道而活，他希望他们集中焦点在神的道，不要被世界引诱而随从世俗。每个基督徒都得作这个选择。假如你爱世界，很快就会流于那样的生活。如果你爱真道，你就会选择另一种完全不同的生活。

　　这个简单的架构，帮助我们看出这封信具某种形式，一开头是正面积极的，接着转为负面消极，然后又回到正面，就像好吃的三明治，积极的话是消极的两倍，两个我们都需要；我们需要知道什么该信，什么不该信，什么行为举止是合宜的，什么不合宜。

所以，约翰一书的"三明治"结构可以摘要如下：

生命	1章1－4节	正面
光	1章5节－2章11节	正面
情欲、谎言和不法	2章15节－3章10节	负面
爱	3章11节－4章21节	正面
生命	5章1－21节	正面

以下，就来看约翰一书的一些主题。

爱

在圣经中惟一说出"神就是爱"的人，就是约翰。听在受过良好教导的基督徒耳里很"平常"，但其实这话革命性十足。世上没有其他宗教说过这话，也不能够说。犹太教虽然能够说"神爱我们"，但那是另一回事。"神就是爱"，意味着神不只是一个位格，爱不能没有对象。因此，正因为我们知道神是三位一体（圣父、圣子和圣灵）所以我们能够说："神就是爱"。这世界未有之前，就有了彼此相爱的圣父、圣子和圣灵。

有时会听到人问："为什么神要创造我们？"从最简单的层面讲，神有独生爱子，他甚爱这儿子而要把这家庭扩大，他希望把他已经有的爱和更多人分享。这就是为什么他想要有许多儿女。

异端

约翰除了关心读者的灵命概况，也正视具体问题，他知道他们正受到假教导的影响，所以写信驳斥。信上好几处讲到"他们"（对应"我们"和"你们"），言下之意是教会知道这群教师是谁。

假教师教导的希腊哲学有好几点与圣经的世界观相悖，其中最大的冲突是，他们教导物质界和属灵界截然有别。

这一世界观甚至渗透至今日。譬如，你在圣经里绝对找不到"神圣"和"世俗"之别，然而常有基督徒跟我说："我做的是世俗的工作。"我总是回答他们，世上没有这种东西。除了不道德和不合法的工作以外，工作都是神圣的。除了罪恶以外，没有什么是世俗的。我曾在英格兰北部的某聚会上强调这点，有一位全英知名的流行歌手听了就信主了。从前他以为他从事的是世俗的工作，包括制作电视广告歌曲。我的那番话帮助他明白，他的工作也能够为神的荣耀而做。

那些提倡希腊哲学的教师们相信，属物质的是恶的，只有属灵的才是美善的；所以身体是恶的，灵魂是善的。他们给人的印象是，任何物质的东西都是污秽或罪恶的。在此基本哲学观影响下，教会的信念和行为产生了偏差。让我们先来看信念偏差的部分。

1. 信念

约翰最担心的是，假教师把这种思想套用到耶稣身上，致使信徒无法接受神也可以是一个人。他们的理由是，神是永恒的，而人受时间所限；神是属灵的，而人是属物质的，所以神怎能降世为人？

此信念化为许多不同形式，其中一种是相信耶稣并未道成肉身来到世上，只是显现而已，此异端称为"幻影说"，意思是耶稣"戴着面具"、"显像"。约翰说，如果你听见某人说耶稣并未以肉身来到世上，那看法必是从魔鬼来的。约翰竭力指出，他亲眼见过、亲手摸过耶稣本人。耶稣有肉有骨，过去如此，现在仍是。新纪元哲学亦类似，将人性的耶稣与神性的基督划分开来。

另一个异端说，耶稣直到三十岁那年受洗以前都是人类，当受洗那一刻，"基督"才降临他身上。然后在他死亡之时，"基督"又离开了，因此受死与被埋葬的是"耶稣"。据此理论，"耶稣"和"基督"其实是两个不同的实体。

同样地，新纪元教师们虽然也讲基督，却不爱提说耶稣的名字。他们说每个人都可以有基督降临身上。这种狡猾的教导骗倒了许多人，许多人以为新纪元既使用圣经的语言就具有圣经的意义。新纪元的教师最爱讲的一句话是，神在时间之外，神是无时间性的，这种信念在基督徒当中其实很常见。圣经从未说过神是无时间性的，反之，圣经说神是永存的。时间对神是真实的，神是昔在、今在、以后永在的。不是神在时间里面，而是时间在神里面。

希腊人也把神和时间完全区分开来，这信念今天还在；很多基督徒认为，当我们上天堂时，就是到时间以外去了。其实我们并没有，我们乃是进入永恒的生命，时间无限地延长了。在神里面时间是真实的，在圣经里时间也是真实的，因此历史（history）是"他的故事"（his story）。

但是，当然了，这些教师自认"懂得最多"，他们的知识凌驾全教会。这种诺斯底主义困扰教会许多世纪，至今仍以不同的伪装出现在教会里。

所以约翰必须对抗好几种异端，这就是为什么他一开始就强调基督来到地上时，是一个真正的人。约翰用了三种最强烈的身体感官——视觉、听觉和触觉，他说："我们亲眼看过、亲手摸过、亲耳听过他。"

万事终必归结到我们怎么看耶稣，对约翰来说，道成肉身是最基本的真理。我们必须了解他是完全的神也是完全的人，属物质的和属灵的都在他里面归于一。另一世界和这世界已完全相遇，当道成了肉身住在我们中间，就证明时间与永恒有别、属灵与属物质有别的希腊人观念是错误的。汤朴大主教（Archbishop Temple）说得好："世上所有宗教中最唯物论的，就是基督教。"

2. 行为

区分属物质的和属灵的希腊观念，不只影响到他们对耶稣的信念，也影响到行为。希腊人相信得救（姑且不论他们如何理解得救）和一个人怎么对待自己的身体无关，这也成为教会里的普遍观念。有些人的生活明明很不道德，却号称是属灵的人，因为他们相信身体所做的事不会影响到灵魂。

这种想法就差一小步，让基督徒以为犯罪也无所谓。他们说："我已经拿到上天堂的门票，犯罪也无所谓。"事实上，有人甚至说："罪并不存在于基督徒当中。"意味着一种圆满论——在神眼中,他们是无罪的。

有人以为信靠基督以后,将来的罪也全都被赦免了,这种想法大错特错。当一个人信靠基督的时候,被赦免的只有过去所犯的罪,将来犯的罪仍需要求神赦免。约翰不得不说:"我们若持续承认自己的罪,神是信实的,是公义的,必要持续赦免我们的罪,耶稣的血也必持续洗净我们一切的不义。"我来信基督并不是获得一张可犯罪的空白支票。虽然我过去所犯的罪都得到赦免了,但我必须持续在神面前检讨,只要我承认自己的罪,他也会持续赦免,但我需要持续认罪。

约翰所强调的,是今日教会非常需要听见的。希腊化的思想带来教会内的不法行为、不道德行为,以及认为基督徒不受一般对错原则约束的属灵精英论。神是绝对公平的;他不会忽视非信徒的罪,也不会忽视信徒的罪。但他随时等着赦免真心悔改的人。

在约翰那时代,这类教导给教会造成很大的损害,在人们心中留下困惑迷惘,不确定应该信什么、也不确定自己在神面前的身份;不确定有无得救,也不确定什么是罪。那些教师似乎不关心"普通的基督徒",视之为无知落后的一群人。

确信

有着牧者心肠的约翰可不是这样,他关心基督徒应该要对作为基督徒有把握,所以他告诉他们从四方面自我检视,这些测试可是很严格的,他一项项仔细深入地谈:

1. 教义的测试

每个真基督徒皆须通过这个教义的测试。这关于他们怎么看基督,假如看法摇摆不定,不确定人性的耶稣就是神性的基督,那就没过关。约翰在这三封信里用"认识"这个动词共二十五次,他相信知识对信徒很重要,尤其是面对诺斯底的教师们所声称"更高的知识"。教会里有很多人把耶稣想成是一位比任何人更能回应神的伟大人物,却不相信他如圣经所教导的是完全的神、又是完全的人。

2. 灵性的测试

约翰说："我们所以知道我们是神的儿女，是因他所赐给我们的圣灵。"神的灵和我们的灵同证我们是神的儿女。所以若没有圣灵，就通不过第二关，因为我们是不是神的儿女，是由圣灵告诉我们的。有些人尝试从圣经寻找确据，他们尝试从圣经归纳出他们是基督徒，他们的论点是圣经这么说，他们这么信，事就这样确定了。但圣经可从没鼓励我们这么做。其实新约告诉我们，确据来自圣灵而非圣经。你不能靠引用经文来证明你是基督徒。确认你是基督徒的是圣灵，不是圣经。因此这是一个灵性的测试，而且非常重要，因为如果你没有圣灵，那你就仍属魔鬼管辖。

3. 道德的测试

第三关是道德。如果你在神面前行得正，那么你的良心会告诉你，你是属于天父的。良知也是神所赐给我们的确据之一。以圣经用语来讲，如果我们行公义、守律法，就印证我们是神的儿女。但若我们违背他的律法，不遵行他的道，就过不了第三关。

4. 社交的测试

最后一关是社交。圣经告诉我们，如果我们不爱弟兄姊妹，就不能说我们爱基督，因为基督活在其他基督徒里面。如果你爱基督，那你就会爱在你弟兄里面的基督。如果你恨你的弟兄，那就不叫爱你的天父，因为他爱他们。

另一个证据是爱犹太人。他们并不讨人喜爱，从人的层面看，我想我应该比较能够跟阿拉伯人打成一片，跟犹太人比较难。但圣灵能使我们对犹太人有深厚的爱，那不是自然产生，而是超自然的事情。耶稣称他们为弟兄，神也仍然爱他们，尽管他们做了很多悖逆神的事。

约翰特别提到，我们的爱心和祷告证明，天父的爱在我们里面。你会发现，你会去爱那些一般而言你并不喜欢的人，只因他们是天父的儿女，而你里面有天父的爱。

信徒一旦对自己与神相交有把握，面对每一天都会充满信心，因知他们是神的儿女。这份信心显示在他们对神的态度上，他们能够说："父啊，我奉耶稣的名为这个祈求"，深知神能够且愿意回应。

这确据也使他们有自信面对人群。当你确知你是天上的王室子女，那么在地上你也是王室成员，这会让你在跟别人说话时更有自信且更坦然。

罪

同样地，看出哪些人不是真正的基督徒也很重要。在约翰的时代，教会成立已有一段时日，一些挂名的基督徒已经混进教会，假装是神家中的人，其实他们并没有信靠基督。用有没有犯罪来测试，一试便知是不是真基督徒，约翰一书针对此主题作了颇多论述。事实上，约翰说了一些听起来很奇怪的话，有时好像前后矛盾。在某些论述中他假定基督徒会犯罪，在其他论述中他又说基督徒不能犯罪，令许多人困惑。

我们需要弄清楚，约翰对于"罪"的理解是什么，他界定"目无法纪"是罪，意思就是一个人自认除了自己以外，不必向任何人负责、也不必向任何人交代。约翰提醒读者，基督来是要除掉我们的罪和除灭魔鬼的作为。罪，对魔鬼的儿女是正常的，对神的儿女却是不正常的。

1. 可能性

约翰最关切的一件事，就是信徒当中有罪的存在，这就是引起争议之处，以下来看几种可能的叙述，对信徒来说，罪是：

毋庸置疑的——我们确实犯罪。（We do sin.）
无可避免的——我们将会犯罪。（We will sin.）
互不兼容的——我们不应犯罪。（We should not sin.）
不可容忍的——我们不可犯罪。（We must not sin.）
无可推诿的——我们不需要犯罪。（We need not sin.）
事不关己的——我们并未犯罪。（We do not sin.）
无法想象的——我们必不犯罪。（We can not sin.）

约翰书信的论述引起争议的重点在于，有些论述看似互相矛盾，譬如，以约翰一书1章8节和后面两节经文的比较：

> 我们若说自己无罪，便是自欺，真理不在我们心里了。（1：8）

> 凡从神生的，就不犯罪，因神的道（原文是种）存在他心里；他也不能犯罪，因为他是由神生的。（3：9）

> 我们知道凡从神生的，必不犯罪，从神生的，必保守自己（有古卷：那从神生的必保护他），那恶者也就无法害他。（5：18）

1章8节意味着罪是无可避免的，后面两节经文则暗示从神生的必不犯罪。然而敢作此宣称的人必是少之又少吧；那么，这些经文该怎么解释？

2. 检视关键经文

让我们从约翰一书3章9节来看这个问题。

（a）大问题

这节经文暗示凡从神生的（也就是约翰福音3章5节所说的，从水和圣灵生的）；第一，不犯罪，第二，不能犯罪。这有很多种解释：

i. 就字面意义为真，经文说什么就是什么。但这就跟1章8节和5章18节互相矛盾了，那两节经文都暗示有可能犯罪。

ii. 这里的罪单单指明目张胆的罪：邪恶、罪行，以及违背爱心的罪。有些伟大的神学家，如奥古斯丁、马丁·路德、卫斯理，都持此看法。

iii. 如果信徒做错事，神不会称之为罪。所以等于有两套道德标准。

iv. 这句话单单指着我们的新性情说的。虽然"旧人"还是会有行为不检点，但"新人"绝对不会。可是，基督徒并不是有分裂人格的人，而是一个完整的个体！

v. 这节经文描述一种理想，其实并不相信真有此可能。那么，这就是一个可望而不可及的目标，根本别想能达到。

vi. 这节经文指的是习惯性的、持续的犯罪。动词时态暗示有人持续犯罪。

(b) 小问题

i. 信徒不犯罪的原因是，他们是"从神生的"。重生的人得以行义，但是在未上天堂以前，谁能自称所行无不义？

ii. 第二个问题，经文告诉我们，神把"种"放在信徒里面。"种"的字面意义同"精子"，这可真是强有力的隐喻啊！但这字该怎么解释？就字面意义可用来指人类、甚至动植物的精子和种子，但是"他的种"的意思仍不明，是指神的还是信徒的？

iii. 还有第三个问题，这句话是断言陈述还是有条件陈述？"住在基督里"一词，似乎也有不同解释的余地，它是否跟第9节一样，在所有"从神生的"人身上皆无条件成立？或像第6节一样是有条件的，只有"住在他里面的"才成立？断言陈述是永远为真，而有条件陈述是在符合某些条件的情况下方为真。

那么，我们应如何了解这节经文？

首先，需要问为什么约翰作此陈述。他可不是在讨论"一次得救、永远得救"的机智问答，他是在处理自称为门徒却继续犯罪，而且还接受罪行仿佛不要紧的那些人！

所以约翰说我们不能犯罪，因为我们是从神生的。明显暗示义因重生而来，罪在信徒生命中没有任何余地。

其次，我们应该留意"凡住在他里面的，就不继续犯罪"的时态。此处希腊文动词时态很特别，叫现在进行式。所以这里的动词不单指那时已完成的，更指你持续在做的事。

譬如，耶稣其实不是说："你们祈求，就给你们；寻找，就寻见；叩门，就给你们开门"，而是说："持续祈求，就给你们；持续寻找，就寻见；持续叩门，就给你们开门。"再以大家耳熟能详的约翰福音3章16节为例，大家都完全误解了，那动词也是现在进行式："神爱世人，甚至将他的独生子赐给他们，叫一切持续信他的，不致灭亡，反持续得永生。"不是一次相信的人就得到永生，而是持续相信的人必持续得着生命。

所以回到这一节，它说："凡住在基督里面的，就不继续犯罪。"这里的"住在"同约翰福音15章："我是葡萄树，你们要常在我里面"的"常在"，意思是"停留在我里面"、"持续住在我里面"。因此这一节是有上下文的条件的，你持续住在基督里，那么这句话就为真。凡持续住在基督里的，就不持续犯罪，也不能持续犯罪。

至于没有持续在基督里的人，就看不出灵命进步的迹象，也就不会进入这应许。

前面引用的第三句经文（约一5：18）也支持这点："我们知道凡从神生的，必不持续犯罪；从神生的，必持续保守自己，那恶者也就无法害他。"

所以凡从神生的，"必不持续犯罪"，他们不能持续犯罪，因为如果他们住在基督里，就会有进步并得胜。此应许的真理取决于跟基督的关系。这整封信不是假定基督徒会持续犯罪，而是假定基督徒会堕入罪中。未上天堂以前没有人十全十美。

为了帮助大家了解，在此必须将希伯来书的观点加进来，那里说如果你领受了赦罪之恩却仍故意继续犯罪，就再没有可献的赎罪祭了。这不是说基督徒绝对不会再犯罪，而是说有一个处理办法，假如他们住在基督里，就会想要处理犯罪的问题。你是基督徒的证据之一，就是当你犯罪时，你会恨恶它。你不会喜爱罪，你会想要除去罪。凡是持续住在基督里的，必不持续犯罪，那跟他里面的新生命互不兼容。

把这难题解决了以后，第5章提出了另一件很严重的事。经文告诉我们，看到有弟兄犯罪的时候，应该尽一切所能帮助他，劝他离开恶行。这样做就是"救了"一个弟兄。但约翰又说，还有"至于死"的罪，若有弟兄犯了至于死的罪，为他祈求也是无用！

圣经从头到尾都让我们看到，后退的人会走到无法回头的地步。有至于死的罪，这些警告不容小觑，希伯来书也大大强调，犯罪会到不可能悔改的地步。约翰说，若有弟兄犯罪到这样，就不用再为他祈求了。当然，那表示他已经不住在基督里了，他不再连于葡萄树，也不在神里面了。

综合约翰关于罪和信徒的教导，可看到美好的平衡，不至于变得紧张兮兮，也不至于自满自得，而且对神会有健康的敬畏之心，常保守自己在基督里。若是断章取义，我们可能制造混乱。

神

从关心罪的角度来看，约翰希望读者了解神是什么样的神。他提醒他们，神是"光"，是纯净圣洁的，在道德上与世人迥然有别。神也是"生命"。罪导致死亡，但生命出于神，是他给我们的礼物。约翰描述的神，是希望与我们团契（相交）的神。"团契"的字面意义就是"分享"或"伙伴"。约翰说明与这样一位神团契的条件：

1. 行在光中

我们必须拥抱光而避开黑暗。如果我们有不可告人的生活，就不能与神或神的百姓团契。我们应该活得坦荡荡。

2. 行在爱中

要紧的是爱神和爱我们的新弟兄，其实如果我们不爱他们，就不能爱神，道理就这么简单。彼此相爱的诫命被形容为"旧命令"，虽然耶稣说是"新命令"。原因很简单，自从首次颁布以来已经六十年过去了。

3. 行在生命中

基督已经把活出新生命所需的一切都提供给我们了；因此约翰鼓励

信徒好好把生命活出来。

显然，约翰满心希望读者能经历到与基督团契的喜乐，并且不应该让任何事物拦阻这喜乐。

✝ 约翰二、三书

引言

为了查考这两封信，我们要先来看男女差异。由此着手看似不寻常，却能帮助我们站在良好基础上了解这两卷书的大纲与写作目的。当神照着他的形像造我们，他造我们有男有女，因此男女是互补的。令人惊奇的是，男性的长处和女性的弱点搭配得刚刚好，反之亦然。我们互相需要。

下页表格列出男女差异，一个圆圈代表一般的男性，另一个圆圈代表一般女性。不过，很清楚地，总是会有男人和女人呈现与表格不同的特性，有较柔弱的男性，也有较豪迈的女性。

人本主义倾向于假定只有一个光谱，这一端是男性，另一端是女性，中间是男女特质混合，仿佛我们都是男女同体似的。男女其实有别，但人本主义的两个光谱是重叠的。

这帮助我们了解约翰二书和三书的差异。约翰二书是新约里惟一写给一位女性的信，而几乎一模一样的约翰三书则是写给一位男性，两封信讲的是相反的事情，却是同一个主题。

就视觉的差异而言，显而易见，男性有棱有角，女性是曲线的。男性的大脑是分析型，女性比较是直觉型。内人凭直觉的判断竟和我花了六星期分析获得的结论一样，可恼啊！大多数女性有很强的直觉，而男性喜欢坐下来彻底思考一番。

男性比较会从抽象面去思考，女性则从具体面。男人想到概括的事情，女人想到细节。所以男人是目标导向，朝未来努力，女人则是需求导向。男人因追求目标而有成就感，女人则因满足需求而有成就感。因此男人对处理事情比较感兴趣，女人则对人比较感兴趣。

这点也反映在谈话上，男人聚在一起的话题多半围绕着摩托车和汽

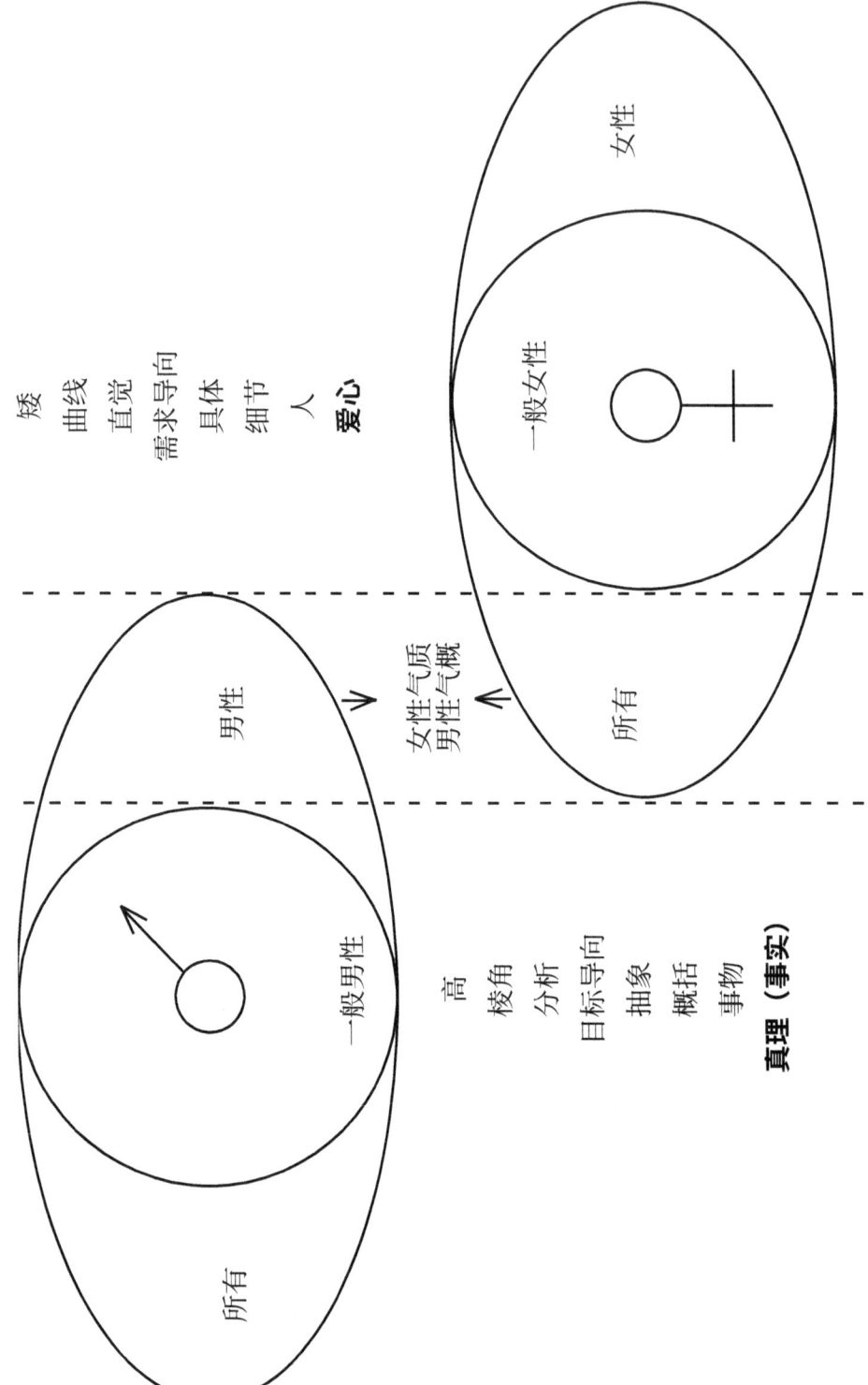

车，而女人聚在一起谈的则是人和关系。

男人可以把他的思想和感觉分开，女人却是一体的。这就是为什么一个男人可以同时爱不只一个女人，而女人一次只爱一个男人。因此女人需要了解男人面对的试探和她们不同。假如作妻子的发现丈夫发生办公室恋情，她会认为丈夫不爱她了，而丈夫却说他还是爱她的，妻子不了解这是男女的差异。纵使如此，外遇仍然是错的。

男人因具备冷静分析的能力，所以特别有责任自制自律。他们可以把思想和感觉分开，可以比较客观地看待一个需要辩论与惩罚的情况。恰好我是支持死刑的人，有人问倘若要我去按那个钮（注：指执行死刑），我能吗？我的回答是我想我能，但我绝对不会要求我太太去按钮。

约翰二书 ♀	约翰三书 ♂

接待之道：兼顾真理和爱心

写给一位姐妹	写给一位弟兄
危险：过分注重爱心	危险：过分注重真理
心态：过分心软	心态：过分心硬
家门过度敞开	家门过度紧闭
接待不该款待的人忽略真理	拒绝该款待的人
信仰错误	忽略爱心
	行为错误

两者要兼顾

女性	男性
爱心	真理
女人有爱心，还要有真理	男人有真理，还要有爱心

由于这样的男女差异，男人注重真理而女人注重爱心。但男人的危险是，太强调真理而忽略爱心，女人的危险是不够注重真理而太强调爱心。约翰二书和三书完全符合此模式，这两封信非常相似，但它们的差异正好符合两性的角色。

✝ 约翰二、三书大纲

这两封信都很短，都是用一张蒲草纸，大约A4尺寸就写完了。两封信的主旨都是"接待"，可能是一起写的。

接待在初代教会里特别重要，因为不是任何地方都欢迎基督徒，当时并无教堂，所以他们是在彼此的家中聚会。再加上旅店往往兼作妓院，不适合巡回传道人住宿。大多数的巡回传道都得靠信徒财务支持。

教会需要巡回传道人的服事，也需要本地传道人。有些教会紧闭门户，仅容本地传道，以致其他传道人的信息听得不够。有些教会则时时倚靠巡回传道人，对自己人传的道却听得少。但在新约圣经里有本地传道——牧师和教师，也有巡回传道——使徒、先知和传福音的。初代基督徒著作《十二使徒遗训》（*Didache*）就曾警告，假如有一位先知在你家停留超过三天，他就是假先知。先知若在一地久居，带来的压力会太大，如果你们有一位先知常驻那可惨了，因为他们会让你们喘不过气来。

先知和传福音的都需要四处巡回；牧师和教师则需要长居久留。教会的仆人需要选择是作一间教会的牧者，还是作四处巡回的传道人。假如又想当牧师又想巡回传道，对教会是不公平的。我看过很多教会因此受损，因为有需要时他们不知道牧师人在哪儿。

约翰写这两封信，因为他相信他们的接待态度不恰当，两封信各自呈现性别的弱点，女士让门户大开，而男士又把门关得太紧。从这两种典型反应，我们都可以学到功课。

这位女士的危险是爱心过多而真理不够，她款待不应该迎进来的人。她款待人，但她心太软，谁想待下来她就提供谁住宿，在不知不觉中就被利用来引介错谬教导到教会里。约翰不得不温和地责备她，她这样做形同忽视真理。

在教会流传的许多异端都是透过女性进来的，这位女士虽同情那教师，但她需要花时间评估那教师的教导。保罗的提摩太后书让我们看到，异端教师特别能骗倒寡妇和意志薄弱的妇女。保罗必须督促提摩太保护她们不被误导。这是保罗告诉提摩太，妇女不应该投入教导的原因之一，他指出被迷惑的是夏娃，尽管我们必须加上一句，夏娃被骗时，亚当也在场，但他却不发一语。

约翰三书说的是相反的危险，他写到一名男士过分保护他的服事，以致不欢迎任何教师。原本能带给信徒团契真正帮助的好教师，却被拒于门外。他的危险是把全部的焦点放在真理上，以致忘了爱心。他认为他的教义百分之百正确，别人都比不上他，所以他关上门，他的态度是太过刚愎。

这两封信强调男人与女人同工的重要性。神造我们是为了彼此，当然并不表示惟有在婚姻里才能找到这种合作关系。耶稣就是单身男士可以和女士有完美关系的完美例子，他赏识她们，服事她们，也让她们服事他。但他仍然清楚区别男人与女人的角色和责任。两性同样是照着神的形像被造的，有同等的尊严，同样的堕落，同样的命定。我们需要女人里面有爱心和真理，我们需要男人里面有真理和爱心。

† 约翰二、三书的分析

约翰二书		约翰三书	
1-3	出于真理的爱	1	出于真理的爱
4	遵行真理	2-4	遵行真理
5-6	遵行爱	5-8	遵行爱
7-9	有些人拒绝真理	9-10	有些人拒绝爱
10-11	不要邀请他们	11-12	不要效法他们
12-13	我们的喜乐	13-15	他们的平安

这两封信明显是同时间写的，形式上完全相同。约翰二书写给柯莉亚（Kyria），意思是"夫人"，但我们并不知道这是给哪位尊贵的女士冠上的头衔。"儿女"可能指的是在她家中聚会的属灵儿女。从上页的分析显示，两封信是照着同一份大纲写的，不过给女士和给男士的重点完全不同。

约翰三书是写给该犹的，但里面也警告一位叫丢特腓的男士。关于他的描述是负面的。他把门紧闭、话多、专横、固执、操纵欲强。他要独占他的小小团契，不让别的教师进来，惟恐他不能全权掌控。他不让使徒约翰来他这里传道，甚至把约翰之前寄来的一封信给撕了。

谁不站在他这边，他就把谁赶出教会；谁不附和他——就算是使徒，他就对谁怀恨。书信里没有记载他的信仰是不正统的，但他却阻挠别人发挥教导恩赐。

所以约翰不得不敦促该犹，要接待受敬重而不应被拒于门外的教师低米丢。低米丢是本地的或巡回的传道人，我们不清楚，有可能他就是带这两封信给教会的信差，总之，这人他们都认识。

年高德劭的使徒

教会史料记载了约翰晚年的两则故事，显示约翰是个兼顾真理与爱心的人。他的真理立场坚定不妥协，尤其是关于基督位格的真理，但同时他又是最慈爱的老人家。

初代教会作者耶柔米（Jerome），记下一则约翰于公元90年间的故事，此时约翰年事已高，每星期像坐轿子一样被人抬进教会，会友常请他讲道，他开口只说一句话："小子们，要彼此相爱！"

下个主日他们把他抬进教会，又问他是否有话跟大家讲。他说："有的，今天我有话对你们说。"他们就把他连同椅子抬到前面，他开口说："小子们，要彼此相爱！"

在下个主日他们又带他到教会来，同样情形再来一遍。他们不禁想他是不是老年健忘了，难道他不知道他在重复同样的话吗？最后他们终于对老人家说："老师，你为什么总是说：'小子们，要彼此相爱'？"他说："因为那是主的命令，能做到这一件，就够了。"

第二个故事则说明，约翰在乎真理的心也一样强烈。他不时会去罗马澡堂洗澡，有一次他刚入浴池就看到有一个叫克林妥（Cerinthus）的人在另一头，这人是当时为首的假教师，在各教会散播错谬的教导。约翰说："赶紧走吧，趁浴场没倒塌以前，我们赶紧走吧！因为真理的仇敌克林妥在里面！"

于是他们不得不把他带出来，那天他没洗澡就回家了。约翰是最慈爱的，但他也非常看重真理。

当耶稣初见他时，他是脾气最暴躁的，耶稣叫约翰和雅各兄弟俩"雷子"——这绰号可不是在恭维！有次他们行经撒玛利亚，当地人朝他们吐口水，约翰说："耶稣，如果你允许的话，我就要求天降下火来，把他们全都烧死！"这可不是他的非典型反应。

后来，他和雅各在母亲的劝说下，跟耶稣请求一件事，希望当耶稣得国时，给他们高于其他使徒的位分。

有人提出，约翰后来变得温和是因为年纪大的关系，但不是每个人老了就会变温和！这人是耶稣所爱的门徒，他的个性一点一滴被改变，愈来愈像他的主。

在这些信里，已经看不到他年轻时不太好的个性，如今呈现的是一个充满爱心和真理的人，而且他渴望别人也是这样。耶稣已经改变了他，在这些信里，他殷切期盼读者也能像他一样，认识而珍视这位救主。

23. 启示录

† 观点各异

历来对于启示录的看法有很大的歧义，若将这些意见并陈，可能会以为根本不是在讲同一卷书。

人的看法

这些看法差异很大，非信徒的反应无可厚非，因为这本来就不是为他们写的。它可能是最不适宜作为基督教经典入门的一卷书，在世人眼中，它"讲好听是深奥的作品，讲难听是狂人之作"，这是典型的评论之一。

然而，就连基督徒的态度也各有不同，从不敢读它的恐惧到手不释卷的狂热都有！圣经学者会提出许多负面评论："字字句句都是谜"、"千奇百怪的堆砌意象"、"读了不是发现一个疯子，就是发现自己疯了"。

令人惊讶的是，改教者（所谓"权威改教者"，因为他们使用政府的权柄来达成目标）对启示录的评价极低：

马丁·路德：	"既无使徒教训也无先知预言……人人皆可照一己之见去解释这卷书……还有很多更高尚的书值得留存……我的灵实在无法默许这卷书。"
加尔文：	在新约注释中完全略去这卷书。
慈运理：	它的见证可以被拒绝，因为"它不是圣经里的一卷书"。

这种贬低的看法影响了许多源自改革宗的宗派。

据我们所知，虽然初代教会对于是否将它纳入"正典"有过一些辩论；但是到了第5世纪，它已被一致公认为正典之一。

有些注释者则有非常正面的评价："新约圣经中纯粹艺术的极品"；"美得无法言喻"。就连收集各家之言而本身倾向自由派看法的巴克莱（William Barclay），也告诉他的读者说："值得一再与之角力，直到它开启丰富内容并赐下祝福。"

撒但的看法

撒但的看法当然完全是负面的，魔鬼痛恨圣经开头几页（显示全地的控制权原不在它手中）和最后几页（显示它将如何失去这控制权）。如果它能说服人相信创世记是由不可能的神话组成，而启示录是由解不开的奥秘组成，那它就高枕无忧了。

笔者有明显证据指出，撒但尤其痛恨启示录20章，许多这一章的讲解录音带都在递送过程中毁损，有时候是讲到魔鬼结局的一整段都被洗掉，还出现被说外国话的大嗓门盖过，以致原来的证道完全听不清楚！

这卷书揭穿它的虚张声势，神不过是暂时允许它作这世界惟一的王和统治者。

神的看法

神的看法当然完全是正面的。圣经里惟有这卷书直接附有神的奖惩，一方面凡念这卷书给自己和别人听的人（1：3）和藉由默想与应用"遵守这话语的人"（22：7），都是特别有福的。另一方面，谁窜改内容，谁就必受咒诅。如果有人加添或插入什么，就必遭受书上所描述的灾祸；谁删减什么，谁就会失去在新耶路撒冷得享永生的福分。

可见，神有多么严肃看待这卷书所启示的事实和真理，其重要性再清楚不过。

看过了对于这卷书的意见后，让我们来看它本身。

首先思考的是它在圣经里的位置，就像头一卷只能是创世记，同样地，最后一卷亦舍启示录无它，在许多方面都是圣经故事的完结篇。

倘若圣经亦仅被视为是这世界的历史，那也需要启示录作个圆满结束。当然，圣经的历史不同于其他历史书籍，它的起点更早，早在无任何观察者记录之前；它结束得更晚，预言了尚无法被观察和记录的事件。

这当然引发疑问，究竟这卷书是出于人的想象，还是出于神的默示？答案全在于信心，一个很简单的选择：信或不信。信心虽超越理性，但并不与理性相悖。圣经记载我们宇宙的起源和结局，可视作宇宙现况的最佳说明。知道宇宙将如何结束，对我们现在的生活意义重大。

但是，与其说圣经的兴趣是在环境，不如说是在人类，尤其在神的选民。他与他的选民有比喻为婚姻的"盟约"关系。从一个角度看，圣经可说是爱情故事，天父为他的爱子寻找一位新娘，就像每一个圆满的爱情故事一样，他们"结了婚，从此过着幸福快乐的日子"。这高潮就在启示录里，没有启示录，我们就不会知道这订了亲的婚约（或"许配"，参林后11：2）有圆满结局，还是分手！

即使我们不太常用到启示录，但若少了它，圣经会变成什么样，实在难以想象。设若新约圣经以犹大书作结尾，那封信是写给第二代信徒，一个教义上、行为上、品德和言谈上都开始腐败的教会，然后一切就这样结束了？多么令人泄气又扫兴的结局！

所以绝大多数基督徒虽然并未熟读，但都很高兴有启示录，头几章和最后几章他们通常能应付得来，但中间的部分（6－18章）就摸不着头绪了，主要是因为这部分写得太不寻常。因为不一样所以很难懂，那么，究竟是如何不一样？

† 启示文学的本质

启示录不单在内容上与其他新约书卷有别,它的起源也很独特。

其他书卷都是有意写下的,由每一位作者决定执笔,不论是自己亲笔或由别人代笔(类似秘书,参罗16:22),总之作者先思考要写些什么,然后诉诸文字。其成品透着作者本人的气质、性格、人生观和经验,不过当然是由圣灵"默示"他,启发他的思想和感受,他才能够提笔书写。

学者注意到启示录和使徒约翰的其他著作(一部福音书和三封书信)有许多差异,其风格、文法和语汇皆异于约翰的一般手法,所以学者们作出结论:启示录应是另一个"约翰"写的。他们还真的参考一个含糊的出处,找出在以弗所有一个名叫约翰的不明长老,来符合他们所求。但是写启示录的这个人仅用"我,约翰"(1:9)来介绍自己,显见读者普遍知道他是何人,故毋庸赘言。

关于写作风格的反差,简单讲是由于主题的不同所致,但还有一个更简单的解释,那就是约翰从未起意写启示录,他根本没想过!这个以口语和视觉形式临到他的"启示",完全出乎意外,他"听到"、"看到"一连串令人惊奇的声音和异象,同时一再被告知要把一切都"写下来"(1:11、19,2:1、8、12、18,3:1、7、14,14:13,19:9,21:5)。从这些重复的命令,可见约翰当时全神贯注地听和看,以致不时忘了要作记录。

这可以说明,为什么这卷书的希腊文"不如"他平常的流畅水平,这卷书是在非常令人分心的环境下匆忙写就的,不妨想象你一边看电影,一边有人告诉你"要把一切都写下来"。边上课边作笔记的大学生会了解什么叫"潦草"风格。那么,约翰为何不在事后重新整理他潦草的笔记,好让修饰过的成品永久留存?因为启示录最后提到凡更动其上话语者必受咒诅,所以约翰写完当然不再修改!

综上所述,意味着约翰不是启示录的作者,只是作记录的"代笔者"而已。那么谁才是"作者"?这些信息多半是由天使传递给他,不过却是圣灵在对众教会说话,又是耶稣基督的启示,而这启示是由父神传递给耶稣的，因此这当中牵涉一连串纵横交错的沟通——神、耶稣、圣灵、天使、约翰。老约翰不只一次搞不清楚应当把这一切荣耀归给谁（19：10，22：8-9），但在这书卷中当受敬拜的，惟有神和耶稣。

它是新约中最直接得自启示的一卷书，可说名副其实。书名取自首句的希腊文 *apokalypsis*，它衍生出英文的名词"启示"（Apocalypse）和形容词"启示的"（apocalyptic），如今被广泛用来指类似风格与内容的其他文学作品，其字根意味着"揭开"。意思就是把幕帘拉开，让隐藏的显露出来（好比为一幅画或一块碑揭幕）。

在圣经脉络下，意即揭开原本惟有神知道而向人隐藏的事。有些事情除非神选择让人知道，否则人无从得知。天上正在发生和未来将要发生的事，人根本不会知道。因此约翰对事件的记录和解释，深受时间与空间的限制，充其量只能是历史巨流的部分记载。

神所写的历史是完整而全面的，不但因为他对事件的观察，更因为事件完全照他所命令的发展，"历史（history）就是'他的故事'（his story）"，以赛亚书46章10节说，他"从起初指明末后的事，从古时言明未成的事"。在他里面，过去、现在和未来有相互的关系。

天上与地上也是这样，上头的事和下头的事相互作用。启示录有一令人困扰的特色，就是不断地从地上转到天上，又转回地上，这是因为上头发生的事和下头发生的事互相关联（例如，天上的争战导致地上的争战；参12：7，13：7）。

"启示"是从神的观点看历史。启示录给我们完整的画面，扩大我们对事件的了解，因为它让我们超越本身有限的眼光，带我们从天上的角度看事情，所以使我们不但有洞见，更能预见，加深我们对周遭所发生事情的了解，不受限于一般历史学者的角度。

原本视而不见的模式与目的都浮现出来，于是历史不再是偶然事件的累积，巧合之说退位，神的护理取而代之。他的历史正朝向一目的地而去。

时间具有永恒的意义，时间与永恒互相关联。神并不在时间之外，如希腊哲学家想象的那样。他在时间里，或者不如说，时间在神里面。

他是昔在、今在、以后永在的神。就连神自己也不能改变过去，事情发生了就是发生了！耶稣的死亡与复活永远不能被改变或被一笔勾消。

神正在时间之内执行他的计划与目的（关于这方面有一本经典之作：《基督与时间》（Oscar Cullmann, *Christ and Time*, SCM Press, 1950））。他是历史的主，除非他将欠缺的那几块拼图显明出来，否则我们看不出他所绘的图案是什么。新约将这些隐藏让人看不到、而需由神显明的事情，称为"奥秘"。

从未来的眼光看，就可以看出过去和现在的事件走向。历史的模式惟从长期来看方能看出，短期看不出什么。由于时间在神既是相对的也是真实的，"主看一日如千年，千年如一日"（诗90：4；彼后3：8引述），他对我们极有耐心，以致在我们看来他是"耽延"了（彼后3：9）。

圣经的"历史观"不同于人凭一己理性所想象出来的，以下用图型表示四种最常见的历史观，与圣经作个对比：

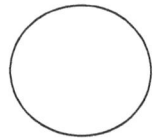
1. **循环**。"历史重演"，像无始无终的圆圈或循环，一再轮转。世界有时变好，接着变坏，然后变好，又再转坏……诸如此类。这是希腊人的观念。

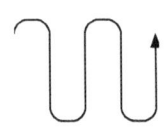
2. **起伏**。这是圆形的变异，世界在好坏之间起伏，但绝对不会一模一样地重演。历史总在前进，但是高低起伏却是随人解释，并无定论！

3. **乐观**。世界会愈来愈好，如同20世纪初英国某位首相所说："向上、向上，一路向上。"人人将"进步"挂在嘴边，历史是向上的电梯。

4. **悲观**。20世纪末挂在每个人嘴边的话是"求生存"，"绝望又悲观"的专家们相信我们站在向下的电梯

里，或许速度减慢，却无法止住。世界会愈来愈糟糕，最后无一生命存活（目前有人估计约在2040年！）。

圣经的模式和以上四种大不相同，乃是在所有事实建构的现实主义上，结合悲观与乐观的看法。

 5. **启示**。世界会渐渐地变化，然后顿时变为前所未有的美好，而且会一直维持下去。

最后这种信念是犹太人、基督徒和共产主义所共同持有，其来源也相同——希伯来的先知（马克思的母亲是犹太人，父亲是路德会信徒）。基本差异在于是由什么带来发展方向的逆转。共产主义相信将由人的革命带来，犹太人相信将由神的介入，而基督徒相信是神人耶稣再来，将美好的世界带到地上来。

把启示录从头到尾读完的人都明白，那正是这卷书的结构基础。开头几章先处理今时，然后转到未来的走向，世界将愈来愈糟（6－18章），然后突然变好（20－22章），而转折点就是基督的再来（19章）。

"启示"的历史有两大特点，我们要先看一下再往下查考。

第一个特色，基本上它是朝道德的模式发展，由于历史是神所命令安排，而他是全然良善、有大能大力的，所以我们能期待看见他赏善罚恶，施行公义。

但眼前看来，不论就国际局势或个人境遇，似乎都不是这样。人生似乎充斥着不公不义，历史似乎视道德如无物。义人受苦而恶者兴旺。常听人发出不平之鸣："一位良善的神，为什么竟让这种事继续发生？"圣经坦然诚实地记载约伯、大卫（诗73：1－4）的困惑，耶稣（可15：34，引述诗22：1）及为主殉道的基督徒（启6：10）的疑问。

这样的疑惑全部出自短浅的观点，焦点仅及于现在和一定程度的过去；然而，长远的眼光则及于未来且看到最终的结果。这点将使个人的了解完全改观（伯42章；诗73：15－28；来12：2；启20：4；保罗则在罗8：18一语道破）。

圣经里的"启示"，都在鼓励这种长远的眼光，惟有长远眼光方能看出历史确实是支持道德的（与启示录有许多共通处的但以理书第7至12章，就是一绝佳例子）。我们确实活在有道德的宇宙中，良善的神依然坐在宝座上，他必使一切的结局符合公义，他必惩恶赏义，他将使世界回到正轨，并将之交给那些持续归正的人。人类的故事将有一个"从此过着幸福快乐生活"的结局。

因此，包含启示录在内的"启示"文学的主题，就在奖赏、报应和恢复。尤其重要的是，它描绘神坐在宝座上，世上事务完全在他的掌管之下。请注意，它所描绘的是另一种完全不同像素的"画面"。

第二个特色，书中呈现的往往是**象征**。它必须是象征，因为所沟通的是不熟悉的事。作老师的都晓得，未知之事总要拿已知的事作连结，通常是用类推（"唔，它就好像这个"）。耶稣有关天国的比喻，通常就使用地上的情况，以帮助人了解（"天国就好像……"）。

要帮助人领悟一件事，不但要提供信息，还要激发想象力。假如能让人脑海里描绘出一幅"画面"，就比较容易理解，而人们的反应通常是"现在我看见了"（Now I see，译注：英文有"现在我懂了"之意）。

启示录的语言充满了画面，透过不断地使用"象征"，将不易理解的事视觉化，好像看到一样。但用意是帮助我们了解，不是为设限阻碍，这一点再强调也不为过。有太多人忽略甚至抛弃书中的教导，理由是这卷书本质上"象征意味甚浓"，仿佛那些象征太艰涩以致无法传递清楚的信息。其实并不是那样，让我们将之分成四类，意思就很清楚了：

有些象征**意思很明显**，"龙"或"蛇"就是魔鬼，"火湖"就是地狱，"白色大宝座"就是主的审判宝座。

有些在上下文里**有解释**。"星辰"是天使，"灯台"是教会，"印"、"吹号"、"碗"，都是灾难。"香"代表升到天上的祈祷。"十角"代表十个王。

有些**与他处经文相对应**。在旧约里可找到生命树、彩虹、晨星、铁杖、骑马者、如野"兽"般的专制暴政。这样说应该没有错：这些象征符号仍带着原本的意思不变。

还有一些是隐晦不明的记号，但极少。"白石"是一例，学者的阐释多得不得了。它是无罪的宣告？是赞同的记号？是超乎寻常的徽章？或许，得等到我们自己得到这块白石，才能知道它代表的意义！

数字也被用作象征，在启示录里有很多的"七"——七星、七灯台、七灯、七印、七号、七碗。"七"是圣经里"圆满"的数字、完全的数字。"十二"则与神的新旧百姓相关（旧约里的十二支派和新约里的十二使徒）；"二十四"是为新旧百姓结合一起。"一千"是最大的数字单位。以色列每个支派都有"一万两千"（twelve thousand）名子民出来，使总数达到"十四万四千"（one hundred and forty-four thousand）。

还有一个引人注意的数字是"六百六十六"，这三个六相较于"完美而完全"的七，代表人类无法达致完美的失败。启示录用这数字作为一线索，据此可认出末日世界的独裁者，他过去之后耶稣就要来统治一千年（拉丁文 *millennium*，"千禧年"之意）。值得注意的是，除了 M 以外（M=1000），"六百六十六"是不是罗马数字的总和（DCLXVI，I=1+V=5+X=10+L=50+C=100+D=500）？其实，谁都不用试图从这个数字去指出这人是谁，等他自己清楚显明出来就知道了。

启示录清楚明示的信息远多过隐晦不明的，所以我们可以安然面对那些不清楚的地方，深信随着将来事件的发生，且我们真的需要那信息时，那些隐晦的象征意义就会清楚呈现。但同时，我们可以感谢神，因他已经告诉我们这么多了。

当然，神透过人的声音，透过他的"先知"的口说话。约翰知道他所传递的信息不是他的，他称所写的是"这预言"（1：3，22：7、10、18、19）。因此他不但是使徒也是先知，这是新约里惟一的"先知"书。

预言有两种，"传讲"（有关现况的神话语）和"预告"（有关未来的神话语）。这两种信息启示录都有，其中预言的事件有很大一部分尚未发生。

何时会应验？还是已经发生？正在发生？以后还会发生吗？以下就来思考一些不同的答案。

† 学者的解释

启示录的经文有将近三分之一包含预言，其中预告了五十六件不同的事。这些预言刚好一半是用平铺直述，另一半用象征的画面来描述。

这些预言绝大部分从第4章以后才开始，视角也随之转变——从地上转到天上，从现在转到未来（4章1节说："你上到这里来，我要将以后必成的事指示你。"）。

这些将来必成的事？显然是对第1世纪的原作者和原读者而言，但所预言的将来有多久呢？对十九个世纪之后的我们而言，是已经过去、现在或将来呢？我们是回顾、环顾，还是前瞻这些预言的应验？

解经的分歧点在此。从那时到现在，相隔了这么多年，有四大意见出现，导致四门"诠释学派"。绝大多数的注释书都选择其中一种观点来写，在此且先不假定孰是孰非，因为我们很容易听从第一个听到或读到的说法，然而那是十分危险的，我们必须先审视各家说法。

现在这四门学派都立论稳固，各有标签：预言已应验派、历史派（又分两个不同的理论）、未来派、理想派。可别听到这些比较专门的术语就退避三舍，重要的是，以后你能够认出各派说法的不同。

1. 预言已应验派

此学派认为，当逼迫教会的罗马帝国崩落，所有的预言就都应验了。它是为第1世纪的基督徒所写，以预备信徒面对第2和第3世纪将要发生的事。坐在"七座山"（17：9）上的巴比伦"大城"，被认为是罗马城（彼得在彼前5：13，似乎也做了同样的类比）。

尽管这样一来，启示录的内容对我们就成了"过去"的事，但这并不局限它对我们的价值。我们可以从其中的历史叙述学习功课，事实上，圣经的一大半内容都在叙述历史，所以我们确实可以从历史中获得启发，学到教训。

此派看法的优点是，凡查考圣经皆应从最初的作者和读者背景着手，这些经文对他们的意思是什么？写作的用意何在？读者在当时的环境下会如何了解它？这些都是解释与应用的基本步骤。

但是有几个缺点，其中之一是，启示录的预言几乎没有具体应验在罗马帝国，仅有少数概括的趋势可以套用而已，具体相符的却没有（有些人尝试从"尼禄皇帝"的信里提出"六百六十六"的数字，不过启示录却是在他死后三十年左右才写的！这也意味着自从罗马帝国瓦解后，这卷书的主要部分就失去直接的关联性，与后来的教会没什么关系。由于几乎所有学者都接受最后几章讲的是世界末日、是未来的事，如此一来，教会历史的初始和终结之间，就隔了一大段落差，圣经对于中间这么多世纪的教会就没有直接的引导了。于是有了第二个学派弥补这个缺陷。

2.历史派

此学派相信，这卷书上的预言涵盖从基督第一次来，到他再来之间整个"教会年代"。它是"主后"的历史标记，以象征形式呈现，涵盖全部的重大阶段和危机。所以有些预言的应验已过去，有些是现在应验，有些是未来应验。我们处于这整个时期里，从已经应验的部分可得知接下来将进入哪个部分。

有位学者为此制作了一张对照表，将启示录的每一大段与数册巨著《剑桥版古代史与近代史》（*Cambridge Ancient and Modern History*）对照，持此说者主张，我们大约正在启示录第16或17章里！

这理论至少有个优点，让启示录和每一代的基督徒都有切身关联，且激发阅读兴趣。可惜缺点仍大过优点。

其中一个缺点是，许多细节被勉强套进已知事件中，露出人工雕凿痕迹。最大的问题在于，好像没有哪两个"历史派人士"对于圣经和世界历史的关联，达成一致的意见！倘若他们的诠释法是正确的，那么结论的一致性应该更高才是，结果却留下许多语焉不详的细节。

目前为止，我们仅提到一种"历史派"的说法，即**直线型理论**，因为它相信启示录的核心信息是从基督第一次降临到再来之间一直线的事件。

另一种是**循环型理论**，相信它不单涵盖一次教会历史，而且一再地回到起头，同样事件会换个角度"再现"。韩威廉（William Hendriksen）有本畅销书《得胜有余》（More than Conquerors，香港：天道书楼，1993年）声称发现七个循环，每个循环都涵盖整个教会年代（分别是1－3章，4－7章，8－11章，12－14章，15－16章，17－19章，20－22章）！这使他能够将"千禧年"（20章）放在基督再来（19章）之前，因此他支持后千禧年派的看法。但这种"渐进式平行论"却似乎是硬套上去的，而不是从经文里发现的。尤其将第19和20章断然分割，是毫无根据的作法。

无论是直线型或循环型的历史派，可能都是最无法令人满意，也最无说服力的诠释。

3.未来派

此学派相信，预言的核心部分会到基督再来以前的最后几年才应验。因此对今天的我们仍属未来，此其标签来由。它关系到邪恶在世上掌权势力达到顶点，神的百姓将遭"大患难"（7：14；太24：12－22中耶稣也提到）。

所有的事件都将被压缩在很短的时间内——准确来说是三年半（明确地提到"一载二载半载"，或"四十二个月"，或"一千两百六十天"，参启11：2－3，12：6，14；引述但12：7）。

既然事件都在未来，所以就比较倾向照字面意义去解释预言，认为是如实描述将要发生之事，不需要为了符合过去的历史而加以剪裁，当然，一连串的灾难似乎把世界直接推向末日。

穿越重重年代，它给今日教会的信息又是什么呢？依此派见解，仅末代信徒与这卷书的绝大部分有切身关联。令人惊讶的是，许多未来派人士相信，教会将在患难开始之前就"被提"到天上，所以连最后一批基督徒也不需要知道那些事了！

还有一个缺点是，未来派很容易将启示录当作一部"历书"，导致过度关注图表和未来的时间。事实上，那些图表和时间不一定吻合，从这一点可见启示录主要并非为这种臆测目的而写。

4.理想派

这个取向不仅除去一切具体时间的指涉,也不鼓励与特定事件作连结。他们说,启示录描绘善恶之间的"永恒"斗争,其叙事中所包含的"真理"可应用到任何一个世纪。虽然神与撒但的战争正在进行,但一个"得胜"的教会能在任何时候经历神的胜利,启示录的"基本信息"能普遍应用在各个时间和空间。

此观点最主要、或许也是惟一的好处,它让这卷书的信息跟所有读者发生直接的关联。读者所处的挣扎是经文所描述和保证的:"那在你们里面的,比那在世界上的更大"(约一4:4),人是有可能"得胜有余"(罗8:37)。

然而,这是拿启示录当"神话",就灵意讲是真的,但就历史来讲不是真的;这些事件虽是虚构的,但故事里却包含真理——就像《伊索寓言》或《天路历程》。你必须从叙事里把真理挖出来,然后才能应用。但不是没有代价,他们在"去神话"过程中,也把大量材料当作诗的破格给丢弃了,视之为想象力的自由运用而非信息内容。

藏身在这一切背后的是希腊哲学,将灵性与肉体、神圣与世俗、永恒与时间区隔开来。他们说,神是无时间性的,所以真理是即时又是无时间性的,总之不在"时代"(the times)里。他们视历史为循环不息,等于拿掉"末后的日子"的观念,他们并不认为时间会推向一个顶点或结束。

这给终末论带来严重后果(英文eschatology,意即研究"末后的事情",源自希腊字*eschatos*,即"结束"或"最后")。基督再来和审判的日子,都从未来会发生变成现在发生。终末论变成"存在论"(亦即关于存在的此刻,有如"变现"——把投资变现,让手头上有现金可花用)。

当然还得把"预言"彻底改掉以符合当下——通常的做法是将之"灵意化"(用"柏拉图式"思考)。例如"新耶路撒冷"(21章)变成在叙述一群人而非一个地方,是教会的"理想"画面,为了方便起见,索性把与建筑相关细节通通忘记!

该作个小结了，对于启示录所涵盖的时期，有四种答案：

- 预言已应验派的答案是：主后的头几世纪。
- 历史派的答案是：从基督降生到他再来之间的每一个世纪。
- 未来派的答案是：主后最后一世纪的最后几年。
- 理想派的答案是：主后任何一个世纪，并无特定年代。

哪一个是对的？各有优缺。我们非得选择一个不可吗？是否可能四者全对？是否可能四者全错？

以下观察可帮助读者获致结论。

第一，显而易见没有一个是可开启整卷书的钥匙。各"学派"各有一些真理，但没有一家学说解明全部真理。单单使用一种方法时，总是对经文有所操弄或窜改。

第二，没有理由不能同时采用几种观点。经文固然有不同的意义和应用，但需有所节制以避免专断地采用某种作法来支持先入为主的观念。节制来自于上下文，以及不断地自问："这个意思是天上的作者想说的？还是地上的读者想听的？"

第三，每一种方式都有助于了解启示录，我们可各取兼容的部分放在一起看。不过必须补充一句，依然有些部分是互不兼容、无法结合的。

第四，书中不同段落强调不同的重点，可依据不同段落采用合适的诠释法，并且每个段落可用的诠释法不只一种。

以下将举实例说明，思考启示录的三大段落：

开头（1－3章）

此段落争议性不大，所以最常被拿来释经，诠释起来也最有把握（例如：斯托得，《基督眼里的教会》(*What Christ thinks of the Church* by John Stott)，香港：证道，1978年）。绝大多数人安于传统的解释（尽管对于应用部分感到不安！）。关于此段落的主要问题在于，我们确实了解这些教会的问题，甚至可以说是太熟悉了。虽然在细节（天使）和象征

（"白石"和"隐藏的吗哪"）上有一点问题，但写给亚细亚七教会的七封信，颇像新约其他使徒书信。所以，适合用哪一个"学派"来解释？

"预言已应验派"把我们的注意力引向第1世纪当然正确，任何真正的解经一开始都必须先解释这对当时的读者有何意义，但是，仅止于此吗？

"历史派"相信这七间教会在时间上代表教会整体，是教会历史七个接续的年代。以弗所涵盖的是初代教会，示每拿代表罗马迫害时期，别迦摩代表康士坦丁时期，推雅推喇代表中世纪，撒狄代表宗教改革时期，非拉铁非代表普世宣教运动，老底嘉则代表20世纪。但这种平行对照相当勉强（西方教会或许看来像"老底嘉"，但第三世界教会可不像啊！）。这个大纲并不吻合。

"未来派"就更奇特了，他们相信耶稣再来之前，这七间教会将于同一城市里重建，其依据是一个错误的假定：以为"我必临到"（2：5、16，3：3）是指基督再临。其实，这些教会早就不见了，他们的"灯台已被挪去"。

"理想派"对此段落的看法，通常和"预言已应验派"差不多，但加上一个信念，这七间历史上的教会在空间上代表教会整体。以弗所代表有正统信仰却无爱心的团契，示每拿代表受苦，别迦摩代表忍耐，推雅推喇代表腐败，撒狄代表死亡，非拉铁非代表弱小但传福音的教会，老底嘉代表不冷不热的教会。

虽然它们是否涵盖教会所有的特性尚有讨论余地，但对这些教会所呈现的安慰和挑战，仍可应用到任何时代、任何地方的教会。

所以就第一个大段落而言，预言已应验派配合一点理想派的观念，似乎是最正确的诠释组合。

中段（4－18章）

这是各家观点最为分歧的段落。一开始的神宝座异象倒没什么问题，而且历代以来无不激发人们的敬拜之心。争议从"狮子／羔羊"（耶稣）将灾难释出到全地、将苦难释出到教会开始。这是在何时发生？当然是在第2世纪（给七教会书信的"此后"；4：1）和基督再来（19章）之间。

"预言已应验派"将这段局限在"罗马帝国衰败期间"。事实上，所预言的事件，尤其是"自然"灾害，绝大多数并没有在那段期间发生，以致必须将一大部分经文视为是"诗的破格"，隐约暗示将来可能会发生的事。

"历史派"试图将整个教会历史嵌入这几章中，同样问题多多，他们要不将这几章视为一段连续的叙事，要不视之为重复的"再现"（recapitulations）。细节总是不吻合。

"未来派"当然可以随意相信所有预言的细节都会照字面应验，因为全都尚未发生。有两个特征似乎印证此派观点在应用上比较正确。第一，那些"灾"显然比世人所曾见过的还严重（如同耶稣在太24：21预言的）。第二，那些"灾"似乎直接导引了历史结局。但就是这样而已吗？这一段跟结局之前的日子没有关联吗？

"理想派"错在将这一段"去神话化"（demythologize），将之跟历史事件完全分开，不受时间的限制。但它有一点对了，就是想寻找一个能应用在教会历史任何时期的信息。线索就在圣经里，圣经很清楚教导我们，事件未发生以前，可以先看到它们投下的影子（即"征兆"），旧约许多方面都让我们看到耶稣的"影像"（如同希伯来书解释的）。在那敌基督来到之前，会先有"好些敌基督"出现（约一2：18）；在那假先知之前会有好些假先知出现（太24：11）；那将要来的大逼迫，如今在许多地区已开始经历到；那"大患难"和各时代都可见的"许多艰难"（约16：33；徒14：22），仅规模有别而已。所以这几章不但有助于我们了解最后的大结局，也有助于了解目前的局势。

所以就这一大段而言，未来派加上一点理想派的看法，解释起来最恰当。

结尾（19－22章）

启示录愈近尾声似乎愈清楚，但某些部分还是有争议。绝大多数学者认为，这几章讲的是终极的未来，最"末后的事情"，从基督再来开始发生（19章）。

"预言已应验派"在此退出，可以说没有人尝试将这几章套在初代教会上。

"历史派"两边壁垒分明，"直线型"历史观总是将这段视为紧接在"教会年代"之后的"末世"。而"循环型"历史观就连在这里也可找出"再现"，有些人认为第20章的千禧年，是在描述第19章基督再来之前的教会！有些认为第21章的"新耶路撒冷"是在描述20章最后审判之前的千禧年！这是完全错置，从经文本身找不到正当理由，且有为了神学系统和教义之便而操弄经文的嫌疑。

"未来派"的反对者很少。基督再来、审判的日子和新天新地，显然都尚未到来。

"理想派"的赞同者很少。此派人士倾向于完全忽视新地而只谈论"天堂"，说成是信徒死后进入的无时间性的领域。他们说"新耶路撒冷"描绘的是这个永恒的领域（如同来12：22所说"天上的锡安山"），永远别期待它会"从天而降"（尽管启21：2、10如是说！）。

就处理这一段而言，未来派可以获得独家诠释权。

稍后，我们将如上述使用适合的工具（不包含历史派观点）来给启示录经文本身作个引言，不过在那之前，还需思考一件重要的事。

这四大解释学派都关切一共同的重要问题："**何时**？"，亦即这些预言在什么时间应验？

这要从一个前提说起，即他们认为启示录主旨是预言未来，揭示将来必成的事，包括眼前的和终极的未来，以满足我们的好奇心或减少焦虑。

但这前提十分有问题，新约从不纵容空想，甚至警告我们不可妄自臆测。圣经每一次"揭开"将要发生的事，都是有一个实际的、甚至是道德的目的。将未来启示给人是希望能影响现在。

所以基本问题不是"何时?"而是"**为何**?",为什么要写启示录?为什么启示给约翰?为什么要他传下去?为什么我们需要读这书上的话,而且要"遵守"?

这不单为了告诉我们将要发生的事,更要我们作好准备以面对未来。这个答案是如何得来的?

✝ 写作目标明确

为什么要写启示录?答案可从另一个问题的回答而得:这卷书是为谁写的?

它从来不是为写给神学院师生作教科书之用,且往往就是他们让它变得很复杂,吓得单纯的一般人对它敬而远之。且听其中一位的坦诚告白:

> 容我们大胆直言,要不是历世历代的神学家以不可思议、往往荒谬可笑的偏见限制了这卷书,使它变得困难重重,以致绝大多数读者望之却步,否则我们其实是可以正确无误地查考这卷书的。撇开那些成见不谈,启示录其实是这位先知所写最简单、最浅显的一卷书。(Reuss写于1884年,摘录自 *The Prophecy Handbook*, World Bible Publishers, 1991。)

这情况迄今并未改善,请看最近一项评论:

> 在这个听从专家指导的文化下的一大不幸,就是任何看似很难的事,就送到大学去让学者专家解决。(毕德生(Eugene Peterson)写于他研读启示录的著作:*Reversed Thunder*, Harper-Collins, 1988, p. 200.)

这使得大家普遍认为,这卷书不是"凡夫俗子"所能理解的。(无论是教会的平信徒或是学术领域的门外汉。)

给普通读者

启示录正是为普通人写的，这一点再强调也不为过。它是为七间教会的会友写的，那些人"按着肉体有智慧的不多，有能力的不多，有尊贵的也不多"（林前1：26）。

圣经说，"众人都喜欢听他（耶稣）"（参可12：37），这话不但在称赞耶稣，也在称赞普通百姓。他们认出他"说话带着权柄"，也看得出他知道自己在讲什么。愚弄高级知识分子还容易，愚弄他们可不容易！

凡是带着单纯的信心、敞开的胸怀和柔软的心来研读，启示录的珍宝就显露给他们看。

在美国流传一则故事，勾勒出这个重点，尽管听来像是传道人编造的！就像牧师的孩子常会问："爸爸，刚才那个故事是真的吗？还是你只是在讲道而已？"话说有一群神学生听那些"启示文学"的课愈听愈迷糊，就决定去校内体育馆打篮球，醒醒脑。打球的时候，他们注意到等着锁门的工友在一旁读圣经，他们就问他在读哪一卷书，没想到他正在读启示录。

"你看得懂吗？"

"当然。"

"那么，请问它在讲什么？"

只见他两眼炯炯有神，露出灿烂笑容回答说："很简单哪，耶稣赢了！"

当然，启示录说的可不只这一点，但用这句话来总结信息并不差，不知有多少人查考内容却错过这信息。常识是基本要求。没有人把整卷书都照字面意义解释，也没有人全部按象征意义解释。但字面意义和象征之间的界线要划在哪里？这对于诠释的影响深远。常识大有助益。四个骑马的人是象征，但是他们各自代表的战争、流血、饥荒和瘟疫，则显然需要照字面意义解释。"火湖"象征地狱，但在里面永不休止的"折磨"（启20：10）则需照字面意义解释。

一般的说话规则也非常有用，这里的语句要照最清楚、最简单的意思去理解，除非另有明白的指示。读的时候应该假定说话者（包含耶稣）和作者（包含约翰）说什么就是什么，他们的信息应该照字面意义去理解。

另一个语言规则是，应假定在相同的上下文中的相同字眼，意思都是一样的，除非另有清楚的指示。在无预警下突然改变一个字的意思，就像突然改变发音或拼字一样，会令人错愕。此一规则直接影响到启示录20章里两次出现的"复活"。

说了这么多，还有一点必须补充，启示录是写给和我们所处时间地点大不相同的普通人看的，所以难怪有些事情在他们显而易见，对相隔两千年、相距不只千里的我们却隐晦不明。

当时的读者对象，是住在罗马帝国同一省份里不同种族的外邦人，他们说希腊语，读犹太人的圣经，因着共同的基督信仰而聚在一起。所以我们需要尽可能运用有关他们的背景、文化和语言的知识，目标在找出当他们听到这卷书时（很可能一次全部念完）会得到什么样的理解。那跟我们每天默读一小段的心得，可能很不一样。

但这卷书显然也是为今天的我们而写，否则它就不会被列入新约圣经。当主把这些话语赐给约翰时，肯定有此用意。所以我们可以假定，时空的距离并非是不能克服的障碍。

还有一个因素比文化鸿沟更重要，就是环境的差异，我们必须问是什么环境导致必须写这卷书，这是解开整卷书的关键。在新约每一卷书背后都有它写作的原因，必有一需要满足的需求，启示录也不例外。

写作的实际理由

前面提到，此书主要目的不在揭露未来事件的时间，而是为了预备人心，以迎接将要发生之事。那么，是何事将临？以致若无此书他们就不能作好准备？翻开启示录第一页就有答案（1：9-10）。

作者约翰因信仰正在受苦，他人在狱中，但不是因为任何罪行，他是"政治犯"，因宗教因素而被捕，囚禁在爱琴海上的拔摩岛（有如现代的恶魔岛或罗本岛）。他献身于"神的道和耶稣的见证"，被执政当局视之为叛国的举动，威胁到建立在包容多神崇拜和奉皇帝如神明之上的

"罗马和平"。凡罗马公民皆应信奉诸神,而皇帝是诸神之一。

这种情况到第1世纪末推到顶峰,基督徒面临良心的危机。凯撒大帝(Julius Caesar)是第一位自封为神的皇帝,继任者奥古斯都(Augustus)鼓励人民兴建庙宇来膜拜他,当时在亚细亚(今土耳其西部)就有好几间这类庙宇。尼禄登基以后开始迫害基督徒(把他们全身淋上沥青后活活烧死,以其火光作花园晚宴的照明,或者把他们缝上兽皮,丢给猎狗去追),然而这些迫害的时间长短和地点都有局限。

到了第1世纪最后十年,多米田(Domitian)即位,展开对基督徒的残酷攻击,并延续了两百年之久。他要求所有百姓都要拜他,如有不从格杀勿论。他下令每年必须有一天,全国百姓都要站在他的半身塑像前,拿起一撮香,撒在祭坛上燃烧,同时宣示:"凯撒是主",而拜他的这一天就定为"主的日"(the Lord's Day)。

启示录就是从这天("主日",1:10)开始写的。现代读者以为这指的是星期天,也情有可原。事实上,这"主日"有可能是星期天,只是初代教会把星期天称为"七日的头一日",而非"主日"。从希腊文来看,有两点指出这是每年的拜皇帝节。第一点是定冠词(*the* Lord's day,而不是a Lord's day)。第二点,这里是用形容词"主的",不是名词,这是多米田所定的名称,他自封为"主和我们的神"(Lord and our God)。

这"主日"以后的日子将非常艰难,对那些只愿说"耶稣是主"的人,将面对生死问题。"见证"一词(希腊文*martur*,是英文"殉道者"的字源)将有一新的、致命的意义。教会面对自建立以来最严厉的考验,在这么大的压力下,有多少人会忠心到底?

到这时为止,十二使徒里只剩下约翰仍然在世,其他人都已经殉道。按照基督教传统说法,安得烈是在亚该亚的派特拉(Patras)死在X形的十字架上,巴多罗买(拿但业)是在亚美尼亚(Armenia)被活活剥皮而死,雅各(约翰的哥哥)在耶路撒冷被希律王亚基帕(Agrippa)处以斩首之刑,雅各(革罗罢和马利亚之子)被人从圣殿顶上推下来,然后用石头打死。犹大(达太)在亚美尼亚被乱箭射死。马太在帕提亚

（Parthia）被刀砍死。彼得在罗马被倒钉十字架而死。腓力在弗吕家的希拉波利（Hieropolis）被吊死。西门（奋锐党）于波斯被钉十字架。多马在印度被长矛刺死。马提亚被石头打，然后斩首。保罗也是在罗马被处以斩首之刑。因此，启示录的作者对于忠于耶稣的代价，说得再清楚不过。那时他并不知道自己将是惟一寿终正寝的使徒。

启示录是"殉道手册"，呼吁信徒"务要至死忠心"（2：10）。殉道者在启示录扮演重要角色。

它勉励信徒要"坚持到底"，一个经常出现的劝勉是"忍耐"，一种被动消极的态度。就在最大的患难当中，它仍呼吁："圣徒的忍耐就在此；他们是守神诫命和耶稣真道的"（14：12），堪称全书之钥节。

但书中也呼吁以正面的态度为耶稣受苦：要"得胜"，这个动词使用的次数甚至多过"忍耐"，也可说是全卷书的钥字。

每一封写给七间教会的信，都以呼召每一位会友作"得胜者"结语，要胜过所有试探和压力，包括教会内部和外部的。背离基督信仰和在行为上妥协，就是对耶稣不忠。

书中信息不仅是基督赢了，而且基督徒也必得胜。基督徒跟随的那位主曾说："你们可以放心，我已经胜了世界"（约16：33），现在他在启示录说："你要胜过世界"。

当然，这就是为什么这卷书对于遭逢逼迫的基督徒别具意义。或许，这也是为什么坐在舒适教堂里的西方基督徒，不觉得它切身相关。它得在泪水中读才能领会。

这卷书提供两个激励受逼迫者"得胜"的动力，一个是积极的：奖赏。坚忍到底的人将获得奖赏：有权在神的乐园里吃生命树的果子；必不受第二次的死，可以吃隐藏的吗哪，且将获得一块白石，上面刻有秘密的新名字；有权柄统治万国；与耶稣一同坐在宝座上；披上白袍并成为神殿中刻有神名字的柱子，永远住在神殿中。最重要的是，熬过所有的苦难之后，神应许得胜的信徒必在新天新地中拥有一席之地，永永远远享受与神同在。这是何等荣耀的未来。

但还有负面的动机：惩罚。在压力之下没有忠心持守的信徒，将来的结局是什么？简而言之，前述的祝福他们一样也得不到。更糟的是，他们将和非信徒一样被扔进"火湖"里。第一大段和最后一段各有一节经文证实这最糟的可能性。

"凡得胜的……，我也必不从生命册上涂抹他的名"（3∶5），言下之意，未能胜过的人有危险了，他的名字可能被涂抹（字面意思是用小刀"刮除"羊皮纸上的字迹）。"生命册"出现在圣经的四卷书中（出32∶32；诗69∶28；腓4∶3；启3∶5）。其中三段上下文里，提到神的百姓因得罪了神，就从生命册上被涂抹。若把启示录这节经文解释成没有得胜的人也包含在应许里，那就使奖赏失去意义了。

"得胜的，必承受这些（有新耶路撒冷在其中的新天新地）为业：我要作他的神，他要作我的儿子。惟有胆怯的、不信的、可憎的……他们的份就在烧着硫磺的火湖里；这是第二次的死"（21∶7-8）。别忘了，整卷启示录都是写给信徒看的，不是写给非信徒。从头到尾都是针对"众圣徒"和"他的众仆人"讲话，因此这里指的是胆怯的、不信的信徒。从"惟有"（英文圣经是but，"但是"）一词可以进一步印证，这是直接以应该有此下场的信徒和"得胜"的信徒作对比。

换言之，启示录把两种命定摆在基督徒面前，一种是与基督同复活同作王，同享新天地。另一种是丧失神国的基业而永远在地狱里。

新约他处经文亦证实这是二选一。马太福音是一本"门徒训练手册"，其中有针对"天国之子"的五大讲论，耶稣有关地狱的教导，绝大部分亦出现在这些讲论中，除了两个警告以外，其他都是针对门徒的警告。第5至7章的登山宝训提到，为耶稣受逼迫的人有福了，接着讲到地狱，最后以两种结局作提醒与结论。第10章任命宣教士中包含一个命令："那杀身体、不能杀灵魂的，不要怕他们；惟有能把身体和灵魂都灭在地狱里的，正要怕他"（太10∶28），又说："凡在人面前不认我的，我在我天上的父面前也必不认他"（10∶33）。第24至25章的橄榄山讲论谴责懒惰、不用心的仆人，主人"要定他和假冒为善的人同罪"（24∶51），且要吩咐人"把这无用的仆人丢在外面黑暗里；在那里必要哀哭切齿了"（25∶30）。

保罗也引用这段经文（提后2：11—12），提醒提摩太，"有可信的话说"：

我们若与基督同死，也必与他同活；
我们若能忍耐，也必和他一同作王。
我们若不认他，他也必不认我们……

许多基督徒都不愿承认以上这些经文的含意。当然道理不止这样而已（关于这个重要问题，拙作《一次得救，永远得救？》中有详尽的讨论）。同时，启示录的立场非常清楚，信徒甚至可能因删去这卷书的预言，更改其信息而失去"生命树和圣城的份"（22：19）。

因此，启示录的写作目的可总结如下：勉励在极大压力下的基督徒要"忍耐"、要"得胜"，如此他们的名字必可留在"生命册"上，免于"第二次的死"。以下我们从结构来看整卷书，将发现每一章、甚至每一节，都可以符合这个目的。

✝ 启示录的结构

启示录主旨是预备信徒面对逼迫，甚至为主殉道。如果这个定义是对的话，就应该可以套用到这卷书的各个部分，同时整体结构也应能显示出此一主旨的发展才是。

以下将依据不同目的，从不同角度来分析内容，并将建立几组大纲。就从最简单的大纲开始吧！最明显的分段发生在4章1节，叙事观点一下子从地上转到天上，从现在转到未来：

1—3章	现在
4—22章	未来

后面这一大部分，又可整齐地切成坏消息和好消息两大段，而以十九章为分界点，于是我们有以下大纲：

```
1—3章          现在
4—22章         未来
               4—18章        坏消息
               20—22章       好消息
```

接着，我们来思考每一部分和主旨有何关联。亦即，每一段落如何预备信徒面对将来的"大患难"？因此，我们可将大纲延伸如下：

```
1—3章          现在
               现在必须把事情导正过来
4—22章         未来
               4—18章
               坏消息：事情会先变得很糟，然后才变好。
               20—22章
               好消息：事情变糟以后，会变得比先前更好。
```

现在只要再加上一项，大纲就完成了，那就是：究竟在第19章发生了什么事，使得情况发生改变？原来是耶稣再来，降临在地上！其实依据前言和结语（1：7，22：20），这卷书的结构就是这样，现在我们可以把"耶稣再来"（19章）插入坏消息和好消息之间了。（在此恕不重复，请读者自行补充到大纲里。）

如果在展读这卷书时能牢记这个简单的大纲，许多事情就会变得很清楚，起码可以明显看出整卷书的统一性。其要旨将分三阶段完成。

首先，耶稣告诉众教会必须把内部问题处理好，才能面对外部压力。在信仰或行为上妥协，容忍拜偶像或不道德行为，都会使教会从内部开始衰败。

第二，永远真实又坦诚的耶稣，把最坏的情况指给他们看，不会有比那更糟的情况了！并且摆在前头最坏的情况顶多持续几年而已，不会太久。

第三，耶稣启示接下来会发生的奇事。若为避免一时的患难而抛开永恒的未来，反而会造成最大的悲剧。

耶稣用这三种方式，鼓励门徒要"忍耐"、要"得胜"，直到他再来。有一节经文道尽一切："但你们已经有的，总要持守，直等到我来"（2：25），然后他才能够说："可以进来享受你主人的快乐"（太25：21）。

当然还有其他分析方式，比方"主题式"大纲，有点像主题索引，可帮助我们读启示录时"辨认方向不迷路"。

但主题式大纲会忽略视点的切换——从地上转到天上又回到地上。我们可以将启示录分为三个阶段：

A.现在有什么事已经在发生？（1－5章）
B.不久的将来会发生什么事？（6－19章）
C.遥远的将来会发生什么事？（20－22章）

接下来要点出每一阶段的特点，并设法整理成一张好记的清单，请看以下事件的条列：

A.现在
 1－3章   一位升天的主
         七个各具特色的灯台
 4－5章   创造主和受造物
         狮子和羔羊
B.不久的将来
 6－16章   印，号，碗
         魔鬼，敌基督，假先知
 17－19章   巴比伦——末日之都
         哈米吉多顿——末日之战

C. 遥远的将来
20章　　　　　　　千禧年的治理
　　　　　　　　　审判的日子
21－22章　　　　 新天新地
　　　　　　　　　新耶路撒冷

请注意，第4至5章被归入第一阶段，这是因为导致"大患难"的"行动"，其实从第6章开始。而第19章则被归入第二阶段，原因是"大患难"在此结束，因基督打败了"污秽的三位一体"（unholy trinity，译注：指撒但、敌基督和假先知）。

以上大纲很好记，像是有助于查阅特定主题的"参照手册"。在我们深入查考不同段落之前，必须先作大纲练习，才不至于犯了"见树不见林"之过！启示录很容易让人陷入细节当中，而将全书主旨抛在脑后。

不过，以下我们要把望远镜取下，换上显微镜，或者至少是拿出一只放大镜！

✝ 启示录的内容

碍于篇幅限制，恕无法纳入全书的注释，以下要做的，只是给每一段作个引言，好叫学习圣经者能如《公祷书》（*Book of Common Prayer*）所言："阅读、留意、学习，并消化你的话语"。

以下将点出重要特点，处理一些问题，并协助一般读者辨认一些危险地带，保持在正轨上。我留下很多问题未解答，读者不妨自行查阅坊间的一些注释书（赖德的注释书诚属佳作：*A Commentary on the Revelation of John*, George Eldon Ladd, Eerdmans, 1972）。

建议读者阅读以下段落之前和之后，都要把相关的章节再读一遍。

1－3章：地上的教会

这个段落最浅显易懂，就像在海边浅水之处踏浪，但不多时你可能发现水深及腰，脚底逆流冷不防地把你卷去！

启示录虽多次自述为"预言"，但其实就形式而言是一封信（请比较1：4－6和其他使徒书信的起首语）。不过，这一封信却不是写给一间教会，而是给七间教会。尽管信中给每一间教会都有一段特别的话，但显然作者用意是让每一间教会都能读到给其他教会的信息。

在基督徒的一般问候语（"恩惠和平安"）之后，随即切入主题——令世人不悦，却是教会的喜乐——"他快要再来"，这件事绝对是确定（"阿们"）的。

这封信的"寄信人"是神自己，他是时间的主，昔在、今在、以后永在，他是阿拉法和俄梅戛（这是希腊文字母的首末两字，象征万物之初始与终结）。耶稣以同样的头衔自称（参1：17，22：13），证明他相信自己的神性。

把这封信写下来的"秘书"是使徒约翰，这时他被放逐到爱琴海十二群岛中，八英里长四英里宽的拔摩岛上，因宗教因素被囚的政治犯。

内容是以口语和视觉形式赐与他的，请注意，他总是先"听到"然后再"看到"。那声音吩咐他要写下来，接着约翰就在永生难忘的异象中看到耶稣：雪白的头发、眼目如同火焰，声音如雷，口中吐出一把双刃利剑，脚好像在炉中锻炼光明的铜。即使在变像山也没见过这样的耶稣，难怪约翰一看见，就仆倒在地，像死了一样，这时他听见耳中传来非常熟悉的声音："不要惧怕。"

历史人物都只能留名青史，惟独耶稣是死过而现在活着，并且"直活到永永远远"（1：18；字面直译是"万世万代"）。

约翰被吩咐把"现在的事"（1－3章）和"将来必成的事"（4－22章）都写出来。论及现在的话语是讲到亚细亚七间教会的状况，每间都有一位"守护天使"，并受耶稣"监督"（他同时也"洞悉"和"预见"每间教会的情况！）。在起初的异象中，这七间教会由七星（天使）和七灯台（教会）作象征。请注意，耶稣特地在七个金灯台中间"行走"，约翰还是自由身的时候，想必也是如此在教会之间走动。在福音书里，耶稣多半是"行在路上"时传递信息和行神迹的，不论在他受死之前或复活之后。

写给七间教会的七封信,最好一起查考,互相参照。这些信是同时写的,强调雷同处也强调彼此的差异,所以并列查考最有亮光。

我们一眼就能看出每封信的形式雷同,包含七个要素(又是一个"七"):

1. 收信者:"你要写信给……教会的使者"
2. 颁布者:"那一位这样说……"
3. 肯定:"我知道你的行为……"
4. 责备:"然而我要责备你……"
5. 劝告:"你若不悔改,我就临到你那里……"
6. 应许:"得胜的,我必……"
7. 呼吁:"圣灵向众教会所说的话,凡有耳的,就应当听!"

上述顺序惟一不同的,是第四到第七封信最后两个要素的顺序颠倒(原因不明)。现在就来看这七封信的比较和对照。

收信者

七封信除了教会名称不同,内容形式一模一样。走过这几个城市正好走完一圈,起点是重要的港口城市以弗所(对这个教会的讯息我们知道得最多),沿着海岸线往北行,然后往东转往内陆,最后朝南来到曲河(river Meander)的肥沃河谷。

只有一个争论点:"使者"(希腊文 *angelos*,字面意思是"信使")究竟是指天使还是人?由于启示录他处经文都恰如其分地译成"天使",所以大可推测这里同样指天使。天使投入教会甚深(甚至注意到敬拜者的发型!参林前11:10)。由于约翰当时与世隔绝,所以必须由天上的"使者"来传递这些信。只因现代怀疑主义不认为有天使存在,所以才会有版本译作"事奉者"(minister,该不会是因为启示录的英文缩写为Rev.(又可译作牧师)吧!)

颁布者

值得留意的是，耶稣在这卷书里提到自己时，从不讲名字，只讲头衔，许多头衔是新的。事实上，他有两百五十多个头衔，远超过任何历史人物（把这些头衔一一列出，是一个不错的灵修操练）。在每一封信里，耶稣的头衔都是谨慎挑选的，描述快被那个教会遗忘而需要提醒的某一特性。有些头衔出现于约翰初次看见耶稣的异象中，每一个头衔都很重要。"大卫的钥匙"暗示他实现了以色列的弥赛亚盼望，"在神创造万物之上为元首的"，点出他握有全宇宙的权柄（太28：18）。

肯定

每封信都以赞许展现与教会最亲密的关系，起先以第三人称（"他"），之后转到第一人称（"我"）。都是同一位吗？"他"当然是指基督，但"我"有可能是指圣灵——"基督的灵"。从之后的评论（例如，2：27："我从我父领受权柄"）来看，第三人称和第一人称都是基督。

"我知道"，声明他完全知晓，包括他们的内部状况和外在情况。他无不知晓，他完全了解。他的判断最正确，他的看法最重要，而且他完全诚实。

尤其，他知道他们的"工作"，也就是知道他们的行动作为。这是贯穿整部启示录的重点，因为审判是这卷书的主题。耶稣快要再来——审判活人和死人。我们虽已因信称义，却仍要按行为受审判（林后5：10）。耶稣肯定他们的善行，鼓励他们持续下去。

当我们把这些信并列，立刻能看出有两间教会——撒狄和老底嘉，耶稣没有夸奖他们。可是从人的眼光看，这两间都是"成功的"教会。耶稣的看法和我们非常不同，教会人数多、奉献多、活动满满，这些不一定是灵命健康的记号。

有五间教会受到赞许：以弗所教会的劳碌、忍耐、毅力和分辨力（拒绝假使徒）；士每拿教会面对敌意的环境、财物被剥夺，却依旧勇敢（这里提到"撒但一会的人"，可能是指犹太教里的一种神秘派别）；别迦摩教会在压力下仍坚守信仰，甚至有一名会友殉道（他们处在"撒但的座位"的阴影下，这座宏伟的神庙，19世纪已于东柏林的帕加马博物馆内重建了）；推雅推喇教会有爱心、信心、勤劳、忍耐，而且所行善事愈来愈多；非拉铁非教会为了忠于神的道甘愿付上高昂代价（他们附近也有"撒但一会的人"）。

顺道一提，我们注意到耶稣经常提到撒但，他是一切敌对教会势力的根源，也是迫近之危机的始作俑者，"试炼的时候即将临到全地，普天下人都要受试炼"（参3：10）。

最后一项特点是，耶稣总是先称赞后批评。使徒效法耶稣的榜样，保罗先为哥林多信徒拥有一切"属灵的恩赐"感谢神（林前1：4-7），然后才纠正他们滥用恩赐的毛病；当然，倘若教会实在无可夸之处，比方加拉太教会，他依然会把错误指出来。但是这个原则值得所有基督徒效法。

责备

同样有两间教会没有受到责备——示每拿和非拉铁非，当他们听完书信内容后，想必大大松了一口气！他们比其他教会弱小，而且苦难已经临头，但他们保持忠心，这比什么都令耶稣欢喜（太25：21、23）。

其他教会出了什么差错呢？以弗所教会离弃了"起初的爱心"（对主的爱？对彼此的爱？还是对失丧灵魂的爱心？可能三者都有，因为互相关联）；别迦摩教会有人沦入拜偶像、有人行奸淫（在现代等于是信仰掺杂和放纵自由）；推雅推喇教会的犯罪情节类似（听从一位假的女先知"耶洗别"所致）；撒狄教会因不断开展新事工而被视为"蓬勃的"教会，但他们未能持守信心到底（这是否令我们颇有感触？）；老底嘉教会生病了却不自知。

最有名也最突出的可能是最后这一封信，老底嘉教会自诩有温暖的团契生活，欢迎许多访客进来。但是"不冷不热"的教会令耶稣觉得厌烦，处理冰冷的或滚烫的教会还容易些！这温水是指城外山上含盐分的温泉（位于土耳其的棉堡今日仍是水疗胜地，健康爱好者趋之若鹜）；温泉从山上流到老底嘉的时候已经变得"不冷不热"，只能作催吐剂，因为喝了就会想吐。

耶稣已经不在他们的教会聚会了！在教会里面找不到他——尽管他就站在门外。3章20节堪称圣经中被误用最多的一节经文，普遍用作布道会和个人谈道的决志邀请，但它根本不是在邀请人信主，如此使用会给人错误的印象（其实是站在外面的罪人需要叩门，请求进入神国；而耶稣就是那门；参路11：5－11；约三5章，10：7）。启示录3章20节的"门"是老底嘉教会的门，这节是给失去基督的教会的预言，也是充满盼望的信息，只要其中一名会友想要与基督一同坐席，就可以让基督重新进到教会里！[1]

离开此段落以前需要指出，耶稣的责备是出于对教会的爱，他亲口说："凡我所疼爱的，我就责备管教他"（3：19）。事实上，不给这类管教可能意味着那人根本不属于神的家（参来12：7－8）！他不是要使他们挫折，而是要提升他们。尤其是希望使他们预备好面对即将到来的压力和"试炼"（3：10）。假如他们现在妥协让步的话，试炼来临时他们就会屈服，丧失在基督里得着的基业。

劝告

有一句话是给所有教会的，即使是那两间只有责备而无称赞的教会，也被劝告要持守善行，"直等到我来"（2：25）。

其他五间教会都受到两个词的提醒："回想"和"悔改"。他们要回想从前，思想他们应该做的事。真正的悔改绝对不只是后悔或懊悔而已，还需要坦承认罪、纠正错误。

他警告说，若不听劝告，"我就快临到你那里"，到那时想要补救，就来不及了。有时这是指他的再来，那时他要将"生命的冠冕"赐给"至死忠心"的人（2：10；比较提后4：6－8），至于那些没准备好的人将听到可怕的话："我不认识你们"（太25：12）。

"我就快临到"，通常指的是"造访"先前提到的教会，把那间教会的"灯台"挪去（2：5）。耶稣有一部分的事工是关闭教会！在神国

---

[1] 有关这一节经文的完整阐释，以及新约里的信主得救之道，请参见拙作《如何带领初信者——属灵接生学》。

里，一间妥协又不愿意接受纠正的教会比毫无用处还糟糕。为了传福音的缘故，不如把这个制造反宣传效果的教会挪去反倒好。

这个部分可用一句话总结："把事情导正过来，保持下去，否则我就会来让教会关门。"

应许

"得胜"的呼召不是给教会整体，而是给其中每一位肢体，这点值得注意。审判必定是针对个人的，无论结果是奖赏或惩罚，总之绝对不会是集体接受审判（请注意林后5：10的"各人"）。这里可没有建议离开腐败的教会，搭马车到另一间比较好的教会去！一个人也不能以全教会都冷淡退后，作为自己在信仰上妥协的借口。不可跟着团契走上错误的潮流，换言之，基督徒可能必须先学习如何抵抗教会内部的压力，然后面对外面世界的压力。若前者都胜不过，那么要胜过后者可就难了。

耶稣毫不犹豫地提供奖赏作激励动机（5：12），他自己忍受被钉十架，"因那摆在前面的喜乐"（来12：2），就轻看羞辱。在每封信里，他都鼓励"得胜者"思想那摆在前头的奖赏，等着给"向着标竿直跑"（腓3：14）的人领取。

他在每封信里的头衔都是取自第1章，而他所提供的奖赏则来自最后几章。这些奖赏不是当下就得到，而是在终极的未来必得着。惟有那些对他实现应许有信心的人，才会把遥远未来的报偿视为激励的动机。

再次重申，我们必须了解新天新地的喜乐并非为所有信徒预备，只有在试探和逼迫压力下的得胜者，才能得享那喜乐（21：7-8把这点说得清楚无比）。惟有一直顺服，忠心"到底"（2：26）才能得救（请比较：太10：22，24：13；可13：13；路21：19）。

呼吁

最后的呼吁："凡有耳的，就应当听！"听过耶稣教导的人应该对这个结论很熟悉（例：太13：9），其意义要从以赛亚书6章9-10节去理解："你们听是要听见，却不明白；看是要看见，却不晓得。……耳朵发沉，眼睛昏迷；恐怕眼睛看见，耳朵听见，心里明白，回转过来，便得医治"，这是新约引述最多次的一节旧约经文（太13：13－15；可4：12；路8：10；徒28：26－27都引述）。

耶稣知道那是犹太人一般的反应，现在他挑战基督徒作出不同的反应。他一语道破对于听见和遵行一篇信息的差别。对于他所说的话究竟听进去多少，事关重大。他在启示录里说的话，只有对那些读了且"遵守"的人是个祝福，也就是说，不但要听进耳里，还要"记在心上"（启1：3，taken to heart，NIV（新国际版圣经））。当父母对孩子说："把那个放下来"，孩子若没照做，父母就会说："你没听见我的话吗？"父母当然知道孩子有听见，只是没有照做。

给七间教会七封信之后的结语很简单，表示耶稣期待他们给他一个正面的回应，就是顺服。他有权期待他们如此反应，因为他是主。

4－5章：天上的神

相对来讲，这一段直截了当，毋须太多引言。尤其第4章的敬拜情景可能是我们耳熟能详的，常被引述来激发赞美，也为许多圣诗及副歌提供内容。它让我们瞥见天上的敬拜，而地上所有的敬拜不过是天上敬拜的回声。

约翰被邀请："你上到这里来"（启4：1），就看到天堂的景象。仅极少数人在有生之年曾享有如此特权（保罗曾有类似经验；林后12：1－6）。天堂是神掌权治理之地，关键字是"宝座"，共出现十六次。请注意，这里强调"坐"在宝座上（4：2、9、10，5：1），这里是"天国"的控制中心。

那景象美得令人屏息，简直无法用言语形容。绿色的霓虹，金灿的冠冕，雷鸣闪电，灯火辉煌；你可以想象约翰惊叹又诧异，一个醒目的景象刚进入眼帘，下一个又出现，简直是目不转睛。他试图描述他所见到的神本身，殚精竭虑却仅能用他所曾见过的两种最璀璨的宝石来形容（碧玉和红宝石）。

最重要的是，整幅景象洋溢着平安，藉一片延伸到地平线的"玻璃海"表达出来。以天上的平安静谧对照地上的混乱不安（从第6章开始），用意很明显。拥有至高主权的神凌驾一切善恶之争，他毋须抗争；撒但想碰一个人以前必须先请求神的允许（参伯1章）。没有任何事会令他惊讶，他完全知道如何应付每一件兴起的事情，因为没有一件事未曾经过他的允许。

他是神，不是人。因此他配得所有敬拜（worship一字源自worth-ship，有"值得"之意）。造物主接受他所造万物不停献上的颂赞，四活物"好像"一只狮子、牛、人和鹰；全部合在一起，代表来自地的四角的所有活物（不过另外还有二十种解释！）。从他们的颂赞中隐约看出"三位一体"的含义："圣哉"说了三次，并以三个时间的面向——过去、现在和未来——颂赞神。

二十四位长老组成天上的"会"（参23：18），几乎可确言他们代表两约的属神子民，即以色列民和教会（请注意新耶路撒冷的城门和根基；21：12－14）。长老们虽拥有"冠冕"和"宝座"，但都是代表神执行权柄。

第4章里除了无止尽的敬拜之外，没有任何行动。那是没有时间参照点的永恒景象。行动从第5章开始，"在天上、地上、地底下"寻找一位"配展开那书卷、配揭开那七印的"。

从所发生的事看出那书卷的重要性。上面必定写有终结我们这地上历史的计划。七印揭开后，倒数计时就开始。

这世界想必如旧运转直到此事发生，"现今邪恶的世代"必须结束，"将来的世代"方能展开。若要在全地上建立"神的国"，就必须断然终结"世上的国"。这就是为什么约翰见没有一位"配得"启动此行动，就难过而失望地"大哭"。

但为什么这是个问题？自有历史以来，神已亲自下达许多审判，为何这最后的审判不行呢？要不他选择不做，要不他觉得没资格！最后这想法并不如有些人以为的那么惊诧、甚至亵渎。不妨从一个角度来看，就是经文说要找"配得"的一位。

谁有资格呢？既是"狮子"又是"羔羊"的这一位！其实两者的对比，并不像许多人以为的那么强烈。羔羊其实是完全成熟的公羊，就像每一只用来献祭的羊（"一岁"的公羊羔；参出12：5）。不妨说"公羊"比较贴切，这公羊有七角（比雅各的羊多一角），象征完全的能力；还有七眼，象征完全的视力。然而它却被"宰杀"作燔祭。

狮子是丛林之王，但这里代表犹大支派，溯源至大卫王朝。于是，我们看到权能的狮子和献祭的羔羊的独特组合，对应着希伯来众先知所预言将来的君王和受苦的仆人（例赛9－11章，42－53章）。

但是，除了他是谁以外，他做了什么，以致他适合来释出患难到全地上而终结历史？因"结局"意味着两件事：终结与高峰。他将把历史带到高峰。

他已预备好一群百姓，使他们能掌管世界，治理全地。他用自己宝血作代价，将他们从万族万民中赎回来。他已训练他们担负起君王和祭司事奉的职责，服事神，进而预备挑起在地上作王的责任（在20：4－6有完整的描述）。

惟独成就这一切的那一位，能够启动一连串使所有政权垮台的灾祸。否则把坏的体制毁掉而无一个好的体制即刻取而代之，结果必导致无政府的混乱状态。

他有资格统管他自己所预备的政权，因为他愿意付上他的一切。因为他"顺服以至于死——甚至死在十字架上！"所以"神将他升为至高"（参腓2：8－9）。

难怪千千万万的天使都齐声颂赞他，惟有他配得一切的权柄、丰富、智慧、能力、尊贵、荣耀和颂赞。接着受造万物同声歌唱，不过多加了很重要的一点，就是将权势、尊贵、荣耀和颂赞，都归给坐宝座的和在他前面立于中央的那一位，亦即一起归给圣父和圣子。因为是父子联合行动，两位皆参与，都曾受苦，才使这一切成为可能，尽管方式大不相同。

将一切的敬拜和赞美一起献给他和神，最能清楚显明我们主耶稣基督之神性的，莫过于此。

6－16章：地上的撒但

这一段是启示录的核心，也是最难了解和应用的部分。

我们先听到坏消息——事情会先变得更糟，然后才会变好。值得安慰的是，起码我们事先得知情况再坏也不会比这几章更坏，但真是够糟了！

解释上有三大难题：

第一，事件有什么**顺序**？我们很难将所有事件排出时间表，如果你想尝试，很快就会发现到这是个难题。

第二，那些**象征**究竟什么意思？有些比较清楚，有些附有说明，但有些却是个难解的问题（第12章的"怀孕的女人"就是个难题）。

第三，预言何时**应验**？在过去？现在？还是将来？已经发生过了吗？正在发生？还是尚未发生？

以下将专注在事件的顺序上。第一次读时，我们只看到一大堆象征，瞧不出有何顺序可言。又有三大特点看似随意穿插散置这几章之中，打乱顺序，也把我们企图理出顺序的工作搞得更复杂。以下是这三个特点。

第一，**离题**。以"插曲"或插入语的形式出现，这些插入语似乎在处理主流事件以外的主题。

第二，**再现**。有时叙事似乎重返轨道，回到前面提过的事件。

第三，**预期**。提到事件时先不加以解释，等到后面才来说明（例如，"哈米吉多顿"首次出现于16章16节，但要等到第19章才发生）。

许多误解和揣测都是由此而来，尤其是"循环历史观"学者的诠释。以下我们将循着一条比较简单的路线走，就是先处理明显可见的，再来看晦涩难懂的部分。

一口气把这几章读完会发现，最醒目的特色是七印、七号和七碗。其中的象征意义挺容易解读的：

七印： 　1. 白马——军事侵略
　　　　 2. 红马——流血

3. 黑马——饥荒
4. 灰马——疾病
    ***
5. 逼迫与祈祷（信徒）
6. 恐惧与战兢（非信徒）
    ***
7. 天上一片安静，聆听祈祷，然后用最后一个大灾难（一场严重的大地震）来回应祈祷。

七号：
1. 大地焦干
2. 海洋污染
3. 水源污染
4. 日头昏暗
    ***
5. 虫灾与瘟疫（五个月）
6. 来自东方的侵略（两亿军兵）
    ***
7. 神的国降临，在一场严重的大地震之后，神与基督掌管这世界。

七碗：
1. 人长毒疮
2. 海水变血
3. 泉源变血
4. 烈日灼人
    ***
5. 全地黑暗
6. 哈米吉多顿之战
    ***
7. 冰雹和大地震，导致各国纷纷崩溃瓦解。

把这些事件列出来以后，有几件事就清楚呈现。

这些灾并不是前所未闻，隐约让我们想起当年摩西与法老王对峙，降在埃及的十灾，甚至蛙灾和蝗灾都有（出7—10章）。这些灾在今天也有，但仅限于一个地区或小地方，例如，四匹马代表的灾难在很多地方皆可见到，一灾带出一灾。前所未闻的是，启示录的灾难规模之大，遍及世界各地。

每一系列的灾难又可分成三个部分，第一部分由四件事组成，最明显的例子是"启示录四骑士"，自从杜勒（Albrecht Dürer）将它绘为画作之后，更是家喻户晓。第五和第六灾的关系并不紧密，而第七灾则是独立出现。后面三项都冠以"灾"，有咒诅的意味。

将这三系列并陈，可看出事件的严重程度不断加剧。在"七印"之后人类死了四分之一，"七号"之后有三分之一未能存活。此外，灾难的起源也是渐进式的，"七印"之灾源于人类；"七号"之灾似乎是自然环境的恶化所致；而"七碗"之灾则是直接由天使倾倒下来。

此外，事件更是不断**加速**。"七印"的时间似乎很长，但之后两系列却似乎以月、甚至日为单位计算。

由此可见，此三系列是渐进发展，使我们联想三者之间有无关联？最明显的答案是，三者是**依序**发生的。不妨用代号呈现如下：揭印：1234567，然后吹号：1234567；然后倒碗：1234567。换言之，三个系列是一个接一个发生，总共有二十一件事。

其实，也并没有这么简单！仔细查考会发现，每一系列的第七灾似乎都指向同一事件（共同点是全球性的大地震；8∶5, 11∶19, 16∶18）。这导致另一种深受"循环历史观"学派喜爱的理论，就是相信三系列的灾**同时发生**，因此：

七印：1234567
七号：1234567
七碗：1234567

换句话说，涵盖同一段时期（介于基督初临和再来之间），只是从不同角度看而已。

另一种比较有说服力，但也较复杂的模式，结合以上两种见解，将前面六灾视为连续发生，而第七灾则是同时发生：

```
七印：    123456                              7
七号：        123456                          7
七碗：            123456                      7
```

换言之，每一系列的灾都是渐次升高加剧，最后在同一灾难中达到最顶点。此一模式似乎最能符合全部的证据，也是"未来派"所主张的，他们相信这三系列事件都是未来才会发生。

以上三种模式，都把焦点摆在这世界将会发生什么事。其实，人类的反应也应该注意一下。人类虽看出这些可怕的悲剧证明神（和羔羊）的忿怒，但反应却不是悔改（9：20-21），而是惊恐（6：15-17）和咒骂神（16：21），尽管他们仍有机会听到赦罪的福音（14：6）。人心刚硬如此，真是悲哀，但这也是人生实情。碰到灾难时，我们不是转向神，就是背离他（驾驶员坠机前的遗言多半是咒骂神；通常已先从黑盒子里删除，才公布录音）。

接下来，我们来看插入这七印、七号和七碗之间或之内的章节。共有三段插入：第7章、第10至11章，以及第12至14章。前两段插在第六和第七印、第六和第七号之间，但第三段却放在第一碗之前，仿佛第六和第七碗之间没有时间间隔似的。让我们仿照前例整理如下：

```
七印：123456（7章）                          7
七号：    123456（10—11章）                  7
七碗：        （12—14章）123456              7
```

如此，我们就有了第6至16章的完整大纲。

鉴于七印、七号和七碗，主要是关于**世界**将发生什么事，这插入的三段则是处理**教会**将发生什么事，由此得知神的百姓在这段可怕的动荡时期的情况。他们会受到什么影响？既然启示录的目标是预备"众圣徒"面对将临到的事，所以这几段插入跟圣徒最有关联，也最重要。

7章：两群人

在第六和第七印之间，我们瞥见在两个不同地方的两群人。

一边是**在地上受到保护而数目有限的犹太人**（1—8节），神未曾弃绝犹太人（参罗11：1、11），他赐给他们一个无条件的应许，就是世界存到多久，他们就存活到多久（参耶31：35—37）。他的话必不落空，以色列人有他们的未来。

至于他们的人数似乎有点武断，甚至看似人为。或许那是个"完整的数字"，甚至可能有某种象征意义。但很清楚的是，相较于现在人口以千万计的国家，他们的比例非常有限。这个数目由十二支派均分，并不偏待哪个支派。这意味着被亚述掳去的十个支派，在神眼中并未"失落"，他必在每个支派中保存他所认识的。有一个支派失落了，就是曾经背叛神的旨意因此被取代的但支派——就像加略人犹大在十二使徒中的地位被取代一样。两者都是前车之鉴，警告我们莫将在神旨意中的位置视为理所当然。

另一边是**在天上受保护、多得数不过来的基督徒**（9—17节），这群人来自万族万民，聚集在大君王面前的尊贵之地，加入长老们和四活物的颂赞敬拜里，他们多一件事可献上赞美：为着他们的"救恩"。

约翰并未了解这一大群人的重要性，他也坦承不知他们有什么资格受到这样的尊荣。其中一位长老给他提点："这些人是从大患难中出来的"（14节，这里的动词时态是持续进行式，显然指经历过整个患难时期的个人和团体）。他们是怎么加入的？不是突然间或秘密地"被提"，而是藉着死亡，多数是殉道。这几章特别提出殉道者的数目（我们已经听到他们的"灵魂"呼求伸冤，6：9—11）。

但是救他们脱离大患难的，却不是他们自己的血，而是羔羊的血。

是他受苦，不是他们；是他献上自己为他们赎罪，使他们洁净而得以站在神面前事奉。

但是神并没有忘记，他们为了他儿子的缘故曾受的苦，神会确保他们"永远再不会"经历同样的痛苦。日头和炎热必不伤害他们（7：16，16：8），他们必受到"好牧人"的照顾（诗23章；约10章），他们神清气爽，因为饮了生命的"活水"（滚滚滔滔！），可不是"死水"（参约4：14，7：38；启21：6，22：1、17）。而神将擦去他们一切的眼泪（启21：4），就好似每个家长会那样对待哭泣的孩子一般。请注意，他们如今在天上是预尝将来在新地的生活。

10－11章：两个见证人

在第六和第七位天使吹号之间，所有的注意力聚焦在传达天上启示的人类管道上。这两章的关键字是"预言"（10：11，11：3、6）。在教会年代开始，只有一位先知，就是拔摩岛上的约翰；到终了之时，则将有两位"见证人"在耶路撒冷城发预言。

两位"威严"的天使出现的气势，给人大难临头的感觉，第一位天使大声呼喊如雷贯耳，说出可怕的真理，但只给约翰一人听，不可传递给任何人（比较林后12：4）。第二位则宣布不再延迟，情势将逐渐升高，第七号吹响时将达到最高点（印证我们的结论，第七印、第七号和第七碗全都指向同一个"结局"）。

"坏消息"，最后也是最糟的部分即将宣布，它写在"小书卷"上（是否有一比较详细的扩大版已被揭开？）。天使吩咐约翰把小书卷"吞"下去（我们会说："把它消化"）。它尝起来甜甜苦苦的，在嘴里甜如蜜，吞下去后肚子就感觉苦（许多人读完整卷启示录后开始掌握其信息，也有这样的反应）。

约翰被吩咐"再说预言"，继续他预言世界未来的工作。接着天使带他看耶路撒冷城四周和其中的圣殿，要他量一量圣殿和祭坛，但不要量外院，即外邦人的院，因为他们将要"践踏"圣城，而不是要为圣城祈祷，不过他们将碰到两位不寻常的人向他们传讲被他们蔑视的神。

结果将是传的人和听的人都死了！两位见证人具有行神迹的能力，可以叫天不下雨（像以利亚；参王上17：1；雅5：17），又可使火由天而降烧死反叛者（像摩西；参利10：1－3）。但两人作完见证的时候都将被杀，且将曝尸在大街上三天。同时，曾因这两人的话而"受折磨"的各国各族之民，要因他们被除去而欢喜快乐、互相庆祝。就在大家松了一口气的时候，这两人竟在众目睽睽之下复活了，众人顿时大大惊惶。从天上有大声音对他们说："上这里来！"于是他们就升天了。他们升天的时候发生一场大地震，城内建筑物就倒塌了十分之一，因地震而死的达七千人。

这两位见证人和"那先知"耶稣颇为雷同，读到这里不禁想到，就在同一座城市里，耶稣被钉死、复活、升天。当然差异还是有的：耶稣的死亡和地震同时发生（太27：51），但他三天后的复活和升天，并无一般群众目睹。然而此处仍令人遥想从前，尤其是犹太民众，他们将因此对神充满敬畏，归荣耀给神。

经文没有告诉我们这两位见证人是谁，所有指认他们身份的尝试都纯属猜测。没有一点暗示说他们是从前什么大人物"复生"，因此他们不是摩西和以利亚，虽说在某些方面相像。当然他们更不是耶稣，尽管有一些相像之处。他们究竟是谁，我们只能"等着瞧"，但显然他们是谁并不重要，重要的是他们做了什么事，又遭遇什么事。

离开这一段以前，需要提醒你留意两项"预期"，这里第一次提到"一千二百六十天"，也就是四十二个月，等于三年半的时间。接下来的章节中还会看到这个数字，似乎是指"大患难"的期间。许多人把它跟但以理预言的"一七之半"连在一起（但9：27，NIV适切地将"七"译为"周"）。总之是一段颇短的时间，令人联想到耶稣曾亲口预言会"减少那日子"（太24：22）。

还有一件事，这段第一次提到的"兽"，将在下一段和后面的叙述中扮演显著的角色。

12－14章：两个兽

假如依照到目前为止的写作模式，这一段应摆在第六和第七碗之间才是，但因事件接踵发生，实在没有时间或空间的间隔，所以这三章插入在第七碗倒出以前，而第七碗将是神最终表达对于世人悖逆的忿怒（参423~424页图表）。

六印与六号都结束了，最后一连串的灾难即将发生。那将是世界最坏的情况，也是教会最艰难的时刻。邪恶势力控制社会，其力之大前所未有，不过破除辖制之日就在眼前了。

这段介绍了自组统治世界联盟的三位，第一位原本是天使："大龙"，就是那"古蛇"，名叫"撒但"，又叫"魔鬼"（12：9）。第二位原本是人："兽"，又被称为"敌基督"（约一2：18，在提后2：3又称他为"不法之人"）。第三位是"假先知"（16：13，19：20，20：10）。他们组成"污秽的三位一体"，神、基督和圣灵的恐怖仿冒品。

撒但身影首次出现在"患难"中，从写给七间教会的信上提到它（2：9、13、24，3：9），之后就未曾出现，直到此时。在前面揭印与吹号给全地带来灾难的期间，撒但还在天上，因它是天使，所以能进出"属天的领域"（弗6：12，试比较伯1：6－7），那里是善与恶交战之地，任何藉由祷告进入属天领域的人，对此都必有体会。

善的天使与恶的天使在天上交战，并不会持续永久，最起码，两边并非势均力敌。魔鬼这边的天使仅占三分之一（12：4），另外三分之二在天使长米迦勒的率领下，将赢得胜利（在英国考文垂圣米迦勒座堂（Coventry Cathedral）的东墙有一雕像，即描绘这场争战）。

魔鬼将被"摔"到地上，然后它将再次被打败，被扔进"无底坑"（20：3）。在它离开天上的短短几年中，它把愤怒和挫败全都发泄在我们的世界上。它不能够在天上直接挑战神，就向地上的属神百姓宣战。这是最后一搏，透过傀儡统治者，一位政治人物，加上其他宗教人士，作最后拼搏，希望保留它在地上的王国。

第12章的信息到这里为止都很清楚，虽然必须发挥我们的想象力。不过在这幕大戏中还有一个重要角色不可忽略——有孕的女人，她身披日头，脚踏月亮，头戴十二星的冠冕。

她是谁？真是一个人吗？还是把某个地方或某一民族"拟人化"（就像启示录里其他的"女人"，例如，在第17至18章代表巴比伦的"淫妇"）？

这个人物不免引发圣经研究者的许多争辩和歧见。有人指出两件事实来解决争端，就是魔鬼"站在那快要生产的女人面前，等婴儿一生下，就要把他吞下去"（4节），以及"妇人生了一个男孩子，是将来要用铁杖辖管万国的"（5节）。他们说，这毫无疑问就是指耶稣的降生，希律王想立刻杀了他，但计划失败。所以那女人就是他的母亲马利亚（天主教一般作此解释）；也有解释说，她是以色列的化身，因弥赛亚是从以色列而出（基督新教为排除马利亚所作的解释）。

但是问题没这么简单就解决。为什么在叙述末日的经文中间，突然回溯基督纪年初始的一幕？为什么把马利亚带进来？（从使徒行传1章以后，她就从新约圣经中销声匿迹了，她的工作已完成。）当然"循环历史观"学者认为，这再次证明教会历史循环"再现"，并且这次重现是从基督降生，撒但被打败并从天上被逐出开始的。

还是有问题没解决。显然那孩子几乎是一生下来就立即"被提到神宝座那里"，虽然可以说这是"用望远镜"遥望降生与升天，所以两件事看似无间隔，但是一点都没有提到耶稣从降生到升天之间的事奉、受死与复活，也未免令人诧异。而且假如那女人是耶稣的母亲，那么把龙的注意力转移过来而与之争战的"她其余的儿女"（12∶17）又是谁？我们知道马利亚有其他的子女，包括四个儿子和几个女儿（可6∶3），但不像是在说他们。可见"将来要用铁杖辖管万国的"，也不一定是指耶稣；这话虽可应用在他身上（19∶15，应验诗2∶9），但这应许也曾赐给忠心跟随他的人（2∶27）。这里还提到那女人逃到旷野被养活一千两百六十天（12∶6），这个数字已经出现过，就是教会年代末期大患难的时间长度。

最能与上述所有信息吻合的一种解释，就是把女人视为末日教会的拟人化，教会在大患难中被保存在郊外地区。她所生的儿子也是拟人化，代表这段时间为主殉道的信徒，他们已安抵天上，撒但再也不能害他们。有一天他们将重返地上与基督一同作王（20：4，加重语气宣告此事）。"她其余的儿女"是那些经过犹太人大屠杀幸存下来，"守神诫命、为耶稣作见证的"（12：17；请比较1：9，14：12）。由此观点看这节经文，虽会引起一些诠释上的张力，但比起其他解释，问题算是最少的。

再一次，基督教时代开始时基督的经历，和在结束之时门徒的经历（如前所见），似乎有种隐约的对照。尤其是他"胜了"（约16：33），他的门徒也必"得胜"，因"他们虽至于死，也不爱惜生命"（启12：11）。他们的胜利彰显"神的国度，并他基督的权柄"（启12：10，请比较启11：15和徒28：31）。

启示录第13章一开始就出现两个"兽"，为首的第一个兽是政治人物，世界独裁者，所有已知种族无一不在他极权政体辖管之下。他就是"敌基督"（约一2：18；请注意"敌"（anti-）在希腊文是"代替"（instead of），不是"反对"（against）的意思，是指他假冒基督，不是说他是基督的对手）。他又是"不法之人"（帖后2：3-4），自认高过一切法律之上，因此号称是神，要大家膜拜他。这兽是一个人，他接受了撒但曾向耶稣提出却被严词拒绝的提议（太4：8-9；倘若耶稣接受了，就变成"敌基督者耶稣"了！）。

这兽也"敌基督徒"，这个"敌"确实是敌对的意思。他有能力"与圣徒争战，并且得胜"（启13：7；但他只是一时得胜，圣徒终必永远胜过他，12：11）。

他具有其他猛兽——黑豹、熊和狮子——的特色。他似乎是从统治者组成的联邦崛起的，可能曾被暗杀不成，受了刀伤竟然还能复原，所以引起世人瞩目。他到处广播标榜自我的亵渎话语，达四十二个月之久。

第二个兽把这个政治人物的地位吹捧得更高，第二个兽是具有超自然能力的宗教人士，能使世人崇拜的焦点集中到他的这位顶头上司。他行奇事，命令火从天降，又叫独裁者的画像开口说话，所以万国都被他迷惑了。

他的外表"如同羊羔"，一只只长了两角的幼羊，这应该不是指他像基督，而是说他为人谦和温柔，尤其相较于他说起话来像龙。

行奇事还不是他的绝招，他最高明的手腕在掌控市场。将来除了拜兽像而受一特殊数字印记的人（印在手上或额头上），其余人皆不得做买卖。因此不肯把君主当神膜拜的犹太人和基督徒，都将被排除在一切商业活动之外，甚至连生活必需品都买不到。

六百六十六是这位独裁者的密码，这个数字的意义前面已经讨论过（见393页）。除非等到他现身，他的身份和这个角色才会显而易见，但在那之前，再怎么费尽心思译码，都是无用的臆测而已。有一件事倒是很清楚，他在各方面都未臻完美（七才是完美数字）。

第14章似乎在平衡上述可怕景象，因为它把我们的注意力从那些任由自己深陷该体制的人，转到立场（他们确实是"站"着）迥然有别的另一群人身上。他们的额上没有印那兽的隐名，反而都写着羔羊和他父的名字（22：4，再次提到此特征）。他们不吹牛撒谎，反之，众人皆知他们是诚实的人，而且在性关系上也是清洁的。

虽然不太确定他们是身处天上或地上，但从上下文来看似乎支持前者，因他们唱的赞美歌出自四活物和众长老（14：3好似4：4－11再现），这歌别说唱了，惟独从地上"被买赎"来的人能"学"而已。这里的数字（144,000）令人不解，切莫与第七章的相同数字混为一谈。第7章那里指的是在地上的犹太人，这里指在天上的基督徒；那里由十二支派共同组成，这里并不是。也不等于第7章里"没有人能数过来"的群众。这可能又是一个"完整的数字"，但线索应该在"他们是从人间买来的，作初熟的果子归与神和羔羊"（4节）。他们只是将来大丰收的一点预示而已，所以重点可能是：以色列人在地上被保存的总人数，只是在天上颂赞的基督徒数目的一部分而已。

第14章其余内容讲到，有一队天使将神不同的信息带给人。

第一位天使呼吁应当敬畏神、敬拜神。提醒世人仍有机会听到那拯救人免于"将来忿怒"的福音（路3：7）。

第二位天使宣布巴比伦大城倒塌。这是另一个"预期"，启示录初次提到这个地方，要到下一段（16－17章）才会清楚呈现全貌。

第三位天使警告屈服于末后极权体制压力的信徒，必遭到可怕的后果。此处用语是形容地狱的：永远的"痛苦"（同一个字也用来描述被扔在"火湖"里的魔鬼、敌基督和假先知，20：10）。换言之，他们会落到和那使他们屈服者一样的下场。"圣徒"可能落到如此可怕的结局，从警告之后紧接着呼吁圣徒要"忍耐"，可见是在强调这个事实（14：12重复13：10提到信徒的忍耐）。两段经文都提到有些信徒将因忠心而付上性命代价，有一特别的福赐给他们："从今以后，在主里面而死的人有福了！"这是双重的赐福：现在他们结束劳苦而安息了，并且因为他们保持了忠心，可以等待得奖赏的那日到来。即使在那时候死于天然灾害的人，也可得享此福。但在追思礼拜上不应引用这节经文；因为这应许有个条件是"从今以后"，意指这发生在那"兽"的统治期间。

第四位天使向"那坐在云上好像人子"的（显然是在呼应但7：13）喊着说，收割的时候已经到了。从上下文看不出来到底是要把稗子拿去烧了，还是把麦子收进仓里（太13：40－43）。

第五位天使出现，手持一把锋利的镰刀，什么话也没说。

第六位天使传达命令：用镰刀割取"葡萄"，把它扔进"神忿怒的大酒醡里"，那酒醡在"城外"。从血流成河（深一米，蔓延达一百八十多平方英里）可见有一场无数人丧命的大屠杀。很可能是预告哈米吉多顿大战，秃鹰将清理遍野陈尸（启19：17－21）。顺带一提，在此可注意到圣经中颇常出现的血、酒和神的忿怒，彼此之间的连结，有助于更深理解十字架，尤其是耶稣痛苦祈祷的地方客西马尼园，"客西马尼"，意思就是"压碎"。圣经中用"杯"作比喻时，总是指神的忿怒（赛51：21－22；可14：36；启16：19）。

继这六位天使之后，有七位天使出现，他们没有说话，只有行动，就是倾倒神的忿怒。七位天使不再拿杯，而是拿着七个碗，将神的忿怒倾倒在地上。此举伴随着已升天的殉道者的凯旋之歌，他们刻意选唱摩西之歌，就是当埃及军兵被红海淹没时，以色列人欢唱之歌（启1：2－4）。因那首诗歌主题是神的公义，颂赞神以大而可畏的作为惩罚压迫者，显出他的圣洁。"万世之王"虽延迟审判罪人的时间，但审判肯定会到来，而且终于到了。

离开启示录中间这一大段以前，还有两个观察必须提出来。

第一是有关事件的*顺序*。我们已尝试把七印、七号和七碗，以及中间插入的段落，重新排列成某种连续的时间表，至于这个尝试是否成功，留待读者判断，说不定读者自己也排列出另一份时程表。

事实上，要把所有预言的事件排出前后一致的模式，且不说不可能，起码困难度很高。但耶稣既是最好的老师，他怎会把最重要的信息藏在复杂的叙事背后，不给我们知道？这一段究竟要告诉我们什么？

很简单：*顺序并非本段要旨*。本段更关切会发生什么事，多过于何事会在何时发生。这一切目的不在使我们作算命仙，能准确地预言未来，而是要使我们作主忠心的仆人，预备自己面对最恶劣的情况。但是，它会在我们有生之年发生吗？

第二是关于预言的*应验*。假如"大患难"仅涵盖末后几年，那么我们有生之年大有可能不会遭遇。所以，既然仅仅末代圣徒需要预备自己面对它，那我们岂不是白费时间？

一个答案就是，从目前世界潮流推进的速度来看，愈来愈有可能在不久的将来发生。

但对于这种想法有一点必须提醒，事件到来之前会先有征兆，"小子们哪，如今是末时了。你们曾听见说，那敌基督的要来；现在已经有好些敌基督的出来了，从此我们就知道如今是末时了"（约一2：18）。那假先知正要来临，即使现在已经有许多假先知（太24：11；徒13：6；启2：20）。

换言之，有一天全地各教会都将经历到的事，现在已经发生在某些地区的教会了（"被万民恨恶"，太24：9）。任何基督徒都可能在"大患难"临到教会全体以前，个人先经历患难。我们必须预备自己，这患难将来会达到顶点，但现在可能已经到来。

因此，这一段（6-16章）直接关系到所有信徒，不论他们目前的处境如何。在大多数国家里，教会已经开始面对压力，而教会未感受压力的国家地区正在逐年减少。

超越这一切患难之上，是主耶稣基督必再来，每一个信徒都需要准备好迎接他。而预备自己在压力下仍保持忠心的主要动机，是将来与他面对面时能毫无羞愧。这或许可说明在第六和第七碗的忿怒倾倒之前，为什么插入一则警告（恰巧印证那时地上仍有一些基督徒）："看哪，我来像贼一样。那警醒、看守衣服、免得赤身而行、叫人见他羞耻的有福了！"（16：15；请注意有三段经文同样强调衣着：太22：11；路12：35；启19：7－8）。

17－18章：地上的人

这一段仍在"大患难"里，但才刚进入而已，讲的是最后时刻里第七印、第七号和第七碗的大地震发生之时（参16：17－19）。

世界历史快速进入终结，最后的结局近在眼前。尽管有那么多警告，无论是以神的言语或作为发出的，人们不但不肯悔改，还因遭受患难就亵渎神（16：9、11、21）。

启示录以下部分，有两位女性人物占显著位置，一个是污秽的淫妇，另一位是纯洁的新妇。两者皆非真实人物，而是拟人化，各自代表一个城市。

不妨套用《双城记》书名作标题，这双城是巴比伦和耶路撒冷，人类之城和神之城。本段将先查考前者，这名字已经出现过两次（14：8，16：19）。

在圣经里，通常将城市视为败坏的地方。第一次（通常别具意义）提到城市是在讲拉麦的子孙，他们制造大规模毁灭的武器。城市聚集人潮，因此聚集了罪人，罪恶充斥。城市里少了互动往来，更增加了隐匿性，败德与罪行猖獗。都市社区的情欲（色情）和怒气（暴力）也比乡村更多。

这里特别点出两种罪：贪婪和骄傲。两者皆与拜金有关。由于不可能同时拜神又拜玛门（路16：13），所以富庶城市里的人，很容易把创造天地的主给抛在脑后。白手起家的人则崇拜他们自己！傲慢自大也表现在建筑上，盖大楼往往是为表彰人的野心和成就。

当年座落于亚、非、欧洲交会的幼发拉底河畔的巴别塔，就是为此而兴建。起造人是孔武有力的猎人（猎捕动物）、战士（跟人打仗）宁录，根植的信念就是：力量是王道，最适者生存。

这塔代表人用世界最高的建筑物向世人和神宣示："为要传扬我们的名"（创11：4），这句话标示人本主义的开始，人定胜天。神对这种狂妄自大的审判是变乱他们的语言，给那些人民说方言的恩赐！他们的共同语言顿时被拿走，结果谁也听不懂谁的话，就陷入一片混乱，英文动词babble（"胡言乱语"）就是这么来的（请注意，五旬节那天并非发生乱哄哄的声音，虽然同样是说方言的恩赐，却带来合一；参徒2：44）。

后来，巴比伦城成为强盛帝国的首都，尤其在尼布甲尼撒王统治时达到鼎盛，他是一位残酷的暴君，征服新领土时必无情地杀死婴儿和牲畜，甚至放火烧林（哈2：17，3：17）。

对照以色列的大卫王建造耶路撒冷作他的国都，就贸易来讲，耶路撒冷并非策略要地，因它既不靠海，也没有大河或主要道路经过。不过，它却是"神之城"，神把他的名字置于这城之上，选择住在他的百姓中间，最初在摩西盖的会幕里，后来在所罗门建的圣殿中。

耶路撒冷成为巴比伦的最大威胁，最后尼布甲尼撒王摧毁了圣城及其圣殿，夺走宝物，人民被掳七十年。神容许这事发生是因为居民使那城变得像其他城市一样充满"污秽"。

但这是暂时的处罚，不是永久性的惩罚。神藉着他的先知应许耶路撒冷城的恢复，和巴比伦城的倒塌（例：赛13：19－20；耶51：6－9、45－48）。巴比伦这邪恶的城市果真变为荒凉，无人居住，只见沙漠的野兽进出，跟预言的一模一样。

但以理书和启示录有不少雷同处，并非巧合。两卷书都包含末日异象而且一致性极高。但以理领受异象的时间就是在尼布甲尼撒王统治期间（以色列人三次被掳，年轻的但以理是第一批被掳去巴比伦的以色列人）。他"见到"了神国的未来，从他那时直到基督的时代并看到以后，最后看到历史的终局——敌基督作王时期、千禧年统治、死人复活和审判的日子。

两卷书都讲到一座城"巴比伦"，是同一个地方吗？

若是，可就得重建了。有些人主张启示录的"巴比伦"就是今天的巴比伦，当他们看到伊拉克前总统萨达姆·侯赛因（Saddam Hussein）重建了部分的巴比伦城，就非常兴奋。但他似乎无意把它恢复成可供人居住的城市，比较像是为了宣扬他的名声（雷射光把他和尼布甲尼撒王的画像，一起投射到云上！）。即使全部重建，这座古巴比伦城也不太可能会重新成为战略中心。

"预言已应验派"的解释是，"巴比伦"就是罗马大都会，这样应用的确有一些理由，起码有个理由是，启示录的第一批读者很可能就是这么看的。为着非常类似的目的（预备圣徒面对苦难）写的彼得前书，可能已埋下解释的密码（彼前5：13），启示录17章提到"七座山"，更是扣紧这个连结（17：9-10；不过请注意，此处"山"代表君王）。

就罗马的糜烂堕落来讲，也颇符合启示录的描述。她以财货诱惑人来交易，她的统治者是气量狭小的君王，都跟17章这里的图画相符。

但若说这就是完全应验，颇令人怀疑。罗马当然可比拟为巴比伦，但不过是那个巴比伦的前兆而已，启示录把那个巴比伦摆在历史终局的显著位置上。

有些学者解决此难题的办法是，假设罗马帝国会复兴。当欧盟"十国"（17：12）签署"罗马条约"，作为新超级强权欧盟的基础时，曾令这些学者心跳加快。但随着其他国家加入，他们的兴趣也降低了；现在已经不只"十角"了！但欧盟旗帜上有十二颗星，又与启示录12章不谋而合。

"历史派"的诠释观点，也不愿放弃以罗马为主要候选城市。将启示录视为教会历史纵览的基督新教徒，始终注视着号称不但拥有教权也具有政治权力的教皇和梵蒂冈，认为他们就是"穿朱红色衣服的女人"，亦即巴比伦。天主教也回报这种恭维，指基督新教的改革者才是！

其实，在启示录看不到半点暗示说，那个"巴比伦"是宗教中心，仅强调城里居民的主要日常活动,除了买卖就是享乐。

"未来派"将此城市视为"末后的日子"里凌驾其他城市的新兴大都会,这看法似乎较为接近真理。既称为"奥秘"(就是现在被启示出来的"秘密"),应该比较像是人类重新创造的,而非昔日城市(无论是古巴比伦或古罗马)的重建。

很清楚地,它将是贸易中心,赚钱和撒钱的地方(请注意当它倾倒时,贸易者受到的影响;18:11-16)。文化将被忽略(请注意18:22提到音乐)。

但它将是糜烂腐败的城市,视道德如无物的物质主义是它的特色,有财富却无智慧,有欲望而没有爱。拿浪荡的淫妇作直喻是恰当的,因为只要有钱,谁都是她的恩客。

目前为止,我们只讨论到"女人"代表城市,但她骑在一只有着七头十角的"兽"上,显然代表政治人物的联盟。经文并未告诉我们这七角是谁,什么细节也没讲。他们都是有力人士,但无领土可管辖。他们的权柄得自那"兽",推测就是敌基督。他们对那兽献上绝对的忠诚,最重要的是,估计应是良心遭受谴责的缘故,他们公然地排斥基督徒,"与羔羊争战",也与"随从他"的人争战(17:14)。

但巴比伦的死期已到,她和他们都必倒塌。他们的日子屈指可数了。这件惊人的事将发生在现代世界中,是完全可信的。

那女人骑着兽。一位女王骑在诸王的背上(违反创造顺序的性别颠倒)。另一种说法是经济掌管政治,金钱权力将凌驾其他权柄之上。到公元2000年,世界贸易绝大部分已掌握在三百家巨型企业手中,所以这一幕并不难想象。

野心勃勃的政客对权力饥渴,讨厌这股经济影响力,甚至图谋引起经济灾难,意图使权力全部落到他们手中。不免令人联想到希特勒如何对待和控制德国许多银行的犹太人。

"十个王"出于嫉妒,决心把骑在他们头上的女人给灭了。巴比伦城被一把恶火烧毁,那将是世人未曾见过的大规模经济灾难,许许多多的人望着残垣废墟"哭泣哀号"。

这场空前大灾难是神所引起的，但不藉任何有形的动作。因为神"把执行他旨意的意念放在那十个王心里"（17：17），于是他们与兽结盟，合力推翻巴比伦。敌基督将控制政治，假先知将控制宗教；而"十个王"将献上他们的经济控制权，以交换政治代表权。但他们掌握政治权力的时间会很短（仅"一时"或"一个钟头"；17：12）。

巴比伦的倒塌是必然的，甚至于启示录把这件事描绘成已经在发生。基督徒对此事可以有绝对的把握，但圣经之所以告诉我们必有实际的理由，究竟神的百姓和这末日的"巴比伦"有什么关系？经文给我们三个指示：

第一，城内会有许多人为主殉道，那淫妇"喝醉了圣徒的血和为耶稣作见证之人的血"，后面这句再次指出城里有基督徒作见证，启示录不少处经文都提到（1：9，12：17，14：12，17：6，19：10，20：4）。在一个陷溺于淫行败德的城市中，没有圣洁之民生存的空间，良心不是那个社群想要的。

第二，基督徒被盼咐："我的民哪，你们要从那城出来，免得与她一同有罪，受她所受的灾殃；因她的罪恶滔天；她的不义，神已经想起来了"（18：4-5）。这和耶利米当年呼吁住在古巴比伦城的犹太人奔逃（耶51：6），如出一辙。请注意他们必须"出来"；不是神把他们带出来。很清楚地，不是所有信徒都将殉道；有些人可以逃命，不过必须抛下财物。

第三，巴比伦倒塌之时，神下令庆祝："天哪，众圣徒、众使徒、众先知啊，你们都要因她欢喜，因为神已经在她身上伸了你们的冤"（18：20）。这命令在19章1－5节被执行了。很少人领悟到亨德尔清唱剧《弥赛亚》里著名的"哈利路亚"大合唱，其实是在庆贺世界经济垮台、股市交易关闭、银行倒闭和贸易中止！在那日，惟有神的百姓高唱"哈利路亚"（意思就是"赞美神"）！

淫妇消失无踪，新妇上场。"羔羊的婚筵"即将开始，耶稣即将娶亲——或说新郎要来迎娶新娘（太25：1－13）。新娘也穿上光明洁白的细麻衣（注意这里再次提到"衣"），"自己预备好了"；经文附带说明：

"这细麻衣就是圣徒所行的义"（19：8）。宾客名单已全部列出，在名单上的人"有福"了。

不知不觉中，我们已来到第19章，将这段作个圆满结束的同时，我们也要进入下一段经文了。但经文原本是不分章节的，现在的章节往往断在不对的地方，以致把神连在一起的部分给拆开。这种情形在启示录倒数第二大段最是明显。

19－20章：地上的基督

这一连串事件将我们的历史划上句点。我们的世界被终结了。以下就来看终极的未来。

可叹这一段引起的争议更大，主要集中于一再提及的千禧年（一千年）。这个议题非常重要，应作另一主题来探讨，我们将在下一章彻底处理相关经文，本章仅作摘要。

请务必留意启示的形式已从口语转为视觉。约翰之前的段落都是说："我听见"（18：4，19：1、6），之后转为重复说："我看见"，最后又转成："我听见"（21：3）。

分析异象的段落，可整理出一系列七个异象。要不是那毫无根据的分章（20和21章）从中作梗，绝大多数读者应可分辨得出来。但一分成两章，能看出有七个异象的读者就变得很少了，这可是启示录最后一个"七"啊。如同之前的七，前四个归在一起，接下来的两个关系较不紧密，最后一个自成一格（这部分留到第21至22章再来查考）。这七个异象分列如下：

1. 耶稣再临（19：11－16）
   万王之王、万主之主（神的"道"= *logos*）
   骑白马、穿着溅血的衣袍
2. 大筵席（19：17－18）
   天使邀请飞鸟……
   ……来陈尸遍野处大快朵颐

3. 哈米吉多顿（19：19－21）
   诸王及其军队被灭（被神的"道"= *logos*）
   二兽被扔进火湖里

4. 撒但（20：1－3）
   被捆绑，扔进"无底坑"
   但一千年后将暂时获释

5. 千禧年（20：4－10）
   圣徒和殉道者作王（第一次复活）
   撒但被释放后又被扔进火湖里

6. 审判（20：11－15）
   "其他死了的人"复活
   案卷都展开了，"生命册"也展开

7. 万物更新（21：1－2）
   新天新地
   新耶路撒冷

显然这里讲到一连串接续发生的事件，以基督再来开始，新天新地为结束。从本卷经文交叉参照（例如，20：10指向前面的19：20）可获得印证。可惜许多注释者一直尝试打断事件的连续性，以符合其神学系统（例如，主张20章应该摆在19章之前）。但最后这几章的顺序安排较之启示录中间段落更加清楚，而且非常重要。

譬如，神百姓的仇敌被一一除去的顺序，和他们上场的顺序刚好颠倒过来，撒但在12章上场，那两个"兽"在13章上场，巴比伦则在17章出现，消失于第18章，二兽消失于19章，撒但则在20章消失。大城倒塌虽是在基督再来以前，但魔鬼、敌基督和假先知组成"污秽的三位一体",需要基督来解决他们。

几乎所有学者都认为,本段一开始的异象是描绘基督再来(仅少数学者为了一己的神学立场,认定是基督第一次来到地上)。但耶稣再来必令当权者惊恐,震惊之余他们着手策划第二次杀人行动。但这次光凭一小队兵丁根本不够用,因为他有数以百万的忠心门徒将在耶路撒冷与他会合(帖前4:14—17),会有庞大的军力聚集于"米吉多山"下(希伯来文为"哈米吉多顿")以斯德伦平原(Esdraelon)北方几英里处,从拿撒勒可俯瞰这个世界的十字路口。此处发生过许多战役,许多君王在此捐躯(包括扫罗王和约西亚王)。

耶稣仅需一句"话",即可使死人复活、使生者丧命。一句话即可打赢这场仗,尸首全交由秃鹰处理,因为多到无法埋葬。

此刻出现一些令人意外的发展,二"兽"并未被杀死,而是被"活生生地"扔进地狱,在此之前尚无人下到那里去,他们是第一批。至于魔鬼,并未被扔进火湖里,而是被关起来,期限过后要暂时释放!

最重要的是,耶稣并未在打赢这一仗之后就终结这世界。他亲自掌管政府,让他的忠心跟随者,尤其是殉道者,填补"污秽的三位一体"所留下的政治真空。当然他得使他们从死里复活,才能履行这责任。这"国"将持续一千年,这一千年后,魔鬼会被有条件地释放出来,它要去迷惑列邦,煽动他们起来反叛,这最后一次的反叛因天降大火吞灭了他们,而全盘失败。从耶稣再来到审判大日之间的这一段,今天的教会普遍抗拒,却是初代教会所接受的观点。

接下来所发生的事,大家的看法倒是一致,新约圣经从头到尾都清楚地教导,最后必有交账的日子。那日子到来以前会出现两大凶兆,先前的天和地都不见了。我们(从彼后3:10)知道天和地都要"被烈火销化"。海把死人交出来,这是第二次或"普遍的"复活(20:5),印证恶人和义人都要先再度被赋予身体,然后进入他们永恒的命定(但12:2;约5:29;徒24:15)。"灵魂和身体"都会被扔在火湖里(太10:28;启19:20),那种"折磨"不但是精神上也是身体上的(路16:23—24)。因此死亡和阴间(死亡使身体与灵魂分开,阴间是脱离身体之灵魂的住处）现在都废止了（20∶14）。从此就由这"第二次的死"（身体和灵魂没有分开，也没有被消灭）取而代之。

现在，只见一白色的大宝座和坐在上面的审判者，受审判的都站在白色大宝座和一大叠案卷前。白色的大宝座象征权力与纯洁，跟约翰先前看到的天上宝座（4∶2－4），应该不是同一个。先前那个并没有用"大"或"白色"来形容，更何况复活的恶人连靠近天堂应该都不准。的确，在20章里没有一点暗示又转回天堂的景象；很可能是在原来的地上，地已消失仅留下从前和现在住在地上的人。最重要的是，此处经文并未指明坐在白色大宝座上的这位就是神（在4∶8－11有指明是神）。其实这一位并不是神。从他处经文知道，神已经把审判万族万民的任务指派给他的爱子耶稣："因为他已经定了日子，要藉着他所设立的人按公义审判天下"（徒17∶31；比较太25∶31－32；林后5∶10）。人类将由一位人类来审判。

这审判绝对不会拖得很长，所有的证据已收集齐全，都记在"案卷"里，审判者也仔细看过了。这案卷可以下个名实相符的标题："这就是你的一生！"那可不是为制作电视专辑而精挑细选一些值得纪念的场合事件，而是你从出生到离世一辈子巨细无遗的言行记录（太5∶22，12∶36）。我们虽因信称义，却要为自己的行为受审判。

倘若所考虑的证据只有这些案卷，我们每一个人都会被定罪而受"第二次的死"，那谁能有任何希望？感谢神，在那可怕的日子还有另一卷册会被打开，就是记录审判者自己在地上一生的卷册，不但宣告他无罪也使他有资格审判别人，那就是"羔羊生命册"（21∶27）。但这册上除了他的名字，也记录其他人的名字。凡是"在基督里"的，在他里面活又在他里面死的，被连接到这"真葡萄树"且常存（约15∶1－8），这些人的名字都写在羔羊生命册上了。因此他们能结果子，证明他们持续地与他联合（腓4∶3；对照太7∶16－20）。凭着他们的果子就可以证明他们的忠信。

当他们信靠基督，悔改相信时，名字就被记在生命册上了（17∶8，名字"从创世以来"没有记在生命册上的，指的就是"自有人类历史以来"；13：8也用同样的语句，不过那里却可能与被杀的羔羊有关）。他们的名字没有从生命册上"被涂抹"，是因为他们已经"得胜"了（3：5）。

只有那些名字仍在这生命册上的人，可逃过"火湖"里的"第二次的死"。换言之，在基督以外没有任何的盼望，"因为世人都犯了罪，亏缺了神的荣耀"（罗3：23）。可见福音是**排他性的**："除他以外，别无拯救；因为在天下人间，没有赐下别的名（除了"耶稣"），我们可以靠着得救"（徒4：12）。但福音也必须是**包括所有人的**："你们往普天下去，传福音给万民（万民：原文是凡受造的）听"（可16：15；比较太28：19，路24：47）。

那时人类将永远地被分成两边（太13：41－43、47－50，25：32－33）。为一边的人所"预备"的结局（太25：41），是火湖（海），准备好起码有一千年了（启19：20）。为另一边的人所"预备"的（约14：2），是一座新的大城市，但不是座落在地上，城市之上也无天空，这势必是新的宇宙。

21－22章：地上的天堂

终于进入最后一段，整个气氛起了戏剧化的转变，黑云卷去，大地再度一片光明，不过太阳也消失了，由神的荣耀光照取代，比太阳更明亮（21：23）。

这是救赎的最后行动，全宇宙都要得救，这是基督对于"宇宙万物"的工作（太19：28；徒3：21；罗8：18－25；西1：20；来2：8），天地都更新了（请注意"天"的意思是"天空"，现在我们称为"太空"；20：11和21：1用的"天"是同一个字）。基督徒已在耶稣重返旧的地上时领受了新的身体，现在他们又得到一个配合新身体的新环境。

21章开头两节经文，勾勒出约翰所"见"（19：11－21：2）七个异象的最后一个，也是历史事件的最后高潮。这里不只是一个新的宇宙而已，除了"一般的"受造物以外，还有一个"特殊的"受造物。在第一个宇宙里，神"立了一个园子"（创2：8），照样他在这里设计建造了一座"花园城市",甚至亚伯拉罕都知晓且期待看见它(来11:10)。

新和旧的"天地"十分类似,所以都叫作"天地",而这座城也同样依照大卫的国都命名——耶路撒冷,在新约和旧约都有其地位。耶稣称之为"大君的京城"(太5:35;比较诗48:2),他曾在"城墙外"死了又复活、升天,他将重返这城,坐在大卫的宝座上。在千禧年里,它将是"圣徒的营与蒙爱的城"(20:9)。

当然,从某方面讲,地上的城只是"天上的耶路撒冷、永生神的城邑"的暂时复制品,所有在耶稣里的信徒、希伯来圣徒与众天使,都是将来那座城的居民(来12:22-23)。但这并不表示复制的较真实,而原型不太真实;也不表示复制的城是物质的,原型的城是"属灵的"。两座城最大的差别在地点,而这也将要改变。

天上的城将"从天而降",座落于新地上,那将是一座真实的城,有形的建筑,尽管是用很不一样的物质建造!自从奥古斯丁以柏拉图的概念划分物质领域和属灵领域,这新地的概念就很难为教会所接受,更别说新地之上的新城市了。把"属灵"和"无形体的"划上等号,对基督徒未来的盼望造成莫大的损害。这新天地及其中的城市,和旧天地里的同样"有形有体"。

这最后异象的附带解释,就在21章3-8节,注意力马上从新天地转到其创造者。请留意这里的转折,约翰从"看见"变成"听见",但他所听见的"大声音"是谁的?经文先以第三人称提及神,然后转为第一人称,这肯定是基督在说话(比较1:15)。"在宝座上"一词和前一章相同(比较20:11和21:5),两处的脉络都在表达审判,且都提到"火湖"(比较20:15和21:8)。最重要的是,此处的"声音"和耶稣在本书结束时作了同样的宣告(比较21:6和22:13)。不过,"神和羔羊的宝座"后来则被视为一体(22:1)。

接着,有三个惊人的宣言:

第一是整卷书最引人注目的启示,神把自己的居所从天上移到地上!他将改变他的住址,住在人中间,不再是"我们在天上的父"(太6:9),而是"我们在地上的父",人与三一真神之间的关系将达到史无前例的亲密。由于一切的死亡、悲伤和痛苦，都与神的本质相悖，所以都没有存在的余地了。那时将不再有别离、也不再流泪。顺带一提，除此处以外，圣经只有另一处提到神在地上：黄昏时，他在伊甸园里行走（创3：8）。我们再次看到圣经回到起点。

第二个惊人的宣言，就是"我将一切都更新了"（启21：5），这位拿撒勒的木匠在此声明，他是新天地的创造者，一如他也是旧天地的创造者（约1：3；来1：2）。他的工作并非仅限于使人重生，尽管那也是创造"新人"（林后5：17），他的工作还包括使万物复兴。

关于"新"有很多辩论，多新才叫做"新"？这"新"天地仅是把旧天地"翻修"吗？还是一个全新的创造？希腊文的"新"确实有两个字（kainos和eos），但可以说是同义字，此处用的是前者，可这并未解决议论。一些经文说旧天地"被烈火销化"（彼后3：10），又说旧天地"已经过去了"（21：1），暗示并非转变，而是根除。而这过程已经开始——从耶稣复活就开始了。他"旧的"身体在裹尸布消失了，当他从死里出来时已带着"荣耀的"新身体（腓3：21）；[1]这两个身体的"连结"隐藏在黑暗的坟墓中，但是，在那里面所发生的事，有一天会在全世界发生。

第三处道出这新天地给启示录读者的实际含义（注意，约翰需一再被提醒把所听见的写下来，"因这些话是可信的，是真实的"；21：5）。一个正面的意义是，神应许要将"生命泉的水"赐给口渴的人喝（21：6，22：1、17）。但喝了这水的人必须活出"得胜"的生命，才能够在新地上承接一个位置，与神共享天伦之乐。负面的意义是，警告那些没有过得胜生活，反而胆怯、不信、淫乱、说谎的人，他们与新天地无份，他们的结局在"烧着硫磺的火湖里；这是第二次的死"（21：8）。在此需要指出，这个警告就像这整卷书一样，是给走上歧途的信徒，不是针对非信徒。耶稣事奉初期提出有关地狱的警告，并非针对罪人，而是提醒他自己的门徒。[2]

至此，有一天使带着约翰，为他导览新耶路撒冷及其生活（有一

---

[1] 这方面请参见拙作《复活释义》（Explaining the Resurrection）。
[2] 参见拙作《通往地狱的不归路》。

说，接下来所介绍的其实是"旧"耶路撒冷于千禧年"再现"，这观念太离奇，我们在此不予考虑；第10节很清楚是第2节的延伸叙述），所描述的景象令人屏息，最极限的词汇全用上了，这引起一个重要的问题：有多少可按字义理解，有多少要视为象征意义？

一方面，全部照字面意义去理解是错的。很清楚地，约翰是在描述一个无法用言语描述的景象（曾看见天上真实景象的保罗也有同样的困难；林后12：4）。请注意，约翰常常只能用比较的（"如同"或"好像"，21：11、18、21，22：1），然而所有的类比只能是非常接近，终究来讲还是不足以描述。笔墨难以形容的真实景象，肯定更加美好，绝不逊色。

另一方面，完全从象征意义去看也似乎是错的。推到这个极端，整幅景象就化为"属灵的"虚幻，未能如实反映有明确位置的"新地"。

为了突显问题，不妨提出一问：新耶路撒冷代表一个地方还是一群人？之所以这样问，是因为她被称为"新妇"，此前是指一群人，就是教会（19：7—8）。一开始只是个类比（21：2，"就如新妇"），只要看过犹太人婚礼就会了解，新娘子不但穿着鲜艳而且配戴珠宝。不过，到后来新耶路撒冷就明确被称为"新妇，就是羔羊的妻"（21：9）。有位天使答应带约翰去看"新妇"，说完就带他去看那座城（21：10），接下来的异象继续揭示了城中居民的生活（21：24—22：5）。

犹太人比基督徒更容易看出这个难题的答案，因为"以色列"，雅威的新妇，向来既是一群人*且*是一个地方，人与地密不可分，因此所有预言的应许都以人民回归故土为终极的应验。相较之下，基督徒在此生却没有自己的地方，是异乡人、过客、寄居的，是新的"离散之民"，是一群散居、流放的神的百姓（雅1：1；彼前1：1）。天堂是我们的"家"，但是到最后天堂要降到地上来，犹太人和外邦人将合成一群有地的百姓，这就是为什么这城有十二支派的名字，又有十二使徒的名字（21：12—14）。

犹太人与外邦人联合，天与地合一，这双重的合一是神永恒旨意的根本，"使天上、地上、一切所有的都在基督里面同归于一"（弗

1∶10；西1∶20）。因此，"新妇"不但本身同归于一，也与她的丈夫合为一体，是一群百姓也是一个地方，而且是极其美好的地方！

这里的丈量显然很重要，都是十二的倍数。这城十分巨大：长宽高各有两千多公里；可涵盖欧洲一大半，或恰好和月球一样大小。换言之，大到足以容纳所有属神的百姓。除了尺寸以外，形状也有其意义，这城不像金字塔，像个立方体；意味着这座"圣"城就好像会幕和圣殿之"至圣所"的立方体。城墙的作用在区隔，而非防御之用，因为城门是永远开着的。没有任何危险威胁，所以城里的居民可以随时自由进出。

用来建造这城的材料我们都知悉，但我们却以为这些罕见而贵重的宝石，只是为让我们一瞥天堂的景象，殊不知这张清单正是启示录确实出于神的默示的最佳证据。如今我们能够制造"更纯"的光（如偏极光和雷射光），所以揭开了一个前所未知的宝石特性。当宝石薄片曝露在垂直交叉的偏极光之下（就像两个太阳眼镜的镜片以正确的角度叠在一起），就分出宝石的两种特性："均向性"（Isotropic）的宝石因为全靠不规则光束而发出光华，所以会失去所有的色泽（例如：钻石、红宝石、石榴石）。而"非均向性"（Anisotropic）宝石，无论其本色为何，在交叉偏极光之下会产生霓虹般绚丽的色彩，灿烂夺目。新耶路撒冷的宝石全部都属于后面这一类！启示录写作之时，不可能有人知道这个原理——除了神自己！

这段叙述还有一个惊人的特点，就是仅32节经文里就有五十次提及旧约（主要引用自创世记、诗篇、以赛亚书、以西结书和撒迦利亚书）。事实上，每一个主要特色都是预言的应验，实现了犹太人的盼望。这也显示旧约和新约的预言出自同一根源（彼前1∶11；彼后1∶21），启示录是整本圣经的最高潮和总结。

当天使的导览转到城中的居民生活，我们看到几件令人惊奇的事。"旧"耶路撒冷最大的不同，或许是这里没有一座主要的圣殿，没有把所有人的敬拜集中于一特定地点（或是一段特定的时间？）。在此，整座城都是神的殿，被赎的人"昼夜在他殿中事奉他"（7∶15），意味着工作和敬拜再次结合，就像亚当那时一样（创2∶15；神并未吩咐亚当七日中要分别一日出来敬拜他）。

这城将因万族万民的文化而丰富（21：24、26），永远不会被淫乱的行为玷污（21：27）。这就是为什么妥协的信徒会有名字从"羔羊的生命册"上被涂抹的危险（3：5，21：7－8）。

生命河与生命树将使人常保健康，就像在创世之初，人以果子为食物（创1：29），不再吃肉，不过在这时候到来以前，可没要我们非素食不可（创9：3；罗14：2；提前4：3）。

最重要的是，圣徒将活在神面前。他们将真正看见他的面，在此之前仅极少数人得享此荣幸（创32：30；出33：11），但到那时，所有人都将得见他的面（林前13：12）。他们的脸上都将反映他的荣光，他的名字写在他们额上，如同有一段时候，其他的人额上印有"兽"名数目一样（13：16）。他们将"要作王，直到永永远远"，应该不是统管彼此，而是统管新天地，如同起初神的旨意（创1：28）。他们将以此方式"事奉"创造的主。

再次重申，并不是人上天堂永远与神同在，而是神来到地上，永远与人同在。新耶路撒冷既是永恒神的"居所"，也是人的居所，是神和人一起的永久住处。

如同前面一样，约翰需要再次被提醒把这一切写下来。他常常分心，实在情有可原！

"结语"（22：7－21）和"前言"（1：1－8）的共同点不少。相同的头衔用在神身上也用在基督身上（1：8，22：13），结尾的这段劝勉是彻底的三位一体：神、羔羊和圣灵都出现了。

有一事实特别被强调出来，就是时候不多了。耶稣"必快"再来（22：7、12、20）。我们不应该为这话被说出来和被写下来已过去许多世纪而松懈；我们离"那必要快成的事"（22：6）肯定是更靠近了。

今天仍然有机会，口渴的人依旧可以白白取生命的水喝（22：17），但是必须现在就作选择。时候将到，走向义或走向不义就永不能更改了（22：11）。法老王硬着心七次悖逆神，所以后来神三次使他的心刚硬（出7－11章；罗9：17－18）。将来必有一时候在所有轻慢神而不听从他旨意的人身上,也会发生同样的情况。

在末日仅有两种人:一种人是"洗净自己衣服的"(22:14,比较7:14),因此他们可以进城;另一种人则待在"城外"(22:15),就像今天中东地区的野狗一样。在这段庄严的终曲里,又列出使人丧失资格的罪行,这份清单已是第三次出现(21:8、27,22:15),仿佛在告诉读者千万不可忘记,荣耀的未来并不会因为信靠耶稣而隶属于一间教会就自动临到他们;要进入那荣耀的未来,必须"向着标竿直跑,要得神在基督耶稣里从上面召我来得的奖赏"(腓3:14),还要"……追求圣洁,非圣洁没有人能见主"(来12:14)。

还有一种做法使人不得进入这荣耀的未来,就是增删这书上的预言,既然是"预言",就是神藉由他的仆人所说的话,任何方式的更改都是犯了亵渎罪,将导致最严厉的惩罚。非信徒大概不会劳神费力增添删减启示录,比较可能是那些以解经与诠释为己任的人会做出这种事。倘若可怜的笔者居然在这方面犯了错,求神怜悯!

但启示录最后一句话是正面的,不是负面的,总结为一个字:"来!"

一方面,这是教会向世人发出的邀请,邀请"凡是"回应福音的人都来(22:17;比较约3:16)。另一方面,则是向着主说:"阿们,主耶稣啊,我愿你来。"(22:20)

这双重的请求,是被圣灵感动的真正新妇所特有的(22:17),也是亲身经历到主耶稣恩典的人(22:21)的特点。所有圣徒无不对背弃神的世人,和那必要再来的主呼求:"请来!"

† 基督的中心地位

圣经最后这一卷书是"耶稣基督的启示"(1:1),"耶稣基督的"可理解为"从他而来的"(*from* him)或是"关于他的"(*about* him),或两层意义都有。无论如何,他都是启示录信息的中心。

倘若主题为世界末日,那么他就是"末日",正如他是"起初"一样（22∶13）。神的计划是"使天上地上一切所有的，都在基督里面同归于一"（弗1∶10）。

前言和结语都把焦点摆在他回到这地上（1∶7, 22∶20）。未来的历史从渐坏变成渐好的转折点，就在基督再来（19∶11－16）。

那将要再来的就是"这耶稣"（徒1∶11），他第一次来到世上时是"除去世人罪孽"的神羔羊（约1∶29）。这羔羊在启示录中"像是被杀过的"（5∶6），应该是在他的头上、肋旁、背上和手脚仍清楚可见伤痕（约20∶25－27）。启示录经常提醒我们，他用自己的血从各族各方各民各国中买赎了人来（5∶9, 7∶14, 12∶11）。

但启示录的耶稣跟加利利人耶稣，也有非常不同的地方，在这卷书中他初次向约翰显现时是如此可畏，竟令这位曾与他最亲近的门徒（约21∶20）一看见就仆倒，像死了一样（1∶17）。前面已说过他的头发雪白，眼目如同火焰，舌头如利剑，面貌如烈日发光，双脚如铜发亮。

在福音书里虽曾瞥见耶稣短暂发怒（可3∶5, 10∶14, 11∶15），但在启示录他的怒气持续，震慑得人心惊恐万分，宁可被压在乱石堆底下也不愿直视他的面（6∶16－17）。这可不是"温柔耶稣，谦卑又柔和"，尽管在其他时候如此形容他也有可议之处，但在这里尤其不适合。

许多人相信耶稣既传讲也实践和平主义，其实他的宣言恰恰相反："你们不要想我来，是叫地上太平。我来，并不是叫地上太平，乃是叫地上动刀兵"（太10∶34；路12∶51）。当然这番话有可能是"灵意"的，但在启示录里想要作出消除火药味的解释可就更不容易了，因为对于末日最后冲突最自然的理解，就是实际的战争。

耶稣不是坐在和平的驴驹上，而是骑着战马由天而来（撒9∶9；启19∶11；比较启6∶2），他的衣袍"溅了血"（19∶13），但不是他自己的血。尽管他以"话语"当他的利剑，但使用起来却可斩除千万的君王将领和勇士（包括志愿的和被征召作战的），就像他曾使一棵无花果树枯死那样（可11∶20－21）。

在此，耶稣显然被描述为大规模屠杀的杀手，遍地尸首交由秃鹰群去处理！那些透过彩绘玻璃望进他仁慈目光的体面敬拜者，看到这幅如实的景象，必大感惊讶。而更震惊的恐怕是那些依循教会年历过降临节，而把耶稣扮成无助婴儿的人。他再也不会是那样了。

是耶稣改变了吗？我们知道人随着年纪渐长会渐渐柔和，但是也有些人是年纪愈大脾气愈坏，甚至变得恶毒。难道，经过这几千年，他也会改变吗？神不容许这样的事！

并不是他的性格或个性改变，而是他的使命不同了。他第一次降临是"为要寻找拯救失丧的人"（路19：10），"不是要定世人的罪，乃是要叫世人因他得救"（约3：17）。在所有犯罪的人都必遭毁灭以前，他来到世上给人弃绝罪恶的机会。当他再来，目的就完全相反了——不是为服事，乃是为毁灭；不是为赦免罪人，乃是为惩罚罪恶，"审判活人、死人"，一如使徒信经和尼西亚信经所说。

此时，耶稣"爱罪人但恨恶罪恶"的说法就会显得老套了。"寻找拯救"在他第一次来时明显可见，"审判活人死人"也会从他再来时清楚看到；那紧抱着他们的罪不放的人必须面对后果。到那时，"人子要差遣使者，把一切叫人跌倒的和作恶的，从他国里挑出来"（太13：41），这"挑出来"的工作将是彻底而公平的。既是完全公平的话，则不但必须针对非信徒，也必须针对信徒（保罗在罗2：1－11教导得很清楚，结论是"神不偏待人"）。

再次重申，我们不可忘记，启示录是特地写给"重生得救"的信徒看的。这里描述他严厉反对罪恶，用意是激发"圣徒"敬畏之心，勉励他们"遵守神诫命和耶稣真道"（启14：12）。

经历过主耶稣基督恩典的人，很容易忘记他仍将审判他们（林后5：10）。有些人知道耶稣是朋友又是弟兄（约15：15；来2：11），而忘了问责也是他的属性。至少，他配得"颂赞、尊贵、荣耀和权势，直到永永远远"（启5：13）。

圣经里，耶稣共有两百五十个名字和头衔，很多都出现在这卷书中，也有一些是这卷书特有的，别处找不到。他是初与终；他是首先的和末后的；他是阿拉法，他是俄梅戛。他统管受造万物。这就是*我们的宇宙与他的关系*。他参与宇宙的创造，他负责宇宙的延续又带来它的终结（约1：3；西1：15－17；来1：1－2）。

他是犹大支派的狮子，是大卫的根（后裔）。这就是**神的选民以色列与他的关系**。从过去、现在到永远，他都是犹太人的弥赛亚。

他是圣洁、真实可信的，他是那忠信而真实的见证者。他是永活的，他死过又活了过来，而且永远活着，他手握着死亡和阴间的钥匙。这就是**教会与他的关系**。教会不可忘记他为真理大发热心，他要求真实和表里一致，反对假冒为善。

他是万王之王，万主之主。他是明亮的晨星，当众星（包括流行巨星和电影明星！）都消失，惟有他依然发光。这就是**世人与他的关系**。有一天全世界都将承认他的权柄。

这些头衔有很多都以我们所熟悉的模式介绍出来，就是约翰福音的"我是"，这可不是个人声明，它近似神启示他的名字，耶稣曾因直接使用而险些惹来杀身之祸，最终导致被处死（约8：58－59；可14：62－63）。它用意在指出耶稣具有神性且与神同等，这点在启示录中获得证实，圣父和圣子以相同的头衔自称：例如，"阿拉法和俄梅戛"（1：8和22：13）。

这世界来到终点，但这终点并非不具人格，而全然和个人无关。事实上，结局是一个人。耶稣就是那终点。查考启示录若是为了找出这世界将有什么结局，那可就搞错重点了。最主要的信息是关于这世界将来到谁面前，或者说，**谁将来到这世界**。

只有基督徒在期盼"结局"来到，每个世代都希望在他们有生之年发生。因为对他们而言，"结局"不是一件事，而是一个人。他们期盼的是"他"，而不是"它"（指结局）。

倒数第二节经文（22：20）包含这卷书非常个人化的总结："证明这事的说：'是了，我必快来！'"懂得的人只会有一种反应："阿们！主耶稣啊，我愿你来！"

† 查考启示录的奖赏

前面提到，圣经中惟有启示录祝福读它的人，并且咒诅更改其内容的人（1：3，22：18-19）。以下将列出掌握其信息所带来的十大益处作为总结，这十点全都有助于基督徒活出真实的生命。

1. 明白圣经结局

查考者得知神"从起初指明末后的事"（赛46：10），整个故事已完成，圆满结局已显明。这爱情故事以婚礼为终点，真实的关系由此开始。如果没有这卷书，圣经就不完整，且成了"删节版"！圣经开头和结尾的惊人相似处（例如：生命树），让中间部分的意义全都贯通。

2. 有效防备异端

登门传教的异端邪说与教派往往主攻启示录，他们看似对这卷书有深入的了解，令固定上教会却从未了解它的人印象深刻。不了解的主因是缺乏教导（也欠缺了解它的教师），以致没办法质疑异端传教者所提出的怪异解释。惟一真正能防备异端的方法，就是要懂得更多。

3. 全面了解历史

对于时势的了解若仅及于表面，会使人困惑而无法辨认历史走向。既然未来的事件会先有征兆，查考启示录的人将发现书中所说与世界大事出奇地吻合，世局很明显地走向全球化政府和全球化经济。任何有系统地阐述这卷书的传道人，可能都会收到听众给他许多相关剪报。

4. 找到安慰根基

万事都会按照计划——神的计划——进行。他仍然坐在宝座上，指挥万事万物同归于终点，他就是耶稣。启示录向我们保证善终必胜过恶，基督必胜过撒但，圣徒有一天将统治全世界。我们所住的地球将不再有任何污染，包括物质面和道德面的污染。连宇宙都将被回收。这一切的盼望是我们"灵魂的锚"，使我们安渡人生风暴（来6：19）。异教、世俗主义和人文主义的得势只是表面上的，它们来日不多了。

5. 传扬福音的动机

摆在人眼前的只有两种结局——新天地或火湖、永远的喜乐或永远的折磨；再没有比启示录呈现得更清楚的。选择的机会不会无限期延伸，审判的大日子终必到来，人类的每一个成员都要在审判台前交代。但今天仍是得救的日子："口渴的人都来；愿意的人都可以白白地来喝生命的水"（22：17）。这"来！"的邀请是由"圣灵和新妇（即教会）"发出的。

6. 挑旺敬拜的心

启示录充满了万众敬拜、颂赞和欢呼的声音，有多达十一首诗歌，历代以来不知启发了多少人创作圣诗，从亨德尔的《弥赛亚》到《我的眼睛已经看见》。敬拜的对象是神和羔羊，不是圣灵，更绝非天使，"因此我们与天使和天使长，一同颂赞尊崇你圣名……"。

7. 预防沾染世俗

我们很容易落入"世俗的想法"里，诚如华滋华斯（William Wordsworth）提醒的：

> 这尘世拖累我们可真够厉害，
> 得失盈损，耗尽了毕生精力，
> 使我们对享有的自然界所知无几。[1]

启示录教导我们更多思考我们永恒的家，不要只想到地上暂时的"理想家园"。应该更多思想我们复活的新身体，不要只顾念我们年迈衰败的旧躯壳。

8. 追求敬虔的动力

神的旨意是要我们在这地上圣洁，来世幸福快乐，可不是反过来，

---

[1] 《华兹华斯抒情诗选》，台北：书林，2012年，页187。

那是许多人的一厢情愿。如果我们要安然度过现世的患难困苦，胜过内在的试探和外在的逼迫，圣洁是不可少的。启示录提醒我们，神是"圣哉！圣哉！圣哉！"（4：8），并且当耶稣再来时，惟有"圣洁"的子民有份于第一次的复活（20：6），把我们从懒散、自满和冷漠中震醒。整卷书都印证"非圣洁没有人能见主"（来12：14）的原则，尤其是开头的七封信。

9. 准备面对逼迫

当然这是启示录写作的主要目的，其信息在因信仰而受苦难的基督徒听来格外清晰，他们被勉励要"忍耐"，要"得胜"，才能保住他们的名字记在生命册上，也保住他们在新天地里的基业。耶稣预言末日到来以前，他的门徒将普遍被人恨恶（太24：9），所以我们都需要做好准备。

就算这情形尚未发生在你的国家中，将来也必发生，而且耶稣必要再来，那胆怯的将被"羞耻"地定罪并丢入地狱（16：15，21：8）。

10. 更加认识基督

有了启示录，我们生命的主和救主的画像就完整了。少了它，这幅画像就不平衡，甚至是扭曲的。若说福音书呈现了他先知的角色，使徒书信报导他作祭司的角色，那么启示录就清晰地描绘出他作为君王的角色，他是万王之王、万主之主。世人未曾见过这样的基督，然而有一天他们必看见；基督徒现在凭信心见到的基督，将来必亲眼见他。

每个人查考完启示录以后，多少都会变得跟以前不一样。然而我们仍有可能忘记它的信息，这就是为什么它的祝福不仅是给读它的人，也不仅是给朗读给别人听的人，更是给"遵守"这书上话语的人。这表示我们除了把它记在脑子里，还要"记在心上"（1：3，NIV直译），更要把它行出来。"你们要行道，不要单单听道，自己欺哄自己"（雅1：22）。

24. 千禧年

令人遗憾的是，第20章造成基督徒之间很深的裂痕，而且在诠释上歧见之深，甚至有个不成文的协议，就是为了保守合一，不要讨论这一章。

或许读者听过有三大派说法——*无千禧年派、前千禧年派*和*后千禧年派*。但其实不只三种，还有许多其他不同看法。

有些人倾向把它当作学术议题来处理，纯理论且非切身相关。有个朋友说这是"荒谬的问题"！因此创了一个新词："*泛*"千禧年派（模模糊糊地相信，反正一切发展到最后都不会有问题的，不论我们现在怎么想）。

但是，基督徒灵命成长除了需要信心和爱心，盼望也是不可或缺的。对将来必发生的事有把握，现在的所作所为就会不一样。我们对于"千禧年"所抱持的看法，会影响到现在的布道行动和社会行动。

尤其对于这世界的盼望非常要紧，这世界会愈来愈糟还是愈变愈好？耶稣再来会给这地上带来任何好的影响吗？还是干脆结束这一切？他来是要审判万民？还是要统治万民？为什么他再来时要把所有已逝的基督徒一同带来（帖前4∶14）？

主启示未来并非为满足我们的好奇心，也不是为了给我们高深的知识，而是为了预备我们面对未来将发生的事。如果我们相信自己将与他一同治理这世界，那么我们现在的言行就会更负责任。

我们需要看经文本身和其背景，然后问何时与为何引起这一大堆分歧的诠释，最后要作一些评价，并且希望能达到一个结论。

† 经文的阐释

整个辩论的焦点在启示录20章1－10节，我们必须先看清楚这段经文说什么，然后才能尝试从经文本身作一些推论。

最大的特色是"一千年"重复出现——共六次，有两次加上定冠词"那一千年"，可见非常强调。不论从字面或从比喻去解释这数字，总之都清楚表示一段很长的时间，这是绝大多数注释者的共识。它是一个时代、一个纪元。

令人惊讶的是，有关这一整段时间的信息却给的很少，事实上只告诉我们三件事，开头的一件事，最后的一件事，和中间的一种持续状态。开头和结尾的事都跟撒但有关，而中间则与圣徒有关。

"千禧年"始于魔鬼被彻底逐出去，地上再也看不到它的踪影。有一天使从天上下来，带着巨大的锁链，把它抓住、捆绑、扔进、关闭、封印。这五个动词强调魔鬼束手就擒，接着明白地指出，它用计迷惑列国的作为结束了——尽管到那一千年结束了以后，必须暂时释放它。它虽未被扔进火湖（还没！），但被牢牢地关在"无底坑"里，通常被认为是在地底下，与地上的一切活物断绝任何接触。

撒但被逐出，它先前的两个党羽，敌基督和假先知（13章的那二"兽"）已经被扔在火湖里（19：20），如此一来，世界就无人治理，留下政治的真空。

约翰在这千禧年异象的后半段见到"宝座"（仅此处和4：4提到的宝座是复数），坐在上面的被赋予"审判"的权柄（亦即断定是非、维护法律和秩序、秉公行义）。约翰在这一大群人之中，特别注意到那些因为拒绝跪拜敌基督、或拒绝受它印记（印上数字666）而殉道的人。

相较于他们先前的境遇，这真是奇妙的大逆转！

这一小群和其余的庞大人数，显然都是死人复活，在千禧年里他们又"活了过来"，与基督一同作王。此处特别以名词"复活"来形容，在圣经里，这个名词每次出现都是指身体而言。我们知道凡是属基督的必于他再来时复活（林前15：23），在头一次复活的人"有福了，圣洁了"，他们将在千禧年中作君尊的祭司，永远免除被交付"第二次的死"（"火湖"即地狱）的危险。

这段经文清楚地划分圣徒的"头一次复活"，和"其余的死人"的复活。这两件事由整个"千禧年"分隔开来，并且这两次复活的目的也截然不同，一个是为了与基督一同作王，一个是复活受审判（20：12）。

此异象的第三段把我们带到千禧年的尾声——撒但被除去（1—3节），圣徒掌权作王（4—6节），然后撒但被释放（7—10节）。这个发展太惊人了，一看便知完全是出于神的启示，不是出于人的想象！谁会想得到魔鬼竟被允许重返地上，再次（也是最后一次）企图主张全地是它的王国！并且，它能够再次迷惑无数人，让人们以为它能给他们自由而加入它的旗下，使它得以率领大批军队进攻"圣徒的营、蒙爱的城"（当然是指耶路撒冷）。双方阵营各标示为"神"和"玛各"（从以西结书可知，这是针对恢复大卫宝座而发动的攻击），因此这场攻击和哈米吉多顿（19：19—21）显然有别，这里根本没有开打，撒但的大军就被从天而降的火灭尽，魔鬼终于被扔到敌基督和假先知所在的地狱，受痛苦直到永永远远（希腊文"直到万世万代"一词，就是指"永永远远"）。

在一个敬虔的政府治理了那么长一段时间，带来许多益处之后，怎么有空间容许魔鬼再来作最后一击，圣经没有给我们任何理由。但这段经文可用来强调一个真理，就是罪的悖逆乃发自内心，不是出于环境。此外，也让我们有充分理由把人类分成两边，这一边想要活在神的治理之下，那一边不想。当最后的这个划分形成壁垒的阵营时，"千禧年"就来到最后的审判日了。

有两个问题待解答，这两个问题对于了解为什么"千禧年"有如此多的争议，至关紧要，这两个问题是：

Where：这一切**在哪里**发生？
When：这一切**于何时**发生？

这卷书记载的"耶稣基督的启示"，包含口语（"我听见"）和视觉（"我看见"）的因素在内，背景在天上和地上之间转换，天上和地上发生的事互有关联，但每一次场景转变都有清楚的指示（4：1，12：13）。

19章11节到20章11节的场景，很清楚是在地上。万王之王从敞开的天骑马下来"击杀列国"，这场消灭敌基督与假先知军队的战争，发生于地上；天使"从天降下"把撒但从地上逐出去；"与基督一同作王"的殉道者也在地上，撒但最后从"地上四方的列国"集结了它的"歌革和玛各"大军；最后天地都从白色大宝座前"逃避，再无可见之处"。

欲回避"千禧年"发生于地上的结论，是违反常理的。每一次提到"天"，都是有人从那里出来"降"到地上，所以"在哪里？"答案昭然若揭。

至于"何时？"的问题，要不是中世纪将圣经划分章节，否则答案其实也很清楚。分章的安排或许方便阅读（发展出经节编号也是为了方便，不是出于默示），但有时分章分错了地方，反而把神连在一起的地方给硬生生地切断了。此处尤其明显，在这里插入"20章"的那位主教，显然一点都不怕"若有人在这预言上加添什么必遭灾祸"的咒诅（22：18）。他一点都不明白这一划分会造成多么大的损害，不过此举很可能反映出他自己的看法，以下将看到。

如果我们照神的心意，把第19、20和21章看作连续的启示，一口气读完，就会清楚看到这一系列的异象共有七个（从19：11的"我观看"起，直到21：1）。它们揭示世界历史结束的大事，按照顺序一个接一个发生（例如，20：10回头说明19：20已经发生的事）。把这些异象切成三章，意味着很少人真正去读它，更别说放在一起查考。既然把连续性拿掉了，这些事件就可以作不同的顺序排列——还真有人这么做了。

若是有人一口气读完启示录，既不带任何预设立场也不受分章影响，往往都能自然而然地认定，"千禧年"是在基督再来和哈米吉多顿大战之后、审判的日子和新天新地之前来到。从经文来看，意思就是这么简单而清楚。

所以经文显然揭示，基督再来并使属他的人从死里复活之后，基督徒政府治理全地一段很长的时间，接着才是他对全世界的最后审判。为什么不是所有的基督徒都这样相信，而且期待有份于它将带来的转变呢？

† 历史的诠释

在最初五世纪，教会显然赞同以上的诠释，有十来位"教父"（早期教会如此称呼神学家）都提及希拉波利主教帕皮亚说过："肉身（即身体）的基督在地上作王"，没有暗示其他任何观点，更别说有任何相关的辩论。他们都认为圣经怎么说，就应当怎么接受，不论就这件事或其他事情。

初代教会似乎普遍抱持这个立场，一般称为"前千禧年派"，因为主张耶稣会在启示录20章所描写的"千禧年"之前再来（前千禧年派的"前"由此而来）。

直到一位北非的主教奥古斯丁（Augustine）出现，这个立场才被改变。对"西方"的神学，无论是天主教或基督新教，影响最大的人莫过于奥古斯丁。一开始他支持前千禧年观点，但后来却让他所受的希腊教育（新柏拉图思想）改变了他对这件事、乃至对基督教信仰与行为的许多其他方面的想法。

基本问题在于，希腊思想和希伯来人思想不同，希腊思想区分属灵领域和物质领域，而且倾向于认同前者是圣洁的，后者是罪恶的。性，甚至夫妻的性，被放在怀疑的眼光下审视，神职人员守独身由此而来。

耶稣的肉身再来并治理一物质世界，这观念无可避免地变得棘手，可能还加上过分渲染千禧年期间地上的物质享乐，以致引起反弹。总之，后来连"新"地也几乎被忽略带过，基督徒仅期待"上天堂"。耶稣再来被缩减为审判"活人和死人"，以及摧毁全地（实际上，启示录20章所写的顺序完全反过来）。公元431年的以弗所大公会议就深受这新的取向影响，甚至谴责前千禧年论是异端，以后这个观念就被人怀疑到今天！

我们该如何看待启示录20章？它仍是神话语的一部分，我们若忽略，代价可不是我们负担得起的。有人想出一个简单的解决之道，就是把千禧年从基督再来之后，挪移到之前，声称就历史而言，第20章先来，19章后到，尽管圣经并不是这么写！他们说第20章是"再现"基督在来之前会发生的事，在教会历史上它属于现在，不是未来。

严格来讲，教会的立场转变为后千禧年派，就是从这里开始的。因为主张耶稣将在启示录20章所描述的"千禧年"*之后*再来（后千禧年派的"后"由此而来）！

但这当中有个模棱两可的部分，导致了观点的重大分歧。奥古斯丁并未说清楚，到底这新"千年"纯粹是在*属灵上*圣徒与基督一同作王（从某方面讲，可应用到整个教会历史，从基督第一次降临到再来之间），还是也包含*政治上*的统治（那时教会将强大到足以奉基督的名接管列国的政府）。他的著作《上帝之城》（*The City of God*）写于罗马帝国瓦解之际，当中并未明说，他是否期待"神的国"从罗马手中接管统治（他其实有这个意思），还是在大灾难中仍存在而增长。他为这两种思想学派铺了路，以致双方都号称是以奥古斯丁的思想为依据。

有一方相信，教会将使世界"基督教化"，不是靠带领所有人信主，而是靠取得政治势力来执行神的律法，由此引进一段很长的普世和平繁荣时期（甚至说，就是整整一千年）。基督的再来就这样被不经意地摆到更遥远的未来。而由于这"千年"尚未开始，所以其实距离我们似乎更加遥远。这观念常常浮现；例如，在"基督教"大英帝国扩张的维多利亚时期宣教圣诗中，就常出现；又如晚近，在一些像"恢复"、

"重建"，甚至"复兴"的标签之下，重新露面。持此乐观看法的人主张，惟有他们可以使用"后千禧年派"，别无分号。

另一方则相信，耶稣和他的圣徒一同"作王"，纯粹是属灵上的意义，从耶稣第一次降临起，将持续到他再来。持此看法的人不得不给自己另找新的名称，于是选择用"无千禧年派"（a-millennial），此名称既不正确又误导人，因为前面加上的"a"意思是"non"（好比"无神论者"（a-theist）），可是它其实仍然是后千禧年派，相信"千禧年"这段时间过去以后基督才会再来，与其他"后千禧年派"的差别，仅在相信现在我们*已经*进入千禧年，而且过了两千年！

此观点可回溯到基督新教的改革宗，再上溯至奥古斯丁，这在欧洲可能是最普遍的，但在美国并不是，以下将谈到。在此值得停下来谈谈，拥护此说的人如何处理启示录第20章。

有很多地方得做些微的改动，捆绑撒但的"天使"成了耶稣本人，至于"捆绑"若不是发生在他受试探之时，就是发生在被钉十字架的时候。撒但虽被捆绑却未被逐出，只是用一条长锁链把它捆住，所以仅能限制它的行动（被扔进、被关闭、被封印，都被视为无意义而略去）。加诸它行动的"限制"，通常仅仅是使它不能够防止福音的散播和教会的建立而已。它还待在地上，没有被关在无底坑里。那些在敌基督手中被杀的殉道者将代表历世历代所有圣徒，与耶稣一同在天上作王。他们在"头一次复活"中又"活了过来"，可能是指他们的信主（从罪的"死亡"中复活），要不就是指他们死后上天堂，总之跟他们的肉身无关。然而"其余的死人"又"活了过来"（同一段经文中相同的字眼）却是*真的*指身体复活！至于经文中六次出现的"一千年"，意思是两千年，起码到目前为止。

如此这般下去。到底哪一种是好的解经（把经文说得很清楚的意思读出来）还是坏的解经（把自己想要在经文找到的意思读进去），全看读者自己的常识判断了。但这种诠释完全无法说服笔者。

在千禧年的辩论中，还有一项重大发展需要提出来，尤其因为它被大西洋彼岸普遍认定，虽然它的起源地是在英国这边，却由弟兄会运动创办人达秘（John Nelson Darby）率先提出，并且由他的一位门生，名叫司可福（Dr. C. I. Scofield）的美国律师（此人制作了"司可福版"圣经），和德州达拉斯一所神学院，特别是透过从前的一位学生何凌西（Hal Lindsay）加以推广，而在美国流行起来。

从正面的影响来看，自19世纪初开始，许多人重新被带回初代教会所相信的前千禧年派看法，其实此派从未完全销声匿迹（科学家牛顿支持此说），而且被有些人重新发现，包括圣公会的主教们，像莱尔（Ryle）、韦斯考特（Westcott）和霍特（Hort），但主要的影响还是透过弟兄会。

从负面的影响来看，达秘将这古老的信念和一些颇新奇的观念结合成一个完整的神学体系，现在称为"时代论"（Dispensationalism）。他把历史划分成七个时代或时期，神在不同的基础上分给每个时期不同的恩典。达秘教导说，教会败坏的情况已无法挽回；犹太人是神"地上"的子民，基督徒是他"天上"的子民，永远都不会合在一起；还有，最重要的一点，基督再来将有两次，一次是在大患难临到之前秘密地来把他的教会带走，然后才是公开地来，统治全世界。他细分未来的事件，其中审判就有四次。

遗憾的是，他把这一切紧密地结合在一起，以致大家普遍认为，相信前千禧年派必定是"时代论"者，拒绝时代论的人就连同前千禧年观念也一并拒绝！但这就像是把洗澡水连同婴儿一起倒掉（此说法可回溯到昔日全家大小都用同一个沐浴桶，轮到最年幼的洗澡时，水已经浊到可能看不清最后一位使用者在里面的地步！）。

因此有必要区分清楚，初代教会的"古典"前千禧年派，和许多现代福音派与五旬宗所拥护的"时代论"前千禧年派，是两个不同的观念。已经有一些圣经学者领悟到这点，人数虽少但在增加中（我想到两个人：赖德和滕慕理（Merrill Tenney））。

✝ 个人的结论

结束本附录以前，我要说明为何在诠释启示录20章上，我是"古典的前千禧年派"的理由。

1. 这是最自然的诠释，没有强解任何经文。
2. 它对于为什么耶稣需要再来，而且带着我们跟他一起回来，所提出的解释最令人满意。
3. 只有这个观点大大加强我们对于耶稣再来的期盼。
4. 它说明为何神希望在全世界众目睽睽之下为他的爱子伸冤。
5. 它把我们的未来"接到地上"，一如整本新约圣经让我们看到的，天堂是我们的等候室，直到我们返回地上。
6. 它切合实际，既避免后千禧年派对这世界的乐观，又免掉无千禧年派的悲观看法。
7. 它的问题比其他看法少，尽管还是有些问题未解答。
8. 初代教会一致相信这个看法，而他们是最接近使徒的。

由于以上原因，我能够带着真正的渴望、真正有意义地做这个祷告："愿你的国降临……在地上，如同在天上"。[1]

---

[1] 请留意，如欲更详尽深入了解，请参见拙作《当耶稣再来》（*When Jesus Returns*）的第四部"千禧年迷思"。

作者介绍

大卫·鲍森牧师
Rev. David Pawson

大卫·鲍森牧师，生于1930年，他的家族世代以务农与传道为本。先祖约翰·鲍森是英国卫理宗创始者约翰·卫斯理（John Wesley）的追随者，父亲西塞尔·鲍森亦是当地卫理公会的副会长。大卫·鲍森的童年在英格兰北部度过，幼年想成为一位农夫，但当他在杜伦大学取得农学学士学位后，上帝呼召他成为全职的传道人，于是他进入剑桥大学卫斯理学院攻读神学硕士。研读神学时，他一度受到自由派学者的影响，对圣经权威有所怀疑，也险些失去对神的信心。

后来在担任皇家空军军牧期间，他有系统地从圣经第一卷讲解到最后一卷，他的讲道不是查考圣经就是主题式查经，而且都是以详细查看圣经上下文作为依据，为牧养的官兵灵性生命带来莫大的影响力，令他和他们都大感惊喜，于他更是印证了圣经确实出于神的默示。从那以后，他重拾信心，相信圣经无谬误、绝对真确。

鲍森牧师笃信圣经是带有权柄的上帝话语，当教会传统与圣经教导相抵触时，主张回归并遵循圣经的教导；他不避讳提出异于其他基督徒的观点，并非为特立独行，只为捍卫圣经真理。他以浅显易懂的语言解释经文的意义和背景脉络，"新旧约圣经纵览"（*Unlocking the Bible*）即为多年讲道的成果，并以影带、录音带和印刷品的形式畅销全世界。他不但到世界各国演讲，也透过基督教电视频道GOOD TV供千万观众收看，几乎在全世界每个国家都可看到他的讲道。

鲍森牧师牧养过多间教会，其中包括乔福市的米尔米德中心（Millmead Centre in Guildford），这间教会后来成为英国最大的浸信会教会，也是众教会领导人效法的典范。1979年之后，大卫·鲍森牧师开始从事全球巡回释经讲道，经常应邀到全英各地和许多国家演讲，包括欧洲、澳洲、新西兰、南非、荷兰、以色列、东南亚和美国等。

大卫·鲍森牧师生前与妻子伊妮德（Enid）住在英格兰南部汉普郡的贝辛斯托克（Basingstoke）。

2020年5月21日，大卫·鲍森牧师离世，享年90岁。

www.ingramcontent.com/pod-product-compliance
Lightning Source LLC
LaVergne TN
LVHW060136080526
838202LV00049B/4001